THE ROLLING STONES

DAS BUCH

MICK JAGGER

KEITH RICHARDS

CHARLIE WATTS

RONNIE WOOD

HERAUSGEGEBEN VON DORA LOEWENSTEIN UND PHILIP DODD

BERATENDER HERAUSGEBER CHARLIE WATTS

ULLSTEIN

INHALT

VORWORT

Von Dora Loewenstein und Philip Dodd

Mit der Ankündigung des Albums *Forty Licks* und der gleichnamigen Tour stand außer Frage, dass sich die Rolling Stones in vollem Ausmaß zu ihrer Geschichte, ihrer Backlist und ihrem Einfluss bekennen. Das Album, erschienen im Herbst 2002, enthält die Höhepunkte aus der 40-jährigen Geschichte der Band mit Songs, die die unterschiedlichen Stimmungen dieser Zeit wiedergeben. Für diejenigen von uns, die mit dieser Musik aufwuchsen, birgt jeder Song eine ganz bestimmte Erinnerung. Bezeichnenderweise enthält *Forty Licks* aber auch vier neue Stücke. Denn so bewusst sich die Rolling Stones ihrer Vergangenheit sind, so bleiben sie doch eine Band der Gegenwart und der Zukunft, eine Band, die immer weiter an sich arbeitet. Keine andere Musikgruppe kann ein ähnlich beständiges Engagement, die gleiche Energie und so anhaltenden Erfolg für sich in Anspruch nehmen.

Nach 40 Jahren ist für die Stones der Zeitpunkt gekommen, die Geschichte der Band aus ihrer Sicht zu erzählen, so wie sie sich daran erinnern. Die neuen Generationen von Fans, die zu den Konzerten der Bridges-To-Babylon- oder Forty-Licks-Tour kommen, kennen die Musik der Stones zwar erstaunlich gut, wissen aber vielleicht nicht so viel über die Geschichte der Band und die Vorgeschichten ihrer Mitglieder. Das gab den Anstoß für dieses Buch.

Nun haben wir die Chance, hinter die Kulissen zu blicken und zu verstehen, warum die Stones als Band so gut funktionieren und immer noch in ausverkauften Stadien auf der ganzen Welt spielen. Wir können nachvollziehen, was sie dazu brachte, Musiker zu werden, und welche Ereignisse ihre musikalische und persönliche Entwicklung geprägt haben. Und wir lernen zu verstehen, wie die Unterstützung durch ihr Umfeld, durch seit langem für sie tätige Mitmusiker, das Tourneepersonal und geschäftliche Berater der Band half, nicht nur kreativ zu bleiben, sondern auch im Hinblick auf Plattenverträge und Stadiontourneen Pionierarbeit zu leisten.

Wir suchten nach Antworten auf Fragen, die zum Kern der Rolling Stones vordringen. Wie konnten sie sich immer wieder erneuern und trotz ihres Status als Ikonen der Popkultur, die weltweit bewundert und verehrt werden, weiterhin diese aufregende Dynamik vermitteln? Was erzeugt die kreative Spannung zwischen Mick und Keith, die die Stones wie ein nie ausleiernder Keilriemen unermüdlich vorantreibt?

Die wichtigste Entscheidung bei diesem Buch war, die Stones selbst ihre Geschichte erzählen zu lassen. Während der Licks-Tour führten wir mehrere Interviews – und folgten der Band dabei von San Francisco und Los Angeles nach Melbourne und Tokio. So hatten unsere vier Hauptdarsteller Zeit, zwischen den Gesprächen nachzudenken und sich ihre Aussagen noch einmal durch den Kopf gehen zu lassen. Wir luden zwei weitere Interviewer ein, die neue Ideen und Fragestellungen einbringen sollten: Rob Bowman, ein kanadischer Akademiker mit einem enzyklopädischen Wissen über Blues, R&B, Soul und Rock, und Tim Rice, der sich speziell mit den Inszenierungsfragen von Rockspektakeln gut auskennt.

Kaum hatten wir die private Tourneewelt der Rolling Stones betreten – jede Hotelsuite wird für den jeweiligen Bewohner individuell hergerichtet –, wurden wir von den Stones wie erwartet charmant empfangen. Sie waren großzügig, geistreich und witzig und genossen die Erinnerungen und alten Geschichten. Das alles bestätigte uns, dass die Rolling Stones über einen besonders scharfen Verstand verfügen.

Jeder, der dieses Buch liest, wird erkennen, dass sich die Rolling Stones nicht verbiegen lassen. Die Bandmitglieder sind eigenständige und starke Persönlichkeiten. Sie lassen sich nicht verformen, und wenn sie das Gefühl haben, mit vollendeten Tatsachen konfrontiert zu werden, akzeptieren sie es schon gar nicht. Als Außenstehender kann man versuchen zu erraten, was die Rolling Stones tun oder sagen werden, aber meistens liegt man daneben.

Bei der Arbeit an diesem Buch kamen sie stets direkt zur Sache, stellten Fragen, überlegten und boten überzeugende Antworten und schlüssige Lösungen für alles, ob es nun um die Gestaltung des Umschlags, den Text oder die Auswahl der Fotos ging. Sie beteiligten sich intensiv an diesem Buch, ein Zeichen für das hohe Maß an Professionalität und Engagement, das sie während ihrer gesamten Laufbahn auszeichnete und die Grundlage für ihren Erfolg bildet. Wir haben versucht, so viel wie möglich von den Stones einzufangen – den Charakter, die Dynamik, die Vitalität und den Humor jedes Einzelnen, die individuellen Anteile, die zusammen die Persönlichkeit der Rolling Stones ausmachen. Micks Gespür für Selbstdarstellung, Keiths Begeisterung für Geschichte, Charlies nüchterne Stärke und solide Art und Ronnies umgängliche, optimistische Menschlichkeit.

Zur Illustration ihrer Geschichte wählten wir über 300 Fotos aus. Darunter sind bekannte Aufnahmen von großen Fotografen, die mit der Band in den vergangenen 40 Jahren gearbeitet haben – eine lange, prestigeträchtige Liste, die von David Bailey, Michael Cooper, Anton Corbijn, Dezo Hoffman, Gered Mankowitz, Jim Marshall, Terry O'Neill, Norman Seeff, Pennie Smith bis zu Mario Testino und Val Wilmer reicht. Aber auch Fotos aus den Familienalben der Stones oder Fotos, die von Bekannten oder Freunden aufgenommen wurden, gehören dazu. Jedem Foto wird bewusst genügend Platz auf der Seite eingeräumt, damit es wirken kann. Dies gilt für das gesamte Buch, es soll von der Konzeption und Gestaltung her klar, übersichtlich und gut lesbar sein.

Die Geschichte der Stones ist in zwölf chronologische Kapitel aufgeteilt. Als Verbindungsstücke zwischen den Kapiteln dienen Essays von Menschen, die die Karriere der Stones in den vergangenen 40 Jahren begleitet haben. Die Bandbreite reicht von Ahmet Ertegun, dem Gründer von Atlantic Records, und Giorgio Gomelsky, dem Betreiber des Crawdaddy Club, bis zu Don Was, dem aktuellen Koproduzenten der Band, und Sheryl Crow, die die Stones bei der Bridges-To-Babylon-Tour und der Forty-Licks-Tour begleitete. Jeder Text gibt der Spiegelkugel eine weitere Drehung und wirft ein anderes Licht auf die Geschichte der Band. Am Ende des Buches folgen ein Who's Who, eine Chronik und eine Diskographie.

Dies ist die Geschichte der Rolling Stones in ihren eigenen Worten und keine penible Aufzählung jedes Auftritts, jedes Konzertkartenabrisses und jeder B-Seite. Sie gibt die Erinnerung der Stones an das wieder, was sie getan haben und was ihnen widerfahren ist, sie fließt frei und bricht sich an den Ereignissen und Gefühlen, die am stärksten in ihrem individuellen und kollektiven Gedächtnis haften geblieben sind. Geschichte und Gedächtnis sind berühmt-berüchtigte Grauzonen, aber mit jemandem, der wirklich dabei war, lässt sich schlecht streiten.

Die Interviews wurden von Philip Dodd, Rob Bowman, Tim Rice und Dora Loewenstein zwischen November 2002 und Mai 2003 während der Forty-Licks-Tour geführt.

Music is a language that doesn't speak in particular words, it speaks in emotions, and if it's in the bones, it's in the bones.

Keith Richards

DAS RICHTIGE SIGNAL

1

Mick in jungen Jahren mit Gitarre auf einem Familienurlaub.

MICK: Ich war immer Sänger. Als Kind habe ich immer gesungen. Ich gehörte zu denen, die gerne singen. Manche Kinder singen im Chor, andere treten gerne vor dem Spiegel auf. Ich habe im Kirchenchor gesungen und mit Begeisterung Sänger im Radio angehört, BBC oder Radio Luxemburg. Oder ich schaute sie mir im Fernsehen oder Kino an. Diese ganzen frühen Rock 'n' Roll-Sänger haben mich begeistert. Ich weiß nicht, wer sie waren. Es waren einfach nur Pop-Sänger. Es war keine obsessive Liebe. Eigentlich war es mir egal, wer und was sie waren, und ich habe sie nicht danach beurteilt, ob sie ziemlich schwülstig sangen oder nicht. Ich habe sie mir einfach alle angehört.

Aber wie üblich bildeten sich schließlich Vorlieben heraus. Manche Sänger waren richtig gut, zum Beispiel Buddy Holly, Eddie Cochran, Elvis Presley und Chuck Berry. Ich stellte mit Freunden eine Band auf die Beine und trat samstagabends auf, manchmal auch mit Leuten, die sich zusammengefunden hatten und in irgendeiner Halle spielten – mit Songs von Jerry Lee Lewis oder Country-Musik.

Die Gruppe mit meinen Freunden, Little Boy Blue and the Blue Boys, war eine Art Skiffle-Group. Ende der 50er-Jahre gab es in England all diese Sänger wie Lonnie Donegan. Ich spielte Gitarre, und die Gruppe sang Skiffle-Songs, aber ich erinnere mich nicht, dass wir oft mit solcher Musik aufgetreten wären. Beides – Rock-Songs und Skiffle – waren ganz unterschiedliche Dinge. Skiffle war wie Folk, eher etwas fürs Café.

»Außerdem hatte ich Freunde mit Plattensammlungen. Wir gingen zu ihnen und hörten uns die Scheiben an. Das alles war ein wenig wie Trainspotting.«

Mick

Zu den Leuten, mit denen wir damals spielten, gehörte auch der junge Dick Taylor. Er war Gitarrist, wohnte ganz in meiner Nähe und spielte sehr viel später für die Gruppe Pretty Things. Wir – Dick, Keith und ich – spielten eine Zeit lang im Hinterzimmer seiner Tante und probierten alle Arten Rock und einige Arten R&B aus, hauptsächlich Chuck Berry, alles Mögliche – so lernt man eben.

Ich erinnere mich, dass ich Chuck Berry in dem Film *Jazz On A Summer's Day* sah, ein bahnbrechender Streifen und eine großartige Dokumentation über das Newport Jazz Festival des Modefotografen Bert Stern in einem sehr interessanten Stil, der die Dinge aus einem ganz anderen Blickwinkel beleuchtet hat.

Muddy Waters bekam ich damals noch nicht zu sehen. Zwar ging er zu der Zeit auch in England auf Tour, aber, soweit ich weiß, vor allem im Norden. Sein erstes wirklich populäres Album war *Muddy Waters At Newport*, das erste Album, das ich je gekauft habe. Gehört habe ich damals allerdings vieles. Von den Blues-Sängern in England wirklich bekannt waren damals die Leute, die regelmäßig auf Tournee gingen: Big Bill Broonzy, Sister Rosetta Tharpe oder Leadbelly. Sie waren meistens im Wohnwagen unterwegs, und während ihrer Tournee traten sie auch im Fernsehen auf, sodass sie regelmäßig zu sehen waren. Weil England damals nur zwei Programme hatte, standen die Chancen ganz gut, dass man ihr Konzert mitbekam, wenn es gesendet wurde. Man saß vor dem Apparat und plötzlich war er da: Big Bill Broonzy. Außerdem hatte ich Freunde mit Plattensammlungen. Wir gingen zu ihnen und hörten uns die Scheiben an. Ein Freund war auf meiner Schule und wohnte ganz in der Nähe. Er war etwas älter als ich und eine Art Blues-Purist. Er mochte Broonzy und Leadbelly, und ich ging immer wieder zu ihm und hörte seine Platten. Das alles war ein wenig wie Trainspotting.

An Platten kam man auch direkt über Chess Records in Chicago heran. Ich war in einer Zeitschrift auf eine Kontaktadresse gestoßen, und wenn ich Geld hatte, bestellte ich mir welche.

LPs waren für die damalige Zeit ziemlich teuer, denn die Preise lagen in den USA über denen in England, und es kostete einen Haufen Geld, sie über den Atlantik zu schicken. Und dabei wusste man nicht einmal, ob einem die Platten, die man bestellte, überhaupt gefallen würden. Man hatte sie nie gehört. Man musste sich genau überlegen, was man bestellte. Ich wusste natürlich, dass mir Chuck Berry gefiel. Ich besorgte mir seine Platten, weil in England bis dahin nur Singles erschienen waren. Es gab auch Extended-Play-Schallplatten, eine Art Sampler. Auf einer waren manchmal vier Stücke, sodass die Entscheidung ziemlich schwer fiel. Man sagte sich: »OK, die gefällt mir.« So kaufte man damals Platten.

Ziemlich schlecht verpackt kamen sie schließlich an. Manchmal gab es auch Bruch. Obwohl es keine 78er waren, sondern die ziemlich stabilen LPs, war auch bei mir ein- oder zweimal eine kaputt.

Außerdem hörte ich viel Jazz, die Art, die Charlie gefällt. Ein Freund, der ganz auf Jazz stand, führte mich in den Modern Jazz ein. Diese Platten waren kostbar wie Goldstaub. Wir nahmen sie überall mit hin und spielten sie uns gegenseitig vor. So ungefähr nach dem Motto: »Ich spiele dir Big Bill Broonzy und Chuck Berry vor und du mir das, was du hast, und dann sehen wir mal, wo unser Geschmack sich trifft.« Dieser Freund spielte mir Zeug vor wie Jimmy Giuffre, der auch in *Jazz On A Summer's Day* auftrat, wie Chet Baker, der alles mitmachte, was gerade »in« war, oder Gerry Mulligan am Baritonsaxophon. Dave Brubeck war auch sehr beliebt. Er war in England oft auf dem Bildschirm zu sehen und kam bei vielen an. Und ein merkwürdiger Zufall wollte, dass wir auf der B-Bühne während der Forty-Licks-Tournee Nina Simones Song »Let's Get Together« von Joe Morello, Dave Brubecks Schlagzeuger, spielten. Das alles war der Geschmack meines Freundes: Jazz, der richtig populär und kein Cool Jazz war. Alles hatte seinen Platz: Cool, Mainstream, Traditional.

KEITH: Als ich aufwuchs, lagen große Veränderungen in der Luft. Man kann das darauf zurückführen, dass der Zweite Weltkrieg eigentlich eher 1957 oder 1958 als 1945 oder 1946 zu Ende ging, wenn man sich anschaut, welche Auswirkungen er auf die Bevölkerung in England hatte. Dies alles sieht man natürlich erst im Rückblick.

Anfang der 60er-Jahre sagte Harold Macmillan [1957–63 brit. Premier] immer wieder: »So gut hatten wir es noch nie.« Das kann ich nicht beurteilen, aber vor dieser Zeit wuchsen die Leute doch zwischen Ruinen und Trümmern auf. In London gab es überall riesige Gebäude, aber es kam vor, dass man um eine Ecke bog und plötzlich vor einem guten Hektar Nichts stand. Und auf den Straßen lag haufenweise Pferdemist, weil es damals kaum Autos gab. Das vermisse ich in London wirklich: den Pferdemist und den Rauch von Kohle, immer wieder vermischt mit etwas Diesel. Eine tödliche Mischung, die wohl mit dafür gesorgt hat, dass ich irgendwann auf Drogen war. Wenigstens glaube ich das.

Ich bin mit Rationierungen aufgewachsen. Ich erinnere mich, dass ich an der Schule einmal im Monat eine Arzneiflasche mit Orangensaft bekam und die Lehrer sagten: »Das ist dein Vitamin C.« Damals hat man den Saft nicht vermisst, weil das eben so war, auch wenn es viele Kinder mit Rachitis gab, die nicht genug Vitamin C oder Milch bekamen. Süßigkeiten gab's ebenfalls selten. Ich war aus

Keith leitet im Januar 1986 die Aufnahme von Chuck Berry in die Rock and Roll Hall of Fame ein und sagt: »Ich habe alle Licks geklaut, die er je gespielt hat.«

dem Alter, in dem man andauernd etwas Süßes haben will, fast schon hinaus, als man einmal wöchentlich ein kleines Tütchen Süßigkeiten bekam. Was die Leute nicht alles machten, nur um an einen sauren Drops mit Zitronengeschmack zu kommen! Trotzdem fehlte mir nichts, denn bis zu dem Punkt, als plötzlich alles zu haben war, kannten wir nichts anderes.

Das andere wichtige Ereignis für meine Generation war die Abschaffung der Wehrpflicht. Ich war aufgewachsen in der Erwartung, zum Militär gehen zu müssen. Das war Teil unseres Lebens. Mit 11 Jahren legte man die Prüfung ab, die über die schulische Weiterbildung entschied, mit 16 machte man die Reifeprüfung, und mit 18 ließ man sich die Haare scheren und schälte dann entweder zwei Jahre lang Kartoffeln, oder man wurde Kampfpilot. Andernfalls musste man einen bösen Husten vorweisen können, sich ein Auge ausstechen, eine Zehe abschießen oder den Verrückten spielen. Aber 1960, ungefähr ein Jahr vor meinem 18. Geburtstag, wurde die Wehrpflicht abgeschafft, und gleichzeitig war überall diese neue Musik zu hören, und auf den Straßen fuhren auf einmal auch einige Autos, die nicht schwarz waren.

Die Musik kam über den Äther zu uns, und man hatte plötzlich das Gefühl, dass sich die Welt richtig veränderte. Die Dinge wandelten sich von Schwarzweiß und Grau in die volle Farbpalette: Kein Wehrdienst mehr, dafür aber Rock 'n' Roll-Musik, und solange man Moneten hatte, konnte man auch alles kaufen, ohne Schlange zu stehen. Dies alles prägte unsere Generation zutiefst: ein frischer Wind, Luft zum Atmen und die Verheißung realer Möglichkeiten statt der Aussicht, einfach nur in die Fußstapfen unserer Väter zu treten, was ja ziemlich trübsinnig gewesen wäre.

Ich hatte das Glück, dass ich aus einer ziemlich musikalischen Familie kam und mich meine Mutter mit dem Besten versorgte, was die BBC zu bieten hatte. So wuchs ich mit Sarah Vaughan, Billy Eckstine, Ella Fitzgerald und Louis Armstrong auf. Die B-Seite dieser Geschichte war, dass auch die britische Pop-Musik gesendet wurde. Da hörte man dann Billy Cotton schreien: »Wakey, Wa-aa-key!«, oder Texte wie: »How Much Is That Doggy In The Window?« oder »You Are A Pink Toothbrush, I Am A Blue Toothbrush«. Ich kann die Top Tens der 50er noch heute runterrasseln, aber das war eben verdammt langweilig. Das war der Grund, warum uns Chuck Berry und Elvis so verblüffend anders erschienen. Diese Musik hieß »Rock 'n' Roll«, weil sie weiß geworden war. Ansonsten war es R&B.

Ich bin mir ziemlich sicher, dass ich Chuck Berry, Elvis und Little Richard zum ersten Mal auf meinem Transistorradio über Radio Luxemburg oder BBC gehört habe. »Heartbreak Hotel«, »Good Golly, Miss Molly« und »Tutti Frutti« kamen mir mit Sicherheit erstmals dort unter. Und von Chuck wusste ich damals nicht, ob er weiß, schwarz oder etwas dazwischen war, vor allem nicht mit dieser Musik, denn sie war so ein herrlicher Mix aus ganz unterschiedlichen Stilen. Radio Luxemburg war der einzige Sender, der solche Songs damals spielte. Manche konnte man auch auf BBC hören, aber nur die großen Hits.

Um Radio Luxemburg reinzukriegen, musste man mit dem Transistorradio sein ganzes Zimmer abschreiten. Nachts, wenn alle dachten, ich würde schlafen, versuchte ich es auch unter der Bettdecke. Der Sender strahlte Werbung für Uhren und irische Pferderennen aus und solchen Kram, aber dann und wann kriegte man auch etwas Besonderes rein. Ich musste folglich dauernd dem Empfang nachrennen: Das Signal wanderte mit jedem verdammten Song durch das Zimmer. Man jagte ihm hinterher und bekam den Song meist erst ganz am Ende richtig gut herein, aber dann kam wieder Werbung, und man dachte: »Scheiße!« Aber das gehörte eben dazu.

Und dann musste man auch herauskriegen, wo diese Typen eigentlich herkamen. Ich habe eher mit amerikanischen als mit englischen Musikern zusammengearbeitet, und die hatten, was das anbelangt, eine ganz andere Wahrnehmung. Bobby Keys zum Beispiel ist genauso alt wie ich, fast auf die Stunde genau – gleicher Tag, gleicher Monat, gleiches Jahr –, aber er war in Lubbock, Texas, aufgewachsen und lebte so in allernächster Nähe zu Buddy Holly. Er konnte Buddy sozusagen aus seiner Garage spielen hören. Für Bobby und solche Leute wies der Rock 'n' Roll

Die Stones zu Füßen des Meisters: Howlin' Wolf. Der legendäre Bluessänger war zusammen mit dem ebenso verehrten Son House Gast der Sondersendung Shindig!, *die mit den Stones 1965 in Los Angeles aufgenommen wurde.*

Mick in den 70er-Jahren mit einer weiteren einflussreichen Figur: Chuck Berry, dessen »Come On« den Stones im Juni 1963 die erste Single bescherte. Ihre Wege kreuzten sich seither bei zahlreichen Gelegenheiten: Keith spielte eine wichtige Rolle in der Filmbiographie Hail! Hail! Rock 'n' Roll *von 1987.*

eher graduelle Unterschiede auf: Bei ihnen lief im Radio bereits ständig Country-Musik, Swing und R&B, also bedeutete er keine drastische Veränderung. Etwas Neues war in Amerika dagegen die Tatsache, dass diese Musik mit Elvis Presley und Buddy Holly jetzt auch von Weißen gespielt wurde. In England und Europa sorgte die Musik selbst und nicht die Hautfarbe der Sänger für Aufregung. Vielleicht dachte man: »Der Typ ist offenbar ein Schwarzer«, weil sein Stil darauf hindeutete, aber das war überhaupt nicht wichtig. Wir wollten einfach mehr von ihm hören. So wusste beispielsweise niemand, dass Jerry Lee Lewis ein Weißer war, davon hatten wir nur gerüchteweise gehört. Es war völlig unbekannt, dass er ein blonder Waliser aus Louisiana war. Man ging beispielsweise in einen Plattenladen, entdeckte ein Bild von Chuck Berry zu »Sweet Little Sixteen« und wusste Bescheid.

Andererseits wollte man natürlich auch wissen, was diese Typen vorher produziert hatten. »Ist das seine erste Platte?«, fragte man sich jedes Mal, denn dass dies die erste Platte war, von der man hörte, hieß längst nicht, dass es wirklich seine erste war. Wenn du dir solche Fragen erst einmal gestellt hast, beschäftigst du dich das ganze Leben damit. Nach Chuck Berry stößt du auf Muddy Waters und dann auf Robert Johnson, dann verfolgst du den Jazz bis zu Buddy Bolden zurück, und schließlich findest du dich in einer Höhle wieder, in der ein Urmensch zwei Steine aufeinander schlägt. Irgendwie habe ich das noch immer nicht so ganz herausgekriegt. Die Geschichte der Musik ist faszinierend. Für sie gilt einer dieser alten Sprüche, die leider immer stimmen: Je mehr man kennt, desto weniger weiß man.

CHARLIE: Ich bin mit den großen amerikanischen Schlagersängern aufgewachsen, vor allem deshalb, weil sich mein Vater diese Platten anhörte – Frank Sinatra und Billy Eckstine, ein großartiger Sänger und der erste Künstler, mit dem ich konfrontiert wurde. Als ich anfing Schallplatten zu kaufen, waren es aus irgendeinem Grund Jazz-Platten. Mit Jazz hatte ich nie Probleme. Mit zwölf Jahren hörte ich eine Platte mit dem Titel »Flamingo« von Earl Bostic und wollte sofort Saxophon spielen, aber dann hörte ich »Walking Shoes« von Gerry Mulligan mit Chico Hamilton am Schlagzeug und beschloss, Schlagzeuger zu werden. Diesmal war es ernster. Meine ersten gekauften Alben waren Johnny Dodds, Duke Ellington und Charlie Parker. Ich dachte, das sei

Charlie bekam mit 14 Jahren sein erstes Schlagzeug, ein Geschenk seiner Eltern. Die legendäre Aufschrift »Chico« auf seiner Bassdrum ist eine Hommage an den Drummer Chico Hamilton. Dessen Performance bei »Walking Shoes« von Gerry Mulligan gab Charlie den Anstoß, Schlagzeuger zu werden.

alles dasselbe, aber dann las ich, dass sie aus verschiedenen Gegenden und unterschiedlichen Musikepochen kamen, und ich wurde so eine Art Fan.

Um diese Zeit wohnte neben mir David Green, ein Typ, der in einer Gruppe Bassist war. Wir übten gemeinsam in Skiffle-Bands und dergleichen und spielten in unserer ersten festen Formation, einer Jazzband. Damals waren wir um die 16. Anschließend mischte ich in verschiedenen Gruppen mit, spielte Dixieland und trat mit dem Akkordeon bei Bar-Mizwa-Feiern auf. Ich machte mit, wo es irgend ging, weil ich einfach spielen wollte. Obwohl mein Vorbild Phil Seaman war, spielte ich dieses ganze andere Zeug, weil ich wusste, dass Phil Seaman auf diesem Wege, in Tanzkapellen und ähnlichen Bands, zu dem geworden war, was er ist. Ich spielte auch eher instrumentalen Jazz, wobei bei allen Stücken, wie ich zugeben muss, ziemlich imitiert wurde, auch beim Schlagzeug. Ich war Mitglied einer Band, die Musik im Stil von Thelonious Monk machte, als ich in einer Kaffeebar Alexis Korner begegnete. Er spielte dann bei uns E-Gitarre.

Durch Schallplatten lernte ich Charles Mingus – so wie später auch R&B – und den Stil von Kenny Clarke kennen, oder besser, ich lernte ihn imitieren, auch durch Konzerte, weshalb ich mir Jazzmusiker noch heute lieber live anschaue.

Auch mit Chris Barber spielte ich zusammen. Er war seinerzeit im Bereich des Traditional Jazz sehr avantgardistisch. Während Ken Colyer ein hervorragender Revivalist war – er und Cy Laurie hörten sich genauso an wie die Preservation Jazz Band und kopierten ernsthaft den New-Orleans-Stil –, hatte Chris eine ganz andere Einstellung. Seine Band verfügte über so glänzende Musiker wie Monty Sunshine und seine Frau, die Sängerin Ottilie Patterson sowie über den Banjo-Spieler Lonnie Donegan, der zu einem Skiffle-Star wurde und Hits in Amerika und England landete. Chris Barber hatte eine Verbindung zum Marquee Club, in dem Harold Pembleton amerikanische Musiker engagierte, darunter Blues-Spieler wie Sonny Terry, Brownie McGhee und Big Bill Broonzy; und Chris spielte den Bass dazu. Meine Idole waren eher Leute wie Phil Seaman und Tubby Hayes als Chris Barber, aber seine Band gefiel mir. Cyril Davies, der fabelhaft Mundharmonika spielte, und Alexis Korner übernahmen mit Chris die Rollen von Sonny Terry und Brownie McGhee.

Sie fragten Chris, ob sie einen festen Abend im Marquee spielen könnten. Der war einverstanden und Pembleton sagte ihnen den Donnerstag zu, den schlechtesten Abend des Clubs für Jazz. Gleichzeitig veranstaltete Alexis Korner Jamsessions und ließ mich über einen meiner Freunde fragen, ob ich in ihrer Band mitspielen wolle.

KEITH: Bei mir fing es damit an, dass ich an einer Gitarre herumfummelte. Der Vater meiner Mutter, Theodore Augustus Dupree, war Musiker, und seine Familie stammte von den Kanalinseln. Die Seite der Richards besteht aus Kelten, genauer Walisern. Gus sang gerne, er spielte Gitarre, Saxophon, Violine und Klavier, und wenn ihm seine sieben Töchter auf die Nerven gingen, machte er mit dem Hund einen langen Spaziergang und sang auf dem Primrose Hill. Er war es, der in mir die Liebe zur Musik weckte, die reine Liebe.

Gus hatte ein Klavier, und auf dem lag eine sehr hübsche spanische Gitarre. Sie war immer dort, wenn ich ihn besuchte, sodass ich davon ausging, dass sie dort ihren Platz hatte. Erst viele Jahre später, nach seinem Tod, erfuhr ich, dass dem nicht so war. Meine Familie meinte: »Nein, er hat sie immer nur dann dorthin gelegt, wenn er wusste, dass du kommst.« Und nach fünf oder sechs Jahren sagte Gus schließlich zu mir: »So, jetzt reichst du hoch, jetzt kannst du sie herunterholen.« Es war geradezu unheimlich: Als hätte er mich schon lange vor mir als Gitarristen gesehen. Er stellte die Gitarre wie eine unerreichbare Ikone auf.

Gus musste mich jedesmal beobachtet haben, wenn ich vorbei kam und sogar dann zu ihr hochschaute, wenn er mir etwas zu essen gemacht hatte. Aus irgendeinem Grund zog mich die Gitarre magisch an. Ich fragte ihn: »Darf ich sie anfassen, Grandad?« Und er sagte: »Ach, interessiert sie dich?« und holte sie herunter. Ich klimperte auf ihr herum, und irgendwann haute ich dann meine Mutter um 15 Pfund an und kaufte eine Rossetti, eine herrliche Gitarre aus schönem Sperrholz. Gelernt habe ich dann auf diesem treuen alten Stück. Sie war für lange Zeit meine einzige Gitarre. Sie verstimmte sich leicht, und bald wurde ich ein Experte darin, gerissene Saiten durch Anknoten eines Stückes aus einer anderen Saite wieder gebrauchsfähig zu machen oder den Steg wieder anzuleimen, wenn er sich gelöst hatte. Es klingt lächerlich, aber damals habe ich alles über Gitarren gelernt.

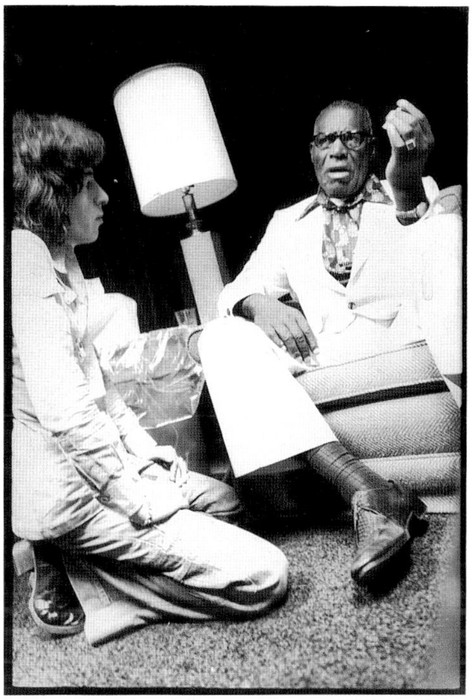

Bassist Bill Wyman im Gespräch mit Howlin' Wolf. Bill und Charlie revanchierten sich als Rhythmus-Gruppe in seinem 1971 erschienenen Album London Sessions.

Auf der Art School konnte ich mir erstmals ein Bild machen, was sich bei anderen Gitarristen tat. Die Art School war so ganz anders. Hier kriegte man plötzlich ganz Ordentliches zu hören, weil das Altersspektrum der Schüler von 15 bis 18 Jahren reichte, und das machte schon einen großen Unterschied. Jazz wurde besonders groß geschrieben: Die ganz »in« waren, standen auf Mingus und Monk, und dann war da noch die traditionelle Jazz-Szene: Alle im weiten schwarzen Pullover, der bis zu den Knien reichte, und die Girls in schwarzen Strümpfen. Das war die einzige Alternative für die Leute an der Art School, andernfalls musste man mit toupiertem Haar zu einem der Ballsäle gehen und Nero and the Gladiators hören. Die waren wahrscheinlich bedeutend besser als die meisten anderen traditionellen Bands, aber das hieß natürlich auch, dass man sich unter das merkwürdige Volk dort mischen musste.

Dann waren da noch die Mods. Keine Ahnung, wie sich diese Typen ihre Klamotten leisten konnten – uns reichte das Geld nicht einmal für Zigaretten –, aber die standen voll auf solches Outfit. Die trugen Anzüge oder Jacken, die am Montag entworfen und am nächsten Montag schon wieder völlig »out« waren. Und dazu sparten sie auf Motorroller mit Pelzstückchen an der Antenne. Mit anderen Worten: Die Art School war eine völlig andere Szene.

Es gab auch Folk – und hier kam die Gitarre ins Spiel. Leute wie Wizz Jones, ein Gitarrist, der ziemlich gut zupfte, kamen gelegentlich auf eine Tasse Tee vorbei. Sie setzten sich ins Klo und reichten ihre Gitarre herum. In diesem Klo lernte ich einen Haufen Licks von Typen, die einfach so vorbeischauten. In gewisser Weise unterschieden sie sich da nicht sehr von Robert Johnson, nur dass man Wizz Jones eben im Klo begegnete. »Also gut«, hieß es, »schwänzen wir die Modellstunde und gehen aufs Klo.« Ich war in der Klasse eher schlecht, wurde als Gitarrist aber immer besser.

Von nun an eröffneten sich neue Perspektiven, denn der englische Rock 'n' Roll stand noch ganz am Anfang, zunächst mit Leuten wie Tommy Steele, ein großer Sänger, wenn auch kein echter Rock 'n' Roller. Dann waren da diese Helen Shapiros, die immer ganz dick auftrugen und Leichtgewichte waren.

»Die Geschichte der Musik ist faszinierend. Für sie gilt einer dieser alten Sprüche, die leider immer stimmen: Je mehr man kennt, desto weniger weiß man.«

Keith

Substanzielles kam dabei nicht heraus. Alles im Grunde billige Nachahmungen amerikanischer Songs, und es ging eigentlich nur darum, wer ins Fernsehen kam, wessen Platte offensichtlich besser lief und ob sie topaktuell war oder so was wie »Itsy Bitsy, Teeny Weeny, Yellow Polka Dot Bikini«.

Ich hörte auch Country-Musik. Vielleicht ein leichter Einfluss meiner Mutter, aber damals spielte auch mein Großvater auf US-amerikanischen Militärbasen in einer echten Turkey-In-The-Straw-Country-Band, das ganze Zeug mit Doppelgriffen auf der Geige, das ich ihn immer spielen hörte. Dauernd gab's auch Songs von Hank Williams. Er war so groß, dass ihn jeder nachspielen wollte, gewöhnlich ziemlich schlecht, aber wenn ich von Zeit zu Zeit die Originalversionen hörte, konnte ich mir zusammenreimen, was es sein sollte. Als ich nach Amerika kam, stellte ich fest, dass es dort neben McDonalds und Wasserstoffbomben auch eine internationale Art Musik gab, die über Jazz, Blues und Country entstanden war. Das hat damit zu tun, dass in den Staaten so viele unterschiedliche Arten von Menschen leben.

Gleichzeitig gab es solche Außenseiter wie Eddie Cochran und Buddy Holly. Für Jungs meines Alters, und wenn sie sich auch nur ein bisschen für Musik interessierten, war Buddy damals die Nummer eins, denn er sang und war sehr zurückhaltend. Elvis war eine fantastische Erscheinung, aber weil Buddy eine Brille trug und ungefähr so aussah wie ein Bankangestellter, konnte man sich sagen: »Das ist nicht nur etwas für Leute, die wie Elvis aussehen«, also einfach ein erreichbarer Level. Buddy glich die Unterschiede aus und sagte: »Hey, wenn du gute Songs in dir hast, dann schaffst du's.« Später fand ich heraus, dass Elvis hinter den Kulissen in Wahrheit ein ziemlich braver Typ war, während Buddy den Weibern tüchtig einheizte. Und Buddy legte grundsätzlich erst los, wenn er sich einiges hinter die Binde gegossen hatte. Er war völlig anders als das Bild, das die Leute von ihm hatten.

Und dann gab es noch Chuck Berry, der zeigte, dass man die E-Gitarre so spielen kann, dass es wie ein ganzes Blasorchester klingt – womit man eine Menge Dollars spart und viele Bläser arbeitslos macht. Chuck steht für einen großartigen Stilmix. Man kann nicht sagen, was es eigentlich ist, aber er rührt eine wunderbare Mischung aus Rhythm und Country zusammen. Er ist besser als jeder andere, und seine Texte sind absolut brillant: lakonisch und witzig, bissig und schmutzig.

Zudem liebte ich Scotty Moores Gitarrenbegleitung von Elvis. Diese Aufnahmen von Sun sind ein richtiger Anker, an dem man sich festhalten kann. Eddie Cochran faszinierte mich ebenfalls – auch er ein echtes Energiebündel – sowie Jerry Lee Lewis. Wenn jemand nach England auf Tournee kam, drehten sich alle Nachrichten einzig um die Tumulte unter den Halbstarken. Das war schon faszinierend, aber ich fragte mich, wo ist die Musik? Und das ist jetzt Rock 'n' Roll, nehme ich an, ein Name für etwas, das es schon immer gab und das alle Furz lang einen neuen Namen bekommt.

RONNIE: Meine Mutter war mit ihrer Fingerfertigkeit eine richtige Künstlerin – sie schuf unglaublich feine Häkelarbeiten –, während mein Vater mit seiner Mundharmonika und einer Band mit einem Repertoire von 24 Stücken zu den Rennstrecken Englands tourte – Goodwood, Epsom, Sandown. Die Gruppe spielte an der Siegertribüne. Bedenkt man den Nachhauseweg war es ein Höllenjob. Wenn sie mit ihrem Laster mit flacher Pritsche auf dem Rückweg um eine Ecke bogen, gingen die meisten Musiker verloren. Unterwegs machten sie Zwischenstation in Pubs. Mein Dad klimperte auf dem Piano und mogelte sich meistens irgendwie durch die Songs – er war ein großartiger Bluffer, aber auch ein ausgezeichneter Entertainer. Er sang, erzählte Witze und hatte dabei schauspielerisches Talent.

Keith war von ihm meistens begeistert. Auf meiner Hochzeit mit Jo saßen er und Charlie neben ihm und hatten an ihm richtig Spaß. Er war in Topform. Meine Eltern haben also nie versucht, mich von meiner Musik abzubringen, auch wenn es damals schon ziemlich heftig war und ich dazu noch lange Haare hatte. Sie sagten bloß: »Ja, wenn du so aussehen willst, bitte.«

Den Musik-Floh haben mir meine beiden älteren Brüder ins Ohr gesetzt. Art ist zehn Jahre älter als ich, und Ted, ein Jazzer, ist acht Jahre älter: Ich wuchs auf mit einer Kost aus Jelly Roll Morton, »Bix« Beiderbecke und Louis Armstrong und seinen Hot Seven von Teds Seite – und aus Fats Domino, Little Richard, Howlin' Wolf und Jerry Lee Lewis von Arts Seite. Wenn meinen Brüdern etwas gefiel, hörte ich es mir auch an. Sie hatten verschiedene Bands mit Kumpels vom College. Ein Junge namens Lawrence Sheaf spielte Gitarre ziemlich genau wie Big Bill Broonzy. Von ihnen kam der erste Anstoß, Gitarre zu lernen.

Wir wohnten in der Whitethorn Avenue 8, in einem kleinen, gemeindeeigenen Wohnhaus bei Heathrow. Es wurde jedes Wochenende gerockt und es rockte buchstäblich: 30 bis 40 Leute drängten sich in dem kleinen Haus. Das Klavier war zwischen der Tür halb eingeklemmt, die Leute stiegen darüber oder unten durch, sie gammelten mit Kunststudenten herum oder tanzten in der Gruppe.

Einige Leute aus den Bands, mit denen Art damals spielte, nahmen mich zu Konzerten mit. Noch in kurzen Hosen hörte ich die englischen R&B-Bands und Blues-Pioniere wie Alexis Korner, Long John Baldry und Cyril Davies. Art sang bei den Cyril-Davies-Allstars. In der Band spielten großartige Leute wie Nicky Hopkins am Klavier, Bernie Watson – »Strawberry« – an der Gitarre, Ricky Brown am Bass und Carlo Little am Schlagzeug. Carlo hatte das erste mit Leopardenfell bezogene Schlagzeug und spielte mit Johnny Kidd and the Pirates und Screaming Lord Sutch. Außerdem hatte er auch Kontakte, über die er an importierte Schallplatten aus Amerika herankam. Ich erinnere mich, ich bin richtig ausgeflippt bei Sachen wie die von Howlin' Wolf oder Muddy Waters, bei Muddys erster Scheibe mit »Little Brown Bird« – mit einigen kleinen klassischen Slides und Gitarrenlicks. Carlo besorgte mir meine erste Platte mit »Blue Feeling« von Chuck Berry, das mit einer Lap-Steel-Gitarre besetzt war, für mich eine richtige Innovation. Als ich später meine erste Gruppe, The Birds, hatte, arbeiteten wir mit Franklin Boyd auf der Savile Row. Boyd hatte einen Verlag mit Geschäftskontakten zur Plattenfirma Tamla Motown, sodass wir schon früh an Importe herankamen und entsprechende Leute entdeckten. Und ich hatte auch eine Jazz-Phase, in der ich nach Gehör Stücke von George Benson und Wes Montgomery spielte und viel Jimmy Smith und Jimmy McGriff hörte, ebenso einiges von Grant Green. Es war eine tolle Art, Grundlagen zu legen. Einfach ein bisschen aus dem Repertoire von allen.

Das Ganze fing damit an, dass wir gegenseitig unsere Platten hörten. So lernten sich auch Mick und Keith kennen, im Zug, mit dem sie vom College nach Hause fuhren. Sie erfuhren von der Plattensammlung des anderen und waren begeistert: »Hey, du hast Muddy Waters. Du bist sicher ein guter Typ, gründen wir doch eine Band.«

Ronnie (ganz links) bei der Londoner Band Birds (einer Kurzform von Thunderbirds), in die er mit 16 Jahren eintrat. Nachdem sie die Mod-Rennstrecke der Hauptstadt bespielt und 1964/65 drei Singles bei Decca herausgebracht hatte, löste sich die Gruppe 1966 auf.

AHMET ERTEGUN

Ahmet Ertegun gründete 1947 Atlantic Records. Mit seinen Partnern Jerry Wexler and Nesuhi Ertegun machte er Atlantic zu einem der führenden unabhängigen Labels für R&B, Jazz und Rockmusik. 1970 traten die Rolling Stones an ihn heran, um ihr eigenes Label über Atlantic Records vertreiben zu lassen.

Anfang der 60er-Jahre sorgten zahlreiche britische Gruppen, deren Musik stark vom frühen amerikanischen schwarzen Blues und dem späteren Rhythm & Blues beeinflusst waren, für gewaltige Aufregung. Es war dieselbe Musik, die einige Jahre zuvor Elvis Presley inspiriert hatte, und sie brachte plötzlich eine Vielzahl neuer Bands aus England hervor, die sich dieser Musik verschrieben hatten. Viele von ihnen imitierten einfach die schwarze Musik, wie das auch amerikanische weiße Sänger in den 50er-Jahren getan hatten, bevor wahre Größen wie Elvis diese Musik glaubwürdig und mit echtem Gefühl neu erfanden.

In Amerika nahm man von dieser neuen Welle britischer Künstler jedoch erst Notiz, als die Beatles ganz groß herauskamen. Aber man sollte nicht vergessen, dass die ersten Platten der Beatles hier in den USA bei dem Chicagoer R&B-Label Vee-Jay herauskamen, bevor sie zu Capitol wechselten. Und sie trugen etwas sehr Wichtiges und erfrischend Neues zur Interpretation amerikanischer schwarzer Musik bei. Zwar wurden sie in erster Linie als Popgruppe berühmt, ebneten in Amerika jedoch einer ganzen Generation von bluesorientierten britischen Bands den Weg – allen voran den Rolling Stones.

Die Stones hatten eine größere Nähe zur schwarzen Musik, gleichzeitig waren sie revolutionärer und sorgten für Kontroversen. Ich war von Anfang an Stones-Fan. Es gefiel mir, dass sie den Blues und R&B mochten, den auch ich mochte, was sich an den Songs zeigte, die sie schrieben oder coverten. Und ich wusste sofort, dass sie die amerikanische schwarze

Musik genauso liebten wie ich – nur dass sie etwas hatten, was mir fehlte, nämlich großartiges musikalisches Können und eine großartige Stimme.

Als die Beatles nach Amerika kamen, wurden sie von Tausenden Mädchen im Teenageralter empfangen, und als die Stones kamen, warteten ebenfalls Tausende schreiender Kids auf sie. Aber zu den Stones-Fans zählte auch schnell eine andere Gruppe. Ich ging zu der ersten großen Party, die für die Stones in New York gegeben wurde und in Jerry Schatzbergs Studio in der Park Avenue im Stadtzentrum stattfand. Jerry war Modefotograf und wurde später Filmregisseur und Produzent. Da Baby Jane Holzer an jenem Tag Geburtstag hatte, war natürlich auch die ganze Andy-Warhol-Gang anwesend. Diesmal waren keine die Stones anhimmelnden Teenager da, sondern junge, hippe, intellektuelle, tonangebende Leute. Und sie schätzten die Stones als künstlerische, rebellische Gruppe, die etwas anderes machte, sich von den anderen Popgruppen jener Zeit unterschied.

Die Stones waren unverblümter und unangepasster als viele ihrer Kollegen. Sie waren furchtlos und sorgten für viel Gerede, vor allem in ihrer Anfangszeit – ja, sie waren von einer geheimnisvollen Aura umgeben, die vermuten ließ, dass sie sich in Bereichen bewegten, die noch tabu waren. Ob gerechtfertigt oder nicht, man unterstellte ihnen das damals jedenfalls.

Irgendwann war es so weit, dass ich zu Rolling-Stones-Gigs ging, nur um die Einleitungen zu ihren Songs zu hören – sie gaben einem diesen gewaltigen Kick, weil man wusste, was folgen würde. Es war diese Spannung, dieser Adrenalinstoß. Ich freundete mich mit Mick, Keith, Charlie und den anderen in der Gruppe an, zu denen auch ihr fantastischer Pianist Ian Stewart gehörte.

Dieser Freundschaft verdanke ich einen der wichtigsten Tage in meinem Leben. Im Herbst 1969 war ich in Los Angeles und fuhr zufällig an einem Studio vorbei, vor dem Hunderte von Jugendlichen herumhingen. Dadurch fand ich heraus, dass die Stones in der Stadt waren. Ich wohnte in einem Bungalow des Beverly Hills Hotels, und am nächsten Morgen klopfte jemand an die Tür meiner Suite. Ich öffnete, und vor mir stand ein Roadie, der sagte: »Die Stones machen Aufnahmen.« »Ich weiß.« »Mick hat gesagt, dass du ins Studio kommen kannst, wenn du Lust hast, und sie dir was von dem Zeug vorspielen, an dem sie gerade arbeiten«, fuhr er fort.

Abends ging ich dann ins Studio. Sie fielen mir um den Hals und freuten sich, mich zu sehen. Dann spielten sie mir eine neue Version von »Honky Tonk Women«, an der sie gerade arbeiteten, und ein paar andere Sachen vor. Der Produzent Jimmy Miller drehte Joints, und alle hörten Musik und wurden high. Ich musste dann jedoch gehen, weil ich eine Verabredung zum Abendessen mit einem Typen namens Bill Drake hatte, der bestimmte, welche Platten auf Dutzenden von Radiosendern gespielt wurden. Jeder in Amerika, der was mit Promotion zu tun hatte, hofierte ihn, aber mich mochte er, weil wir immer Bourbon pur zusammen tranken.

Ich fuhr also zu diesem Treffen, und als ich an seinem Haus ankam, waren da all diese Typen von unterschiedlichen Plattenfirmen, die um seine Gunst kämpften. Und Bill sagte: »Es gibt nur zwei Leute auf der Welt, die diesen guten Whisky zu trinken verstehen, nämlich Ahmet und ich.« Dann schenkte er zwei Gläser ein und machte gluck, gluck und ich machte gluck, gluck. Anschließend gingen wir zum Abendessen und tranken weiter.

Ich hatte mich mit Mick im Whisky A Go-Go verabredet, wo Chuck Berry spielte. Deswegen rief ich im Club an und reservierte einen Tisch in der Ecke. Ich war mit Bill und ein paar Mädchen zusammen, und als ich sagte: »Leute, ich muss los, denn ich bin um Mitternacht mit Mick Jagger verabredet«, sagte Bill: »Was, Mick Jagger?!« Also lud ich ihn ein mitzukommen.

Wir gingen also alle vier zu diesem Club, und Mick kam, die Band spielte, und es war sehr laut. Wir nahmen noch ein paar Drinks und machten Witze, und dann fing Mick an, mir was zu erzählen. Bei dem ganzen Lärm verstand ich kaum ein Wort, kriegte aber irgendwie mit, dass der Vertrag der Band mit Decca auslief und sie daran interessiert waren, zu Atlantic zu wechseln, ein Label, das sie schon seit langem bewunderten. Aber ich war inzwischen ziemlich abgeschlafft, hatte ja auch schon 'ne Menge intus an diesem Abend und auch ein bisschen Jetlag. Also schlief ich ein, während er mir das alles erklärte. Und dieses Mädchen schüttelte mich immer wieder und sagte: »Wach auf, Ahmet, hier geht's um was Wichtiges«, aber ich nickte immer wieder ein. Schließlich brachten Bill und Mick mich zu meinem Wagen, und ich wurde zurück ins Hotel gefahren.

Wie sich herausstellte, hatte mir meine offensichtliche Lässigkeit einen guten Dienst erwiesen. Mick kann aufdringliche Leute nicht ausstehen, und es gefiel ihm, dass ich in seiner Gegenwart einschlief. Am nächsten Tag hab ich mich mit ihm und den anderen Jungs getroffen, und wir begannen mit den Verhandlungen über das, was eine 15-jährige Verbindung zwischen Atlantic Records und den Rolling Stones werden sollte. Es war eine Zeit, in der wir – mit den Stones, Eric Clapton und Lep Zeppelin – beinahe den gesamten britischen Rock 'n' Roll unter Vertrag hatten. Und das sollte noch lange so bleiben, mit einer großen Liste britischer Bands, zu denen unter anderem auch Yes, King Crimson, ELP, Roxy Music, Genesis und Bad Company gehörten.

Ich glaube, die Stones wollten einen Vertrag mit Atlantic, weil Chess dichtgemacht hatte. Es war eine Entscheidung zwischen Atlantic und Excello. Ganz im Ernst, sie wollten bei einem funkigen, unabhängigen Label unter Vertrag sein. Sie wollten nicht mehr mit einem riesigen Unternehmen zusammenarbeiten. Mick kannte unser Programm sehr gut – mit einem Teil dieser Musik war er aufgewachsen, und er liebte sie.

Andererseits handelte es sich um eine nicht zu unterschätzende Gruppe, die ein großes Vertriebsnetz brauchte. Wir hatten ein bisschen von beidem: Wir konnten ihnen ein großes, internationales Vertriebsnetz bieten, uns gleichzeitig als unabhängiges Label persönlich um sie kümmern und ihren musikalischen Wert und ihre Originalität verstehen und fördern.

Außerdem waren wir in der Lage, mit ihnen den bis zu diesem Zeitpunkt wahrscheinlich teuersten Deal abzuschließen – was die Vorschüsse und die Tantiemen anging. Natürlich wird jeder große Deal im Laufe der Zeit durch einen noch größeren in den Schatten gestellt, aber es war wirklich ein großer Deal.

Der Vertrag unterschied sich völlig von unserer üblichen Arbeitsweise. Wir nahmen nur ganz selten Künstler unter Vertrag, die bereits bei anderen Labels großen Erfolg gehabt hatten. Wir arbeiteten mit ein paar etablierten Künstlern zusammen, aber keiner von ihnen war bereits so bekannt wie die Stones. Als wir zum Beispiel Aretha Franklin unter Vertrag nahmen, war sie fünf Jahre lang bei Columbia gewesen, doch der große Erfolg stellte sich erst bei uns ein. Die Stones hingegen waren damals schon die beste Rock 'n' Roll-Band der Welt.

Überflüssig zu sagen, dass ich mich geschmeichelt fühlte und mich riesig freute, als sie sich entschieden, zu uns zu kommen. Ich erinnere mich, dass ich nach unserem ersten Treffen auf dieser Party meinen Freunden erzählte, wie großartig die Stones seien und wie hip und anders und so weiter. Einer von ihnen meinte: »Du kannst diese Leute nicht mit einem Künstler wie Frank Sinatra vergleichen. Eine Gruppe wie diese, die hüpfen jetzt auf der Bühne rum, aber was ist, wenn sie 30 sind?« Ich wäre glücklich gewesen, wenn ich hätte sagen können: »Na ja, wenn sie 30 sind, werden sie ihre Plattenaufnahmen bei mir machen«, aber wer hätte das damals schon voraussagen können.

Und dann feierten wir etwa zehn Jahre später Micks 30. Geburtstag mit einer Party auf dem Dach des St.-Regis-Hotels in New York. Zur Unterhaltung hatten wir das Count Basie Orchestra und Muddy Waters eingeladen. Das war sicherlich das einzige Mal, dass Basie und Muddy bei ein und derselben Veranstaltung auftraten.

Im Watergate-Hotel in Washington D.C. lief mir im Korridor mal der großartige russische Tänzer Michail Barischnikow über den Weg. Wir waren befreundet, und so sagte ich: »Wenn du heute Abend nichts vorhast, ich gehe zu einem Stones-Konzert.« Da er die Band gerne sehen wollte, nahm ich ihn mit. Er war völlig von den Socken und sagte nach der Show zu Mick: »Es gibt nur zwei Leute, die so tanzen können wie du heute Abend. Du und ich!«

Ich glaube, das Geheimnis von Micks Charisma ist sein unglaublicher Charme, der unter vier Augen wie auf der Bühne vor Tausenden von Fans gleichermaßen zum Tragen kommt. Wenn du mit ihm sprichst, ist er ganz bei der Sache und völlig einnehmend, mit einem Ausdruck in den Augen, der von echtem Interesse und wahrem Verständnis zeugt. Und dann dieses außergewöhnliche Lächeln und dieser erstaunliche, völlig faszinierende Mund. Mick besitzt eine große Herzenswärme, die alle um ihn herum ansteckt. Und wenn er Musik hört oder mit den Stones singt und tanzt, dann strahlt er eine Begeisterung aus, die aus seinem tiefsten Inneren kommt.

Natürlich ist Mick schon seit langem ein großes Sexsymbol, für Männer wie für Frauen, aber viel wichtiger ist: Er ist ein fantastischer Sänger. Er hat die Fähigkeit, seine Stimme und seine Interpretation von Song zu Song zu ändern, etwas, worüber die Leute selten reden. Er singt in allen möglichen Tonlagen, er singt Falsett, und hinter allem steckt eine Absicht – alles, was er macht, hat eine bestimmte Bedeutung.

Was die Stones musikalisch von allen anderen unterscheidet, sind neben ihrem fantastischen Repertoire an Songs ihre sagenhaften, originellen Arrangements. Keiths Gitarrenspiel war schon immer unglaublich raffiniert und völlig unverwechselbar, und ob mit Brian Jones, Mick Taylor oder Ron Wood, er hat einen musikalischen Austausch geschaffen, der seinesgleichen sucht. Die Art, wie die Gitarren untereinander und mit der Rhythmusgruppe zusammenarbeiten, ist einzigartig – es ist ein so erstaunlicher Groove und absolut keine Kopie irgendeines Vorgängers der Stones. Natürlich wurde ihre Musik von den großen Blues- und R&B-Grooves der Vergangenheit beeinflusst, aber sie haben etwas völlig Neues daraus gemacht.

Im Zentrum dieses Grooves steht Charlie, einer der größten Drummer, die ich je gehört habe. Die einzigen anderen mir bekannten Musiker, die das gleiche musikalische Gespür haben wie Charlie, sind die großen Jazz-Schlagzeuger wie Dave Tough, Big Sid Catlett und Jo Jones. Es geht einfach darum, ein Gespür fürs Timing zu haben, und Charlie gehört zu den wenigen Drummern im Bereich Rock 'n' Roll – wenn er nicht gar der Einzige ist –, die es wirklich haben.

Die Seele der Gruppe waren immer Mick, Keith und Charlie. Und natürlich war Bill Wyman in den vielen Jahren, in denen er der Band angehörte, auch sehr wichtig. Ich finde, die Gruppe klingt heute so gut wie eh und je, vielleicht sogar besser. Sie machen weiter, weil es keinen Grund gibt aufzuhören. Ich weiß nicht, wie lange Mick noch weitermachen will, aber für mich sieht er noch genauso aus wie mit 22. Er ist absolut fit und äußerst agil, und die ganze Band klingt fantastisch. Die Rolling Stones sind die langlebigste Truppe aller Zeiten.

All music is connected especially in a little place like England. Nothing comes from nothing at all.

Mick Jagger

EIN KIESELSTEIN IM TEICH

2

KEITH: Um die Zeit, als ich Mick im Zug von Dartford nach London kennen lernte, hatte ich von Muddy Waters nur ein oder zwei Stücke gehört und besaß von ihm keine einzige Platte. Mick hatte *The Best Of Muddy Waters*, wahrscheinlich *noch immer* seine beste. Wenige Tage nach unserer ersten Begegnung ging entweder ich zu Mick oder er kam zu mir. Und es ist verrückt, nach nur dieser einen Begegnung, als ich wissen wollte, woher Mick seine Platten bekam und nachdem wir sie uns dann zusammen angehört hatten, wussten wir, dass wir auf einer Wellenlänge lagen. Und das ist noch heute so, auf unsere eigene, bizarre und sonderbare Art und Weise. Wenn es um Musik geht, wenn wir zusammen arbeiten, dann tut sich einfach etwas. Ich weiß nicht wie oder warum: Das ist wohl eines dieser Rätsel der Alchimie …

Wir hörten uns zunächst Platten an und machten ein bisschen Musik. Mick erzählte, dass er in einer Band gesungen und gelegentlich auf dem Schul-Schwoof Sachen von Buddy Holly und Ähnliches gebracht habe, allerdings hatte ich ihn bei keiner dieser Veranstaltungen gesehen. Dann meinte er: »Ich habe einen Kumpel namens Dick Taylor. Der hat ein Gästehaus, in dem wir proben können.« Und ich sagte: »Dick Taylor?« Dick Taylor war bei mir auf der Art School; er klimperte auch auf der Gitarre und er war mit Mick aufs Gymnasium gegangen. Plötzlich hatte sich ein Kreis geschlossen, durch irgend so einen Zufall. Dicks Eltern waren für ein paar Wochen im Urlaub, also sagten wir: »Warum gehen wir nicht einfach zu ihm und machen Nägel mit Köpfen.« Bob Beckwith, ein weiterer Freund, kam mit – er hatte einen Verstärker, der einen echt hörbaren Unterschied brachte, und ein Grundig-Aufnahmegerät dazu: Man hörte, wie schlecht man noch war, und dachte trotzdem, man sei phantastisch.

Auch ohne daran zu denken, eine Band zu gründen, fing es an Spaß zu machen, zusammen zu spielen und herauszubekommen, wie all diese Stücke gingen. Und derweil kam Mick an Platten von Chess heran, während wir noch darauf warteten, dass sie in England herauskamen.

Ich hatte gar nicht gewusst, dass so etwas bei Chess Records ging, aber Mick war eben sehr viel besser organisiert.

Mick hatte Kontakt zu einem Typ namens Dave Godin, der in seiner Straße in Bexley Heath wohnte. Dave war ein echter Sammler, ein großer Fan, und wir schauten oft bei ihm vorbei. Er hatte all diese Platten. Wir kamen aus dem Staunen nicht heraus. Es war, als blickte man in eine Schatzkammer. In diesem Moment wurde einem erst so richtig bewusst, was es alles zu erkunden und zu entdecken gab. In diesen Tagen konnte man an eine Tür klopfen und fragen: »Wie heißt eigentlich dieser Song von Chuck Berry?«, oder sich nach dem Titel der B-Seite irgendeiner T-Bone-Walker-Scheibe erkundigen – irgendetwas völlig Obskures. Der Befragte wusste es dann zwar nicht, sagte aber: »Komm doch rein und trink eine Tasse Tee, dann sehen wir mal nach«, oder: »Ich schau mal in die Liste.« Sie hatten ganze Aktenschränke mit solchem Zeug.

Das Ganze weitete sich aus, ich meine, die Begegnung zwischen Mick und mir war wohl so, wie wenn man einen Kieselstein in einen Teich wirft und die Ringe auseinander laufen. Es bleibt ein verdammt großer Teich. Man sieht das ganze Wasser und weiß, es ist nur die Oberfläche …

MICK: Alexis Korner spielte gewöhnlich in diesem Club in Ealing, und ich ging samstagabends dorthin, um was zum Lachen zu haben. Er war voll von diesen Trainspotters, die irgendetwas unternehmen wollten, einfach ein Haufen Parkas. Nur Typen, die meisten ziemlich furchtbar, Girls waren schwach vertreten. Das war das erste Publikum für die Art Musik, die Alexis machte, und dann weitete es sich etwas aus. Wir brachten gewöhnlich andere Leute mit, sodass etwas mehr Stimmung aufkam. Ich ging jedes Wochenende hin und machte bei einem Stück mit. Es war so nah bei mir zu Hause, ganze zehn Minuten Fahrt mit der U-Bahn.

KEITH: Alexis begeisterte sich sein ganzes Leben hindurch für Blues, und dieser Mann, verdammt, kam auch noch im Radio. Von der BBC gesendet zu werden, war sozusagen der Aufstieg in den Götterhimmel: Ins Radio? Sagenhaft! Alexis' Band war dabei so etwas wie eine inoffizielle Schule. Die Zahl der Musiker, die er für seinen Stil gewonnen oder zu ihm ermutigt hat, ist gewaltig. Er war ein hervorragender Gitarrist, engagierte sich aber auch unglaublich für seine Musik. Von Alexis hat man nie den Ellenbogen zu spüren bekommen. Wenn man ein Problem hatte, konnte es durchaus sein, das er sagte: »Vergiss es einfach, sonst wird dein Leben so deprimierend.« Aber meist war er aufmunternd. Aus seiner Sicht hatte Alexis hart darum gekämpft, dem Blues und R&B Akzeptanz zu verschaffen, und plötzlich taten sich die Schleusentore sehr viel weiter auf, als man jemals erwartet hatte – mit einer halbstündigen Sendung einmal die Woche im dritten Programm der BBC.

»Wenn es um Musik geht, wenn wir zusammen arbeiten, dann tut sich einfach etwas. Ich weiß nicht wie oder warum: Das ist wohl eines dieser Rätsel der Alchimie.«

Keith

CHARLIE: Alexis war der reinste Musikwissenschaftler. Er wusste alles über Musik. Er fing als DJ an und hatte Hunderte von Platten. Er wohnte mit einem Typ namens Charles Fox zusammen. Der war Sprachrohr der Avantgarde und machte Radiosendungen, in denen er Platten von Leuten wie Albert Ayler spielte. Sie hatten ein Apartment in der Moscow Road, einer Seitenstraße des Queensway, das ging über zwei Stockwerke und alle Räume waren voll gestopft mit den Alben, die sie gesammelt hatten.

Alexis spielte diesen so genannten R&B, eine Musik, von der ich noch nie gehört hatte, mit

Dick Heckstall-Smith am Saxophon, einem sehr modernen Musiker, und einem Mundharmonika-Spieler namens Cyril Davies. Von Leuten wie ihm hatte ich auch noch nie gehört. Ungefähr ein Jahr, nachdem ich mich Alexis angeschlossen hatte, verfügte er über eine der avantgardistischsten Jazzbands der Zeit, ein wenig wie die von Charles Mingus. Alexis würde das voll unterschreiben: Mingus war einer seiner liebsten Jazzmusiker wegen seiner echten Wurzeln im Blues, mit Ginger Baker am Schlagzeug, Jack Bruce am Bass und Graham Bond an der Orgel. Cyril war damals ausgestiegen und die Band war wirklich sehr merkwürdig. Alexis hatte einen phantastisch eklektischen Musikgeschmack. Er war wirklich nur noch einen Schritt von der Essenz des Rock 'n' Roll entfernt, es war eine der großartigsten Bands, die je zustande gekommen sind.

KEITH: Mick hatte von Alexis Korner und dem Ealing Club gehört. Er riss sich den Wagen seines Vaters unter den Nagel – für mich etwas ganz Besonderes, weil wir nie ein Auto hatten. Es war, als hätten wir unsere Zeit seit eh und je bei Dick Taylor mit der Gitarre zugebracht, obwohl es wahrscheinlich nur vier oder fünf Monate waren. Ich sah mich zu der Zeit noch nicht als Gitarrist. Ich war einfach sehr interessiert und hatte Spaß am Spielen: Ich war ein paar Mal mit Mike Ross mit Country-Songs in der Schule aufgetreten. Aber Alexis war ein großartiger Typ. Er fragte jeden, der spielen konnte: »Springst du mal für zehn Minuten ein, während ich einen Drink nehme?« Und dann stieg man zitternd und vor Schweiß triefend auf die Bühne. Es war wirklich ein schrecklicher Ort.

»Wir wussten, sobald wir loslegten, drehten alle durch, aber keiner wollte uns einen Gig geben. Nicht, weil wir nicht gut waren, sondern einfach, weil wir nicht die ›richtige‹ Musik machten.«

Mick

CHARLIE: Ich erinnere mich, dass ich im Ealing Club sehr gut mit Brian und Keith zusammengespielt habe. Das Kalbsleder auf den Drums klang so dumpf wie ein Fußabtreter, weil sich im Raum so viele Leute drängten, dass die Decke tropfte. Sie spannten so eine Art Zelt über uns auf, das sich im Verlauf des Abends immer weiter auf uns herab senkte, und wenn man es berührte, rann einem ein Bach aus Kondenswasser den Rücken hinab. Und man hörte überhaupt nichts.

Brian, Charlie und Keith in der Frühzeit des Ealing Club.

KEITH: Der Ealing Club war wie ein Kellergeschoss unter der U-Bahn-Station Ealing. Die Oberlichter aus Glassteinen leckten wie der Teufel, und die Feuchtigkeit war wohl das Schlimmste, was ich je erlebt habe. Mit der Erfahrung von damals kann ich noch heute in solchen Schuppen arbeiten. Man watete buchstäblich in ein paar Zentimetern Wasser, und dazwischen die ganze Elektrik. Es ist geradezu ein Wunder, dass nicht ein paar Leute verschmort sind. Der Club gehörte diesem libanesischen oder syrischen Typen, der ein mieses kleines Frettchen war, auf seine Art aber auch ganz in Ordnung. Man lernte den archetypischen Londoner Club-Manager kennen, einen von denen, die sagen: »Du spielst, oder ich breche dir das Genick.«

Der Ealing Club war vor allem voller Fans. Man ging nicht zum Aufreißen hin, und wenn man es versuchte, geriet man wahrscheinlich an die Alte eines anderen. Die Szene war jedenfalls vollständig männlich dominiert. Als später das Publikum wuchs, kamen auch mehr Frauen, und viele der Jungs brachten ihre Girls mit, aber anfangs war das eher was für Männer, ungefähr

Die Stones präsentieren in der TV-Sendung Ready Steady Go! *1963 ihr kurzlebiges Pendant zu den Beatles-Anzügen – mit Multiinstrumentalist Brian, der an Micks Stelle die Mundharmonika bläst. Das Fernsehen spielte für das Bekanntwerden der Band, die im Januar 1964 an der Spitze der* Top Of The Pops *stand, eine wichtige Rolle.*

Voll in Fahrt während des dritten nationalen Jazz-Festivals auf dem Richmond Athletic Ground im August 1963. Der Terminkalender sah für diesen Monat Gigs vor, die noch im fernen Margate's Dreamland Ballroom, dem Il Rondo Ballroom in Leicester und dem Royal Lido Ballroom in Prestatyn (Nordwales) stattfanden.

so wie ein Club für Trainspotter oder Briefmarkensammler. Die Szene war ganz überschaubar, und dass sie sich so schnell explosionsartig ausweitete, übertraf alle Erwartungen. Es passierte einfach, ohne dass wir es richtig merkten. Von da an wurden die Wellenringe größer. Wir waren in den Ealing Club hinabgestiegen und trafen auf Alexis Korner, Brian Jones, Paul Jones und Charlie Watts. Ian Stewart tauchte in der Szene auf, und natürlich auch Cyril Davies mit der Mundharmonika.

MICK: Ich bin ein Fan von Little Walter, kann mich aber nicht erinnern, wann ich angefangen habe, Mundharmonika zu spielen. Anfangs gab es sicher auch Konkurrenz mit Brian, genauso wie Keith Brian auf der Gitarre Konkurrenz gemacht hat. Das Besondere an Brian war, dass er viele Instrumente beherrschte. Er spielte sogar Klarinette, auch wenn ich ihn nie damit gehört habe, jedenfalls nicht bei uns. Klarinette war damals nämlich so eine Art Tabu-Instrument aus dem Traditional Jazz – das kam für eine Rockband nicht in Frage. Trotzdem wusste ich, dass Klarinette sein Hauptinstrument gewesen war. Und er spielte Blockflöte in »Ruby Tuesday«, was wohl eines der wenigen Male war, dass er auf einer Platte der Rolling Stones ein Blasinstrument spielte. Aber so gesehen war Brian ein Bläsertyp. Ich glaube, er spielte Mundharmonika anfangs besser als ich, aber dann wurde ich besser. Das ist natürlich eine ganz subjektive Einschätzung, denn er hatte ja einen ganz anderen Stil.

RONNIE: Als ich Art mit Cyril Davies singen sehen wollte, stand Mick Jagger in der ersten Reihe. Er fragte Cyril: »Wie zieht man einen Ton?« »Nun, man nimmt eine Zange …«

MICK: Cyril Davies war der einzige Mundharmonikaspieler, den ich live hören konnte. Es gab sonst niemanden, leider, obwohl Cyril nicht schlecht war. Sehr viel besser, als ich je sein könnte. Das war sein Ding. Er sang auch, wenn auch nicht besonders gut. Von Cyril habe ich eine Menge gelernt, er war allerdings kein freundlicher Typ, er war sehr schroff, fast bis zur Grobheit.

Zunächst einmal erfuhr ich, dass man viele Mundharmonikas in verschiedenen Tonarten brauchte, und das war höllisch teuer. Man brauchte sie einfach, ohne ging es nicht. Außerdem

»Durch Brian, Mick und Keith habe ich mich erstmals ernsthaft mit R&B auseinander gesetzt. Ich hatte keine Ahnung. Blues waren für mich die langsamen Stücke von Charlie Parker oder Johnny Dodds.«

Charlie

benötigte man Stimmzungen, und diese Rohrblätter gingen oft kaputt und waren miserabel gefertigt. Ich wollte wissen, wie man Mundharmonika spielt, aber Cyril dachte gar nicht daran, es mir beizubringen. Also schaute ich ihm einfach zu. Ich unterhielt mich mit ihm, und schließlich hatte er sich etwas an mich gewöhnt. Allerdings ist die Mundharmonika kein Instrument, das man einem leicht beibringen kann, das ist nicht so, wie wenn man am Keyboard sitzt und sagt: »Schau Mick, das geht so, da musst du die Finger drauf legen.« Bei der Mundharmonika können einem die Leute ja nicht zeigen, was sie innen in ihrem Mund machen. Es gibt natürlich Lehrmaterial und Unterricht, aber ich habe mich mit meiner Mundharmonika einfach hingesetzt und Platten von Jimmy Reed gehört, der praktischerweise nur in ein paar Tonarten spielt, sodass es nur zwei oder drei Variationen gab. So habe ich es mir beigebracht, mit Platten von Jimmy Reed.

KEITH: Als Alexis Mick und mich zum ersten Mal für ein paar Stücke auf die Bühne holte, merkte ich plötzlich, dass wir »Roll Over Beethoven« spielen würden – und das was ganz sicher nicht das Ding von Alexis. Ich fing also an mit »duh, duh, duh«, und bekam mit, wie Alexis absichtlich eine Saite zerriss, damit er nicht mitspielen musste. Obwohl er ein phantastischer Eklektiker war, wollte er sich am Rock 'n' Roll nicht beteiligen. Cyril Davies war damals auch absolut dagegen, obwohl er innerhalb weniger Monaten seine Meinung änderte. Dazu sagte er gewöhnlich: »Wir sind hier kein Rock 'n' Roll-Club.« Und so musste ich mich gegen diesen raubeinigen Blechschläger durchsetzen.

MICK: In England und Amerika gab es eine Gruppe Leute, die nur eine bestimmte Art Jazz mochten. So wie die moderne Kunst des 20. Jahrhunderts bei manchen keine Chance hat, so konnten andere mit jeder Art Jazz, die nach dem Zweiten Weltkrieg – oder welches Datum sie auch im Sinn hatten – entstand, überhaupt nichts anfangen. Diese Clubs wie der Ealing oder der Marquee waren traditionelle Clubs, die auf Dixieland setzten. Mir persönlich hat das nie gefallen, auch wenn es in England sehr populär war: Acker Bilk und Ähnliches ... Die Musiker spielten die Arrangements exakt so, wie sie in ihrer Zeit geschrieben worden waren. Es waren wirklich gute Musiker, aber sie spielten immer nur dieses Zeug.

KEITH: Zu dieser Zeit gab es eine gewaltige Spannung zwischen unserer Musik und dem Traditional Jazz, der hauptsächlich die gesamte Londoner Clubszene repräsentierte. Alle Clubs und Pubs waren in den Händen von wenigen Veranstaltern, und die spürten wohl plötzlich einen kalten Wind heranziehen und merkten, dass es mit »Midnight In Moscow« oder »Petite Fleur« bald vorbei sein könnte. Sie waren leicht selbstzufrieden geworden, während in meiner Generation die Erkenntnis wuchs, dass man nicht immer die gleiche Kiste machen musste – unter den Leuten herrschte das unbestimmte Gefühl, dass sich etwas änderte. Aber manche Ältere wollten das nicht wahrhaben. Da wurde ein erbitterter Kampf ausgetragen, vor allem, als es uns noch an Ressourcen fehlte. Einige von diesen Musikern – ich will keine Namen nennen, und wahrscheinlich sind sie ohnehin tot – leisteten richtig Widerstand. Sie setzten einem das Messer an den Hals und sagten: »Hör mit deinen verdammten Rock 'n' Roll-Scheiß auf, mein Sohn.« Und dabei hatten wir gar nicht vor, ihnen die Existenzberechtigung streitig zu machen. Alles was wir wollten, war ein Ellenbogen breit Spielraum, um unsere Sachen zu spielen.

MICK: Chris Barber hatte großen Einfluss, weil Lonnie Donegan in seiner Band war und auch deshalb, weil er Muddy Waters nach England holte. Ich glaube, Muddy war zuvor schon mit seiner elektrischen Band, die dann offenbar wie eine Bleiente unterging, durch England getourt. Diese ganzen Lokale wie der Marquee Club waren Treffpunkte für den Traditional Jazz und entsprechend ausgestattet, sodass man nur die Art Musik in diesen Aufstellungen in genau der Weise machen konnte. Cyril Davies war beim Blues genauso: »Blues geht so, und Mundharmonika spielt man so, und so weiter und so fort.« Ich wusste nicht, wovon sie eigentlich redeten, weil mich Musik einfach insgesamt interessierte. Es war mir scheißegal: Wenn mir Tab Hunter mit dem Song »Red Sails In The Sunset« gefiel, dann zog ich los und kaufte die Platte. So bin ich auch heute noch. Die meisten Musiker sind so. Aber manche dieser Leute waren ernste Puristen, die die Rolling Stones in ihren Anfängen für eine Rock 'n' Roll-Band hielten, was wir allerdings auch waren. Wir wussten, sobald wir loslegten, drehten alle durch, aber keiner wollte uns einen Gig geben. Nicht, weil wir nicht gut waren, sondern einfach, weil wir nicht die »richtige« Musik machten. Wir waren wie Muddy Waters mit der Chris-Barber-Jazzband. Wir machten nicht die richtige Musik zur richtigen Zeit am richtigen Ort.

KEITH: Ich glaube, die Jungs vom Traditional Jazz haben ihren eigenen Markt gesättigt – es gab einfach zu viele Jazzbands – denn schon ein paar Wochen, nachdem wir zu spielen begonnen hatten und die Pausen von Alexis im Marquee füllten, bekamen wir den Hauptauftritt – es sei daran erinnert, dass mit Glück dabei ganze 50 Pfund heraussprangen, und zwar für die gesamte Band. Und sie hatten dann kein Engagement mehr. In dieser Zeit wurden wir besonders angefeindet.

CHARLIE: Als Alexis' Gruppe den Auftritt am Donnerstagabend im Marquee angeboten bekam, war ich außer Landes. Ich arbeitete als Graphikdesigner in Skandinavien. Ich dachte so ungefähr: »Alexis Korner, wer ist denn das?« Ein Freund von mir sagte: »Du musst zurückkommen und da mitmachen.« Und ich sagte: »Ich kenne den doch gar nicht richtig. Ich bin ihm ein paarmal begegnet. Was ist das für eine Band?« Nach Abschluss meiner Arbeit kehrte ich zurück und probte einmal mit Alexis. Ich muss hinzufügen, dass ich zu der Zeit mit Don Byas Musik machte, als der mit seiner Studentenband vom Konservatorium spielte. So habe ich auch meine Frau Shirley kennen gelernt, weil zwei Jungs aus der Gruppe, der Pianist Keith Scott und der Bassist Andy Hoogenboom, von der Hornsey Art School waren, an der auch Shirley studierte, und sie kam mit Andy und seiner Frau.

Cyril Davies spielte Stücke, von denen ich später erfuhr, dass es »Chicago Blues« war. Für mich war Chicago der Jazz, den Eddie Condon und Dave Tough spielten. Was Cyril bei Alexis spielte, stammte aus Folksongs aus dem Mississippi-Delta. Ich machte da mit, ohne zu wissen, was zum Teufel das eigentlich war.

Alexis wollte, dass seine Band in der Lage war, alles und wirklich alles zu spielen. Dann

> *»Edith Grove – oh Gott, was für eine Bruchbude, aber eine tolle Bruchbude. Wir hatten kaum was zu essen, aber das machte nichts, denn immerhin konnten wir einige Platten kaufen.«*
>
> *Keith*

Charlie spielt mit Cyril Davies und Alexis Korner (r.).

wurde es allerdings etwas schwieriger, denn obwohl er diese neue Art Musik schuf, wurde ihm gewissermaßen der rechte Arm abgehackt, als Cyril, sein Star, die Truppe verließ.

Cyrils großer Streit mit Alexis drehte sich darum, dass Alexis angeblich keinen Chicago Blues spielte, was Alexis anders sah. Ich mochte beide sehr gerne, hatte aber keine Lust, in ihrem Streit zwischen die Fronten zu geraten. Geld und solche Sachen spielten oft auch eine Rolle. Ich wollte nicht hineingezogen werden. Ich war in der Gruppe nur ein Schlagzeuger, zwei Pfund pro Gig, und wusste nichts über die Musik, die sie spielten. Ich konnte mich nicht einmal an ihrem Streit beteiligen, weil ich gar nicht genau verstand, wovon sie eigentlich redeten.

Schließlich verließ ich Alexis, weil er sich in eine andere Richtung bewegte und ich spürte, dass ich dem nicht gewachsen war. Ich sagte: »Das wär was für Ginger Baker«, und er nahm den Tipp an. Ginger war in dieser Zeit richtig gut, weiter als viele andere. Ich erinnere mich an sein Schlagzeug: Er hatte es aus durchsichtigem blauen Plastik selbst gebaut, sehr avantgardistisch.

Brian hatte ich über Alexis kennen gelernt, vielleicht sogar schon vorher – und ebenso Mick. Alexis hatte keinen festen Sänger. Es gab zwar Cyril Davies, aber manche Songs konnte oder wollte er nicht singen, und wir hatten einen amerikanischen GI namens Ronnie Jones und ein paar andere, die in der Art von Geno Washington sangen. Alexis bot auch Mick Jagger an, in der Gruppe zu singen. Alle waren so eine Art Gast-Sänger. Ich erinnere mich, dass ich mit Alexis neben dem Hilton im Londonderry House spielte. Der Marquis von Londonderry war ein Freund von Mick und liebte Jazz. Mick sang, und als Ehrengast spielte Benny Goodman mit uns.

Keith lernte ich kennen, als er und Brian im Ealing Club mitspielten. Alexis kriegte auf unglaubliche Art immer wieder eine Saite kaputt. Während er eine neue aufziehen ging, kamen Brian und Keith zum Zug.

Obwohl Mick und Keith den Song »Sitting On A Fence« (auf einem Zaun sitzend) schrieben, stellten sie sich auf eine Mauer im krampfhaften Versuch, in einer endlosen PR-Fotoserie für Abwechslung zu sorgen. Während dieser ausgedehnten Kampagne entstanden auch die Fotos auf der nächsten Seite und auf den Seiten 45, 58 und 59.

KEITH: Edith Grove – oh Gott, was für eine Bruchbude, aber eine tolle Bruchbude. Wir hatten kaum was zu essen, aber das machte nichts, denn immerhin konnten wir einige Platten kaufen.

CHARLIE: Ich zog zu Brian und Keith in ihre Wohnung im Edith Grove. Ich suchte nach einem Job – Schauspieler nennen so etwas »Zwischen-Engagements« – und langsam bekamen wir mehr zu tun. Und ich begann am R&B regelrecht Gefallen zu finden, weil ich oft mit Brian und Keith zusammensaß und diese Musik hörte. Elvis hatte ich nie gemocht, bis mir Keith Material von Sun Records vorspielte, das mir ausgezeichnet gefiel. Mein Lieblingsstück war »All Shook Up« – und dann die frühen Stücke mit D. J. Fontana, die sind doch fabelhaft.

KEITH: Wir haben überhaupt kein Geld verdient. Etwa ein Jahr haben wir mit Betteln, Borgen und Stehlen bestritten. Wir, das heißt ich, Brian und Mick, zogen herum und sammelten alte Bierflaschen ein, die wir dann als Leergut zurückbrachten. So haben wir uns die Woche über durchgeschlagen oder eine neue Gitarrensaite gekauft.

Da wir keine Gigs und auch sonst nicht viel zu tun hatten, entwickelten Brian und ich diese Art, zwei Gitarren auf diese miteinander verwobene Art zu spielen. Dieser Gedanke leuchtete uns unmittelbar ein, als wir Jimmy Reed hörten. Dieses Ding mit den zwei Gitarren auf Jimmys Platten ist hervorragend ausgearbeitet, so sauber und wunderbar konsistent ... und er hat seinen Sound in 25 Jahren kaum geändert. Man begriff, dass man das auch in anderen Stücken machen konnte, ohne Jimmy Reed zu kopieren. Brian und ich hatten während dieses verdammt kalten Winters 1962/63 nichts anderes zu tun, als in unseren Mänteln zu zittern und herauszubekommen, wie Jimmys Sachen gingen. Anschließend widmeten wir uns Little Walter und Louis und David Myers, die zu seiner Backing-Band gehörten – und dann natürlich Muddy Waters Zeug

mit Jimmy Rodgers, Howlin' Wolf und Hubert Sumlin. Wir hörten uns dieses Teamwork an und versuchten herauszukriegen, was auf den Platten passierte, wie man mit zwei Gitarren so zusammenspielen konnte, dass es sich wie vier und fünf anhörte.

Wir dachten: »Wenn wir das wirklich hinkriegen, dann haben wir was ganz Eigenes am Laufen.« In englischen Bands hat einer wild gezupft, während ein anderer einfach den Rhythmus geschrubbt hat. Es wurde erst gar nicht versucht, die beiden Gitarren zu einem zusammenhängenden Sound zusammenzubringen. Es hieß: »Du machst den Rhythmus, ich die Leadgitarre«, und beide sollten sich bloß nicht treffen. Bei Jimmy Reed, Chuck Berry, Muddy Waters und all den anderen Blues-Spielern hörten wir, dass alles ein nahtloses Ganzes ohne Übergänge ergeben musste, so wie bei einem guten Schnitt.

CHARLIE: Über Brian, Mick und Keith habe ich mich erstmals ernsthaft mit R&B auseinander gesetzt. Ich hatte keine Ahnung. Blues waren für mich die langsamen Stücke von Charlie Parker oder Johnny Dodds. Und Chuck Berry habe ich hauptsächlich durch Mick kennen gelernt, witzigerweise auch die Texte. Mick war der erste, dem ich begegnete, der den gesamten Text von Songs wie »No Money Down« oder »Jaguar And The Thunderbird« singen konnte. Das könnte er sicher noch heute, wenn du ihn fragen würdest …

KEITH: Ich habe Ian Stewart und Brian im Ealing Club kennen gelernt. Stu war der Einzige von uns mit finanziellen Mitteln und Organisationsvermögen. In gewissem Sinn war Stu jemand wie Alexis. Er steckte voller Begeisterung für seine Musik und für jeden, der mitmachen wollte, und er war auch besser als jeder andere, gerade wenn es um ehrlichen Boogie-Woogie ging.

CHARLIE: Ian Stewart war ein hervorragender Katalysator für den Jazz-Blues in dieser Band. Stu behielt seinen Geschmack sein ganzes Leben bei. Er stieß aus einer anderen Richtung zur Musik als Alexis oder Keith. Er kam aus der Schule von Count Basie mit seinem Boogie-Woogie, den Stu liebte, wenn er sehr geradlinig, aber locker gespielt wurde. Obwohl er in einer Periode gewaltiger Veränderungen, insbesondere im Jazz, lebte, rührte er sich nie von der Stelle. Er hatte unerschütterliche Überzeugungen. Nicht einmal das aufregende Erlebnis von John Coltrane und seinem Quartett brachte ihn dazu, sich vom Fleck zu bewegen. Auf die gleiche Art entwickelte sich sein Geschmack bei den Rolling Stones niemals vom Ealing Club weg. Er kritisierte uns endlos, wenn wir diesen Boden verließen.

KEITH: Stu war frustriert, weil er eigentlich niemanden zum Spielen hatte. Deshalb glaube ich, war es seine Idee, regelmäßig zusammen zu proben. Ich glaube nicht, dass Brian, Mick oder ich auf den Gedanken gekommen sind. Wir hingen einfach nur herum und hatten gar keine klaren Vorstellungen. Da kam Stu auf den Gedanken: »Wir können für 15 Schilling das Bricklayer's Arms mieten«, und er und Brian organisierten das mit dem Pub dann. Wir anderen waren für Stu nur Versuchskaninchen.

Ich erinnere mich, als ich zum ersten Mal zum Bricklayer's Arms zum Proben ging, sagte ich zu der Wirtin: »Ich habe eine Gitarre.« »Oben«, sagte sie, und ich stieg in den ersten Stock hoch, bog um eine Ecke und hörte diesen wunderschönen Scheiß im Stil von Albert Ammons. Ich war nur eine Treppe hinaufgestiegen und stand plötzlich in Chicago. Stu spielte Klavier, blickte aus dem Fenster – er schaute nach seinem Fahrrad, das er an eine Parkuhr gekettet hatte – und spielte schönsten Albert Ammons. Er hörte mich gar nicht hereinkommen. Ich blieb einfach stehen und lauschte, und von der Minute an hatte ich immer das Gefühl, dass die Rolling Stones Stus Band waren. Beim Zuhören dachte ich: »Oh Gott, das macht mich ganz nervös. Der spielt in einer anderen Liga.«

Anfangs gab es ein Gerangel zwischen bestimmten Faktionen unter uns, darunter auch Brian und den anderen Jungs, die am Proben beteiligt waren: Geoff Bradford, ein vollendeter Gitarrist, und Brian Knight, ein Blues-Shouter und Freund von Art Wood – alle hatten irgendeine Beziehung zueinander. Stu ermunterte mich, Stücke von Chuck Berry zu spielen, während die anderen sich strikt an Howlin' Wolf oder an Leadbelly und Blues-Material halten wollten. Also bahnte sich der traditionalistische Blues-Konflikt an, den ich auch in der Manchester Free Trade Hall miterlebt hatte: mit einem Publikum, das Muddy Waters mit begeistertem Applaus eine Stunde lang Akustikgitarre spielen hörte und ihn ausbuhte, als er mit seiner Chicago-Bluesband auftrat.

Einen Schlagzeuger gab es damals nicht, weil wir uns keinen leisten konnten. Mick Avory und Tony Chapman stießen zu uns, aber nur für eine Nacht. Tony Chapman kam, weil er Bill Wyman kannte, außerdem war es sein Verstärker … Aber an Gigs dachten wir nicht einmal. Wir machten noch immer einfach nur Musik zusammen.

Schlagzeuger sind die teuersten Leute, und sie sind auch besonders selten und deshalb schwer zu bekommen. Charlie hatte mit Alexis Korner zusammengespielt, aber Alexis musste ihn austauschen, als er ein Vorspiel bei der BBC hatte. Die BBC wollte lieber Ginger Baker, weil er bereits einen ihrer Gewerkschaftsausweise oder so etwas hatte. Also spielte Alexis bei der BBC mit Ginger vor. Charlie hatte Alexis' Band verlassen und war in die von Ronnies Bruder Art Wood eingetreten. Über Stu liefen Verhandlungen mit Charlie: »Wenn ihr mir – wie viele weiß ich nicht mehr – reguläre Auftritte garantieren und mir mehr Geld bieten könnt, würde ich lieber bei euch als bei der Band von Art Wood mitmachen.« Er sagte, er würde mit Begeisterung bei uns spielen, aber es wäre ihm zu aufwändig, sein Schlagzeug durch die ganze Stadt zu schleppen.

RONNIE: Charlie war der Schlagzeuger in der Band meines Bruders, und er sagte zu Art: »Ich habe da ein Angebot von dieser Intermezzo-Band namens Rolling Stones. Was soll ich denn jetzt machen?« Charlie dachte, das mit der Gruppe würde höchstens eine Woche halten, aber Art sagte: »Nur zu. Wenn du in die Band eintreten willst, helfen wir dir mit der Ausrüstung.« Und Art half Charlie, sein Schlagzeug vom Marquee zu Ken Colyers Club oder irgendwo in die Wardour Street zu karren – und von da an ging es mit Charlie ständig bergauf.

CHARLIE: Für mich war es, ehrlich gesagt, einfach ein weiteres Job-Angebot. Ich hatte in drei Bands gespielt, als ich zu den Rolling Stones stieß, aber keine hatte irgendwelche Gigs. Ich komme noch immer an der Adresse vorbei, wo ich damals geprobt habe. Inzwischen ist dort ein Wein- und Spirituosengeschäft, aber damals war es ein Pub, nicht das Bricklayer's, sondern ein anderes im Edith Grove an der Ecke. Nebenan holten wir Fish and Chips, diesen Laden gibt es noch immer. Der Proberaum war an der Ecke. Ich habe keine Ahnung, wie sie auf mich gekommen waren. Ich war Bill Wyman noch nie begegnet. Ich weiß nur noch, dass ich ihn als ich zum ersten Mal zum Proben ging, dort mit seinem lächerlich großen Verstärker antraf – Keith zufolge der einzige Grund, warum er in der Band war – und mit ulkigem grünen Vinyl-Zeug überall im Raum. Bill hatte sehr kleine Hände, ganz untypisch für einen Bassisten, und seine Bassgitarre war echt klein.

KEITH: Charlie kannte überhaupt nichts vom Repertoire, aber bei wem war das schon der Fall außer bei ein paar Jungs in Chicago? Jimmy Reed wird in dieser Story ganz wesentlich, was die Stones angeht. Brian und ich hörten uns die beiden Gitarren an, und Charlie hörte Earl Phillips zu – was für ein Schlagzeuger –, wie subtil er spielte. Von da an sah er seinen Weg klar darin, Backbeat-Rock 'n' Roll zu spielen und dabei mit eigener Note zu swingen. Es ging nicht einfach nur darum, Rock 'n' Roll zu spielen, und Punkt. Auf allen besonders guten Rock 'n' Roll-Platten waren Leute wie Earl Palmer drauf, und sie alle waren Jazz-Drummer. Ein Rock 'n' Roll-Schlagzeuger tauchte nicht auf Knopfdruck oder über Nacht auf. Schlagzeuger wie Earl Palmer und Slam Stewart hatten diesen Scheiß schon immer gespielt. Es ging nur darum, es zu vereinfachen. Ich denke also, dass er beim Hören der Feinheiten von Earl Phillips mitbekommen hat, dass es ganz unterschiedliche Ansätze gab, R&B zu spielen, dass man innerhalb eines vorgegebenen Rahmens sein eigener Herr sein konnte. Und ich denke, das hat Charlie angetörnt.

CHARLIE: Keith und Brian haben mich auf Jimmy Reed und solche Leute aufmerksam gemacht. Ich bekam mit, dass Earl Phillips auf solchen Platten wie ein Jazz-Drummer spielt, Swing mit einem straighten Vierer. Andererseits spielte Freddy Below Shuffle, wie es in Chicago üblich war. Bei vielen Songs von Chuck Berry, die wir zu geraden »Achter-Rhythmen« gemacht haben – wie Chuck Berry sie spielte –, spielte Freddy Below »vier, vier, swing«. Diese Mischung ist phantastisch, wenn sie klappt, aber wenn nicht, kommt einer aus dem Takt. Also lernten wir Freddy Belows Spielweise.

»Schlagzeuger sind die teuersten Leute, und sie sind auch besonders selten und deshalb schwer zu bekommen. Charlie sagte, er würde sehr gern bei uns spielen, aber es wäre ihm zu aufwändig, sein Schlagzeug quer durch die Stadt zu schleppen.«

Keith

MICK: Man war damals so felsenfest davon überzeugt, dass Blues die richtige Musik für einen war, dass man nichts anderes mehr hörte. Ungefähr wie: »Jazz, den Scheiß hör ich mir gar nicht erst an.« Charlie fand an dem Zeug auch Gefallen, aber er hatte für Alexis Korner gespielt und noch nie Rock 'n' Roll gemacht, glaube ich. Das war eine andere Welt, aber er begriff, was Shuffles waren, denn die gibt es auch im Jazz. Wir hatten gewöhnlich andere Schlagzeuger, unter anderem Tony Chapman, Mick Avory und Carlo Little, der immer mit dieser Geschichte daherkommt, dass er hätte Millionär werden können und solchem Scheiß. Carlo spielte diese tollen schnellen Achtel, wie in den Anfängen des Power-Drumming. Die Art, wie sie später John Bonham bei Led Zeppelin trommelte. Alle amerikanischen Schlagzeuger – D. J. Fontana oder J. M. Van Eaton, der Schlagzeuger in der Band von Jerry Lee Lewis – trommelten mit sehr viel mehr Gefühl. Sie kamen aus dem Umfeld der Country-Musik und machten kleine Shuffles, während die Drummer von Little Richard aus einer Art Jump Music kamen – mit Rhythmen wie »babadum, babadum« –, die sie sehr hart spielten und die für Schlagzeuger wie Bonham und Keith Moon die Grundlage bildeten.

Als wir mit Carlo Little spielten, brachte er diese ganzen Stile in die Band ein. Sie zu spielen war wahnsinnig spannend, aber Charlie hatte hier keine Kenntnisse und spielte einfach mehr Jazz. Deshalb waren die Rolling Stones meiner Meinung nach auch eine interessantere Gruppe als zum Beispiel Freddie and the Dreamers, Herman's Hermits, die Searchers oder die Hollies. Wir waren ganz anders. Ich will sie nicht schlecht machen – sie waren eben so, und manchmal waren sie richtig gut , aber sie machten eine bestimmte Art Musik, während wir einen sehr viel breiteren und tieferen musikalischen Background hatten.

KEITH: Einen Rock 'n' Roll-Drummer gibt es eigentlich nicht. Es gibt nur Drummer. Manchmal fragt man sich, was man fabriziert hat: Typen mit drei Basstrommeln und fünf Millionen Becken … Dieses Ding soll fliegen, sich bewegen und swingen. Es soll einem nicht bloß an den

Kopf schlagen. Dass ich von Anfang an einen Schlagzeuger mit dem Einfühlungsvermögen von Charlie Watts hatte, war wohl einer meiner besten Trümpfe: Ich musste nie an den Schlagzeuger denken und aufpassen, was er machte. Ich sage einfach: »Charlie, das geht so und so«, dann besprechen wir es, und abgehakt. Ich kann ihm Ideen hinwerfen und muss mir nie Gedanken über den Takt machen. So war er immer. Das ist ein Riesenglück. Ich weiß das nur von den ganz wenigen Malen, bei denen ich auf die Bühne musste und an einen schlechten Schlagzeuger geriet. Nur deswegen weiß ich, was für ein verdammtes Schwein ich habe.

Brian vor einem Pub in Richmond, Südwestlondon, Anfang 1963. Das Station Hotel, das den Crawdaddy Club beherbergte, war regelmäßige Anlaufstelle. In der örtlichen Richmond and Twickenham Times *erhielt die Band im April eine erste Kritik: »Ein musikalischer Magnet zieht Jazz-Beatniks nach Richmond.« Noch Monate später trug Brian den Zeitungsausschnitt in der Brieftasche herum.*

MICK: Die Rolling Stones spielten Blues, aber wenn wir wollten, spielten wir auch Ritchie Valens. Für mich war es gleich, ob wir Little Walter oder Ritchie Valens spielten. Das war zwar nicht die gleiche Art Musik, aber wir spielten sie gleich. Es war einfach zum Lachen. Wenn man in den Stones-Katalog schaut, entdeckt man eine große Vielfalt, während viele andere, mit denen wir zu tun hatten, einen sehr begrenzten Horizont hatten. Sie hatten alle Kontakte zur BBC und schauten auf den Rock 'n' Roll herab – mit einigem Grund, denn was sie unter britischem Rock 'n' Roll verstanden, waren besonders schlechte Cover-Aufnahmen amerikanischer Stücke, ehrlich gesagt, von oft völlig untalentierten Leuten, die aber clever waren. Clever sein ist kein Fehler, aber sie waren einfach schlecht und hatten wenig Zukunft. Cliff Richard war einer von ihnen, aber der hatte Talent und blieb, während die anderen untergingen. Diese Blues-Puristen, die wir kannten, sahen folglich nicht einmal Elvis als ein Talent an, das in ihrer Welt Bedeutung hatte, während er in Wahrheit zwischen allem die Brücke schlug.

KEITH: Wir beschlossen, eine Anzeige in die *Jazz News* zu setzen, weil man R&B nur in den kleinen Jazzclubs bringen konnte, die damals die große alternative Musikszene waren. Wenn man nicht mit der toupierten Hochfrisur in die Tanzsäle ging, ging man in die Jazzclubs. Und die *Jazz News* hatten weitaus billigere Tarife als *Melody Maker*. Brian redete am Telefon mit ihnen: »Wir würden gerne eine Annonce aufgeben. Wir haben Termine frei, und sie können uns anrufen unter …« Die Stimme am anderen Ende der Leitung sagte offenbar: »Wie heißen Sie denn?« Panik. Auf dem Boden lag das Album *The Best of Muddy Waters* – mit dem ersten Stück »Rollin' Stone Blues«. Also lieferte Muddy Waters den Namen für unsere Band.

CHARLIE: Sie nahmen das Etikett »R&B« zum Aufhänger, weil Brian stundenlang über Briefen zu R&B saß. Das mit den Briefen ging ewig so weiter: Er schrieb an *Melody Maker* und teilte ihnen mit, in dieser Schwarzweißanzeige müsse »R&B« hinzugefügt werden, es könne doch nicht bloß eine Band sein. Brian war sehr darauf aus, uns zu pushen. Keith und ich schauten zu und hielten ihn für verrückt. Für ihn war es eine Art Kreuzzug, uns a) in einem Club für eine einzige Gage auf die Bühne zu bringen und b) uns als R&B-Band Geltung zu verschaffen. Es war so ungefähr, als würde man sagen: »Wir spielen keinen New Orleans, wir spielen Bebob.« Außer den wenigen Fanatikern, die alle Alben hatten, wusste keiner, wovon zum Teufel er redete. Eigentlich wusste keiner so recht, worum es ging, aber als die Bewegung in Fahrt kam, stellte man plötzlich fest, dass es noch andere gab, wie zum Beispiel eine Band in Newcastle namens Animals, die Chuck Berry und R&B verdammt gut hinkriegte.

Der Donnerstagabend, Alexis Korners Zeit, war der am schwächsten besuchte im Club mit nur 100 Leuten. Dagegen konnten es sonntagabends, wenn Jonny Dankworth spielte, um die 900 sein. Doch innerhalb eines Monats nach dem Start dieser Donnerstagabende mit Alexis hatte Harold Pendleton 950 Zuhörer. Mehr durfte er nicht reinlassen. Ich denke, der Erfolg kam daher, dass die Leute die Musiker mochten und man zu der Musik tanzen konnte.

Aber dann steigerten sich die Rolling Stones in Ken Colyers Studio 51 in der Great Newport Street an einem Sonntagnachmittag von 900 auf 1000 Gäste. Jede Woche, die wir spielten, schienen mehr zu kommen, und es wurden immer mehr und mehr. Natürlich mussten Giorgio Gomelsky und später Andrew Oldham ab und zu die Richtung vorgeben, aber es ging alles immer schneller.

KEITH: Giorgio Gomelsky war der PR-Mann hinter dem Crawdaddy Club im Station Hotel von Richmond. Ich glaube, bis dahin hatten wir Gigs hauptsächlich telefonisch angeboten bekommen. Die Leute riefen an und fragten: »Wollt ihr nächste Woche im Red Lion auftreten?« Stu vereinbarte auch vieles, aber eben nur auf sehr lokaler Ebene. Es war Gomelsky, der uns organisierte und diese Sonntagabende im Crawdaddy zu einem Event machte. So war es keine improvisierte Veranstaltung mehr, und wir machten uns langsam einen Namen.

Giorgio war Alexis ganz ähnlich, unsterblich verliebt in einen bestimmten Standpunkt, aber ein entschiedener Nonkonformist, was bei mir und den anderen nicht schlecht ankam. Er war so ein Typ, zu dem man gehen, sehr starken Kaffee trinken, einige Sobranies rauchen und heimlich Pläne schmieden konnte, weil er tief in der Clubszene drin steckte. Er hatte Kontakte, die wir nicht hatten, und war ein wirklich guter Organisator; er machte was aus den Stones, wenn auch noch im kleinen Stil. Giorgio brachte die Sache auf den Punkt: »Wir brauchen einfach einen festen Veranstaltungsort, darauf könnt ihr dann aufbauen.« Er hatte begriffen, dass die Leute dann zu uns kommen würden und nicht wir zu ihnen gehen mussten.

CHARLIE: Giorgio hatte das Pub für zehn Pfund das Wochenende gemietet. Er war wie Alexis, aber während Alexis mit Musik überzeugte, überzeugte Giorgio mit Worten. Sein Enthusiasmus kannte keine Grenzen, und er konnte stundenlang reden – schon das war gut –, aber er brachte uns dort auch unter. Und dann ging es richtig los. Weil Giorgio ja die Kasse im Blick hatte, konnte er sehen, wie wir zulegten. Er hatte den genauen Überblick, wie viele Leute jede Woche kamen – wir spürten es eher, als dass wir es sahen.

KEITH: Wenn man in London nicht gerade in einen dieser karibischen Clubs ging – bei denen man weder wusste, wie sie hießen, noch wie man dort gelandet war –, konnte man zu der Zeit nirgendwo mehr Tribal-Musik hören als im Crawdaddy, und nach und nach dann auch an anderen Veranstaltungsorten: dem Ricky Tick Club in Windsor oder dem Jazzclub auf Eel Pie Island. Wir wurden eine richtige West-London-Band, denn dort fanden unsere Gigs gewöhnlich statt. Wenn man in dem Alter ist und aus Südost-London kommt, erscheint West-London wie das andere Ende des Horizonts. Ich glaube, vieles hatte damit zu

»Im Crawdaddy waren wir zunächst nur eine Änderung auf der Speisekarte, wurden dann aber zum Tagesgericht.«

Keith

tun, dass Stu aus Surrey kam und dass viele der Musikakademien ihren Sitz in West-London hatten, in Twickenham, Richmond oder Kingston. Und dort wollte man nicht noch mehr Dixieland eingetrichtert bekommen. Die Leute waren wahrscheinlich schon da und gingen einfach zu ihrem normalen Treffpunkt. Ich frage mich immer wieder, wie viel von der Stammkneipe abhängt und wie viel davon, wer am Abend spielt. Was ist wichtiger: die Kneipe oder wer auftritt? Normalerweise geht man doch in sein Stammlokal und schaut, was los ist. Also glaube ich, dass wir zunächst eine Änderung auf der Speisekarte waren, dann aber zum Tagesgericht wurden.

Ich hatte eher den Eindruck, dass die Leute, die sowieso kamen, einfach mehr wurden. Wenn man sich Anfang der 60er-Jahre in London treiben lassen wollte, konnte man sich dort wohl am besten abreagieren. Es herrschte eine schweißtreibende Atmosphäre. Und es waren so viele unterschiedliche Leute da: Einige unserer ersten Fans waren Girls vom East End, eines unserer Gebiete. Wir spielten dort nicht besonders oft, hatten aber eine Zeit lang regelmäßige Auftritte in Dalston, Walthamstow und solchen Orten. Ein harter Kern echter Cockney-Girls folgte uns dann – an die eine oder andere erinnere ich mich noch. Das waren wohl unsere ersten weiblichen Fans, denn die meisten anderen Zuhörer waren Typen.

CHARLIE: Im Crawdaddy herrschte furchtbare Enge. Das war der Grund, warum Mick den Kopf schüttelte und Ähnliches, weil er sich sonst nicht bewegen konnte. Er schüttelte den Kopf, was zum Gag wurde, einfach weil er keinen Platz zum Tanzen hatte. Er musste hauptsächlich auf einem Tisch tanzen. Und dabei schwenkte er gewöhnlich seine Maracás.

Ich glaube, wir sind deshalb populär geworden – und das ist auch ein Feedback von Shirley und anderen, die uns damals schon kannten –, weil wir Musik spielten, auf die man tanzen konnte, was die jungen Leute massiv anzog. Außerdem sahen wir nicht schlecht aus, und die Art, wie Mick die Hüften kreisen ließ, war schon etwas Besonderes. Das ist noch immer so, aber es war schon sehr speziell, wenn er auf einem Flecken von der Größe einer Tischplatte tanzte.

»Im Crawdaddy entdeckte ich, dass Mick auf einer Bühne von der Größe eines Bettvorlegers besser als jeder andere auf der Welt eine Show abziehen konnte – außer vielleicht James Brown.«

Keith

KEITH: Sonntagnachmittags spielten wir ungefähr anderthalb Stunden in Ken Colyers Club in Soho, was immer ein großartiger Auftritt war, und dann fuhren wir direkt zum Station Hotel nach Richmond. Man hatte den Eindruck, es sei das Begräbnis der Königin. Die Leute standen in Zweierreihen um den Bau herum Schlange, nur um in diesen kleinen Raum zu gelangen. An den Balken hingen Schweißtropfen. Wir traten von 19 bis 23 Uhr mit ein paar Pausen von zehn Minuten auf. Wir spielten gewöhnlich zwei Zehn-Minuten-Versionen von »Pretty Thing«, und die Leute hielten das für ein Stück. Hier haben wir unsere Sache von Grund auf gelernt. Sie verlangten dauernd ihre Musik, und es war besser, wenn man ihre Wünsche erfüllte. Es war ungefähr so wie: »Ober, bringen sie mir Musik.«

Das Crawdaddy war unser Trainingslager, wo Mick und ich etwas glorreich vermasseln konnten, ohne dass es irgendjemand merkte. Hier lernten Charlie und ich, wie man Ideen in die Luft werfen und dann loslegen konnte: »Hoppla, das ging daneben. Egal, ich habe da eine Idee.« Und schon kam man wieder in den Rhythmus und überspielte den verpatzten Einsatz des Lead-

Eine Reihe von Pressefotos.
Charlie: Brian war damals richtig witzig, ein echt spaßiger Typ zu dieser Zeit.

Auf der Bühne im Crawdaddy Club in Richmond, dem die Band regelmäßig ein volles Haus bescherte. Hier lernten die Beatles auf ihrem Nachhauseweg nach Aufnahmen zu Thank Your Lucky Stars *in den nahe gelegenen Twickenham-TV-Studios die Stones kennen. Die Stones erwiderten diesen Besuch Anfang 1963 in der Royal Albert Hall.*

Sängers. Zu der Zeit ist dir gar nicht bewusst, dass du dieses Zeug lernst, erst später merkst du, wie wichtig diese Adresse gewesen ist. Im Crawdaddy entdeckte ich, dass Mick auf einer Bühne von der Größe eines Bettvorlegers besser als jeder andere auf der Welt eine Show abziehen konnte – außer damals vielleicht James Brown. Je größer die Bühne ist, die man Mike zur Verfügung stellt, desto schwieriger ist er zu kontrollieren, aber wenn es keinen anderen Platz gibt, kommt er auch mit einem Kaffeetisch aus. Mick konnte aus wenigen Quadratmetern gewaltig viel machen, und das hat mich immer beeindruckt: dass er auf so begrenztem Raum arbeiten und dabei die Stimmung gewaltig anheizen konnte.

MICK: Bei diesen frühen Auftritten wollten die Zuhörer vor allem eines: mitmachen. Auch jetzt noch wollen sie an gewaltigen Veranstaltungsorten im Kleinen mitgehen, und an kleineren Orten können sie das umso besser. Sie konnten tun, was sie heute tun – »Oh Yeah!« rufen und die Arme schwenken, das alles reißt sie mit. Das wollen die Leute noch immer, wenn sie ins Live-Konzert gehen, und genau das bringe ich. Ich bin kein guter Entertainer, wenn alle nur dasitzen.

Das Publikum hatte seine eigenen Tänzer. Dieses Meer aus zerschlissenen Parkas, das in dieser ganz frühen Zeit die Zuhörerschaft bildete, entwickelte sich bald zu einem eher schicken, gut gekleideten Publikum, Leute vom College und von der Art School. Sie hatten ihre Accessoires, ihre Art zu tanzen und richtig kurze Haare. Und ihre eigene Mode, die rasant wechselte, und eigene Tänze, sodass wir das anschauen und sagen konnten: Yeah, okay, irgendwie bringt's das doch.« Und als wir dann regelmäßig in der Provinz spielten und dort ins Publikum blickten, sagten wir bloß: »Verdammte Scheiße!«

KEITH: England ist so klein. Vielleicht war es einfach das Kompakte an dem Land, das für echten Erfolg gesorgt hat. Man darf nicht vergessen, dass der Zweite Weltkrieg für meine Generation ein wichtiger Faktor war. Wenn ich die Schule schwänzen wollte, versteckte ich mich in einem Bombenkrater, und das war in Liverpool nicht anders als in London, wohingegen Boston und L. A. in Amerika um ein ganzes Leben oder vielleicht sogar ein Lichtjahr auseinander liegen. Die Beach Boys hätten den Durchbruch in Boston niemals geschafft.

Es lag echte Aufbruchstimmung in der Luft, einfach deshalb, weil drei oder vier von uns es tatsächlich geschafft hatten, eine Band zusammenzubringen, und weil wir bereits Auftritte hatten.

Dass wir zum ersten Mal etwas selbst auf die Beine stellten, markierte in meinem Leben eine gewaltige Wende, und zur gleichen Zeit gewannen die Beatles Profil. Das war wirklich ein Wendepunkt. Selbst zu der Zeit, als man sich darüber Gedanken machte, erkannte man nicht – konnte man nicht erkennen –, was für ein großer Wendepunkt das war. Die einzige Entsprechung für mich war 1956, als ich zum ersten Mal Rock 'n' Roll hörte.

Es entwickelte sich von Stu, der hier und da die Fühler ausstreckte, zu Giorgio, der einiges organisierte, wenn auch nicht einmal auf halbprofessioneller Ebene, denn Giorgio war begeisterter Amateur. Er war einer dieser großen Russen, und er hasste den Kapitalismus. In den musste er erst noch hineinwachsen, was er dann auf nicht gerade elegante Art tat. Es war nicht wirklich seine Szene. Alles lief verdammt locker, keiner konnte ahnen, wie groß das ganze Scheiß-Business werden würde. Giorgio kam mit ein paar Londoner Clubs ins Geschäft, aber nördlich von Watford sah zu dieser Zeit niemand einen Markt. Dort wollte man nicht hin und sich irgendetwas Übles holen. Dort gab es doch nur Drachen und Bauerntrampel!

Eines der ersten PR-Fotos, die Andrew Oldham für die Presse zur Postkarte verarbeitete.

GIORGIO GOMELSKY

Giorgio Gomelsky gründete den legendären Crawdaddy Club in Richmond, das Sprungbrett der Rolling Stones. Später produzierte er unter anderem die Yardbirds, Julie Driscoll, John McLaughlin sowie Gong und Magma. In den späten 70er-Jahren zog er nach New York.

Im Januar 1955 kam ich als 21-Jähriger in einer feuchten, kalten und nebligen Winternacht nach London, und zwar mit einer Mission.

Während des Zweiten Weltkriegs war ich an den verschiedensten Orten in Europa aufgewachsen und hatte unter allen möglichen Beschränkungen zu leiden, was bei mir einen starken Hang zur Rebellion, eine intensive Abneigung gegen Unterdrückung und eine ausgeprägte Sympathie für Underdogs ausgelöst hatte. Noch während des Krieges hatte ich auf dem Dachboden eines Freundes alte amerikanische Jazzplatten aus der Vorkriegszeit gefunden. Sie waren dort versteckt, weil sie in Hitlers Herrschaftsbereich natürlich verboten waren. Wenn ich »Rockin' in Rhythm« und »Caravan« von Duke Ellington anhörte, kam ich mir wie ein Verschwörer vor. Ich glaube, dass wir in diesen uns damals fremden, pulsierenden Klängen Hoffnung und das Versprechen auf Befreiung von Leid und Unterdrückung heraushörten. Der Jazz wurde für mich zu einem Mittel, die Welt zu erkunden, zu verstehen und zu beschreiben; ein Instrument des Wissens, eine Form der Einmischung und des sozialen Engagements.

Nach dem Krieg wurde ich ein unermüdlicher Jazzfan und ein regelrechter Missionar in Sachen Jazz. Ab etwa 1954 arbeitete ich bei einer wöchentlichen Jazzsendung im Radio mit und 1955 durfte ich im Auftrag des damals neuen Fernsehens einen Dokumentarfilm über die Jazzszene in England drehen. Einige wenige engagierte englische Musiker spielten in den frühen 50er-Jahren Jazz, Dixieland und Skiffle. (Wie jeder weiß, machten die Beatles mit der Skiffle-Gruppe The Quarrymen ihre ersten musikalischen Gehversuche.)

Ende der 50er-Jahre war das Musikgeschäft jedoch leider auf seichten, importierten, weißen amerikanischen Rock 'n' Roll zurückgefallen und wurde von Elvis-Imitatoren wie Cliff Richard, Tommy Steel und Marty Wilde beherrscht. Dixieland war ausgestorben und Skiffle wurde von den Plattenfirmen kommerzialisiert.

1962 wurde mir klar, dass die Musikszene in Routine erstarrt war und einen neuen Anstoß brauchte. Die Antwort war der Blues. Seine einfachen, sich wiederholenden Rhythmen und Akkorde und seine bildhaften Texte vermittelten eine allgemein verständliche kollektive Botschaft, und obwohl der Blues eindeutig einer anderen sozialen Realität als der englischen entstammte, berichtete er doch über das Leben von Underdogs.

Im Zusammenhang mit dem Blues traf ich zum ersten Mal die Stones. Seit Mitte der 50er hatte Chris Barber es geschafft, Bluesgrößen wie Memphis Slim, Big Bill Broonzy und Muddy Waters nach England zu bringen, die dort noch kein Mensch gehört hatte. Außerdem ersetzte er den Skiffle-Part in seinen Konzerten durch ein Blues-Set mit Alexis Korner und Cyril Davies, die mit Blues Incorporated die erste Bluesband in England gegründet hatten. Irgendwann im Jahr 1962 bekamen sie am Donnerstag einen regelmäßigen Auftrittstermin im Marquee Club und wurden zum Zentrum der aufblühenden Londoner Bluesszene.

Die meisten Jazzclubs hatten damals keine Lizenz für den Ausschank von Alkohol, also versorgte man sich in den Pausen im nächsten Pub. Eines Nachts hielt ich am Tresen gerade einen kleinen Vortrag über den frischen Wind, den die Szene brauchte, als hinter mir jemand lispelnd, aber selbstbewusst sagte: »Giorgio, du solltethst dir unbedingt meine Band anhören. Eth ithst die bethste Bluethband im ganzen Land. Ehrlich!«

Es war Brian Jones. Er und seine Band waren mit Sicherheit Underdogs, also beschloss ich, ihnen bei nächster Gelegenheit zu helfen. Ich suchte damals nach Auftrittsmöglichkeiten für jene Gruppen, für die wir den Begriff »Rhythm & Blues-Band« geprägt hatten. Und zwar weit außerhalb des Londoner Stadtzentrums, weil ich überzeugt war, dass der Blues genug Power hätte, um auch dort ein Publikum anzuziehen. Ein Auftrittsort war das Station Hotel gegenüber der Endstation der U-Bahn nach Richmond, etwa eine halbe Stunde außerhalb von London, ein Pub mit einem Saal, in dem ein Veranstalter einen »Musikclub« aufmachen und das Eintrittsgeld behalten konnte, um seine Unkosten zu decken und die Bands zu bezahlen. Es gab viele solche Lokale, die Clubmiete war niedrig, aber man flog schnell wieder raus, wenn der »Club« nicht gut lief und der Pub nicht genug Umsatz machte.

Eines Sonntags erschien die Band nicht, die ich gebucht hatte. Der Wirt wollte meinen Vertrag kündigen und ich musste ihn buchstäblich um eine zweite Chance anflehen. Das war die Gelegenheit, Brian und seiner Truppe zu helfen. Ich wusste, dass sie eine echte Leidenschaft für den Blues hatten und sich unbedingt beweisen wollten, also war ich sicher, dass sie kommen würden.

Doch es gab ein Problem: Es war schon Sonntagabend und die Anzeige für den Gig musste am Montagnachmittag beim *Melody Maker* sein. Sie lautete:

RICHMOND, Station Hotel
Tidal waves of R&B sounds
From ROLLIN' STONES

Das Abenteuer hatte begonnen. Meiner Ansicht nach wurden die Stones vom Establishment im Jazz und im Musikgeschäft schlecht behandelt, und ich machte es zu meiner neuen »Mission«, das zu ändern. Ich gab meine letzten paar Pfund für den Druck von Flugblättern aus, verteilte sie in allen Pubs und rief Freunde und Zeitungen an, um für BRRB (British Rhythm & Blues) die Werbetrommel zu rühren.

Ich bekam einen Schock, als ich an dem schicksalsschweren Tag einen Blick aus dem Fenster warf: Es schneite. Niemand war auf dieses für London höchst ungewöhnliche Ereignis vorbereitet, und ich fragte mich, ob Ian Stewart es mit seinem rostigen alten VW-Bus überhaupt bis Richmond schaffen würde. Ich hätte mir keine Sorgen zu machen brauchen. (Die Stones sind während ihrer gesamten Zeit im Crawdaddy immer extrem pünktlich erschienen, selbst unter den widrigsten Bedingungen.)

Leider hatten jedoch nur drei Leute dem schlechten Wetter getrotzt, um das erste Konzert der

Stones zu hören! Und Brian sagte zu mir: »Giorgio, das Publikum besteht aus drei Leuten, und wir sind sechs auf der Bühne. Sollen wir trotzdem spielen?«

Ich wusste, dies war ein absolut kritischer Moment: für die Band, für meine Mission, für den Blues in London, ja sogar für den Rest der Menschheit!

»Brian«, antwortete ich. »Was glaubst du, wie viele Leute in den Raum reinpassen würden?«

»100 vielleicht?«

»Okay«, sagte ich. »Spielt, als ob 100 Leute da wären, dann kommen sie auch ...«

Die Band wirkte erleichtert, dass jemand eine Entscheidung getroffen hatte. Sie spielte, und zwar nicht nur ein Set, sondern die üblichen zwei mal 45 Minuten. Von da an wusste ich, das sie die notwendige Substanz besaß, um sich in der Szene einen Namen zu machen und eine neue Generation für den Blues und seine facettenreiche Schilderung des Lebens zu begeistern.

Am Ende des Abends fragte ich die drei Zuhörer, ob ihnen der Abend gefallen hatte.

»Ja, es war toll. Das ist unsere Musik, Mann.«

Ich fragte sie, ob jeder von ihnen in der folgenden Woche zwei Leute mitbringen könnte. Dann würden sie selbst freien Eintritt bekommen.

Und so hatten wir am folgenden Sonntag tatsächlich neun Gäste. Dem Wirt war unsere Hartnäckigkeit nicht entgangen, aber er hatte immer noch seine Zweifel, ob dieses »Bluesding« je ins Rollen kommen würde, und beschwerte sich erneut über die geringe Besucherzahl. »Schauen Sie«, sagte ich, »wir haben das Publikum verdreifacht und nächste Woche schaffen wir das wieder.« Und tatsächlich, am folgenden Sonntag brachten die neun wieder jeder zwei Freunde mit, und wir hatten 18 bezahlende Gäste. Wieder eine Woche später erschienen über 70 Leute. Ich heftete einen Flyer an das schwarze Brett in der Kunsthochschule im nahe gelegenen Kingston, und die Studenten kamen dutzendweise.

Unsere Gäste waren anfangs hauptsächlich männliche Jugendliche, Bluesfans und Sammler. Einige wurden schon bald bekannte Musiker, etwa die kurz darauf formierten Yardbirds und Eric Clapton. Sie erschienen oft mit seltenen Alben unter dem Arm, also begannen wir, sie in den Pausen als Diskjockeys einzusetzen.

Langsam bildete sich ein Muster für den Abend heraus. Das erste Set war eine Art Warm-up; neue Songs und Arrangements wurden ausprobiert, fast wie bei einer öffentlichen Probe. Es folgte eine 45-minütige Pause, in der alle an die Bar gingen und ein oder zwei Bierchen zischten. Da der Saal bis 22 Uhr geräumt sein musste, begann das zweite Set gegen 21.15 Uhr. Inzwischen hatten alle ordentlich getankt, und die Musik war intensiver. Wir wollten das Publikum irgendwie beteiligen. Aber wie sollte man auf diese Musik tanzen? Die meisten Leute standen einfach nur herum und glotzten. Die Band hörte immer mit einer mitreißenden Langversion eines Bo-Diddley-Songs auf, entweder mit »Pretty Thing« oder mit »Doin' The Crawdad«, doch das Publikum rührte sich nicht.

Das verwirrte mich. Vielleicht waren die Leute einfach zu schüchtern, oder sie brauchten ein Vorbild, an dem sie sich orientieren konnten. Eines Abends, als die Band wirklich heiß spielte, ließ ich meinen Freund und Assistenten Hamish Grimes auf einen Tisch steigen und die Arme über dem Kopf schwenken. Sekunden später war der ganze Saal in Bewegung. Es war vielleicht der wichtigste Moment, was die Beziehung zwischen den Stones und ihrem Publikum betraf. In der Folge entwickelten sie die Fähigkeit, Verbindung mit dem Publikum aufzunehmen, und es entstand eine Art Stammesritual, nicht unähnlich »einem Erweckungsgottesdienst im Süden der Vereinigten Staaten«, wie es Patrick Doncaster einige Wochen später im *Daily Mirror* beschrieb. Niemand hatte im gesetzten und zurückhaltenden London von 1963 je etwas Ähnliches erlebt. Es war aufregend und zukunftsträchtig: ein Vorbote der bevorstehenden soziokulturellen Umwälzung.

In den folgenden Wochen kamen immer mehr Nachtschwärmer in den Club. Die Mundpropaganda funktionierte traumhaft. Der Crawdaddy wurde so beliebt, dass man ab zwei Uhr nachmittags anstehen musste, wenn man fünf Stunden später in das Konzert wollte. Es wurde so voll, dass junge Männer ihre Freundinnen im Saal auf den Schultern tragen mussten.

Der Durchbruch war geschafft. Nun mussten wir den nächsten Schritt machen und die Nachricht verbreiten. Einem jungen Journalisten, der für die ausgesprochen konservative *Richmond & Twickenham Times* arbeitete, gelang es, eine ganze Seite über die Stones an seiner Chefredaktion vorbeizuschmuggeln, und auch der *Daily Mirror*, die größte Zeitung im Land, brachte einen erstaunlich positiven Bericht. Leider alarmierte das die Besitzer des Pubs, die riesige Ind Coope Brewery, und der Crawdaddy Club verlor sein Domizil.

Ich erfuhr am Tag der Kündigung, dass mein Vater in der Schweiz gestorben war, und saß schon am nächsten Tag im Flugzeug. Enid Tidy (meine damalige Lebensgefährtin) und Hamish Grimes fanden mit Hilfe von Harold Pendleton, Chef des Marquee Clubs, der inzwischen an den Erfolg des Unternehmens glaubte, ganz in der Nähe auf dem Gelände der Richmond Athletic Association eine neue Heimat für den Club. Der neue Saal war dreimal so groß wie der alte und fasste fast 1000 Leute. Die Stones spielten weiter regelmäßig dort, bis sie neue und bessere Gigs bekamen. Weitere Bands machten im Crawdaddy ihre ersten Gehversuche, darunter auch die Yardbirds. Der BRRB war nun fest etabliert, und bald sollte die ganze Welt davon erfahren. Die Musikszene in England erlebte eine Revolution. Dank der Beatles eröffnete sich ein gewaltiger Markt, »Swinging London« entstand und eine ganz neue Generation kreativer Leute eroberte die Szene. Der Blues erlebte eine weltweite Renaissance; die alten Bluesmusiker wurden Volkshelden und bekamen wenigstens eine Zeit lang einen angemessenen Lohn für ihr so großartiges Geschenk an die Welt.

Und wie sieht es 40 Jahre später aus? Mit der beispiellosen Dauer ihrer Karriere haben die Stones in mancher Hinsicht alle Maßstäbe gesprengt. Der Versuch, das Phänomen vollständig zu ergründen, gleicht dem Versuch, Sand festzuhalten, oder dem Gefühl, wenn man einen in der Nacht vorbeirasenden Zug beobachtet.

Ich persönlich bin sehr erfreut und nicht sonderlich überrascht, dass die Stones überlebt haben. Ihr Überleben entspringt der Treue zu dem jugendlichen Vorsatz, »ein Leben lang Freunde« zu bleiben, der dem englischen Volkscharakter auf eine so liebenswerte Weise entspricht. Außerdem hat dieses Überleben gezeigt, dass ich mich zu Recht für sie einsetzte, als noch kaum jemand von ihrer Bedeutung überzeugt war.

Vielleicht jedoch ist es auch an der Zeit, »den Kreis zu schließen«. Vor ein paar Wochen besuchte ich ein Benefiz-Konzert für Hubert Sumlin, einen der noch lebenden großen Bluesgitarristen. Wie viele andere Bluesmusiker fährt er immer noch in einer alten Schrottkarre im Land herum, legt zwischen seinen Auftritten Hunderte von Kilometern zurück, ist nicht krankenversichert und hat immer wieder mit gesundheitlichen Problemen zu kämpfen. Mir fiel dazu ein, dass Giuseppe Verdi, der große und schon zu Lebzeiten erfolgreiche italienische Komponist, einen beträchtlichen Teil seines Vermögens der Gründung eines Museums und eines Altersheims für Opernsänger, Musiker und Dirigenten widmete. Heute, etwa 120 Jahre danach, existiert die Casa Verdi immer noch.

Ich denke, es wäre wunderbar und angemessen und an der Zeit, dass die Jungs aus dem Londoner Süden etwas Ähnliches für die Musik aus dem fernen Mississippi-Delta täten, die ihre Jugend bereichert und sie selbst so reich belohnt hat.

3

WIE DER BLITZ

I loved playing with Keith and the band – I still do – but I wasn't interested in being a pop idol. sitting there with girls screaming. It's not the world I come from. It's not what I wanted to be and I still think it's silly.

Charlie Watts

Die Band in Paris, im Hintergrund der Arc de Triomphe. Beim Konzert der Stones im Olympia im Oktober 1964 richteten die Fans einen Schaden von schätzungsweise 1400 Pfund an, 150 Fans wurden festgenommen. Drei Tage später ging es nach New York zu einer zweiten USA-Tournee. Dort legten überschwängliche Fans den Times Square lahm.

KEITH: Die ganze Atmosphäre in London veränderte sich im Winter 1962/63 und im Lauf des folgenden Jahres, was einem natürlich erst im Rückblick so richtig klar wird. Wenn man dort war und dazugehörte, passierte einfach alles in Zeitlupe. Auch im übrigen Land veränderte sich etwas, obwohl wir zum Beispiel keine Ahnung hatten, was in Liverpool abging.

RONNIE: Ich hab die Stones nie im Crawdaddy gesehen, allerdings in verschiedenen anderen Clubs, etwa im Ricky Tick. Leo Clerk, der Manager meiner ersten Band The Birds, hatte in Windsor einen Club namens The Cavern, und dort spielten auch die Stones. Ich stellte mich in die Schlange und sah zu, wie sie aus einem Lieferwagen stolperten, den Ian Stewart fuhr – sie trugen alle diese orangefarbenen T-Shirts. Alex Harvey und seine Bluesband traten zusammen mit ihnen auf, und Alex spielte und spielte. Die Band hat bestimmt vier Stunden gespielt, bevor die Stones auftraten. Sie wiederholten immer wieder »Take Some Insurance Out On Me Baby«, diesen Song von Jimmy Reed, bestimmt fünfmal – und das Publikum wartete doch nur darauf, dass endlich die Stones kamen.

Damals spielte man auf diesen alten Bühnen im Pub, auf denen es so eng zuging, dass Mick sich bewegen musste, während Brian und Keith auf Hockern saßen. Charlie hat man gar nicht gesehen, nur seine Drumsticks.

In und um Richmond war richtig was los. Alle meine Freunde sprachen von dieser Band, die

Songs von Chuck Berry und Bo Diddley spielte: »Route 66«, »Cops and Robbers« und solche Sachen. Ich weiß noch, wie ich beim Richmond Jazz & Blues Festival das Zelt der Stones sah, das wie ein großer Elefant aussah. Ich dachte: »Das klingt gut« und ging hinein und ließ mich mitreißen. Ich war auch der Letzte, der das Zelt wieder verließ. Sie hatten einen bestimmten Geschmack und eine gewisse Art, mit den Songs umzugehen, die auch Frauen ansprach. Das war eine tolle Stimmung: Wenn man irgendwo hinging, wo die Stones spielten, konnte man sicher sein, dass tolle Frauen im Publikum waren, und das machte es noch interessanter!

CHARLIE: Wir waren damals noch nicht so laut wie heute. Keine Band war das, die Lautstärke der Bands hat mit der Zeit zugenommen. Heute geht eine Band ohne Tontechniker gar nicht mehr auf die Bühne. Damals hatten wir noch nie etwas von einem Tontechniker gehört: Das erste über Mikro abgenommene Schlagzeug, das ich je hörte, war das von Mitch Mitchell mit Jimi Hendrix. Mit den Stones spielten wir Songs wie »I'm Moving On«, zu dem Brian immer so eine Art Choo-Choo-Train-Slide spielte. Weil ich mich selbst nicht hörte, schlug ich direkt auf den Rand des Beckens, wodurch es richtig laut klang. Nur so konnte ich mich hören.

KEITH: Ich war damals eng mit Wayne Fontana, Eric Stewart – ein wunderbarer Gitarrist – und Tony Hicks von den Hollies befreundet, aber wir hatten auch ein sehr gutes Verhältnis zu den Beatles. Ich sah sie zum ersten Mal im Station Hotel – echt coole Typen mit schwarzen Ledermänteln, um die wir sie sehr beneideten. Ich glaube, wir waren alle überrascht voneinander, weil wir nicht wussten, was sie oben in Liverpool machten, und sie keine Ahnung hatten, was in London so lief. Wir orientierten uns zwar stärker am Blues, aber es gab trotzdem viele Gemeinsamkeiten. Uns verbanden Little Richard und Chuck Berry, Buddy Holly, Eddie Cochran und Carl Perkins.

Als Andrew Oldham uns damals im Crawdaddy ansprach, waren wir beeindruckt, dass er für die Beatles und Brian Epstein gearbeitet hatte. Sobald er den Mund aufmachte, wußten wir: »Das ist ein sehr cleverer Junge.« Wir dachten nicht, dass wir etwas zu bieten hätten, aber Andrew brachte uns dazu, die Rolling Stones als »Die Rolling Stones« zu sehen, als eine Einheit, die sich gut verkaufte. Ich dachte, ich hätte während meiner Zeit an der Art School nur gelernt, wie man Gitarre spielt, aber wenn ich darüber nachdenke, wird mir klar, dass ich danach auch die subtile Kunst der Werbung beherrschte. Manche Lehrer arbeiteten zwar für Werbeagenturen, aber wir dachten: »Wow, der arbeitet für eine richtige Werbeagentur. Wahrscheinlich kann er ›Madison Avenue‹ buchstabieren.«

»Die Beatles sah ich zum ersten Mal im Station Hotel – echt coole Typen mit schwarzen Ledermänteln, um die wir sie sehr beneideten.«

Keith

In gewisser Weise brachte Andrew die Talente in unserer Band zur Geltung. Er machte aus uns eine Gemeinschaft und er erweiterte unseren Horizont. Unser größtes Ziel war es damals, die beste Bluesband von London zu werden, das hätte uns genügt. Aber Andrew sagte: »Was redet ihr da? Ich habe früher mit diesen vier Dusseln aus Liverpool zusammengearbeitet. Das könnt ihr auch.« Er hatte die Erfahrung, obwohl er nicht älter war als wir, mit allen Wassern gewaschen und ein richtiger kleiner Ganove. Außerdem wollte er wirklich dazugehören. Einmal nannte er sich selbst »den sechsten Rolling Stone«, neben der Arbeit als Manager betrachtete er sich als Teil der Band.

MICK: Andrew war PR-Mann für Brian Epstein, allerdings wussten wir das nicht. Er sagte wahrscheinlich: »Ich bin der PR-Mann der Beatles« – wie wäre das als Songzeile? Alles, was mit

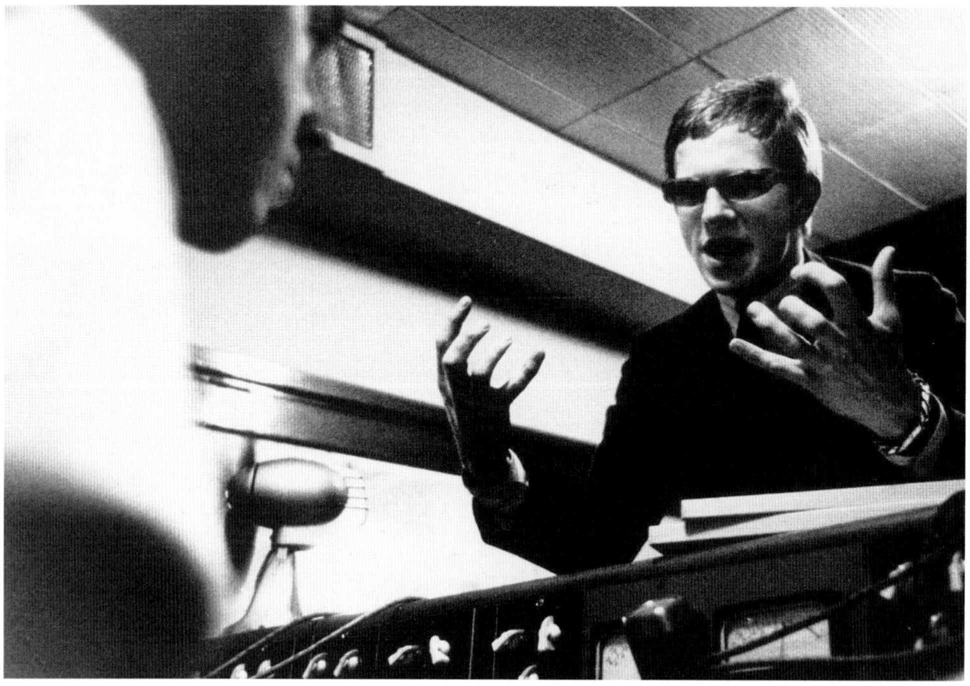

Andrew Oldham im Studio. Charlie: Andrew überzeugte Mick und Keith, dass sie Songs schreiben konnten. Gott sei Dank, denn ohne diese Songs wären wir noch so eine Band im Stil von Freddie and the Dreamers gewesen, an die man sich nur erinnert, weil sie sonntagnachmittags »Going To New York« im Club von Ken Colyer spielten. Micks und Keiths Songs gaben uns eine eigene Identität.

»Andrew Oldham war äußerst gewieft und sehr schick, er trug immer diese engen Anzüge mit winzigen kurzen Jacketts. Er hatte einen tollen Geschmack und Stil, was sich, glaube ich, auch auf uns auswirkte.«

Charlie

den Beatles zu tun hatte, war wie Gold und glänzte, und Andrew schien zu wissen, was er tat.

CHARLIE: Andrew war der Beste. Ich mochte ihn. Als Andrew sein eigenes Büro am Regent's Park bezog, wohnte ich im selben Haus. Andrew war sehr schick, er trug immer diese engen Anzüge mit winzigen kurzen Jacketts. Wir kamen alle gut mit ihm aus und mochten, was er sagte. Er war sehr gut darin, unsere Gefühle zu kanalisieren. Außerdem konnte er Chancen erkennen, sonst würden wir immer noch die Clubs abklappern. Andrew fand, er sei mehr als nur ein Unternehmer oder Agent, und damals bedeutete das, jemand wie Phil Spector zu sein und Künstler wie Gene Pitney oder die Everly Brothers unter Vertrag zu haben. Er sah keinen Grund, warum er nicht auch in Hollywood eine große Nummer sein könnte.

Mick gönnt sich bei der Aufzeichnung von Ready Steady Go! *eine Atempause und wird dabei von Val Wilmer fotografiert, die vor allem für ihre Porträts schwarzer Musikerlegenden berühmt ist.*

Er war äußerst gewieft, hatte einen tollen Geschmack und Stil, was sich, glaube ich, auch auf uns auswirkte. Wir standen auf einer Stufe mit den Beatles, weil wir im gleichen Alter, weil wir eine Gitarrenband waren und weil jeder so bekannt sein wollte, aber wir waren eine ganz andere Art Band. Zum Beispiel spielten wir live viel besser als die Beatles. Und Andrew war im Vergleich zu Brian Epstein jünger und sah viel hipper aus; er verkörperte das, was London damals ausmachte. Das soll nicht heißen, dass er schlauer war als Brian, denn niemand ist so populär wie es die Beatles immer noch sind. Das hat niemand erreicht, vielleicht einmal abgesehen von Elvis, Frank Sinatra und Bing Crosby. Brian hat das alles auf den Weg gebracht, aber andererseits hat Andrew die Rolling Stones aufgebaut, und die gibt es immer noch.

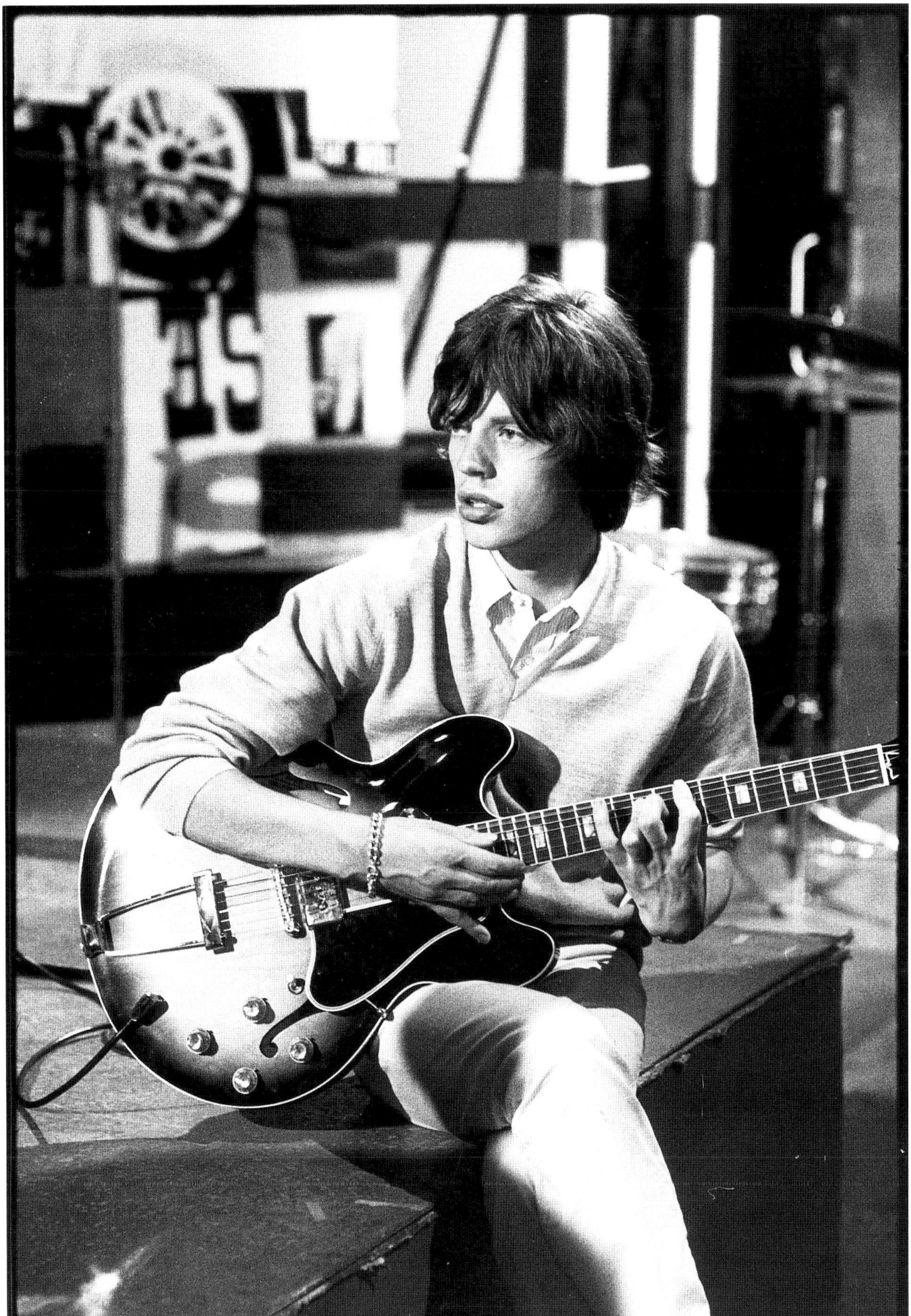

Andrew Oldham steckte die Band für Fotoaufnahmen in Hahnentritt-Jacketts. Keith: Man will eine Platte machen, egal, was von einem verlangt wird, selbst, wenn man dafür Hahnentritt-Jacketts tragen muss. Ich habe noch nie jemanden gesehen, der sein Jackett schneller wieder auszog.

Die Pressefotos auf dieser und der gegenüberliegenden Seite wurden bei umfangreichen Foto-Shootings aufgenommen. Weitere Bilder dieser Serie finden sich auf den Seiten 37, 38 und 45.

KEITH: Andrew arbeitete mit einem Musikagenten namens Eric Easton zusammen, einem netten Kerl, der bereits gut etabliert war. Man brauchte damals nur einen *Melody Maker* oder *New Musical Express* aufzuschlagen und sah eine Anzeige für »Eric Easton Management, Managementagentur« und so weiter. Eric und Andrew waren ein komisches Gespann, aber in gewisser Weise war es auch eine magische Kombination, weil Eric die Verbindungen hatte und Andrew wegen seiner Arbeit mit Epstein als Wunderkind galt.

Dann fädelte Andrew den Deal mit Decca Records ein – und zwar wie der Blitz. Das Schöne war, dass Dick Rowe von Decca die Beatles abgelehnt hatte. Würde er den Fehler noch einmal machen? Wir wussten also, dass wir sie gewissermaßen in der Tasche hatten, noch bevor wir verhandelten. Deswegen konnten wir so auftreten, bekamen die künstlerische Kontrolle, nahmen für unsere eigene Firma Immediate Records auf, und Decca leaste quasi die Stücke. Wir wollten nicht, dass bei den Aufnahmen ein Gnom in braunem Anzug vorbeikommt und sagt: »Ich finde, da sollten mehr Geigen rein.«

Mir war damals nicht bewusst, wie radikal der Deal war. Ich wusste nur, dass es mir damals wichtig war: Ich wollte nicht bei einer Plattenfirma unterschreiben und dann zu hören bekommen: »Ihr müsst ›Apache‹ spielen.« Ich realisierte gar nicht, was für eine Lawine wir damit bei den etablierten Firmen lostraten, denn diese gigantischen Plattenimperien wie EMI oder Decca waren für mich so was wie das britische Empire oder die Bank von England. Aber Andrew brachte uns sehr schnell bei, dass die Leute in diesen Konzernen den Kontakt zur Realität verloren hatten. Die Firmen hatten im Krieg Waffen produziert, Platten zu machen war etwas völlig anderes. Deswegen gab es am Mischpult im Olympic Studio in London einen roten Knopf, auf dem »Missiles Fire« stand. Sie hatten es direkt von der Royal Air Force und sich nicht einmal die Mühe gemacht, stattdessen »record« draufzuschreiben.

Ein weiblicher Stones-Fan bei Ready Steady Go! *trägt stolz Keiths Autogramm auf der Wange. Eine derartige Verehrung konnte gefährlich sein: Bei der Show fielen die Fans während »The Last Time« über Mick her, und sein Fuß wurde von »unzähligen Stiletto-Absätzen zertrampelt«.*

Keith und seine Gibson Les Paul. Im Gegensatz zu vielen anderen Gitarristen gibt es von Keith keine Signatur-Gitarre, er spielte im Laufe der Jahre auf Gitarren verschiedener Hersteller wie Fender und Gibson sowie auf exotischen Modellen, etwa auf einer durchsichtigen Dan Armstrong.

Wir trafen uns mit Sir Edward Lewis, Gott habe ihn selig, der die Decca schon ewig leitete und wundervolle Sachen gemacht hatte. Er saß da zusammen mit drei kleinen alten Männern und hatte nicht den blassesten Schimmer, was ablief, er hätte daheim im Bett liegen sollen. Ich sage es nur ungern, aber wir waren bei unserer brutalen Attacke richtige kleine Nazis. Wir verkündeten: »So wird es sein«, und sie gaben nach. Das war eine der größten Leistungen von Andrew. Er wusste auch, wie man für Schlagzeilen sorgte und wie leicht man die Fleet Street manipulieren konnte. Er rief bei ein paar Zeitungen an und sagte: »Schaut euch an, wie die Stones aus dem Savoy geworfen werden«, und dann sagte er zu uns: »Wir ziehen uns einfach so an wie immer und versuchen dort Mittag zu essen.« Natürlich flog man ohne Krawatte raus, und schon hatte die Presse ihre Story: »Rausschmiss der Stones im Savoy«. So dumme Kleinigkeiten eben.

Mitgliedsausweis eines Fanclubs der Rolling Stones von 1964. Anders als bei den Beatles war die Registrierung als Stones-Fan auch eine Art Statement: Elf Jungen sind im Mai gleichen Jahres von einer Schule in Coventry geflogen, weil sie »Mick-Jagger-Frisuren« trugen. Selbst der wöchentlich erscheinende New Musical Express *beschrieb die Stones höhnisch als »höhlenmenschenartiges Quintett«.*

Die Entscheidung, dass Ian Stewart nicht zu den Rolling Stones gehören würde, sickerte zu mir durch. Ich war damals immer noch nur der Gitarrist, wie ein Mietmusiker. Ich hatte keinen Sinn für Hierarchie. Ich glaube, Brian hat es Stu gesagt, obwohl es keine Rolle spielt, wer es war. Letztendlich war es Stus Entscheidung, bei uns zu bleiben, was völlig verständlich war. Er sagte: »Ich bin dabei, solange ich Klavier spielen kann – wir sind zusammen in der Band und ich muss nicht für Fotos posieren.« Niemand wusste, dass aus den Stones einmal das werden würde, was sie heute sind, aber weil ich Stu kenne, würde ich sagen, dass er für die Band Größeres vorhersah als wir anderen. Er hatte vielleicht erkannt, dass er so, wie die Band vermarktet werden würde, völlig außen vor bleiben würde, aber trotzdem ein wichtiger Teil der Band sein konnte. Ich hätte wahrscheinlich gesagt: »Dann könnt ihr mich mal«, aber er sagte: »OK, ich fahre euch einfach durch die Gegend.« Dafür braucht man ein großes Herz, aber Stu war der großherzigste Mensch, den ich kannte.

Auf jeden Fall gab es damals nur selten ein gutes Klavier auf der Bühne. Wenn kein Mikro dran war, hörte man das verdammte Klavier sowieso nicht, es sei denn, man war Little Richard. Ich glaube, Stu fand diesen ganzen Rock 'n' Roll-Zirkus amüsant. Er genoss es, wurde nicht gestresst und war in jeder Hinsicht die Art von Rolling Stone, die er sein wollte.

MICK: Es war offensichtlich, dass Ian Stewart nicht dazu passte. Er spielte immer noch Klavier für uns, wenn wir es wollten; im Grunde spielte er nur noch ganz selten mit, weil wir über Verstärker spielten und er nur ganz normal auf dem Klavier spielte. In einem lauten Club konnte man ihn nicht hören. Ich will ihn nicht schlecht machen oder behaupten, dass er nicht dazugehörte, aber es gab viele Stücke, bei denen er nicht mitspielte. Es war ganz klar, dass Ian kein Popstar sein wollte.

KEITH: Unsere frühesten Sessions waren die mit Glyn Johns in den IBC-Studios – er hatte die Schlüssel und ließ uns nachts rein. Glyn war sehr nett, aber auch sehr geheimnistuerisch; er machte sich ständig Sorgen, dass der Nachtwächter vorbeikommen könnte. Alles musste ganz heimlich passieren. Glyn war ein Bekannter von Ian Stewart. Sie hatten mal zusammen eine Wohnung. Die war schmutzig, überall hingen ausgebeulte Hosen und Unterwäsche – ekelhaft. Nicht wie im Edith Grove, wir ließen die Wäsche auf dem Boden liegen, das nannte man Teppich. Tatsächlich hatten nur die wenigsten von uns Unterhosen, Unterhosen waren schierer Luxus.

MICK: Ich glaube zwar nicht, dass Andrew im eigentlichen Sinne des Wortes ein Produzent war, aber er übernahm viele Aufgaben davon. Bei Plattenaufnahmen wusste meiner Meinung nach in England ohnehin niemand, was er da tat. Jeder legte sich etwas zurecht. Wenn man mich fragen würde: »Was erwartest du von einem Schallplattenproduzenten?«, dann würde ich sagen, dass auch die Auswahl der Songs dazugehört. Andrew half bei der Auswahl der Songs. Wenn Keith und ich zehn Melodien geschrieben hatten, meinte Andrew: »Ich glaube, das hat kommerziell am meisten Erfolg.« Das ist die Hauptaufgabe eines Produzenten. Die andere Aufgabe ist es, die Band dazu zu bringen, so gut wie möglich zu spielen. Andrew war sehr enthusiastisch und wir beide sorgten dafür, dass sich die Band ins Zeug legte. Er sagte zu mir: »Hey Mick, geh raus und mach ihnen Dampf«, weil ich auch gerne auf der anderen Seite der Glasscheibe war. Eine weitere Aufgabe besteht darin, Leute anzustellen, die die Musik richtig aufnehmen, was er ganz gut machte. Als wir zu Plattenaufnahmen nach L.A. gingen, war das eine gute Idee, egal, ob er das nun zufällig entschieden oder wirklich durchdacht hatte.

CHARLIE: Andrew hatte gute Ohren, ein bisschen wie Phil Spector. Mehr tat Phil Spector ja eigentlich nicht: Er hörte etwas und machte es so, wie er es hörte. Nicht wie diese Hitgaranten Bacharach und David. Ich habe Andrew nie als Produzent betrachtet, ehrlich gesagt war ich auch viel mehr an mir und meinem Schlagzeug interessiert und daran, was wir spielen würden.

Als wir Phil Spector zum ersten Mal trafen, dachte ich, er sei ein wirklich netter, ruhiger Typ. Bei Gene Pitney war es auch so. Man darf nicht vergessen, dass das einfach Leute waren, die ich kennen lernte, ich hatte keine Ehrfurcht vor ihnen wie Andrew. Ich hatte mehr Respekt vor Dizzy Gillespie als vor denen. Andrew erwähnte gerne Phils Namen. Er spielte vielleicht Maracás oder ein bisschen Tamburin oder sagte Andrew, man soll das Mikrofon oder ein Band-Mitglied woanders hinstellen. Ich weiß es nicht mehr.

KEITH: Andrew konnte den Beat hören und die Spannung und die Begeisterung, die rüberkamen – und wenn das einen guten Produzenten ausmacht, dann war er ein großartiger Produzent. Er ist vielleicht kein Produzent im Sinne von Quincy Jones, andererseits hat Quincy Jones auch nie die Rolling Stones produziert. Um ehrlich zu sein, wir wussten nicht einmal, was ein Produzent ist. Wir dachten nur, es wäre besser, wenn der hinter der Glasscheibe jemand war, der einen guten Draht zu uns hatte, abgesehen von den Tontechnikern, denn über sie wussten wir noch weniger. Später arbeiteten wir mit berühmten Toningenieuren wie Dave Hassinger zusammen, die manchmal mehr wussten als der Produzent. Ich habe oft hinter dem Rücken des Produzenten zum Tontechniker gesagt: »Hey, er will den Gitarrensound ändern – tu so als ob, er wird es nicht merken.«

CHARLIE: Ich kümmere mich auch heute nicht ums Abmischen. Ich habe mich nie darum gekümmert, weil wir meistens fantastische Toningenieure hatten. Wir alle hatten bestimmte Platten, die uns gefielen und die so klangen, wie wir klingen wollten, und so setzten wir überall Tamburine ein wie Phil Spector. Ich betrachtete Andrew nie explizit als Produzenten. Das war mehr so was Geselliges, er gab die Richtung vor, weil wir viel zusammen waren. Aber er war auf jeden Fall dabei und hatte immer gute Vorschläge.

Wir machten eine witzige Cover-Version von einem sehr guten Song, von »Come On«, aber ich kann mich nicht daran erinnern, bei der Auswahl beteiligt gewesen zu sein.

KEITH: Die erste Single war »Come On« von Chuck Berry. Das war seicht, aber auch sehr poppig. Wir nahmen es zusammen mit mehreren Bo-Diddley-Songs auf. Die Nummer wurde wahrscheinlich ausgesucht, weil sie chartorientierter war. Anscheinend hörten wir auf das Feed-

»Best Wishes, Mick Jagger«. Treue Fans werden belohnt. Die Fans steigerten sich so in ihre Star-Begeisterung hinein, dass ein Mädchen vom ersten Rang im Palace Theatre in Manchester fiel. Glücklicherweise schlug sie sich nur ein paar Zähne aus. Auf der Isle of Man, deren Bewohner eigentlich als reserviert gelten, musste die Band durch ein Toilettenfenster in die Konzerthalle klettern, um dem Ansturm der Fans zu entgehen.

Bühnenshow von Mick vor seinem eigenen Bildnis im Februar 1965.

back von der Decca – schließlich waren wir noch neu dort. Es könnte sein, dass Andrew Oldham zusammen mit ein paar Leuten wie Dick Rowe die Entscheidung traf. Uns war das egal, wir wollten einfach eine Single veröffentlichen. Dann war die Single viel erfolgreicher, als wir erwartet hatten, und auf einmal wurden wir angewiesen, diese Hahnentritt-Jacketts zu tragen. Es war nur diese eine Single. Und dann sitzt man in diesen dämlichen Hahnentritt-Jacketts bei *Top Of The Pops* und lamentiert: »Nicht gerade die Optik, die wir uns vorgestellt haben.« Aber Andrew meinte: »Ich kann euch sagen, ich habe auch schon Muddy Waters in lächerlichen Anzügen gesehen.« Und das alles nur für eine Schallplatte. Wir waren eine coole Bluesband, und plötzlich sind wir bei *Thank Your Lucky Stars* oder *Juke Box Jury*, und das alles macht man nur, weil man ins Studio will. Man will eine Platte machen, egal, was von einem verlangt wird, selbst wenn man dafür Hahnentritt-Jacketts tragen muss. Ich habe noch nie jemanden gesehen, der sein Jackett schneller wieder auszog.

»Als die Stones bei Thank Your Lucky Stars *oder* Ready Steady Go! *auftraten, hetzte ich vom College heim, um sie zu sehen. Das war die Band, bei der ich mitspielen wollte. Ich saß vor dem Fernseher und sagte mir: ›Das bin ich, ich bin in dieser Band, die spielen genau das gleiche Zeug, das ich spiele.‹«*

Ronnie

Wir hatten vielleicht damit gerechnet, uns irgendwo in den Charts zu platzieren und uns dann langsam nach oben zu arbeiten, aber plötzlich waren wir in den Top Ten und traten bei *Top of the Pops* auf. Wir sahen uns das an und dachten: »Scheiße, in zwei Jahren wird alles vorbei sein«, weil sich nie jemand richtig lange gehalten hatte. Die Beatles dachten damals das Gleiche. Aber das Merkwürdigste ist, dass die LP wichtig wurde. Davor war eine LP etwas, was man sich vielleicht zu Weihnachten gekauft hat, wenn man den Typ seit 20 Jahren mochte. Frank Sinatra oder Duke Ellington, Elvis oder Buddy Holly konnten ein paar LPs verkaufen, aber wenn man nicht eine Unmenge Stücke hatte, war

Wie den Beatles wurde auch den Stones die seltene Ehre zuteil, komplett als Band in der Jury der Popsendung Juke Box Jury *zu sitzen. Dem Auftritt, der am 27. Juni 1964 aufgezeichnet wurde, folgte die Ausstrahlung von* Top of the Pops, *wo die Band ihre Single »It's All Over Now« promotete.*

Das ständige Leben auf Tour kann auch einsam sein: Fotograf Terry O'Neill nahm Brian in einer der vielen Raststätten auf, die die Band auf ihrer ersten Tournee quer durch England zur Genüge kennen lernte.

eine LP normalerweise eine Retrospektive auf das, was man bisher gemacht hatte. Vor allem als britischer Künstler ging man ins Studio, um ein oder zwei Hits und zehn Lückenfüller aufzunehmen. Die Beatles und wir behandelten jeden Track so, als ob er als Single ausgekoppelt werden würde und legten nicht alles in zwei Songs – dadurch veränderte sich die ganze Aufnahme und auch die Einstellung der Leute gegenüber Schallplatten, und erst dann konnte sich eine Band über längere Zeit halten.

RONNIE: Für eine Band bedeutete es alles, eine Single in den Charts zu haben. Ich weiß noch, dass sich »Come On« ziemlich gut platzierte. Meiner Meinung nach ein brillanter Song. Ich mag auch das Original von Chuck Berry. Und die B-Seite »I Want To Be Loved« war auch gut. Und dann traten sie bei *Thank Your Lucky Stars* oder *Ready Steady Go!* auf. Ich hetzte vom College heim, um sie zu sehen. Meine Mum hat in einem Interview einmal erzählt: »Ronnie war von dieser Band, den Rolling Stones, schon immer besessen. Ich verstand nicht, was er tat, ich wusste nur, dass er schnell daheim sein wollte, um die Stones bei *Ready Steady Go!* zu sehen.« Das war die Band, bei der ich mitspielen wollte. Ich saß vor dem Fernseher und sagte mir: »Das bin ich, ich bin in dieser Band, die spielen genau das gleiche Zeug, das ich spiele. Das ist meine Band.«

CHARLIE: Im Juni 1963 mussten wir wegen der Menschenmengen schließlich raus aus dem Station Hotel in Richmond. Es waren zu viele für den Pub. Vielleicht gefiel den Leuten vom Pub der Krach, aber das glaube ich eigentlich nicht. Vielleicht gefielen ihnen die Menschenmassen nicht, es gibt Hunderte von Gründen. Ich glaube, man sagte uns, im Athletic Ground sei es besser, oder vielleicht bekam Giorgio Gomelsky der Pub billiger.

MICK: Alles ging sehr schnell. Aber man musste damals schnell sein, weil so viel passierte und man plötzlich im Gedränge verloren gehen konnte. Es gab zu der Zeit so viele Bands, die meisten waren furchtbar und von der Plattenfirma zusammengestellt, richtige Retortenbands. Und einige waren einfach nur schlecht. Fast alle Bands waren aus Nordengland. Die hatten viel von den Vaudeville-Shows und dem Varieté abgeschaut, wie in diesem Song von Herman's Hermits »Mrs. Brown, You've Got A Lovely Daughter«. Keith und ich werden noch über diese Geschichte

Frühstück in einer Raststätte. Keith, aufgenommen von Terry O'Neill.

reden, über den Einfluss von Vaudeville, der bei Gruppen wie den Beatles zu spüren war. In gewisser Weise auch bei uns, obwohl natürlich deutlich weniger, weil Nordengland damals kulturell so weit hinter London zurücklag. Das muss nicht schlecht sein, es war einfach so. All die jungen Musiker waren mit dem Varieté aufgewachsen und mit ihren Eltern dorthin gegangen. Wenn Bands wie die Hollies auf die Bühne traten, benahmen sie sich wie Unterhaltungskünstler im Varieté. Sie waren nicht cool.

In London gab es nicht so viele Bands: Die Dave Clark Five und uns. Aber im Norden gab es Tausende, und die meisten waren furchtbar. Sie waren nicht wie wir. Wir konnten jede Nummer spielen, die Chuck Berry je geschrieben hatte, und sie spielten immer »Roll Over Beethoven« und das war's. Wenn sie Motown spielten, dann »Money«. Wir natürlich auch. Das taten alle. Wir dachten, wir wären die Einzigen, die das Stück kennen, aber als wir nach Nordengland kamen, stellten wir fest, dass alle es spielten. Das war wirklich komisch. Wir haben auch was von Otis Redding gespielt und »If You Need Me« von Solomon Burke und »Hitch Hike« von Don Covay. Ich liebte die Supremes und solche Sachen, und wir alle liebten Marvin Gaye. Aber die Beatles machten viel Motown, deshalb ließen wir es bleiben. Ich war nie ein großer Motown-Fan, bis wir richtig bekannt wurden.

CHARLIE: Wir fingen immer mit Songs von Jimmy Reed an, sogar noch als wir diese Phase eigentlich schon hinter uns hatten. Bei unseren Auftritten in den Tanzsälen kam immer zuerst ein Stück von Jimmy Reed und dann eins von Bo Diddley. Und die Kids hatten solche Sachen noch nie gehört. Viele Bands machten damals kommerzielleren R&B, so Sachen von den Coasters, und noch nicht einmal das hatten sie gehört, ganz zu schweigen von dem, was wir spielten, etwa Songs von Muddy Waters. Brian verfolgte damit so eine Art Mission. Ich glaube, wir dachten, wir seien die angesagteste Band, und die Musik, die wir spielten, sei das, was man hörte oder hören sollte.

KEITH: Wir wurden bei unserer ersten England-Tournee mit Little Richard, Bo Diddley und den Everly Brothers gleich mitten reingeworfen. Man braucht nicht lange, um den richtigen Dreh rauszukriegen. Als Erstes lernt man, dass alle überall gleich sind. Es gibt vielleicht da und dort Unterschiede in Sprache und Dialekt, aber unterwegs lernt man sehr schnell. Es gibt bestimmte Grundlagen, um die man sich kümmern muss, und dabei spielt es keine Rolle, ob man weiß, schwarz, braun oder gelb ist, man muss sich halt darum kümmern. Eine sehr schnelle Ausbildung.

Unsere erste Tour dauerte sechs Wochen. Anfangs spielten wir am Ende der ersten Hälfte zwei oder drei Stücke, aber gegen Ende der Tour konnten sich die Everly Brothers nicht mehr als Top Act halten, was mir ein bisschen peinlich war. Es ging alles so schnell. Wir machten eine Tour durch England, ich war noch nie zuvor so in England herumgekommen: Blackburn, Leeds, Barnsley, Wigan, damals waren das noch richtige Malocherstädte, es war unglaublich. Und dann waren da noch die Mädels, es gibt nichts Schöneres als 3000 Bräute, die sich einem an den Hals werfen, vor allem bei diesen Lustmolchen, mit denen ich zusammenarbeite … Uns hingen förmlich die Zungen heraus. Wir nahmen jede Schlampe für einen Quickie, bevor wir weiterfuhren. Echt schrecklich, aber lustige Zeiten.

CHARLIE: Ein Wendepunkt war, als wir in der Royal Albert Hall bei einem Konzert auftraten, das der *New Musical Express* für die besten Bands einer Leserumfrage veranstaltete. Sie hatten extra einen Preis für R&B ausgeschrieben, weil sie nicht wussten, in welche Kategorie sie uns stecken sollten. Wir kamen früh und sahen den Transporter der Beatles. Er war über und über mit Lippenstift bedeckt, und wir dachten alle: »Mensch, so sollte unser Transporter auch aussehen!« Wir hatten genau den gleichen, bloß war da kein Lippenstift dran. Aber schon ein paar Monate später war es bei uns auch so.

Polizei-Eskorten und Hintereingänge waren fester Bestandteil der US-Tour, damit die Band ungehindert die Konzertbühnen erreichte.

RONNIE: Die Leute interpretierten in jedes Bandmitglied etwas hinein. Mick war der schwer fassbare Sänger, Brian war noch mysteriöser, und das Publikum kam immer wieder, um jedes Mal mehr über sie herauszufinden, um ihnen ein bisschen näher zu kommen. Um sie herum gab es so viele Verrücktheiten und Chaos, und die Auftritte waren immer ziemlich kurz: Es war schon eine Leistung, wenn sie mehr als zwei Songs spielten ... Danach bin ich ihnen nicht mehr hinterhergereist. Ich hatte die Botschaft verstanden und dachte, ich lasse sie durch die große weite Welt ziehen und tun, was sie tun müssen.

Meine Band hieß The Thunderbirds. Unser Stammlokal war das Gemeindezentrum vor Ort, ein Club namens Bird's Nest, und wir hatten unsere eigenen Fans. Wir standen gerade erst am Anfang, und die Stones waren bereits bekannt. Ich habe immer die Gagen verglichen: Die Stones bekamen etwa 70 Pfund für einen Auftritt oder 150 Pfund am Wochenende, und ich dachte: »Wow!« Dann bekam unsere Band unter der Woche 50 Pfund und 75 am Wochenende, und irgendwann kamen wir über die 100 Pfund-Marke und dachten: »Yeah, wir ziehen bald mit den Stones gleich«, und dann erfuhren wir, dass sie 300 Pfund kriegten. Dann habe ich sie aus den Augen verloren. Sie waren spurlos verschwunden, aber wir machten mit den Birds weiter.

KEITH: Unser erstes Album gab das wieder, was wir im Crawdaddy gespielt hatten – eine ausgewogene Mischung aus Jimmy Reed, Bo Diddley, Muddy Waters, ein bisschen Slim Harpo, im Grunde das Beste vom Set! Wir nahmen das Album in einem Raum voller Eierkartons auf und nutzten ein Zweispurgerät von Grundig. Die einzige Konzession an den Profistatus war, dass das Tonbandgerät an der Wand hing und nicht auf dem Tisch stand. Wir brauchten nur zehn Tage, zack, und dann kam die Platte heraus, und wir verkauften 100.000 Stück die Woche, was phänomenal war, aber zu der Zeit hatte ich schon die großen Studios gesehen mit den glänzenden Knöpfen. Im Vergleich dazu sah unser erstes Studio scheiße aus, aber wahrscheinlich fühlte ich mich dort wohler. Es war billig, wir fühlten uns nicht eingeschüchtert, da war keiner dieser Typen im braunen Mantel mit einer Stoppuhr in der Hand. Vermutlich hatte es was mit unserem Vertrag mit Decca zu tun, dass wir sagten: »Hey, wir brauchen nicht einmal euer Studio.«

Wir saßen im Regieraum und sagten: »Klingt gut« oder »Stopp, das machen wir noch mal« und dann: »Yeah, das ist es«. Es war entweder Ja oder Nein. Wir benutzten ein Zwei- oder Vierspurgerät, und damit kann man nicht viel machen. Die Overdubs mussten wir im so genannten Ping-Pong-Verfahren machen, das heißt, wir wechselten immer zwischen den Spuren hin und her, was nicht so toll war, weil die Klangqualität unheimlich leiden konnte. Das passierte manchmal beim Zusammenmischen, was ich später bei Stücken wie »Street Fighting Man« und »Jumpin' Jack Flash« maximal ausnutzte. Das waren nur akustische Gitarren, völlig überladen, und alles ging in ein winziges Mikrofon eines kleinen Philips-Tonbandgerätes.

Die Bluesplatten, die wir hatten, vor allem die vom Chess-Label, waren so abgemischt, dass die Stimme einfach Teil der Musik war und sich kaum abhob, sodass man manchmal fragen musste: »Was singt er da? Was war das?«. So wie wir die Musik hörten und von der Bühne her kannten, lag Micks Stimme einfach darüber, wie ein weiteres Instrument. Außerdem war Micks Stimme damals sehr schwer aufzunehmen, und man hätte das wahrscheinlich sowieso im Ping-Pong-Verfahren machen müssen. Sie verwirrte die Zuhörer, sie fragten: »Was hat er gemeint?« und redeten darüber. Außerdem singt Mick bei der Hälfte der Songs Texte von Schwarzen aus den Südstaaten, was für die englischen weißen Jugendlichen damals kaum zu verstehen war.

Auf den frühen Alben spielten Mick und Brian beide Mundharmonika. Das hing wahrscheinlich sehr stark davon ab, ob wir bei einem Stück Gitarren brauchten oder nicht. Meiner Meinung nach ist Mick immer noch einer der besten Mundharmonikaspieler und kann mit jedem mithalten, außer vielleicht mit dem Meister Little Walter. Mick kann auf der Mundharmonika so brillant phrasieren. Manchmal fragte ich: »Warum singst du nicht auch so?«, und er antwortete: »Oh,

»Amerika war ein Witz, zumindest bei unserer Ankunft. Aber als wir abreisten, hatten wir dort ein Publikum, und als wir zurückkamen, hatten wir dort einen Hit. Es war mühsam, aber unser Publikum wuchs mit jedem Mal. Als ich zum ersten Mal nach Amerika kam, wollte ich nach New York und zum Birdland, dem Jazzclub, und das war's… New York verkörperte all das, wovon ich träumte. Ich wäre gerne ein schwarzer Schlagzeuger in der 52. Straße gewesen. Natürlich bin ich nicht schwarz, und als ich schließlich dorthin kam, gab es die Szene nicht mehr. Trotzdem war New York noch ein Jazz-Zentrum.«

Charlie

das sind zwei völlig verschiedene Sachen.« Ich dagegen bin der Meinung, dass es genau das Gleiche ist; man bläst einfach Luft heraus, bei dem einen sind es eben Worte und beim anderen Noten. Billie Holiday war eine der besten Sängerinnen überhaupt, und wen ahmte sie nach? Den verdammten Louis Armstrong, und der sang genau so, wie er Trompete spielte. Darüber streiten wir immer.

Wenn Brian Mundharmonika spielte, hatten wir nur eine Gitarre, deswegen überlegten wir wahrscheinlich, ob wir nur eine Gitarre bei diesem Song brauchten. Dann spielte Mick die Maracás. Das ist das andere Interessante an der Percussion bei dieser Band, der Einfluss von Bo Diddley. Jerome Green, der mit Bo zusammen spielte, war ein begnadeter Säufer, ein echter Saufkopf aus Chicago, aber so ein netter Kerl. Er spielte nur die Maracás. Bei unserer ersten Tour hatte ich die Aufgabe, ihn aus der Kneipe zu holen. Ich sagte dann: »Hey Jerome, reiß dich zusammen, bevor Bo deinen Lohn kürzt.« Am Ende der Tour wurde er krank. Ich schleppte ihn zum Arzt und hatte ihn eine Woche oder so bei mir in der Bude, wo er sich auskurierte. Ich war sein englischer Aufpasser. Mick hat viel von Jerome gelernt. Er spielte zwar nicht vier Rasseln in jeder Hand wie Jerome, aber wichtig sind viele Bewegungen. Der Schellenkranz, den Charlie auf seiner Bassdrum befestigt hatte, war ein weiterer Percussion-Effekt.

Die Stones 1964, in dem Jahr, in dem sie zuerst in Londoner Clubs, dann in Tanzsälen und Gemeindehäusern und schließlich im Empire Pool in Wembley (heute die Wembley-Arena) spielten. Das Bild zeigt sie bei einem Auftritt auf einem Ball für Mods im April.

CHARLIE: Amerika war ein Witz, zumindest bei unserer Ankunft. Aber als wir abreisten, hatten wir dort ein Publikum, und als wir zurückkamen, hatten wir dort einen Hit. Es war mühsam, aber unser Publikum wuchs mit jedem Mal.

Als ich zum ersten Mal nach Amerika kam, wollte ich nach New York und zum Birdland, dem Jazzclub, und das war's. Der Rest von Amerika interessierte mich nicht. New York verkörperte all das, wovon ich träumte. Ich wäre gerne ein schwarzer Schlagzeuger in der 52. Straße gewesen. Natürlich bin ich nicht schwarz, und als ich schließlich dorthin kam, gab es die Szene nicht mehr. Trotzdem war New York noch ein Jazz-Zentrum. Eine der ersten Bands, die ich dort sah, war die von Charles Mingus mit Danny Richmond am Schlagzeug, und Sonny Rollins war gerade aus dem Winterschlaf erwacht und hatte sein Trio. Das war die Zeit, als er begann, in der Garderobe zu spielen und dann die Wände um die Bühne anspielte. Es war fantastisch.

Ich dachte, jeder Jazzmusiker, den ich mochte, käme aus New York. Dem war natürlich nicht so. Später kam ich nach Los Angeles und mochte auch diese Stadt – eine Zeit lang lebten wir praktisch dort, es war in den 60er-Jahren: Drei Monate lang nahmen wir dort auf oder machten sonst was. Ich erinnere mich an San Antonio, weil wir dort Bobby Keys und die Beach Boys trafen. Und dann ging ich nach Chicago und war auch davon begeistert.

Wir machten auch ein paar Sachen für Chess – alle unsere Vorbilder hatten für Chess aufgenommen – und dabei lernten wir einen tollen Tontechniker namens Ron Malo kennen. Keith spielt immer noch jeden Abend in der Garderobe eine Platte von Chuck Berry. Das ist nicht irgendein Ritual, sondern weil dort eben fünf Platten sind und eine der besten eine Compilation von Chuck Berry-Songs ist. Ich höre mir das an und denke immer noch: »Scheiße, ist das gut!«

Als wir dorthin gingen, nahm uns Marshall Chess mit ins Archiv, wo die ganzen Alben aufbewahrt werden, die sie machten. Mir gefielen die Jazz-Sachen vom Argo-Label – Al Grey und Ahmed Jamal und so. Damals gab es in Chicago ein paar tolle Jazzclubs: den Persian Room und das Alhambra. Und ein paar tolle Musiker.

Ich habe dort einen jungen Schlagzeuger kennen gelernt, Maurice White. Er spielte zusammen mit einem Organisten und einem schwarzen Albino-Gitarristen, sie hießen Speckled Red oder so etwas in der Art. Ich weiß noch, wie sie in diesem winzigen Raum spielten. Die Musik war fantastisch. Maurice hatte ein wunderbares kleines Schlagzeug. Es war natürlich ein Erlebnis, Leute wie Muddy Waters kennen zu lernen, aber ich wollte auch Vernell Fournier und Freddy Below und so treffen.

Terry O'Neill schoss in lockerer Atmosphäre eine Reihe von Fotos von der Band auf Tour. Das Bild unten zeigt Mick mit Andrew Oldham, dem ehemaligen PR-Berater der Beatles. Obwohl Oldham erst 19 Jahre alt war, als er zu den Stones kam, leitete er ihre frühe Karriere als Manager und Produzent. 1968 nahmen sie ihre Geschäfte in die eigene Hand, und Oldham konzentrierte sich auf sein Schallplattenlabel Immediate Records.

KEITH: Manche Leute behaupten, ich hätte die Geschichte erfunden, wie Muddy Waters bei unserem Besuch bei Chess die Decke strich. Aber ich habe keinen Grund, so etwas zu erfinden. Die Leute, die behaupten, das stimmt nicht, waren nicht dabei. Ich weiß noch, wie die weiße Farbe runterkam und Muddy sagte: »Es gefällt mir, was ihr mit meiner Musik macht.«

Es war unglaublich, das Studio und die Arbeit dort zu sehen und beim Abhören der Bänder mitzukriegen, dass bestimmte Räume einen bestimmten Klang hatten. Wir nahmen dort sehr viel Material auf – es war ein angenehmer Ort zum Spielen, obwohl, es war nicht nur die Räumlichkeit, es waren auch die Leute, mit denen wir es dort zu tun hatten.

CHARLIE: Ich weiß, dass wir in Chicago aufnehmen wollten, das war für uns selbstverständlich. Ich glaube, Andrew war maßgeblich daran beteiligt, das zu arrangieren. Es war toll, ein klassisches Beispiel dafür, dass die Toningenieure uns nur verkabeln mussten, und schon legten wir los; sie hatten den richtigen Sound und alles. Sie waren in ihrem Element, sie arbeiteten immer dort, nur dieses Mal war es eben nicht Chuck Berry, der da spielte, sondern Keith.

KEITH: Es gab dort einen Typ namens Big Red oder so. Er spielte im Studio B, druckvollen Blues, ein riesengroßer schwarzer Albino mit einer Gibson, die an ihm wie eine Mandoline aussah. Mick, Charlie, Stu und ich hörten ihm zu. Die Chess-Hausband war klasse, aber wir kamen nicht einmal auf die Idee, die Künstler von Chess zu fragen, ob sie mit uns spielen würden. Wir waren schon zufrieden, im gleichen Raum zu sein, das genügte ... Warum sollten sie mit uns spielen wollen? Wir waren die neuen weißen Jungs in der Stadt. Ich glaube nicht, das wir damals so dreist gewesen wären, auch nur daran zu denken. Aber es war ein Erlebnis, die Leute zu treffen. Sie zollten uns Respekt, wahrscheinlich, weil wir viele Platten verkauften, denn dafür wird man immer respektiert!

Das Konzert im August 1964 auf den Eingangsstufen von Longleat House in Wiltshire war wohl der bis dahin ungewöhnlichste Auftritt der Stones. Über 200 Fans wurden ohnmächtig, weil das Gedränge zu stark war, doch der Marquis of Bath sprach von einem »erfreulichen Tag ... mit so wenigen Fällen fürs Krankenhaus«.

MICK: Ich kann mich nicht an den Besuch bei Chess erinnern. Das ist, als ob ich es nur irgendwo gelesen hätte. Ich weiß aber noch, dass wir Muddy Waters später in Clubs getroffen haben: Er forderte mich immer auf, zu ihm hoch zu kommen, aber ich wollte nie. Keith und Brian sprangen bereitwillig auf die Bühne.

CHARLIE: Rückblickend ist es etwas ganz Besonderes, dass wir tatsächlich zu Muddy Waters auf die Bühne gingen. Er war einer der Urväter und spielte immer noch einige der besten Sachen überhaupt. Das Komische war, dass wir nach Chicago gingen und die Musik des Chicago Blues spielten, und dann traten wir dort vor weißen Kids auf, die nie etwas von dieser Musik gehört hatten, die wir für sie spielten.

KEITH: Ich denke, uns war allen bewusst, dass wir Anfänger waren. Ich meine, wir wurden da ganz eindeutig hineingeworfen, vor kurzer Zeit hatten wir noch im Crawdaddy gespielt, und jetzt tourten wir durch die USA und arbeiteten mit Spitzenbands oder nahmen bei Chess auf. Ich hatte immer das Gefühl, dass wir versuchten, uns der Situation gewachsen zu zeigen. Wir sogen die Dinge nur so auf.

Es waren nicht nur die schwarzen Musiker. Plötzlich war man in Oklahoma und hörte sich in einer Bar eine unglaublich kleine Country-Band an und dachte: »Spielerisch gesehen sind sie Lichtjahre besser als wir, aber sie werden es nie über diese Bar hinaus schaffen.« Wir waren in so einer Art Lernphase, kratzten uns oft am Kopf und dachten: »Es gibt hier so viele gute Bands, was zum Teufel machen wir hier?«, und gleichzeitig: »Wie kommt's, dass wir an der Spitze der Charts stehen?«

Wir hielten uns nie für »die beste Rock 'n' Roll-Band der Welt« und das stimmte, vor allem damals. Wir hielten wirklich nicht sonderlich viel von uns. Wir dachten einfach, wir hätten Glück, dort zu sein, und wollten möglichst viel lernen. Es war wie so eine Art Nachhilfe.

Mick und Keith beantworten die Fragen eines amerikanischen Fernsehmoderators. Charlie: »Es sieht so aus, als ob ich Micks Rollkragenpulli und er meinen geliehen hätte ...«

DAVID BAILEY

David Bailey war dabei, sich in London einen Namen als Modefotograf zu machen, als er in den frühen 60er-Jahren Mick Jagger kennen lernte. Mit den Aufnahmen für die Cover der Alben *The Rollings Stones No. 2, Out of Our Heads, Get Yer Ya-Ya's Out!* und *Goats Head Soup* prägte er das Erscheinungsbild der Stones mit.

Ich lernte Mick Jagger über Jean Shrimpton kennen: Seine Schwester Chrissie ging mit Mick aus, der damals noch die London School of Economics besuchte, und Chrissie erzählte uns von Mick: »Der ist Klasse. Der wird noch größer als die Beatles.« Sie hatte Konzerte der Stones auf Eel Pie Island und im Crawdaddy Club besucht. Eines Tages tauchte sie mit Mick auf. Er war schon damals eine auffallende Erscheinung. Ich reagiere leicht auf Äußerlichkeiten, und was mir damals unmittelbar auffiel, waren seine Lippen. Ich brachte Mick immer zur Weißglut, wenn ich scherzte, dass seine Mutter ihn regelmäßig an Schaufensterscheiben fest gepappt hatte, während sie Einkaufen ging.

Ich mochte die Stones von Beginn an, ich hatte Blues schon immer gemocht. Sie waren eine Band, die Songs wie »Little Red Rooster« von Willie Dixon spielte, die Art Blues-Singles, denen ich in Plattenläden wie Dobell's Record in der Charing Cross Road nachjagte. Die Beatles hielt ich in ihren Anfängen für eine Art Boygroup, eine eher vorgefertigte Gruppe, während die Stones organisch zu wachsen schienen. Der Haarschnitt der Beatles war altmodisch: »modern« erschien er nur denen, die nicht mitbekommen hatten, dass er längst in Umlauf war. Und ich persönlich fand Texte wie »I Want To Hold Your Hand« nicht besonders interessant.

Kurz nachdem wir uns kennen gelernt hatten, bat mich Mick, ihn in ein »feines« Restaurant mitzunehmen. Ich glaube, ihm gefiel mein Lebensstil, vor allem all die Girls, ich hatte es damals wohl sehr viel dicker hinter den Ohren als er. Mick wohnte nämlich eine Zeit lang bei mir, weil er in London keine Bleibe hatte. In den 60er-Jahren war das so üblich, und ich führte damals ein ziemlich offenes Haus. Ich entschied mich für ein Restaurant namens Casserole auf der King's Road. Ich erinnere mich, dass ich ihm sagte, er solle ein Trinkgeld dalassen, und er antwortete: »Trinkgeld? Wozu denn das, zum Teufel?« Das sei so üblich, sagte ich, er solle doch einfach einen Zehn-Schilling-Schein hinlegen, irgend so einen alten braunen Schein. Mick legte den Schein auf den Teller. Als wir in unsere Mäntel schlüpften, bemerkte ich allerdings, dass er die Hand ausstreckte und den Schein wieder in die Tasche steckte.

Das erste in Amerika veröffentlichte gute Porträt von Mick stammte von mir. Ich hatte es britischen Zeitschriften angeboten, aber zur Antwort erhalten: »Nein, wer ist der Kerl? Wir kennen ihn nicht.« So verkaufte ich das Foto stattdessen an Diana Vreeland von *American Vogue*. Sie sagte: »Es ist mir egal, wer das ist, aber er sieht gut aus.« Die Glamourpresse erklärte mich daraufhin zu einem Experten für britische Bands. Ich riet ihnen, sich mit den Stones zu befassen, aber sie entschieden sich, Dave Clark Five oder so eine Gruppe zu begleiten, und Mick war stinksauer. Die konservative amerikanische Mittelschicht war eben ziemlich spießig.

Später machte ich Mick mit Andy Warhol bekannt. Als ich ihn zum ersten Mal zu einer Begegnung mit Warhol zu Baby Jane Holzer mitnahm, legte Mick seine Füße auf ihren geliebten chinesischen Korbtisch. Ich dachte: »Scheiße, das gefällt ihr bestimmt nicht.« Ich hätte so etwas nicht gemacht. Aber Mick kam damit wohl durch, weil die Stones eine coole Gruppe waren. Andy Warhol und ich hatten die Rechte an Anthony Burgess' *Uhrwerk Orange* erworben. Dem Plan nach sollte ich bei dem Film Regie führen und Andy Siebdrucke für die Ausstattung des Sets anfertigen. Wir wollten beide die Stones einsetzen, aber Andrew Oldham verlangte für sie mehr als den Etat des gesamten Films. Damit ging das Projekt den Bach hinunter.

Ich war begeistert von Andrew Oldham, obwohl er schrecklich war. Ich hätte ihm damals nicht in die Quere kommen wollen – er war ein beunruhigender kleiner Arsch –, aber er war für die Stones damals wahrscheinlich genauso wichtig wie das, was sie selbst taten. Die Begegnung zwischen Andrew und der Band war sehr bedeutsam. Andrew hatte gute Beziehungen, las viel und hatte einen besseren Überblick über das, was so abging, als die Stones.

Bei einer Hand voll Gelegenheiten, als die Band Gigs in irgendwelchen Colleges hatte, ging ich mit Mick auf Tour. Das war kein Lebensstil, den ich angestrebt hätte, und ihre Groupies konnten mich nie beeindrucken: Damals hatte ich Rockmusikern noch einiges voraus: Fotografen waren begehrter. Aber es gab Tumulte. Viele überspannte junge Mädchen waren mit Autogrammbüchern unterwegs. Ich hatte einen neuen Jaguar E-Typ, und einmal kam Mick zu einer Spritztour zu mir. Es nervte ihn gewaltig, dass diese Fans von allen Seiten auf den Wagen sprangen und mit Lippenstiften ihre Message darauf schmierten: »I love you, Mick.«

Wir fuhren einmal in Jean Shrimptons Mini aus: Brian fuhr einen Humber, die Art Wagen, wie sie Pfarrer hatten. Nach dem Auftritt hieß es jedes Mal: »Hauen wir ab, ehe Brian kommt.« Es gab viel Feindseligkeiten, insbesondere zwischen Brian und Mick. Brian wollte die Stones eher puristisch halten – was das auch immer heißen mochte –, während Mick mehr kommerziell dachte. Ich mochte Brian wirklich, aber er war sehr verwöhnt und hatte einen feineren Akzent als die anderen.

Es stand nicht in Frage, dass Mick der Bandleader war. Brian war zu mürrisch und launisch, während Mick mit der Rolle einfach gut zurechtkam. Als wir die Aufnahme für das Cover von *Out Of Our Heads* machten, die Nahaufnahme ihrer fünf Köpfe, stellte ich Mick absichtlich nach hinten, weil ich spürte, dass sie einen eher demokratischen Eindruck machen wollten.

Keith lebte für mich in einer eigenen Welt. Keith war immer Keith, für mich die Personifikation des Rock 'n' Roll. Er hat sich nie verändert, hat sich nie um andere Meinungen geschert und ist einfach geradeheraus. Und er ist sich treuer geblieben, als

Punks es je taten. Ich war begeistert, als er auf das Angebot, auf dem Konzert für Prinzessin Diana aufzutreten, antwortete: »Nein, sorry, ich kannte das Girl doch gar nicht.« Er machte keine Kompromisse und ist jetzt in der Position, auch keine machen zu müssen.

Mit Charlie kam ich sehr gut aus, weil er als Graphikdesigner gearbeitet hatte. Er wusste, wer Irving Penn war, und hatte von meiner Arbeit eine Vorstellung. Und natürlich war er eher am Jazz orientiert, und ich hatte ja auch eine Menge Jazz gehört: Mit 14 Jahren hatte ich unbedingt Chet Baker sein wollen.

Bill war immer ein ruhiger Charakter. Ich lernte ihn erst später richtig kennen. Er stellte sich als interessanter heraus, als ich erwartet hätte. Bill hasste es, wenn Leute fluchten, insbesondere in Gegenwart seiner Frau Diane. Auf jedes »Scheiße« oder »Fuck« hin drehte er sich zu ihr um und sagte: »Sorry, Diane.« Und je öfter er das sagte, desto mehr fluchten natürlich alle.

Zu dieser Zeit arbeitete ich auch ein wenig mit den Beatles. Die Beatles waren großartig, aber sie erschienen auch »brav«, ein Wort, das leider aus der Mode gekommen ist. Richtig interessant wurden die Beatles erst ab der Zeit von *Abbey Road*. Aber es war mehr als nur die Tatsache, dass die Stones einfach cooler waren, sie waren mir auch sympathischer. Bei den Stones waren alle sympathisch. Ringo war ganz okay, es kümmerte ihn nie etwas besonders, aber Paul war immer sehr ernst und auf sein Image bedacht. John mochte ich nicht besonders, auch wenn er sehr feste Überzeugungen hatte und wusste, was er wollte: Aber schließlich hockte auch er in weißen Gewändern mit Yoko im Schlafzimmer und war der große Held. Und George hatte seine Hare-Krishnas. Die Beatles nahmen sich schrecklich ernst. Die Stones konnten immer über sich selbst lachen, aber sie waren niemals lächerlich. Obwohl Mick auf dem Konzert im Hyde Park inmitten all dieser Schmetterlinge in einem hässlichen Rock herumtänzelte, sah das bei ihm okay aus.

Später arbeitete ich mit den Stones am Cover für *Goat's Head Soup*. Bei dieser Aufnahme legte ich Mick einen Schal über den Kopf und sagte: »Ich möchte, dass du wie die Hepburn aussiehst.« Offenbar dachte er, dass ich Audrey meinte, aber ich hatte in Wahrheit an Katharine Hepburn in *African Queen* gedacht. Bianca Jagger setzte es dann durch mit der Bemerkung: »Oh, das ist großartig, Mick.« Mick selbst widersprach: »Ach nein, wir sehen ja wie lauter Tunten aus.« Auch das Establishment half mit, das Image der Stones zu steigern. Der größte Fehler, den die Regierung je gemacht hat, war die Festnahme von Mick und Robert Fraser. Wenn sie einen Müllmann oder Postboten festgenommen hätten, wäre das Rauchen von Dope für keinen interessant gewesen, aber die Festnahme von Mick war die größte Werbekampagne, die Dope je bekommen hatte.

Die Stones sind noch immer cool. Vor seinem Tod sagte Joe Strummer zu mir: »Bailey, ich frage mich besorgt, ob ich für dieses ganze Geschäft nicht zu alt bin.« Ich sagte ihm, das habe doch etwas mit der Rasse zu tun: Wenn er ein Schwarzer und 90 Jahre alt wäre, hätte keiner ein Problem damit. Aber weil er weiß sei und aus der Mittelschicht stamme, leide er unter der Vorstellung, dass ältere Weiße keinen Rock 'n' Roll spielen dürften. Bei B. B. King, Willie Dixon oder John Lee Hooker sei das für alle selbstverständlich. Joe meinte darauf: »Du stärkst mir den Rücken. Ich werde weitermachen.« Und die Stones sind noch immer da.

4

UNTER HOCHDRUCK

You had two months between one hit and the next. Immediately we had written one hit song there was suddenly a terrible increase in pressure: Where's the follow up?! It was relentless.

Keith Richards

Ein Porträt der Band, aufgenommen von Gered Mankowitz, dessen unverkennbarer Stil Teil des Stones-Images Mitte der 60er-Jahre war. Die Aufnahme wurde für das Cover von Between The Buttons *gemacht.*

Die ehemalige Klosterschülerin Marianne Faithfull wird von Mick Jagger durch den Gesangspart geleitet, was der wachsamen Kamera von Gered Mankowitz natürlich nicht entgeht. Marianne hatte Andrew Oldham auf einer Party kennen gelernt, der sie als Manager unter seine schützende Fittiche nahm. Mit der Aufnahme von Jaggers/Richards' »As Tears Go By« landete sie gleich einen Hit.

KEITH: Es gibt eine Sache, für die ich Andrew Oldham gar nicht genug danken kann. Das war wichtiger für die Stones als alles andere und wahrscheinlich seine größte Leistung: Er machte aus Mick und mir Songwriter. Ich wäre nie auf die Idee gekommen, wenn er es uns, brutal ausgedrückt, nicht aufgezwungen hätte. Er sagte: »Schaut euch die anderen Jungs an, sie schreiben ihre eigenen Songs.«

Eine Zeit lang dachten Mick und ich, wir machten es nur, damit Andrew zufrieden war, aber dann fielen uns immer wieder neue Songs ein. Das erste Stück, das wir schrieben, war »As Tears Go By«. Bei dem Song sperrte uns Andrew in meiner Wohnung in der Mapesbury Road in der Küche ein. Er sagte: »Ihr müsst es versuchen«, gab uns eine Gitarre und schloss ab. Wir blieben die ganze Nacht in der Küche. Und sechs Wochen später war der Song in den Top Ten, gesungen von dieser Exnonne mit dem enormen Vorbau. Das machte Mut, schließlich war es unser erster Song. Es war erstaunlich, dass jeder diese Songs aufgriff. Wir sagten: »Wir haben da diesen Song, mehr so ein infantiler Popsong«, aber Andrew meinte dann: »Der hat eine hübsche Melodie« und dann rief er zurück: »Ratet mal! Gene Pitney nimmt ihn auf.« Also dachten wir: »Tja, das ist doch gar nicht so schwer.«

Wenn wir damals, jung wie wir waren, vier Tage lang nicht auftraten, hatten wir das Gefühl, nichts zu tun zu haben. Wenn es regnete, wollte man auch nicht raus. Deswegen hingen wir abends nur zusammen rum. Mick wohnte einen Stock unter mir. Wir hörten uns damals entweder Musik an oder spielten, mehr taten wir nicht. Wenn wir Glück hatten, hatten wir eine Frau im Bett, aber abgesehen davon ...

MICK: Keith erzählt gern die Geschichte von der Küche. Ich glaube, dass Andrew vielleicht irgendwann einmal etwas sagte wie: »Ich sollte euch einsperren, bis ihr einen Song geschrieben habt«, und damit sperrte er uns im übertragenen Sinn ein, aber er tat es nicht wirklich. Einer der ersten Songs, mit dem wir herauskamen, war diese Melodie für George Bean, das unvergessliche »It Should Be You«, mit dem Charlie mich immer zu ärgern versucht, weil ich mich nicht mehr richtig daran erinnern kann. Ich behaupte, dass ich ein Stück von jedem Song singen kann, und Charlie stellt mich manchmal auf die Probe, wenn er in alten Songlisten blättert. Das ist ziemlich lustig, er weiß es nämlich gar nicht, ich könnte auch alles erfinden.

CHARLIE: Aus meiner Sicht war es Andrew, der Mick und Keith dazu drängte, Songs zu schreiben. Aber das muss nicht heißen, dass sie nicht auch eines Tages selbst darauf gekommen wären. Andrew sagte ihnen, sie sollten ein paar Songs für verschiedene Künstler von ihm schreiben. Bei den Aufnahmen spielte ich dann Schlagzeug. Andrew mochte es, wenn man einen Schellenkranz auf der Snare oder der Bassdrum hatte. Er brachte Mick und Keith dazu, »As Tears Go By« zu schreiben. Vielleicht weil der Song für dieses blonde Mädchen sein sollte, das gerade aus dem Kloster kam, verlegte sich Mick sofort auf dieses leicht Mystische. Diese Musik war der Anfang des Flower Power; es gab ein paar wenige Bands wie Pentangle, die das Zeug spielten.

MICK: Wir waren sehr poporientiert. Wir hörten uns nicht nur Muddy Waters an, wir hörten uns alles an. In gewisser Weise ist es einfach, auf Bestellung zu schreiben. Wenn man mir sagt: »Ich habe da dieses Mädchen, sie singt so und so, und du kannst mir eine Ballade mit dem und dem Tempo über Sternenlicht schreiben, dann weiß ich genau, was ich machen werde. So kamen Keith und ich darauf, einfach solche Sachen zu schreiben, das war in zehn Minuten erledigt. Ich glaube, für uns war's mehr ein Witz, aber wir lernten viel dabei. Es machte Spaß, und Andrew stellte es als lockere Fingerübung dar. Denn keiner der Künstler war wirklich gut. Das waren alles Kids, die Andrew nach oben bringen wollte, weil er so eine Art Phil Spector sein wollte, aber wir alle wussten, dass sie nichts taugten. Er sagte: »Na los, schreibt was für diesen oder jenen«, und wir wussten, dass es nicht wichtig war und unsere Karriere nicht davon abhing. Oder er sagte: »Hey, schreibt das für Gene Pitney – damit verdienen wir alle ein bisschen Geld.« Wir machten das als Zusatzverdienst nebenher, es war oft ironisch gemeint.

»›As Tears Go By‹ war das, wozu wir in der Lage waren. Es war leichter, eine einfache Popballade zu schreiben als einen tollen Rocksong wie ›C'mon, Everybody‹.«

Mick

KEITH: Das Erstaunliche ist, dass die Songs, die Mick und ich für wirklich kindisch und stümperhaft hielten, sich alle ganz gut in den Charts platzierten. Das gab uns Selbstvertrauen und wir machten weiter. Am Anfang schrieben wir diese Songs, damit wir Andrew sagen konnten: »Na ja, zumindest haben wir es versucht, man kann halt nicht alles.« Aber schon nach kurzer Zeit wurde das Komponieren mindestens ebenso wichtig wie das Spielen. Dafür bin ich Andrew dankbar, denn sobald man anfängt, über Dinge zu schreiben, wird man ein anderer Mensch. Ohne dass man es merkt, sieht man die Dinge anders und sieht im Leben Vorgaben für Ideen oder Beziehun-

Andrew Oldham dirigiert bei Presseaufnahmen.

Keith beim Stimmen seiner Gitarre 1965 in Los Angeles, dem Jahr ihrer dritten und vierten Nordamerika-Tour. Dabei machten die Stones auch Aufnahmen in den Studios von Chess und RCA in Hollywood und führten ihre Musik zurück zu ihren Wurzeln. Sie traten auch wieder in der Ed Sullivan Show *auf, nach früheren Zuschauerunruhen allerdings dieses Mal hinter verschlossenen Türen.*

gen. Man hat eine deutlich schärfere Wahrnehmung. Andrew vermittelte uns das Gefühl, dass es keine Grenzen gibt, und er gab uns ein Ziel.

CHARLIE: Damals blieben Mick und Keith lange auf, saßen im Zimmer von Keith auf dem Bett und spielten Gitarre. Ich saß auf dem anderen Bett und klopfte auf einem Telefonbuch oder so herum – das hörte eigentlich erst in den 70er-Jahren auf. Brian war kein Songschreiber, die Band entwickelte sich in eine Richtung, die er nicht nachvollziehen konnte. Brian war furchtbar gerne das, was man einen »Star« nennt.

KEITH: Bei unseren Tourneen in den USA hatten wir hauptsächlich mit Schwarzen gearbeitet. Wenn man in den Süden reiste, fiel einem ein großer Unterschied auf. Plötzlich waren die Schwarzen viel verkrampfter. Sie wandten sich ab oder setzten sich ans andere Ende der Bar und man überlegte: »Was habe ich gemacht, gestern habe ich doch noch mit ihm gesprochen« ... Und dann sah man die Schilder, sobald man südlich von Washington D.C. war. Wenn man damals irgendwo in Carolina in einem Restaurant furchtbar dringend aufs Klo musste und hinging und dann an der Tür das Schild »Nur für Farbige« sah, dann fragte man sich, wer da diskriminiert wurde ... Amerika war damals weit weniger homogen als heute. Wir sagten früher immer, überall am Rand sei es cool, aber tiefer im Land wüsste man nicht, was passieren würde. Die Atmosphäre in den großen Städten – Chicago, New York, Los Angeles, New Orleans – war ganz anders als im übrigen Land.

Die TAMI-Show [Teen Age Music International Show, Anm. d. Ü.], die im Oktober 1964 aufgezeichnet wurde, war noch nie zuvor gemacht worden und wurde auch nie wieder gemacht, aber damals wusste man nicht, dass das ein Experiment war, dass da neue Sachen ausprobiert wurden. Sie verwendeten neue Ton- und Aufnahmetechniken. Da waren James Brown, Marvin Gaye, Chuck Berry, Solomon Burke, die Supremes, Martha and the Vandellas ... Jack Nietzsche, der bereits mit uns gearbeitet hatte, arrangierte die Musik. Das war wirklich eine bunte Mischung. Wir sollten nach James Brown spielen, Mr. Sexmachine persönlich. Das machte mich ein bisschen nervös. Zum Glück war das Publikum größtenteils weiß. Aber alle anderen waren genauso nervös, wie ich später erkannte, weil sie gefilmt wurden. Andererseits konnte man sich vom Lampenfieber auch ein bisschen befreien, weil so viel los war. Da hieß es »hier schneiden« und »nächster Auftritt«. Für uns war es großartig, einen Flur entlangzugehen und auf jeden Soul-Star der Welt zu treffen: »Yo, Solomon! Yo, Marvin!«

Mick fotografiert von Gered Mankowitz.

MICK: Interessant an der TAMI-Show war die lange Liste der Stars, nicht nur schwarze Stars wie Chuck Berry, Marvin Gaye, die Supremes, sondern auch viele weiße wie die Beach Boys und Jan & Dean. Im Grunde alle, die in Los Angeles bekannt waren.

Wir spielten nicht direkt nach James Brown, denn zwischen jeder Aufnahme lagen ein paar Stunden. Trotzdem war er sehr verärgert darüber, deswegen versuchte ich ihm zu erklären, dies sei keine richtige Show, nur eine Fernsehsendung, da würde man ohnehin schneiden und alles noch einmal bearbeiten, womöglich würde er in der Sendung am Anfang spielen, wenn man das so wollte. Ich sagte: »So ist das im Fernsehen.«

Ich bewunderte James Brown sehr, und zwar nicht nur seine Bewegungen. Am Anfang hörte ich lange Zeit nur seine Platten. Dann sah ich mir ihn im Apollo-Theater in Harlem an, normalerweise zusammen mit Charlie. Ich hatte verschiedene Gründe dafür. Ich interessierte mich sehr für ihn, und je größer mein Interesse wurde, desto mehr betrachtete ich ihn auch unter soziologischen Aspekten, weil ich diese ganze Kultur sehr interessant fand. Ich dachte: »Das ist eigenartig.« Ich hatte zuvor noch nie Hausfrauen gesehen, die Hasch rauchten, sie saßen im Hinterzimmer, ältere Frauen mit ihren Kindern, und rauchten Hasch. Das hinterließ bei mir den Eindruck, dass das niemanden kümmerte. Das war nicht irgendein Konzert, wo man hinging, Eintritt bezahlte, sich die Show ansah und wieder heimging. Das war eher so eine altmodische Filmvorführung, wo die Filme ununterbrochen liefen und man rausgehen und zwischendurch ein Bier oder etwas anderes trinken konnte. Ich besuchte damals James Brown in der Garderobe. Ich weiß nicht, ob zu dieser Zeit schon viele Leute um James Brown herumscharwenzelten, ich glaube, das kam erst später. Ich saß dort oft und plauderte mit ihm. Er wusste, wer ich war, aber er kannte mich nicht richtig.

CHARLIE: James Brown live zu sehen, hatte großen Einfluss auf uns alle. Damals galt er als König der Entertainer und seine Show war unglaublich. Der Coolste bei der TAMI-Show war Marvin Gaye, ein wunderbarer Mensch, fantastisch.

MICK: Als James Brown zur TAMI-Show kam, wusste ich schon, dass Leute wie er sich für die Größten hielten. Damals (und noch heute) gelten Amerikaner als sehr dreist, das genaue Gegenteil der Engländer: Engländer wollen sich nie in den Vordergrund drängen. Das hat nicht nur was damit zu tun, dass sie reserviert sind, nein, das ist mehr – man prahlt nie lauthals, wie gut man ist, man spielt seine Stärken immer herunter. Man sagt nie, man sei der Beste in dem, was man macht, und hat immer diesen leicht ironischen Ton bei allem. Bei James Brown dagegen heißt es: »Ich bin die Nummer eins, ich bin der Mann, der am härtesten im ganzen Showgeschäft arbeitet.« Und ich würde dann sagen: »Ach wirklich, ich dachte, das wäre mehr als Scherz gemeint« und »Wie hart arbeitest du denn?«

Das ist auch etwas typisch Afroamerikanisches. Wie wenn Boxer in den Ring marschieren: Einer hält den Gürtel hoch, einer sagt allen, sie sollen Platz machen, und noch ein anderer lobt sie in den Himmel. Das wurde früher für das Stammesoberhaupt gemacht, den Häuptling oder König. James Brown tat das Gleiche, ebenso Bobby Byrd und Danny Ray. Jemand ging auf die Bühne und machte mit seinen Lobeshymnen die Leute heiß: »Und hier ist er, der am härtesten arbeitende Mann im Showgeschäft, Mr. Please, Please, Please«, diese enorme Erwartungshaltung wurde aufgebaut. Und wenn man sich mit James Brown unterhielt, stellte man fest, dass er das Gleiche wiederholte.

Mir gefiel die ganze Sache. Ein Teil von mir war ein großer Fan, der andere Teil hielt sich zurück und dachte: »Wie anders und seltsam das doch ist« und hatte Mühe, das zu verstehen.

Natürlich kopierte ich die Bewegungen anderer, man muss von den Leuten lernen. Zuerst ahmte ich meine Großmutter und meine Mutter und meine Cousins und Cousinen nach, dann

kopierte ich Little Richard. Das ist kein richtiges Kopieren, man greift einfach Dinge auf und versucht etwas, probiert Schritte, von denen man denkt, dass sie zu einem passen. Man sagt: »Die Bewegung gefällt mir.« Manche Zuschauer muss man regelrecht bearbeiten, und vieles davon kommt von James Brown und Künstlern wie ihm, weil sie das Publikum ansprechen. Die weißen Rock 'n' Roller, vor allem englische Bands, machen nicht so viel. Die Leute, von denen ich so etwas lernte, waren fast alle Amerikaner.

KEITH: Als Mick James Brown sah, nahm er wie alle anderen ein paar Bewegungen von ihm in sein Repertoire auf, ich würde aber nicht sagen, dass das bewusst ablief. Wir spielten vor immer größerem Publikum und Mick hatte bereits viele Bewegungen drauf. Er konnte ein paar echt gelungene Drehungen. Es war also nicht so, dass er plötzlich James Brown oder jemand anderen kopierte. Er sagte vielleicht: »Der Typ ist unglaublich«, aber er analysierte ihn nicht. Vielleicht machte er das für sich, aber er sagte nicht: »Die Bewegung muss ich mir merken.« Das war alles mehr unbewusst. Das ist wie bei einem Gitarristen: man beobachtet andere und hört einen Lick, und ohne dass es einem bewusst ist, steht man auf der Bühne und spielt ihn, ohne dass man sich je gefragt hat: »Wie macht er das wohl?«. So mag ich das, denn dafür muss man nicht viel tun!

Nach seinem Einzug in eine Wohnung im Harley House in der Londoner Marylebone Road inspiziert Mick die Möbel.

CHARLIE: Mick hatte nie ein Problem, vor Publikum aufzutreten. Er war nie wie Brian. Keith hatte auch nie wirklich ein Problem, obwohl Keith von Natur aus eher schüchtern ist wie ich. Mick legt Wert auf seine Privatsphäre, aber er ist nicht schüchtern. Er ist der geborene Unterhalter. Er ist der beste Frontmann der Welt – in gewisser Weise neben Michael Jackson (der eine Zeit lang auch sehr gut war), und das heißt schon was.

Als wir mit der Band anfingen – oder als Brian mit der Band anfing –, war er deren Kopf, aber er hatte nicht die Fähigkeiten, sich in diese Richtung weiterzuentwickeln, oder anders ausgedrückt, die Band entwickelte sich in eine Richtung, mit der er als Bandleader nicht Schritt halten konnte. Wir hatten eigentlich keinen Bandleader, nehme ich an, wir waren einfach eine Band.

Er stand an vorderster Stelle, was den Gebrauch von technischem Schnickschnack angeht. Niemand hatte je etwas von einer Slide-Gitarre gehört. Ich weiß noch, wie John Lennon »Well, yeah« meinte, als er sie sah. Aber allmählich wurde Mick dominanter, vor allem nach unseren ersten Fernsehauftritten. In Clubs hatte man Stunden, um rüberzukommen, aber im Fernsehen hatte man nur vier Minuten, und darin war Mick sehr gut. Brian kam auch als Persönlichkeit rüber, aber er war eben der kleine Blonde neben Mick. Brian bemühte sich wirklich; er übte fleißig seine Backing Vocals bei »Walking The Dog«. Und er prüfte, wie er beim Gitarre spielen aussah, und achtete zum Beispiel darauf, dass seine Hand nicht das Gesicht verdeckte. Er war sehr auf sein Image bedacht. Er verwandte Unmengen Zeit darauf, dass sein Pony richtig saß, und studierte seine Bewegungen ein. Es waren immer die gleichen, bei Mick dagegen waren sie natürlich, damals und heute noch. Man kann an dem, was man tut, arbeiten, aber es gibt bestimmte Dinge, bei denen man verblüfft sagt: »Wow!«, die kommen dann ganz von selbst. Bei Mick passiert einem das immer wieder, man sagt: »Scheiße, ist das gut!«

Brian war unsicher und wurde zu seinem großen Ärger schnell verlegen. Das ärgerte ihn. Er wollte im Mittelpunkt der Aufmerksamkeit stehen, tat es aber nicht. Zu Brians Kummer und seinem Absturz trug bei, dass er der Anführer sein wollte, aber leider nicht genug Talent dafür hatte. Das ist meiner Meinung nach einer der Hauptgründe für seine Unzufriedenheit. Und dazu kam noch, dass er sich nicht gut fühlte und das Falsche tat.

»Little Red Rooster«, fantastisch, dass das so ein Erfolg war, der Schlagzeug-Teil war wie bei der wunderbaren Version von Sam Cooke. Ich konnte Howlin' Wolf bei der Aufnahme von *The London Sessions* hören, wie er mit Eric Clapton auf dieser Bank saß und wir alle dastanden und warteten, dass Wolf das Zeichen zum Spielen gab. Ich lehnte am Schlagzeug und sah ihn an, und er sagte: »Und der Schlagzeuger macht ›bum‹«. Ich dachte: »Verdammt, was habe ich hier noch zu tun?« Aber zum Glück meinte er damit nur, wann ich anfangen sollte.

KEITH: Wir traten mit Howlin' Wolf bei *Shindig!* auf. Das lag wahrscheinlich daran, dass Jack Goode der Produzent war. Er fragte: »Wen wollt ihr dabeihaben?«, und wir antworteten: »Howlin' Wolf«, weil Jack sicher so etwas in der Richtung wollte. Hut ab vor Jack Goode, weil er dafür unseren Einfluss nutzte. Zu der Zeit erkannten wir allmählich, wie die Dinge liefen. Davor schwankten wir wie Grashalme im Wind und lernten gerade erst das Spiel ...

Vor allem beim amerikanischen Fernsehen war das so. Wenn man einen Fernsehauftritt bekam, machte man ihn auch, egal, was für eine Sendung das war. Man musste früh aufstehen und in diesen Morgenmagazinen auftreten, und die Moderatoren meinten: »Oh, wir haben diese netten kleinen Jungs aus England hier. Schaut, ihre Augen bewegen sich und sie können sogar sprechen. Stellen wir ihnen eine Frage.« Wir kochten innerlich, aber gleichzeitig mussten wir gute Miene zum bösen Spiel machen. Am Anfang denkt man: »Ich will nur eine Platte machen und

In den USA jetteten die Stones im eigenen Flugzeug von Auftritt zu Auftritt. Zu einem Konzert in Belfast im September 1965 werden sie mit einer Propellermaschine geflogen. Wie immer bitten die Stewardess und ihre Kollegen um Autogramme. Der nächste Stop war Los Angeles für die Aufnahme von »Get Off Of My Cloud«.

Brian und Mick 1966 unterwegs nach Marseille. Nach dem dortigen Konzert musste Mick mit acht Stichen genäht werden, weil ihn ein Stuhl am Auge getroffen hatte. 85 der 2500 Fans wurden verhaftet, nachdem sie »völlig übergeschnappten ... sie schlugen die Polizisten sogar mit deren eigenen Schlagstöcken«.

Keith: Es war hart, aber man lernte, wie man Songs schreibt, etwas in ganz kurzer Zeit sagt und in 2,30 Minuten die Botschaft in der richtigen Reihenfolge rüberbringt.

lernen, wie man Platten macht, und dann ein paar Songs schreiben, mehr will ich gar nicht.« Aber ganz allmählich wird einem bewusst, dass man, wenn man das will, auch die ganzen anderen Sachen machen muss, die Fernsehauftritte und Fotoaufnahmen.

Ich wusste, das mit *Shindig!* war selten, das war eine beliebte Popsendung, und dass wir Howlin' Wolf dabeihatten, war ein kleiner Triumph für uns, einer unserer ersten Triumphe. Der einzige Nachteil war, dass Jack Goode in seiner typisch englischen Art mit seiner kleinen Fliege dastand und zu Howlin' Wolf sagte: »Sagen Sie mal, Mr. Howlin', darf ich Howlin' zu Ihnen sagen?«

Howlin' zu sehen war beeindruckend: zu erkennen, dass die Musik, die da direkt vor einem gespielt wurde, genauso klang wie auf der Platte, ein unglaubliches Kraftpaket. Howlin' Wolf war allein schon körperlich beeindruckend. Es gab zwar ein Gerücht, dass er ein paar Typen umgelegt hätte, aber soweit ich ihn mitbekam, war er sehr sanft und freundlich. Seine Frau lebt immer noch in Chicago und verbringt viel Zeit mit der Witwe von Muddy Waters. Bei der *Bridges-To-Babylon*-Tournee kamen beide hinter die Bühne: zwei süße alte Damen, Mrs. Burnett und Mrs. Morganfield.

CHARLIE: Die *Shindig!-Show* mit Howlin' Wolf war fantastisch. Wir hielten das einfach für das Naheliegendste. Jack Goode hatte diese seltsame englische Krämermentalität und fand es ganz logisch, dass »Howlin' Chappie« ein Lied sang. Einen Amerikaner in der Show zu haben, war etwas anderes, und einen schwarzen Amerikaner dabeizuhaben, war ein echtes Erlebnis.

KEITH: Wir fanden es nicht schwierig, Popsongs zu schreiben, aber es war verdammt schwierig – und Mick wird das bestätigen –, einen Song für die Stones zu schreiben. Uns kam es so vor, als würden wir Monate brauchen, und am Ende hatten wir »The Last Time« geschrieben, was im Grunde die Adaption eines traditionellen Gospels war, der von den Staples Singers gesungen worden war, aber zum Glück war der Song schon uralt. Ich glaube, ich versuchte, ihn auf der Gitarre zu lernen, um die Akkorde zu bekommen. Ich saß da und spielte zur Musik vom Plattenspieler, wir hatten keine Auftritte und nichts zu tun. Zuletzt drückten wir dem Song unseren eigenen Stempel auf, wie schon die Staples Singers und viele andere Leute davor und danach; der Gospel wird immer noch in Kirchen gesungen.

Darauf konnten wir aufbauen, daraus konnte etwas werden, und wir wollten es unseren eige-

nen Jungs überlassen und nicht irgendjemandem in Tin Pan Alley. Da musst du dann den Song den Stones vorlegen und hoffen, dass Charlie uns nicht aus dem Zimmer wirft und dass wir ein zustimmendes Lächeln bekommen, kein Stirnrunzeln oder verwirrte Mienen, die noch schlimmer sind als ein direktes: »Keine Chance«. Das war das Schwierige, deswegen dauerte es länger.

Charlie, aufgenommen von Marilyn Demick, einem der frühesten Stones-Fans.

»The Last Time« war so eine Art Übergang, um uns daran zu gewöhnen, für die Stones zu schreiben. Das verlieh uns das nötige Selbstvertrauen, zeigte einen Weg, wie man es machen könnte. Und nachdem wir das gemacht hatten, waren wir dabei. Es gab keine Gnade, denn wir hatten den nächsten Song zu präsentieren. Wir waren in eine Tretmühle geraten, ohne uns dessen bewusst zu sein.

CHARLIE: Ich erinnere mich noch lebhaft an die Entstehung von »Satisfaction«. Das war bei RCA in Los Angeles, im gleichen Studio, wo Duke Ellington eine seiner besten Platten aufnahm, *Ellington Uptown*, mit Louie Bellson am Schlagzeug: Das ist das berühmte »Take The A Train«. Dave Hassinger, der Toningenieur, rauchte damals ununterbrochen Tiparillos. Er wirkte viel älter, ein richtiger Mann, während wir noch Jungs waren. Und L.A. war »Wow!«.

Wenn wir an den Schlagzeug-Parts arbeiteten, wollte ich es manchmal so und Mick oder Keith wollte es anders. Ich war völlig offen für Micks oder Keiths Interpretation und was sie darüber dachten. Ich sagte: »In Ordnung« und versuchte, so gut wie möglich zu spielen, damit der Song funktionierte. Ich wollte gar nicht mehr an der Komposition beteiligt sein. Wenn zu viele Leute Songs schreiben und komponieren, besteht die Gefahr, dass gar nichts mehr geht. Wenn man an zu vielen Seiten an einem Kaugummi zieht, reißt er auseinander. Ich war nie am Schreiben der Songs beteiligt. Daran nörgelt Bill Wyman gern herum! Ich war nie daran interessiert.

KEITH: Bei »Satisfaction« hatte ich die Aufnahme mit der verzerrten Gitarre und dachte, wir hätten schon alle Tracks fertig, die wir aufnehmen wollten, deswegen war das nur so ein Versuch. Meiner Meinung nach gab die Version vor, was die Bläser dann machen würden. Aber Andrew erkannte, was in dem Song steckte. Wir waren schon wieder auf Tour, als wir erfuhren, dass man »Satisfaction« als Single ausgesucht hatte. Wir dachten, wir würden noch eine bessere Version aufnehmen, unserer Meinung nach war der Song noch nicht fertig. Aber manchmal sind die Entwürfe eines Künstlers besser als das fertige Gemälde – und das ist wahrscheinlich ein gutes Beispiel dafür. Wir hatten kaum Gelegenheit, die Bänder zu hören, weil wir schon wieder unterwegs waren, und dann rief uns Andrew eine Woche oder zehn Tage später an und sagte: »Das Letzte, was ihr gemacht habt, ›Satisfaction‹, das ist die Single.« Plötzlich hörte ich es überall im Radio und dachte: »Ich werde mich nicht beschweren«, obwohl ich das Stück nie als fertig betrachtet hatte.

Dann ging es los, es war wie eine Achterbahnfahrt. Ich weiß noch, wie Mick und ich nach »Satisfaction« – ein großer Erfolg, weltweit ein Hit – irgendwo in einem Motelzimmer saßen, in San Diego, wenn ich mich recht entsinne. Wir seufzten erleichtert, und im gleichen Augenblick klopfte es an der Tür und das Telefon klingelte. Die Leute wollten den nächsten Hit. Das war eine harte Schule, aber wenn man uns völlig in Ruhe gelassen hätte, wäre wahrscheinlich nicht einmal die Hälfte der Songs entstanden.

Als es so weiterging, besprachen wir uns mit John, Paul oder George wegen der Veröffentlichung der Singles. Alle Welt redete über die Konkurrenz zwischen den Beatles und den Stones und den ganzen Mist, aber zwischen uns war es mehr so: »Ihr kommt zuerst raus und wir warten zwei Wochen.« Wir versuchten, Überschneidungen zu vermeiden, es war genug Platz für uns beide. »Paperback Writer« wurde veröffentlicht, und eine Single von uns, »Paint It Black« oder so, kam davor oder danach heraus, wir hatten das mit ihnen geregelt. Da gab es dann heimli-

OLD WEST

Mick mit Paul McCartney. Charlie: Die Beatles sahen fantastisch aus, waren live aber nicht sehr gut. Sie machten nichts auf der Bühne ... wirklich nichts: Paul spielte halt mit der linken Hand und blickte rauf und runter, und John nickte mit dem Kopf. Ringo bewegte sich noch am meisten. Die Beatles swingten live nicht ... aber ich glaube, das mussten sie auch nicht, sie sangen einfach »Can't Buy Me Love«.

(vorherige Seite) Keith im Studio, fotografiert von Gered Mankowitz

che Telefonate: »OK, unsere ist fertig, eure wohl noch nicht«... »In Ordnung, dann macht ihr zuerst.«

Der Aufenthalt in den USA gab uns so viele musikalische Anregungen, allein schon dass man mehr als einen Radiosender hatte. In England gab es damals das Light-Programm, den World Service und den Home Service. In den USA setzte man sich ins Auto, nur um Radio zu hören. Die andere tolle Sache waren die Plattenläden. Ich ging in einen Laden und traf dort Charlie oder Brian, die schon in der Blues-Abteilung waren; wir waren wie Verhungernde, die man plötzlich zu einem Festessen geladen hatte.

Wir hörten damals viel Soul, aber uns erschien Soul sehr kompliziert und erforderte eine bessere Instrumentierung. Ich glaube, wir lernten damals die Wurzeln kennen und komprimierten das dann. Als wir erkannten, was für eine Bandbreite Soul hat, sahen wir immer mehr Zusammenhänge zwischen Soul und dem, was wir machten. Das war zeitlich und musikalisch einfach eine natürliche Weiterentwicklung des Blues.

MICK: Keith und ich gingen zu diesen Shows, bei denen jeder spielte, immer nur ein Stück, und es gab eine Mischung aus R&B und Pop und Rock, alles in einem Programm. Da trat ein italienischer Sänger auf, gefolgt von Jerry Lee Lewis und dann kam Joe Tex. Jeder, der einen Hit hatte, konnte bei diesen Shows auftreten. Es spielte keine Rolle, die meisten waren gut. Ein Stück von jedem Interpreten war ein fantastisches Konzept für eine Veranstaltung, heute wirklich unvorstellbar, und sie spielten alle mit der Hausband. Das war Nebensache, es war egal, welche Musik spielte.

RONNIE: Die neue Platte von den Stones war immer etwas, auf das man sich freuen konnte, man fragte sich, wie sie wohl klingen würde. Man wusste nie, wie sie sein und wie sie präsentiert werden würde oder was für ein Image die Band haben würde: Kriegsbemalung oder nur der langhaarige, vergammelte Haufen von harten Rock 'n' Rollern aus London, was auch immer sehr ansprechend war.

MICK: Um 1966 begannen wir, andere Musik zu schreiben. Keith schrieb viele Melodien und wir arrangierten sie auf verschiedene Weise, aber wir dachten sie nicht zu Ende, spielten nur damit

Mick 1966 in Frankreich, aufgenommen von Jean-Marie Périer.

im Studio, da war keine richtige Planung dahinter. Wir spielten die ganzen Songs bei mehreren Sessions bei RCA, das lief gut: »19th Nervous Breakdown«, das eigentlich nicht so toll ist, »Have You Seen Your Mother, Baby?«, das ist auch nicht besonders gut.

»Mother's Little Helper« ist eine merkwürdige Platte, wie eine Nummer aus dem Varieté mit elektrischer Twelve-String-Gitarre, was sie sehr auffällig macht. Die ganzen Sachen sind ziemlich eingängig, »Paint It Black«, der Bo-Diddley-Hook bei »19th Nervous Breakdown« – sehr eingängig und poppig.

CHARLIE: »Mother's Little Helper« haben wir oft versucht und es war nie gut, nahm nie Gestalt an, entweder spielte ich nicht richtig oder Keith wollte es nicht so. Es funktionierte nicht. Das ist halt einer dieser Songs. Wir spielten ihn früher live, es ist verdammt schwierig, obwohl wir ihn einmal live in der *Ed Sullivan Show* spielten.

MICK: »Paint It Black« ist gut und etwas ganz anderes, dieser türkische Groove, der wirklich aus dem Nichts kam. Und Brian verstärkt das noch mit der Sitar, das hat der Platte eine ganz besondere Atmosphäre verliehen.

KEITH: Im Rückblick muss ich sagen, was »Paint It Black« ausmachte, war Bill Wyman an der Orgel, denn es klang überhaupt nicht wie auf der Platte, bis Bill sagte: »Wir machen es in dem Tempo.«

CHARLIE: Bei »Paint It Black« hat vielleicht Mick vorgeschlagen, wie das Schlagzeug klingen soll, und ich versuchte es. Oder wir hörten damals eine bestimmte Platte, das kann alles Mögliche gewesen sein, etwa »Going To A Go-Go«. Die Toningenieure nahmen damals nicht gern Ride-Becken auf. Wir hatten früher alle diese gehämmerten Ride-Becken, die Art Blakey benutzte, deswegen überdeckten die Becken alles und die Toningenieure wurden wahnsinnig.

MICK: Meiner Meinung nach schreckte Brian zu der Zeit nicht unbedingt vor der Gitarre zurück. Er brachte einfach gern ein paar Farbtupfer ein, und das war sehr effektiv. Slide-Gitarre spielte er gut, das war seine Stärke, bei rockigen Sachen war er jedoch nicht so gut. Keith konnte die anderen Teile spielen, und Brian wurde nicht so gebraucht, deswegen war er mehr daran interessiert, Blockflöte oder Sitar zu spielen. Brian war eher ein Allround-Musiker und nicht speziell ein Gitarrist. Es ist toll, wenn man so jemanden in der Band hat. Heute haben wir Hunderte von Leuten, die all diese Jobs machen, das ist wirklich langweilig. Brian war ein sehr guter Amateur. Letztendlich tat ihm das nicht wohl, aber als musikalischer Amateur war er gut.

KEITH: Brian neigte zum Extrem. Er steigerte sich schnell in etwas hinein. Berühmt zu sein wirkte sich auf uns alle aus – und tut es zweifellos immer noch. Aber bei Brian vollzog sich sehr schnell ein extremer Persönlichkeitswandel. Es war, als ob er Blut geleckt hätte, und je mehr er davon bekam, desto mehr wollte er. Er war ohnehin bei allem sehr intensiv, aber schon nach wenigen Monaten oder einem Jahr war da bei ihm noch mehr. Das hatte wahrscheinlich etwas damit zu tun, dass Mick und ich Songs schrieben. Anfangs hatte er sich als Kopf der Band gesehen. Ich glaube, er war überhaupt sehr eifersüchtig, und das wirkte sich auf alles in seinem Leben aus und ging bis zur Selbstzerstörung. Wenn etwas ihm gehörte, dann gehörte es ihm – frag Anita. Er hatte wahrscheinlich das Gefühl, dass er neben Mick und mir die zweite Geige spielen würde. Als ich das erkannte, sagte ich zu Brian: »Tja, du musst nur ein paar Songs schreiben, wenn es das ist, was dich stört.«

Bill und Brian bei der Arbeit im Studio, aufgenommen 1965 von Gered Mankowitz in Los Angeles. Jagger und Richards waren als Songwriter-Gespann so produktiv, dass die anderen nicht zum Zug kamen. Allerdings schrieb Bill »In Another Land« auf Their Satanic Majesties Request, *und der Song wurde in den USA als Single ausgekoppelt.*

Aber Songs schreiben war nicht seine Stärke. Außerdem ist es schwierig, allein Songs zu schreiben. Ich habe das nur sehr selten allein gemacht. Spaß macht es mir, wenn ich mit Mick oder jemand anderem schreibe, wir werfen uns gegenseitig die Ideen zu, diese Wechselwirkung ist toll. Meine eigenen Ideen sind gerade mal die Hälfte. Ich kann sie in den Spiegel oder an die Wand schreien und dort prallen sie ab, aber es macht keinen Spaß, mit einer Wand zu reden.

Ich glaube, Brian mochte es, dass er als »das kleine blonde Wunder« verehrt wurde, aber Mick, ich und Andrew Oldham kotzten ihn regelrecht an. Der Großteil dieses Hasses richtete sich gegen Andrew, in abgestufter, aber immer noch bitterer Form gegen Mick und mich. Ohne dass es ihm bewusst war, machte er sich unbeliebt, man war nicht gern mit ihm zusammen. Wir waren 350 Tage im Jahr auf Tour, und dann hatten wir plötzlich diesen Kerl, ein Rädchen im Getriebe, das nicht erkennt, dass das Getriebe ihn hält; er gehört nicht mehr dazu. Ich dachte immer, dass wir berühmt waren und man mit dem Ruhm leben kann, weil die Band funktionierte. Aber aus irgendeinem seltsamen Grund sah Brian die Band als Sprungbrett für etwas anderes.

Wenn man acht Stunden lang mit jemandem zusammen im Auto fährt, an einem Abend dreimal auftritt und dann weiter muss, braucht es ein gutes Team, man muss sich gegenseitig unterstützen. Aber Brian kam entweder nicht, oder wenn er kam, nörgelte er. Außerdem entwickelte er einige ärgerliche Eigenheiten, zum Beispiel diese Besessenheit mit seinen Haaren. Wenn man mit dem Typ so oft zusammen ist, fängt man an, ihn nachzuäffen. Dann hatte Brian die Schnauze voll, dass wir uns über ihn lustig machten, und alles wurde noch schlimmer. Nach »Satisfaction« war Brians Unzufriedenheit deutlich zu spüren, und dann übertrieb er es so richtig, zuerst beim Saufen und dann mit Drogen, von denen er keine Ahnung hatte.

Brian wollte anders sein als wir Übrigen, aber er wusste nicht, wer er sein wollte. Deswegen ließ er sich mit jedem ein, der ihm schmeichelte, was Mick und mich enorm ärgerte. Wenn es unerträglich wurde, konnten wir uns nur noch wehren, indem wir ihn vor den anderen lächerlich

Vier Fotos von 1965. Die Bilder, die hier zum ersten Mal veröffentlicht werden, stammen aus dem Fotoalbum von Marilyn Demick.

DEC 65

21

Brian verzieht das Gesicht zur »Nanker-Grimasse«, ein Running Gag der Band aus Edith-Grove-Tagen. Material, das die Band gemeinsam schrieb und dessen Tantiemen zu gleichen Teilen unter den Musikern aufgeteilt wurden, wurde unter dem Urheber-Namen ›Nanker Phelge‹ veröffentlicht, eine Reminiszenz an die Zeit mit Jimmy Phelge im Edith Grove. Insgesamt waren es bis 1965 14 Songs.

Charlie: Brian fühlte sich an den Rand gedrängt. Körperlich war er nicht fit genug, mit den Belastungen auf Tour fertig zu werden und regelmäßig aufzutreten. In Chicago kam Brian ins Krankenhaus und musste zurück nach England. Ab da lief es für ihn schief. Wir traten weiter auf, wie The Who; Keith, Bill und ich spielten hinter Mick ... Natürlich waren wir nie eine solche Band, wir hatten immer einen Rhythmus und übernahmen abwechselnd die Führung.

machten. Das ist wirklich unverzeihlich, aber wir standen so unter Druck. Ich glaube, wir schämen uns alle dafür. Aber Brian saß nur hinten im Auto und sabberte vor sich hin. Und dann wurde ihm schlecht und wir alle fragten: »Hey Mann, was ist los mit dir?« Offensichtlich konnte er es nicht sagen. Es saß zu tief. Ende 1966 waren wir so fertig, dass wir nicht mehr auf Tour gehen konnten. Wir waren erledigt.

Das war wie in einem Druckkessel. Ich meine, wir hatten damals keinen Tag frei. Drei oder vier Jahre lang hatten wir vielleicht zehn Tage oder zwei Wochen im Jahr frei. In dem Alter hat man unglaublich viel Energie, und wenn alles läuft und man ein Ziel verfolgt, merkt man nicht, wie hart es ist. Aber es war ein unglaublicher Druck.

MICK: Schaut euch den Zeitplan an: Es hieß immer nur touren, touren, touren, Studio, Studio, touren, touren, touren, Studio, Studio. Nonstop Arbeit zwischen Studio und den Fernsehauftritten. Wenn wir auftraten, gab es vorher ein Interview und dann die *Scooby Doo Show* oder sonst was. Wir hatten keine Minute frei.

»Brian wollte im Mittelpunkt der Aufmerksamkeit stehen, tat es aber nicht. Zu Brians Kummer und seinem Absturz trug bei, dass er der Anführer sein wollte, aber leider nicht genug Talent dafür hatte.«

Charlie

ROB BOWMAN

Rob Bowman ist Musikprofessor an der York University in Toronto. Er gewann 1996 einen Grammy (in der Kategorie »Bester Begleittext für ein Album«) für seine Monographie zu einer Box mit zehn CDs zur Geschichte von Stax Records, und er schrieb: *Soulsville USA. The Story Of Stax Records.*

In jeder soliden Geschichte der Rockmusik nimmt die Rolle der Beatles ungewöhnlich breiten Raum ein, weil sie durch Songs wie »Tomorrow Never Knows« auf *Revolver* und spätere Singles wie »Strawberry Fields Forever« die Rockmusik für eine Vielzahl der unterschiedlichsten Experimente geöffnet und den Begriff »Kunst« in die Welt der Popmusik eingeführt haben. Die Rolling Stones werden in solchen Werken immer als die wichtigsten Vorläufer des so genannten London R&B anerkannt. Ihnen wird zugute gehalten, dass sie wesentlich dazu beigetragen hätten, junge weiße Nordamerikaner für den Blues zu begeistern. All dies ist korrekt. Trotzdem sind solche klischeehaften Versionen der Rockgeschichte der 60er-Jahre nur die halbe Wahrheit. Sie betonen zu Recht, dass die Beatles für die Popmusik völlig neue Maßstäbe setzten, übersehen jedoch, dass auch die Rolling Stones einen absolut originellen Stil entwickelten, der sich weniger auf klassische europäische Quellen stützte, aber genauso eklektisch, weit reichend und innovativ war. Wenn die Beatles zwischen 1965 und 1968 das Tor zur progressiven Rockmusik aufgestoßen haben, dann haben die Stones den Entwurf für die moderne Rockmusik als solche geliefert.

Die Stones waren praktisch unbekannt, als sie im Juni 1964 erstmals nach Nordamerika kamen. Ihre erste nordamerikanische Single, eine Cover-Version von Buddy Hollys »Not Fade Away«, war einen Monat zuvor in die Billboard-Charts gekommen und hatte zur Halbzeit der 15-tägigen US-Tournee einen kläglichen 48. Platz erreicht. Die Konzerte ihrer ersten Tournee waren eher schlecht besucht. Außer beim Eröffnungskonzert in San Bernardino und den Abschlusskonzerten in der New Yorker Carnegie Hall spielte die Band vor ziemlich leeren Sälen. Zusätzlich zu dieser Enttäuschung musste die Band noch die überheblichen und dummen Bemerkungen ertragen, mit denen Dean Martin ihren Auftritt bei seiner USA-weit ausgestrahlten Fernsehshow *Hollywood Palace* ankündigte. Die Stones hatten sich selbst schon gefragt, wie ihre Interpretation schwarzer amerikanischer Musik bei einem amerikanischen Publikum ankommen würde. Aber sie hatten nicht mit der Feindseligkeit und Intoleranz vieler Amerikaner gerechnet.

Zwei Wochen nach der US-Tournee kam die zweite amerikanische Single der Stones, der Jagger/Richards-Song »Tell Me«, in die Charts, und keine drei Wochen später folgte ihm die Single »It's All Over Now«, die Cover-Version eines Songs der Soulband The Valentinos. Beide Singles schafften es in die Top Dreißig. »Tell Me« ist auch auf *England's Newest Hit Makers*, dem ersten in den USA veröffentlichten Album der Stones, enthalten und hat das typische Strickmuster der frühen Jagger/Richards-Songs. Die handwerklich solide Popballade hatte noch kaum etwas mit der raison d'être der Stones zu tun: ihrer großen Leidenschaft und rauschhaften Begeisterung für die schwarze amerikanische Musik. »It's All Over Now« dagegen war der erste Hinweis auf eine wichtige Veränderung im Repertoire und damit auch im Sound der Band.

Von ihrer Gründung 1962 an schöpften die Stones vor allem aus zwei Quellen: aus dem Blues der Nachkriegszeit, den sie insbesondere in Cover-Versionen der Songs von Jimmy Reed, Muddy Waters und Howlin' Wolf interpretierten, und aus dem schwarzen Rock 'n' Roll, wie er Mitte der 50er-Jahre von dem Zweigestirn Chuck Berry und Bo Diddley gespielt wurde. Eines der vielen Wunder, die die Stones bei ihrem ersten Besuch in den USA kennen lernten, war das schwarze amerikanische Radio. 1964 war dort Soul von Musikern wie Solomon Burke, Otis Redding, Don Covay, Irma Thomas oder Sam Cooke zu hören. Die Stones waren als eine Bluesband nach Amerika gekommen, die auch den frühen Rock'n'Roll spielen konnte. Doch sie kehrten vom Sound des Soul erfüllt zurück. Zu Beginn ihrer zweiten, dreiwöchigen US-Tournee Ende Oktober 1964 spielten die Stones als Headliner neben Soulgrößen wie James Brown und Marvin Gaye bei der legendären *Teen Age Music International Show* (TAMI). Es waren wirklich ereignisreiche Tage.

Als das Jahr 1964 zu Ende ging, veränderte sich nicht nur das Repertoire der Band, sondern auch ihre innere Struktur. Zu Beginn des Jahres hatten noch Bill Wyman und Brian Jones Background Vocals gesungen. Bis Anfang 1965 jedoch hatte Keith Richards seine Position als kreativer Leiter der Band gefestigt und war nun der Einzige, der Mick Jagger stimmlich unterstützte. Wichtiger noch, Jagger und Richards hatten sich zu Songwritern entwickelt, die authentisch aus den schwarzen Idiomen schöpften, die bei den Stones schon immer den Kern ihrer Bühnenästhetik gebildet hatten.

Das im Januar 1965 erschienene, während der zweiten US-Tournee in L.A. aufgenommene soulige »Heart Of Stone« war das erste Beispiel für den neuen kreativen Elan der Glimmer Twins. Der entscheidende Moment kam jedoch erst knapp zwei Monate später, als Keith und Mick, inspiriert von den Staple Singers, den Gospel-Standard »The Last Time« neu bearbeiteten. Als die Stones den Song im Spätfrühling aufnahmen und veröffentlichten, erlebte er einen rasanten Aufstieg in die Top Ten der Billboard-Charts.

Auf »The Last Time« folgte die erste Single der Stones, die ein Nummer-1-Hit wurde. Das apokalyptische »(I Can't Get No) Satisfaction« wurde im Mai 1965 während der dritten US-Tour der Band geschrieben und aufgenommen. Im Spätherbst belegten die Stones dann mit »Get Off Of My Cloud« das zweite Mal die Nummer 1 in den Charts. »The Last Time«, »Satisfaction« und »Get Off Of My Cloud« sind eine Art Trilogie: Alle drei Kompositionen basieren auf Riffs. Ihr Erfolg beruht auf ihrem gnadenlosen Drive, auf dem swingorientierten Schlagzeug von Charlie Watts, auf einem Arrangement, das außergewöhnliche E-Gitarrenriffs mit den eher untermalenden Linien der zweiten Gitarre kombiniert, vor allem aber auf Mick Jaggers immer besser kontrolliertem, aber trotzdem ungemein intensivem Gesang. Alle drei Singles klingen, als ob die Band gleich durchdrehen würde, was ihnen eine Aura manischer Erregtheit verleiht, die damals von keiner anderen Band erreicht wurde.

Bis zu diesem Zeitpunkt hatte im Pop die Faustregel gegolten, dass man nach einem erfolgreichen Song mit dem gleichen Strickmuster weitermacht, bis schlechtere Umsätze auf einen gewissen Überdruss des Publikums schließen lassen. Der Grund, warum die Stones auch drei Jahre nach Beginn des 21. Jahrhunderts noch interessant sind, besteht darin, dass sie einen anderen Weg einschlugen. Angefangen bei »19th Nervous Breakdown« (verblüffenderweise im Mai 1965 bei denselben Sessions wie

»Satisfaction« aufgenommen und Ende des Jahres als Single erschienen), hatten Keith Richards' Songs meistens ungewöhnlich markante und hoch entwickelte Melodien, die erstens hervorragend zu Jaggers ähnlich originellen Texten passten und zweitens von ausgesprochen einfühlsamen und jeweils sehr unterschiedlichen Arrangements der Band getragen wurden. Ende 1965 bis Anfang 1967 hatten die Stones eine unglaublich fruchtbare und kreative Periode, in deren Verlauf die auf Riffs beruhenden, vom Soul beeinflussten Kompositionen durch melodiegestützte Pop-Songs höchster Qualität ersetzt wurden. Bis heute wundere ich mich über die ausgeprägte Originalität aller damals erschienenen Singles: »Paint It Black« mit seinem indischen Raga-Sound, »Mother's Little Helper« mit dem etwas selbstironischen Music-Hall-Sound, das offen elisabethanische »Lady Jane«, das unglaublich manische »Have You Seen Your Mother, Baby, Standing In The Shadow?«, das stoische »Ruby Tuesday« und das von einem Barrelhouse Piano getriebene »Let's Spend the Night Together«. Wenn man die Qualität von *Aftermath* mitberücksichtigt, dem ersten Album der Stones, das ausschließlich aus Eigenkompositionen bestand, machte die Band 1966 einen Quantensprung.

Während die außerordentliche Qualität dieser Platten in der Essenz eindeutig den kompositorischen Durchbrüchen von Keith Richards zu verdanken ist, beruht ihre magische Wirkung auch auf dem kontinuierlich verbesserten Zusammenspiel der Stones als Live-Band. Bei ihrer zweiten US-Tournee Ende 1964 schien Brian Jones das Interesse an seiner Band zu verlieren. Der angebliche Gründer und, zumindest in seinen eigenen Augen, einstige Leader der Band hatte Schwierigkeiten, seine Wurzeln als Blues-Purist mit der Entwicklung der Band in Einklang zu bringen. Außerdem verkraftete er den Starruhm schlecht und litt unter der Tatsache, dass er nicht zuletzt wegen seiner Unfähigkeit, Songs zu schreiben, neben Jagger und Richards mehr und mehr die zweite Geige spielte.

Überraschenderweise weckten die neuen Interessen der Band jedoch auch bei Brian Jones frische Begeisterung, und er erlebte eine zweite Hochphase. Da er schnell lernte und sehr musikalisch war, übernahm er sofort die Rolle als Farbgeber der Band und bereicherte die Aufnahmesessions durch eine Vielzahl verschiedener Instrumente. »Paint It Black« ist einfach unvorstellbar ohne seine prägnante Sitar-Linie, genau wie »Ruby Tuesday« ohne seine exquisite Gegenmelodie auf der Blockflöte oder »Lady Jane« ohne seinen gewinnenden Dulcimer. Weitere eindrückliche Beispiele für seine Fähigkeiten als Multiinstrumentalist sind der tragende Marimba-Part in »Under My Thumb«, die japanische Koto in »Take It Or Leave It« und in »Ride On Baby«, das Melotron in »Please Go Home«, die Bläserlinien in »Something Happened To Me Yesterday« sowie das Cembalo und das Sax in »Dandelion«.

Brian Jones war nicht das einzige Mitglied der Band, das in der glücklichen Zeit von 1966 bis Anfang 1967 ein kreatives Hoch erlebte. Der Bassist Bill Wyman steuerte am Ende von »19th Nervous Breakdown« die unvergesslichen Sturzkampfbomber-Bassläufe bei, erreichte in »Under My Thumb« und »It's Not Easy« einen herrlich verzerrten Sound, spielte gemeinsam mit Keith das Cello in »Ruby Tuesday« und steuerte die schmissigen Bass-Slides am Anfang von »We Love You« bei. Außerdem spielte er die Orgelstimme in »Paint It Black« und bestimmte das Tempo, das den Titel nach Einschätzung aller Beteiligten von einem normalen zu einem besonderen Song machte. Charlie Watts war ebenso kreativ. Er spielte mit seinem Schlagzeug eine aktivere Rolle, setzte mehr Beckenschläge ein, um die einzelnen Teile von Songs wie »19th Nervous Breakdown«, »Paint It Black« und »Mother's Little Helper« zu markieren, garnierte »Ruby Tuesday« mit militärischen Trommelwirbeln, setzte am Ende von »Complicated« eine Zäsur mit dem Schlagzeug, spielte die Fingercymbeln in »Back Street Girl« und trieb »We Love You« und »Dandelion« mit überraschend markanten Tom-Tom-Einlagen voran.

Laut Keith Richards ist ein Großteil dieser kreativen Explosion direkt auf die Einnahme diverser psychoaktiver Substanzen zurückzuführen, die damals praktisch von allen Beteiligten konsumiert wurden. Ebenso wichtig war der Umstand, dass die Band sich etwas Ruhe gönnte und nicht mehr pausenlos tourte und Platten aufnahm, wie sie es seit Anfang 1963 getan hatte. Drogen spielten eine noch größere Rolle, als die Band 1967 das Album *Their Satanic Majesties Request* aufnahm. Alle Bandmitglieder haben in Erinnerung, dass die Aufnahmesessions für dieses Album sehr viel Spaß machten, aber alle teilen auch die schmerzhafte Erkenntnis, dass das Album musikalisch mit ihren anderen Platten nicht mithalten konnte.

Insgesamt war *Their Satanic Majesties Request* bei der Kritik und an der Ladenkasse ein Flop. Mit dafür verantwortlich war sicherlich, dass sich die Gruppe noch während der Aufnahmesessions von Andrew Oldham getrennt hatte, der seit 1963 ihr Manager und Produzent gewesen war. Als die Stones Anfang 1968 wieder ins Studio zurückkehrten, hatten sie den neuen Produzenten Jimmy Miller im Schlepptau und einen Stapel neuer Songs auf Lager, die eine Rückkehr zur amerikanischen Roots-Musik verhießen. Diesmal waren die Wurzeln jedoch nicht der Chicago Blues der Nachkriegsjahre und auch nicht der Rock 'n' Roll von Chuck Berry, sondern der Blues der Vorkriegszeit, die klassische Country-Musik und – in geringerem Ausmaß – der Gospelgesang. Bei den ersten Aufnahmen mit dem neuen Sound entstanden die Singles »Jumpin' Jack Flash« und »Street Fighting Man« und das Album *Beggars Banquet*. Diese drei Platten bestimmten den Sound und legten die Grundlage für die Musik der Stones in *Let It Bleed, Get Yer Ya-Ya's Out!, Sticky Fingers* und *Exile On Main Street*, waren also die ersten Nuggets in einer Periode, die allgemein als das goldene Zeitalter der Stones angesehen wird.

Die Erneuerung der Band war auf die uralten Stärkungsmittel Ruhe und Entspannung zurückzuführen. Nach einer kurzen dreiwöchigen Europa-Tournee im März und April 1967 legte die Band eine ausgedehnte Tour-Pause ein, die schließlich zweieinhalb Jahre dauern sollte. Keith hatte das Gefühl, als Gitarrist in eine Sackgasse geraten zu sein, und nutzte die freie Zeit, die ihm erstmals seit Gründung der Band zur Verfügung stand. Er erkundete die Welt der offenen Gitarrenstimmungen, die viele große Bluesmusiker der Vorkriegszeit wie Robert Johnson und Reverend Robert Wilkens bevorzugt hatten. Diese Stimmweisen zwangen Keith, neue Griffe für bestimmte Gitarrenakkorde zu lernen, und führten ihn letztlich zu einem neuen Ansatz beim Komponieren. Er verwendete bei vielen neuen Songs wieder Riffs als Grundlage und entwickelte mit den Stones einen Stil, der das moderne Zeitalter der Rockmusik einläutete.

Der Moment, als ich »Jumpin' Jack Flash« das erste Mal hörte, hat sich so unauslöschlich in meine Psyche eingebrannt, dass ich mich daran erinnere, als sei es gestern gewesen. Es war im Juni 1968, etwa einen Monat vor meinem zwölften Geburtstag. Ich befand mich auf dem Weg in den örtlichen Tante-Emma-Laden, um mir einen Karamell-Lutscher zu kaufen, und hatte wie üblich das Transistorradio an mein rechtes Ohr gepresst, auf dem der lokale Popsender lief. Plötzlich kamen die ersten Akkorde von »Jumpin' Jack Flash« wie ein Schuss aus dem Weltraum aus dem Lautsprecher meines Radios geflogen, mit einer Kraft und einem Biss, die weder ich noch sonst ein Mensch je zuvor gehört hatten. Erst Jahre später sollte ich erfahren, dass Keith den Part auf einer akustischen Gitarre gespielt hat, deren Sound er bis zur Unkenntlichkeit verzerrte und komprimierte, indem er ihn durch einen der ersten Kassettenrecorder jagte. Ich weiß nur, dass mir die pure musikalische Energie, die von meinem kleinen Transistorradio ausging, damals schier den Kopf wegblies. In jenen ersten Sekunden, neun Takte, bevor Micks Stimme einsetzt, erkannte ich, dass die Stones nicht nur wieder da waren, sondern dass sie und mit ihnen die Rockmusik in eine neue Epoche eingetreten waren.

35 Jahre später, nachdem ich »Jumpin' Jack Flash« weiß Gott wie viele hundert Mal auf Platte und bei Dutzenden von Live-Shows der Band gehört habe, ist der Song für mich immer noch ein ebenso potentes Elixier wie an jenem Tag im Juni 1968. Er hat die Zeit nicht nur unversehrt überdauert, sondern scheint wie seine Urheber sogar ihr Gesetz überwunden zu haben. Die Entstehung von »Jumpin' Jack Flash« ist bis heute einer der größten Momente in der Geschichte der Rockmusik.

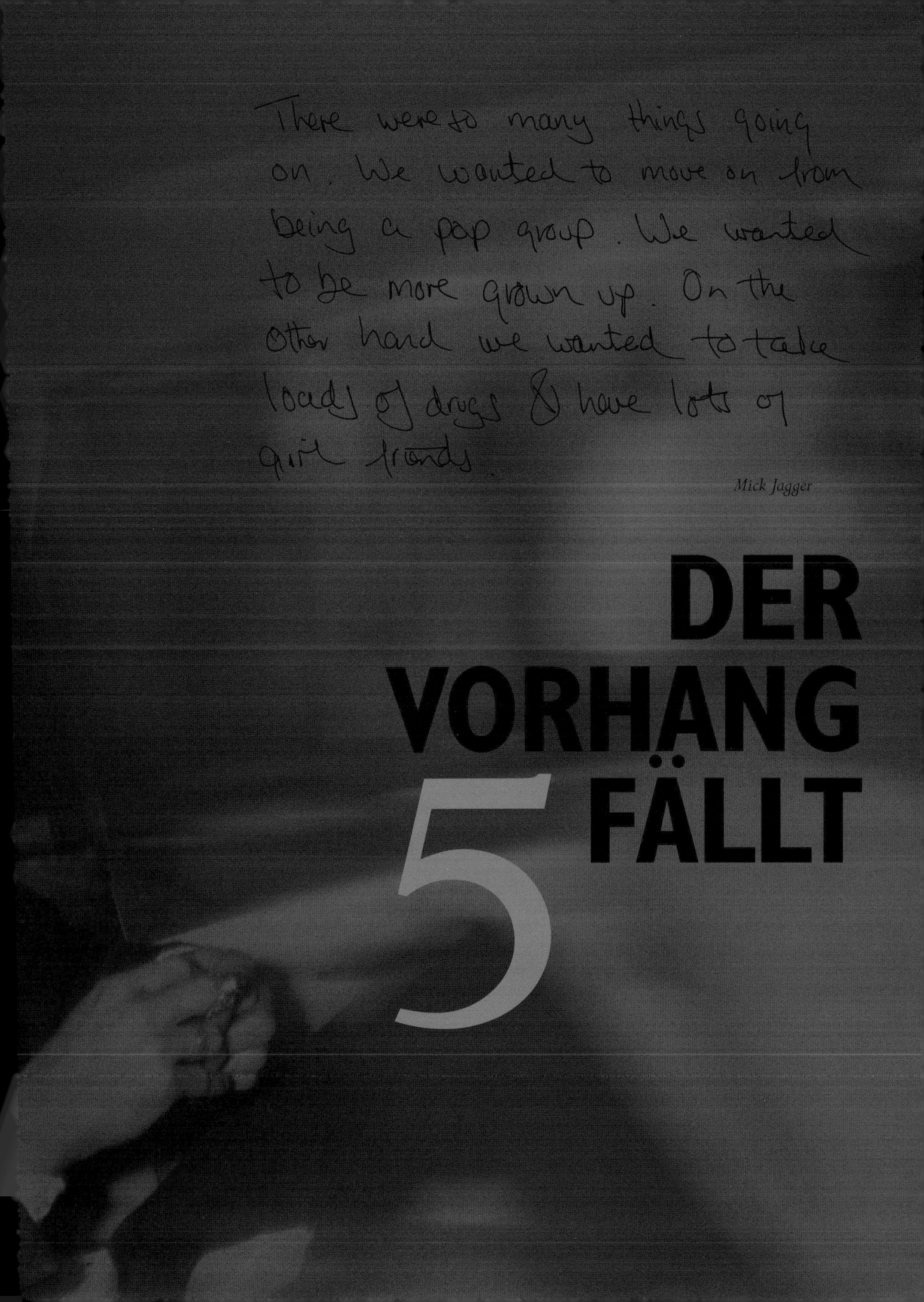

There were so many things going on. We wanted to move on from being a pop group. We wanted to be more grown up. On the other hand we wanted to take loads of drugs & have lots of girl friends.

Mick Jagger

5 DER VORHANG FÄLLT

Als die 60er-Jahre in ihre psychedelische Phase traten, wurde das Image der Stones hedonistischer. Ihr Album von 1967, Their Satanic Majesties Request, *war ursprünglich mit einem Cover von Michael Cooper im Handel, auf dem ein dreidimensionales Bild zu sehen war. Es konnte weltweit nur von zwei Fabriken produziert werden und kostete angeblich einen Dollar pro Stück.*

KEITH: Die Razzia machte uns mit einem Schlag klar, dass wir uns in einer ganz neuen Situation befanden, und da hörte der Spaß auf. Bis dahin war uns London wie ein wunderbarer Freiraum erschienen, in dem man tun konnte, was man wollte. Und dann fiel der Hammer, und die Wirklichkeit hatte uns wieder. Wir wurden augenblicklich erwachsen.

Zugleich begriffen wir, dass die Mächtigen uns tatsächlich für so wichtig hielten, dass sie überhaupt den Hammer schwangen und ein Exempel statuieren wollten. Aber sie machten uns auch wichtiger, als wir verdammt noch mal waren. Daher dieser Leitartikel in der *Times*, »Who Breaks A Butterfly On A Wheel« (Wer flicht einen Schmetterling aufs Rad), der für die *Times* ziemlich scharf war. Ich glaube, er gilt bis heute als einer ihrer mutigsten Leitartikel.

Zugleich wusste niemand, wie lange dieser kleine Liebessommer noch dauern würde; wir versuchten einfach, so viel wie möglich aus dieser guten Zeit herauszuholen. Wenn wir noch auf Tour gewesen wären, hätte die Razzia vielleicht gar nicht stattgefunden, aber dann wäre etwas anderes passiert. Sie war der Schlussvorhang jener Zeit. Die Herrschenden hatten uns gezeigt, dass sie unser Verhalten nicht mehr dulden würden. Dass sie aber unseren Einfluss auf die Öffentlichkeit für so bedeutend hielten, warf die Frage auf, wovor sie eigentlich Angst hatten. Zuvor hatte ich mich nie um den Staat oder um die Behörden gekümmert. Wen interessierten sie schon, man lebte einfach sein Leben, und der Staat hatte dafür zu sorgen, dass Wasser aus der Leitung kam und die Leute nicht bei Rot über die Ampel fuhren, das war seine Aufgabe. Ich zahlte meine Steuern, und das war's. Aber nach der Razzia wusste ich plötzlich, dass mich jemand ganz gezielt fertig machen wollte.

CHARLIE: Damals wurde eine Menge Drogen konsumiert, aber das war zu dieser Zeit große Mode. Es war ganz normal, dass Musiker LSD nahmen und dann mit einer Flasche Jack Daniels auf die Bühne gingen.

KEITH: Ich war wieder viel mit Brian zusammen, und ich machte sehr bewusste Anstrengungen, die Beziehung zu ihm wieder zu kitten, solange er nicht arbeitete und unter Druck stand. Wir wohnten damals auf gegenüberliegenden Straßenseiten. Ich war gerne mit Brian zusammen, wenn er entspannt war, und wir spielten damals noch zusammen. Unmittelbar nach der Razzia hielten wir es für eine gute Idee, nach Marokko zu fahren. Aber es funktionierte nicht, und die Dinge nahmen eine hässliche Wendung. Ich holte den alten Bentley aus der Garage und Brian, Anita und ich saßen auf dem Rücksitz und hörten Musik. Brian wurde krank und wir mussten ihn in ein Krankenhaus bringen, also war ich mit Anita allein. Auf dem Rücksitz eines Autos können bekanntlich verblüffende Dinge passieren, und sie passierten auch. Brian stieß in London wieder zu uns, und es gab eine tränenreiche Szene. Das war in meiner Beziehung zu ihm der letzte Nagel im Sarg. Er hat mir die Sache nie verziehen, und ich mache ihm keinen Vorwurf daraus, aber zum Teufel noch mal, Scheiße passiert eben. Einiges spricht dafür, dass Brian einen LSD-Trip nahm, von dem er nie wieder ganz runterkam – das ist nur eine Vermutung. Danach war wohl in seinem Innern alles ein bisschen fragmentiert, und die Teile drifteten immer mehr auseinander.

MICK: *Their Satanic Majesties Request* hatte wirklich Spaß gemacht, und es waren ein paar gute Songs auf der Platte: »She's A Rainbow« war sehr hübsch. Nicky Hopkins am Klavier war sehr präsent auf dem Album. »2000 Light Years From Home« war auch gut; wir spielten es ziemlich oft live, aber die Studioversion war eigentlich ein bisschen zu lang und nicht konzentriert genug. Es gibt auch viel Mist auf dem Album. Wir hatten einfach zu viel Zeit zur Verfügung und zu viele Drogen und keinen Produzenten, der gesagt hätte: »Genug, das reicht, vielen Dank, können wir jetzt vielleicht mit dem nächsten Song weitermachen?« Jeder, den man einfach so in einem Studio machen lässt, verhält sich so. Wir haben einfach zu viel herumgetrödelt. Man glaubt, alles, was man macht, sei großartig, und niemand schneidet das Zeug zusammen – Andrew war damals schon weg.

»Ich habe praktisch keine Erinnerung mehr an die Satanic-Majesties-*Sessions. Mein Gedächtnis ist total leer. Gott weiß, was für Klänge wir produzierten. Wir waren wirklich so drauf, wie wir auf dem Cover aussehen!«*

Keith

CHARLIE: Die Zeit von *Satanic Majesties* war sehr stark von Drogen geprägt, allerdings nicht bei mir, und das sage ich nicht, um mich zu entlasten. Ich habe in dieser ganzen Zeit nie besonders viel Drogen genommen, erst später, auch wenn ich wahrscheinlich als Erster mit dem Rauchen angefangen habe, aber die anderen Sachen habe ich nicht genommen. Damals hat Acid eine Menge neue Perspektiven eröffnet, aber meiner Ansicht nach waren wir längst nicht so radikal wie solche Musiker wie Albert Ayler und Sun Ra.

Ich weiß nicht, ob bei *Satanic Majesties* viel Gutes herauskam. Wir probierten einfach alles aus, was wir wollten, und meistens machten wir es selbst. Später wurde alles todernst, und wenn man auf einem Track eine Tabla haben wollte, ließ man einen indischen Musiker kommen. Heute wiederum würde man einfach den besten Tablaspieler der Welt samplen, und das Instrument auf dem Keyboard spielen. Wenn man damals eine Tabla haben wollte, musste man sie selbst spielen, und genau das haben wir getan. Mick hat auf etwas rumgehauen, ich hab auf etwas rumgehauen. Es hieß: »Lasst uns diesen Song zusammen spielen.«

Tatsächlich war es viel wichtiger, Spaß zu haben, als eine musikalische Revolution zu machen. Ich glaube, dass wir davor und danach viel bessere Songs gemacht haben, aber so ist das Leben. Majesties war keine von unseren großen Platten, aber die Zeit war interessant. Manchmal hörst du nach Jahren ein Musikstück, das wirklich gut ist und das du vollkommen vergessen hattest. Aber ich glaube nicht, dass das für *Satanic Majesties* zutrifft.

KEITH: Ich habe praktisch keine Erinnerung mehr an diese Sessions. Mein Gedächtnis ist total leer. Charlie Watts war damals vermutlich der Nüchternste von uns. Ich weiß noch, dass es eine Menge Spaß machte, und Gott weiß, was für Klänge wir produzierten. Wir waren wirklich so drauf, wie wir auf dem Cover aussehen! Ich kann mich noch am besten an die Entstehung dieses Covers erinnern: Wir fuhren mit Michael Cooper nach New York, und es war dieser Japaner mit seiner 3D-Kamera dabei. Wir waren auf Acid, als wir die Kulissen bauten und durch ganz New York zogen, um die Blumen und die anderen Requisiten zu besorgen. Wir bemalten die Kulissen, sprayten sie. Wir waren einfach verrückt, und nachdem die Beatles *Sgt. Pepper* gemacht hatten, war unser Motto: »Machen wir uns noch lächerlicher.«

Wir hatten diese Gerichtsverfahren am Hals; deshalb ist die Platte so versponnen. Du hast den Kopf ganz voll mit dieser anderen Scheiße, und trotzdem willst du weiter Urlaub machen, also spielst du ein bisschen länger verrückt, obwohl der Hammer schon gefallen ist. Deshalb ist die Platte wirklich sehr stoned, ein großer Teil der Betäubung kommt schon von dem Hammerschlag, aber seine volle Wirkung ist erst auf dem nächsten Album zu spüren.

MICK: Andrew Oldham ging, weil wir ihm zu unkonzentriert und kindisch waren. Es war kein großer Augenblick für uns und vermutlich auch für Andrew nicht. Damals gab es jede Menge Ablenkung, und man brauchte immer jemanden, der einen auf ein Ziel ausrichtete. Das war Andrews Job. Außerdem schien er nicht genau zu wissen, was er tun wollte: Er wollte alles Mögliche gleichzeitig sein. Er dachte, er würde in der Branche eine Menge Geld verdienen, aber dann gab er sein ganzes Geld für nebensächliche Projekte aus.

KEITH: Andrew verschwand tatsächlich etwa zum Zeitpunkt der Drogenrazzia, aber ich würde nicht sagen, dass wir uns viel mit ihm beschäftigt hätten. Wenn man eine Hausdurchsuchung erlebt, denkt man nicht ernsthaft darüber nach, wer was warum tut. Man denkt nur: »Wie komme ich da wieder raus?« Trotzdem bekamen wir durch Andrews Abwesenheit ein Gefühl dafür, in welche Richtung wir uns entwickelten, und merkten, dass es nicht die seine war. Dass er sich dünne machte, als wir hops gingen, hat sicher dazu beigetragen, die Distanz zwischen uns zu vergrößern.

CHARLIE: Ich sehe Andrew immer eher als Unternehmer und nicht so sehr als Manager, obwohl beides vielleicht dasselbe ist. Ehrlich gesagt, ich glaube nicht, dass wir wirklich einen Manager brauchten.

KEITH: Es besteht ein großer Unterschied zwischen dem Material auf *Satanic Majesties* und auf *Beggars Banquet*. Ich hatte die Schnauze gestrichen voll von dem ganzen Maharishi-Guru-Scheiß und den Perlen und Glöckchen. Keine Ahnung, woher diese Abneigung kam, aber vermutlich war es eine Reaktion auf das, was wir in der Zeit ohne Auftritte getan hatten, und auch auf die starke Dosis Realität, die der Staat uns verabreicht hatte. Im Gefängnis von Wormwood Scrubs hatte man auf jeden Fall Zeit zum Nachdenken!

Ich war verdammt wütend, als ich einfuhr. Also legten wir so richtig los! Es gibt eine Menge Wut in der Musik aus dieser Periode.

Brian mit Gitarre. Wegen schwerer persönlicher Probleme und seiner wachsenden Distanz zur Band und ihrer Musik leistete Brian kaum noch einen musikalischen Beitrag zu der im Dezember 1968 erschienenen LP Beggars Banquet, *dem letzten Album der Stones, das zu seinen Lebzeiten erschien.*

Brian und Mick im Studio.

Mick in klassischer Frontmann-Pose. Mitte der 60er-Jahre gaben die Stones in Großbritannien längere Zeit keine Konzerte mehr; ein Überraschungsauftritt bei einem von der Zeitschrift New Musical Express *im Mai 1968 veranstalteten Konzert war ihr erster Auftritt in Großbritannien nach fast zwei Jahren. Der Neuzugang Mick Taylor trug jedoch dazu bei, dass sie sich wieder als ausgesprochene Live-Band etablierten.*

»Jumpin' Jack Flash« und »Street Fighting Man« entstanden, weil ich von den Möglichkeiten fasziniert war, die sich ergeben, wenn man eine akustische Gitarre über einen Kassettenrecorder spielt. Ich benutzte den Recorder praktisch als Tonabnehmer und bekam dadurch die Frische einer Akustikgitarre, die mit einer E-Gitarre einfach nicht zu erreichen ist. Trotzdem war der Sound nicht nur akustisch, sondern auch elektrisch, weil ich den kleinen Recorder übersteuerte. Die Technik wurde damals immer komplizierter, aber ich wollte sie auf ein Minimum reduzieren.

Ich hatte einen der ersten Kassettenrecorder gekauft, ein Muss für einen aufstrebenden Songwriter. Ich nahm jeden Tag damit auf, und dann begann mich auch der eigentliche Sound des Geräts zu interessieren: wie nahe man das Mikrofon an die Gitarre halten konnte und welcher Effekt dabei herauskam. Schließlich ist alles elektrisch, sogar bei dem klassischen Gitarristen Segovia geht der Klang durch ein Mikrofon und wird irgendwie elektrisch stimuliert, bevor er an unsere Ohren dringt. Ich hatte den Kasten immer dabei, er war mein Notizbuch. Die Technik, den Recorder als Tonabnehmer zu benutzen, entdeckte ich eines Abends, als ich meine Gitarre mit dem Recorder aufnahm. Ich spielte noch ein paar Akkorde und schlief beim Spielen ein. Als ich die Kassette am nächsten Morgen abspielte, hörte ich, wie die Gitarre dem Mikrofon immer näher kam, und war fasziniert von den Möglichkeiten.

Ich stellte den Philips-Kassettenrecorder mitten ins Studio, besorgte einen kleinen Außenlautsprecher, den ich auf der Rückseite des Recorders einstöpselte, schob ein Mikrofon vor den Verstärker und nahm das Ganze auf. Wir saßen alle um das Gerät herum und schauten zu, wie das kleine Mikrofon mitten im Olympic Studio, das so groß war wie das verdammte Sadler's-Wells-Theater, den kleinen Recorder aufnahm. Dann spulten wir das Band zurück, hörten es an, nahmen die anderen Stimmen dazu auf, mischten das Ganze ab, und fertig war der Track.

MICK: Ich weiß noch, wie wir »Jumpin' Jack Flash« aufnahmen, und dass mir die Art, wie wir es taten, nicht sonderlich gefiel. Es war ein bisschen planlos – und obwohl das Endergebnis ziemlich gut war, war es nicht genau das, was ich wollte. Die Klangwiedergabe war nicht gut; das kam nicht so direkt rüber, wie es hätte sein sollen. Wirklich bahnbrechend war, dass wir für die Promotion des Songs einen Film drehten. Wir stocherten allerdings noch viel im Dunkeln, wenn man es mit den späteren Musikvideos vergleicht.

»Ganz am Anfang wollten wir eine Bluesband sein. Dann orientierten wir uns mehr Richtung Pop, weil wir beliebt sein und im Radio gespielt werden wollten. Und schließlich wurden wir immer eklektischer.«

Mick

CHARLIE: Wir nahmen »Jumpin' Jack Flash« im Olympic auf, als wir schon wussten, dass es als Single erscheinen sollte. Keith erzeugte das »Boom ta, boom ta« mit meinem Boden-Tomtom. Heute würde man das einfach programmieren und einen Loop daraus machen

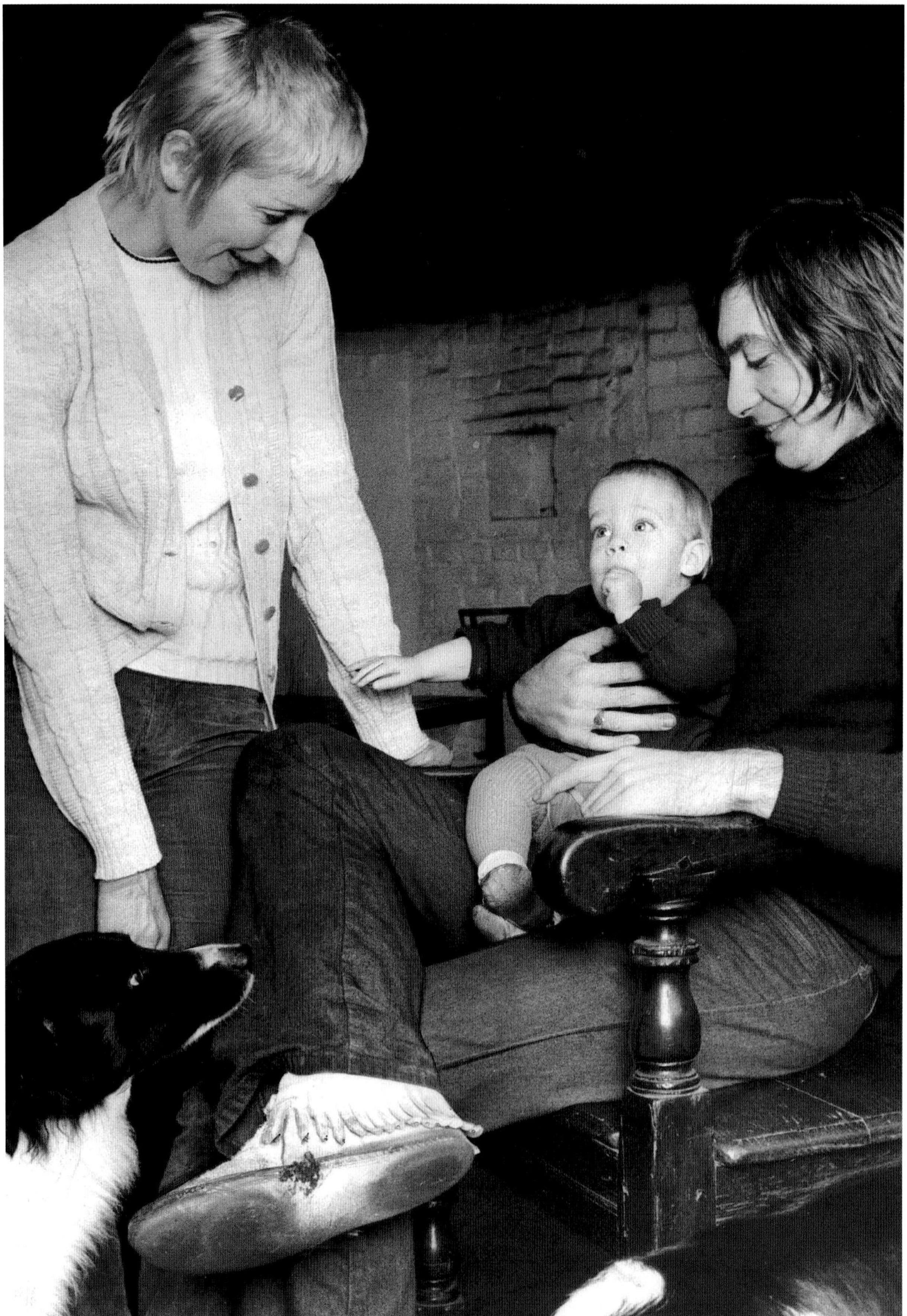

oder was ähnlich Blödes. Der Sound auf »Jumpin' Jack Flash« ist sehr kompakt, weil wir im Studio so nahe beieinander saßen. Heute tut das praktisch niemand mehr.

»Street Fighting Man« wurde mit einem London Jazz Kit Set auf Keiths Kassettenrecorder aufgenommen. Ich hatte die Spielzeug-Drums aus den 30er-Jahren in einem Antiquitätengeschäft gekauft und besitze sie heute noch. Das Schlagzeug war in einem kleinen Koffer, und die Drums ähnelten kleinen Tamburins ohne Schellen. Das Set lässt sich problemlos verpacken, weil die Trommeln ineinander passen. Die Snare war fantastisch, weil sie ein wirklich dünnes Fell hatte. Ihre Schnarre war direkt unter dem Fell, bestand jedoch nur aus zwei Darmsehnen statt den üblichen zwölf. Keith liebte diese frühen Kassettenrecorder. Sie klangen fantastisch, wenn man sie übersteuerte. Wir spielten oft in einem Zimmer, meistens in einem der Hotelzimmer, wenn wir auf Tournee waren. Keith saß auf einem Kissen und spielte Gitarre, und mit dem kleinen Schlagzeug konnte man dicht neben ihm sitzen. Die Drums waren wirklich laut im Vergleich zu der akustischen Gitarre, und ihre Tonlage drang gut durch. So hatten wir immer einen guten Backbeat.

Es ist ein komisches Gefühl, den Song heute live zu spielen, da es keine Straßenkämpfe mehr gibt. Er lässt sich wunderbar spielen, aber der Text, den Mick 1968 schrieb, bezieht sich vor allem auf das, was damals in Paris geschah. Nicht dass »Street Fighting Man« die Welt verändert hätte, aber es war ein sehr starker Song über die damaligen Ereignisse.

KEITH: Mick schrieb die meisten Texte. Manchmal schlug ich ein Thema oder vielleicht sogar den ersten Vers vor, und sagte dann: »Wie machen wir jetzt weiter?« Die radikalen Texte kamen von Mick, ich glaube, sie waren seine Reaktion auf den Hammerschlag. In dieser Periode wusste ich nie, was er anbringen würde. Nehmen wir »Sympathy For The Devil«: Der Text war von ihm. Ich musste mir nur klar werden, ob es eine Samba oder ein verdammter Folksong werden sollte.

CHARLIE: »Sympathy« war einer von den Songs, bei denen wir alles ausprobierten. Das erste Mal hörte ich das Lied, als Mick es an der Vordertür meines Hauses in Sussex spielte. Es war beim Abendessen; er spielte das Lied ganz allein, die Sonne ging unter – und es war fantastisch. Wir probierten die verschiedensten Arten aus, den Song zu spielen, und schließlich spielte ich einfach einen jazzigen Latin-Groove, ähnlich wie Kenny Clarke in »A Night In Tunesia« – nicht den gleichen Rhythmus, aber einen ähnlichen Stil. Zum Glück funktionierte es, denn es war eine Heidenarbeit, bis wir so weit waren.

MICK: Wir standen massiv unter Druck, eine neue Richtung zu finden. Die Technik hatte sich weiterentwickelt. Bei unseren frühen Platten hatten wir zu viel übereinander aufnehmen müssen, um zu erreichen, was wir wollten – wir nannten es »Ping-Pong-Verfahren«, wenn wir ständig zwischen zwei Spuren hin und her wechselten –, dabei kam ein sehr chaotischer Sound heraus, was an dem schlechten Verhältnis zwischen dem Signal und den Nebengeräuschen lag. Was als klasse Rhythmustrack begonnen hatte, endete oft im Klangbrei. Aber Ende der 60er-Jahre waren viel mehr Spuren verfügbar und man hatte mehr Möglichkeiten, ohne damit die Klangtreue zu ruinieren. Jimmy Miller hatte eine Platte mit Traffic gemacht, die mir sehr gefiel: Ihr Sound war hervorragend. Deshalb wollten wir mit diesem neuen Sound einen Groove finden.

CHARLIE: Miller leistete damals einen wichtigen Beitrag für die Band. Er hatte ein hervorragendes Gehör und war selbst Musiker, ein Perkussionist, der bei Bedarf mit einsteigen konnte und wollte. Und er war zufällig gerade in London, als dort einige sehr gute Bands arbeiteten, darunter auch Traffic. Jimmy war wirklich exzellent; von den Leuten der letzten Jahre kann ihm nur Don Was das Wasser reichen.

Charlie und die frühere Kunststudentin Shirley Shepherd heirateten 1964 heimlich in Bradford und sind bis heute zusammen. Hier sind sie mit ihrer im März 1968 geborenen Tochter Serafina abgebildet.

Charlie: Ich habe den Stuhl immer noch. Ich habe ihn einem Geschäftspartner von Wolf Mankowitz, dem Vater des Fotografen Gered Mankowitz, abgekauft und besitze ihn jetzt seit 40 Jahren.

Keith als Richter in einer Parodie auf einen Drogenprozess im Jahr 1969. Auf Micks und Keiths Verurteilung wegen Drogenbesitzes im Juni 1967 reagierte der Herausgeber der Times, *William Rees-Mogg, mit einem selbst geschriebenen Leitartikel unter dem Titel »Who Breaks A Butterfly On A Wheel«. Der Artikel markierte einen Wandel in der Haltung der britischen Gesellschaft zur Gegenkultur oder, in der Sprache der* Times, *zum »neuen Hedonismus« im Gegensatz zu den »alten Werten«.*

KEITH: Miller war einer der sympathischsten Produzenten, mit denen ich je gearbeitet habe. Er konnte mit einer Band umgehen – insbesondere mit dieser Band – und jedem die gleiche Unterstützung geben. Auch war er selbst ein hervorragender Schlagzeuger, weshalb er mit Charlie auf gleicher Ebene verkehren konnte, und er hatte ein sehr gutes Verhältnis zu Mick. Es störte ihn nie, wenn jemand eine neue Idee hatte. Er improvisierte gern. Ich glaube nicht, dass ich »Street Fighting Man« ohne ihn hingekriegt hätte. Mick wurde manchmal ungeduldig bei meinen Experimenten, aber Jimmy ermutigte mich und sagte: »Lass uns sehen, wohin das führt.«

MICK: Bei Tracks wie »Prodigal Son« konnte man spüren, dass sie in Country und Blues wurzelten. Man bringt einfach Teile von sich selbst zum Ausdruck. Ganz am Anfang wollten wir eine Bluesband sein. Dann orientierten wir uns mehr Richtung Pop, weil wir beliebt sein und im Radio gespielt werden wollten. Und schließlich wurden wir immer eklektischer.

Was die Country-Musik betrifft, so spielten wir Country-Songs, nahmen aber nie welche auf, oder wir nahmen welche auf, brachten sie aber nie heraus. Keith und ich hörten seit unserer Kindheit Platten von Johnny Cash und den Everly Brothers. Mir gefiel Country, schon bevor ich Keith kennen lernte. Ich liebte George Jones und wirklich schnelle, schweißtreibende Country-Musik, nur die rührseligen Lieder gefielen mir nicht so sehr. Für mich waren die ganzen Rocker in Wirklichkeit bekehrte Country-Sänger: Bei Jerry Lee Lewis am deutlichsten, aber auch bei Gene Vincent und Ricky Nelson.

Die Country-Songs auf *Beggars Banquet*, etwa »Factory Girl« oder »Dear Doctor«, waren in Wirklichkeit Pasticcios. Country hat sowieso etwas Humorvolles, eine Art, das Leben mit Humor zu betrachten, und ich glaube, wir nahmen dieses Element einfach auf und passten uns ihm an. Die »Country«-Songs, die wir später aufnahmen, etwa »Dead Flowers« auf *Sticky Fingers* oder »Faraway Eyes« auf *Some Girls*, sind ein bisschen anders. Die Band spielt die Musik absolut richtig, aber ich komme einfach nicht so recht klar. Wahrscheinlich, weil ich glaube, ein Bluessänger zu sein und kein Country-Sänger. Vermutlich ist Keiths Stimme dafür besser geeignet.

KEITH: Für mich hatte »Factory Girl« Ähnlichkeit mit »Molly Malone«, einem dieser uralten keltischen Stücke, die von Zeit zu Zeit auftauchen, oder mit einem Song aus den Appalachen. Damals kam ich einfach in Micks Zimmer und spielte ihm was vor. Das mache ich auch heute

Die Lennons mit Keith, Mick und Brian auf dem Set des Rock & Roll Circus, *der extravaganten Musikshow, die im Dezember 1968 im Wembley Studio für das Fernsehen aufgenommen wurde. Obwohl neben den Stones Stars wie The Who, Eric Clapton und Jethro Tull auftraten, blieb der Film fast drei Jahrzehnte lang unveröffentlicht.*

noch so. Wenn Mick Interesse zeigt, arbeite ich weiter an der Idee, wenn nicht, höre ich auf und sage: »Ich arbeite weiter dran und führ's dir vielleicht später vor.«

CHARLIE: In »Factory Girl« tat ich etwas, das man nicht tun sollte. Ich spielte die Tabla mit Stöcken, statt den typischen Tabla-Sound mit den Händen zu erzeugen, wie es die Inder tun. Letzteres ist extrem schwierig und mühsam, wenn man kein ausgebildeter Perkussionist ist.

KEITH: Als wir 1964, 1965 und 1966 in den Staaten waren, hatte ich mir eine riesige Plattensammlung zugelegt, aber nie die Zeit gehabt, alles anzuhören. Erst Ende 1966 und 1967 packte ich die Platten aus. Es war ein unglaubliches Bluesarchiv. Damals hatte ich plötzlich Zeit, mich endlich wieder intensiv mit Musik auseinander zu setzen und sie zu hören. In den drei Jahren zuvor hatte ich entweder neue Songs geschrieben oder gelernt sie zu spielen oder sie aufgenommen.

Jetzt konnte ich mir den Luxus leisten, wieder Hörer zu sein. Jemand muss die Musik machen, aber der eigentliche Genuss ist das Hören. Ich konnte auftanken und die Sachen neu bewerten, und es war sehr unterschiedliche Musik dabei, nicht nur Blues, sondern auch indianische oder Gypsy. Auch hörte ich seit langem das erste Mal wieder mehr klassische Musik und Jazz.

Country hatten wir bei unseren Reisen in Amerika viel mitgekriegt. Wenn man 1964/65 im Mittelwesten spielte, bekam man nicht viel anderes zu hören. Country-Musik hat etwas wunderbar Einfaches. Es ist eine andere Form von Blues, nur mit einem hübschen weißen Resopal-Überzug oben drauf. Die Everly Brothers sind reine Country-Musik, und sie haben ein paar von den besten Rock 'n' Roll-Platten aller Zeiten gemacht: »Wake Up Little Susie«, »Bye Bye Love«, »Cathie's Clown«.

Ich hörte mir also an, was andere machten, und hatte Gelegenheit rumzusitzen und mit Leuten wie Robert Fraser, Christopher Gibbs oder Michael Cooper zu reden. Außerdem konnten wir auch mit den Beatles zusammen sein. Seit sie uns »I Wanna Be Your Man« geschenkt hatten, hatte es zwischen uns nicht mehr so viel Kontakt gegeben. Damals waren die Beatles überall. Sie konnten nichts falsch machen. Sie selbst waren natürlich nicht dieser Ansicht, aber die breite Öffentlichkeit dachte so. Alles, was sie taten, schien immer besser und verblüffender – ob das im Rückblick stimmt oder nicht, steht auf einem anderen Blatt. Aber sie standen auch genau

Die Publikation von Beggars Banquet *im Dezember 1968 wurde mit einem Fest in den elisabethanischen Räumen des Londoner Kensington-Gore-Hotels gefeiert. Unter den Gästen war Lord Harlech, und Filmaufnahmen von dem Ereignis wurden sogar in den überregionalen Fernsehnachrichten gezeigt.*

Die Daily Mail *beklagte die Tatsache, dass sich die »Apostel moderner Lebensart des ältesten Gags im Showbusiness* [bedienten]*: der Tortenschlacht.«*

(Oben und Mitte) Brian und Charlie erholen sich am Tag nach dem Fest für Beggars Banquet.

(Unten) Mick, Keith und Charlie schauen sich Bilder vom Rock & Roll Circus *an. Nur eine Nummer aus der Show, »You Can't Always Get What You Want«, schaffte es im Rahmen der Retrospektive 25X5 zum 25-jährigen Bestehen der Stones ins Fernsehen, bevor das Ereignis 1996 als Video und CD doch noch herauskam.*

wie wir unter enormem Druck, etwas Neues zu bringen und sich auf den gesellschaftlichen Wandel einzustellen.

MICK: Abgesehen von der Slide-Gitarre in »No Expectations« war Brian eigentlich nicht mehr richtig an *Beggars Banquet* beteiligt. Er kam nicht zu den Aufnahmesessions; es ging ihm nicht besonders gut. Ehrlich gesagt wollten wir auch nicht, dass er kam, glaube ich.

KEITH: Brians größte Probleme waren nicht musikalischer Natur. Irgendetwas in seinem Innern sorgte dafür, dass er immer alles ruinierte, wenn es ihm gut ging. Ich kenne das Gefühl, ich habe auch einen Dämon in mir, aber soviel ich weiß nur einen. Brian hatte wahrscheinlich noch 45 weitere. Am schlimmsten war sein selbstzerstörerischer Stolz. In einem anderen Jahrhundert hätte ich mich jeden Tag mit diesem Motherfucker duelliert. Er stellte sich wegen irgendeinem Scheiß auf die kurzen Hinterbeine und machte eine Riesensache draus: »Du hast mich heute nicht angelächelt«, konnte er sagen. Und dann begann er sich so zuzudröhnen, dass er zu einem Ding wurde, das man einfach in eine Ecke setzte.

»Brian war eigentlich nicht mehr richtig an Beggars Banquet *beteiligt. Er kam nicht zu den Aufnahmesessions; es ging ihm nicht besonders gut. Ehrlich gesagt wollten wir auch nicht, dass er kam, glaube ich.«*

Mick

CHARLIE: Ich glaube, Brians Selbstachtung hatte einen Tiefpunkt erreicht. Keith war damals sehr dominant – und außerdem war er mit Brians Freundin abgehauen. Brian war wirklich sehr fertig, und ich glaube, er kam nie mehr darüber hinweg. Nicht dass er es Keith vorgeworfen hätte: Es war eben passiert, und das war's.

Ich glaube, Brian verlor das Interesse an der Musik, es wurde ihm wichtiger, ein Popstar zu sein. Das geht vielen so. Außerdem verließen damals viele Leute ihre Bands und gründeten eine eigene. Brian kam als Erster von uns mit Bob Dylan und Jimi Hendrix und all diesen Leuten in Kontakt und bewegte sich in ihren Kreisen. Er ging nach New York und lernte Allen Ginsberg und seine Leute kennen. Brian wollte immer ein Sänger und Anführer sein, aber er war keines von beidem.

Am Anfang arbeitete er mit Sicherheit am härtesten von uns, um die Band zu verkaufen. Bevor Andrew übernahm und viel mehr Erfolg hatte. Brian war als Gitarrist sehr gut und anpassungsfähig, ähnlich wie ich als Drummer, aber er war keine Ausnahmebegabung wie Jimi Hendrix, Jeff Beck oder Mick Taylor. Wenn du einfach nur ein sehr guter Musiker bist, aber ein Virtuose sein willst, wird es sehr schwierig.

KEITH: Wir waren nicht unglücklich, dass Brian bei *Beggars Banquet* nicht dabei war. Ohne ihn kamen wir mit der Arbeit wirklich vorwärts. Und natürlich war da die Sache mit Anita. Das war wahrscheinlich der letzte Nagel im Sarg, was Brian und die Stones betraf. Er hatte sich damals bewusst entschlossen, nicht mehr bei uns mitzumachen. Er hatte all diese grandiosen Ideen: »Ich werde Songs schreiben und produzieren. Ich werde Filme machen.« Das waren alles nur Luftschlösser!

Er war ehrlich ein Klotz am Bein. Wir hatten nicht die Zeit, einen Mann mit durchzuschleppen. Diese Band kann sich kein totes Gewicht leisten – das kann keine Band. Aber zugleich sah es auch fast so aus, als wollte Brian die Stones durch seine Abwesenheit ruinieren. Er war ein schrecklicher Wichtigtuer – vielleicht weil er so klein war. Ich meine, warum kauft sich jemand einen Humber Super Snipe, wenn er nicht über das Lenkrad blicken kann?

MICK: Keith und ich reisten nach Italien. Keith hatte diese Idee für »Midnight Rambler«, und wir begannen das Tempo in dem Song zu wechseln. Melodisch blieb alles gleich, wir bauten nur viele Tempowechsel ein. Wir arbeiteten mit akustischer Gitarre und Mundharmonika, jammten einfach mit wechselndem Tempo und hatten schon alles drauf, als wir den Song für *Let It Bleed* aufnahmen.

CHARLIE: Auf *Let It Bleed* spielt Jimmy Miller in einer Reihe von Songs das Schlagzeug, auch in »You Can't Always Get What You Want«. Ich habe es hinterher kopiert. So ein gutes Ohr hatte Jimmy für Songs. Er war kein überragender Schlagzeuger, aber sehr gut bei Plattenaufnahmen, und das ist etwas völlig anderes. »You Can't Always Get What You Want« hat einen großartigen Schlagzeug-Track. Jimmy brachte mich tatsächlich dazu, darüber nachzudenken, wie ich im Studio Schlagzeug spielte. Wegen ihm wurde ich ein viel besserer Studioschlagzeuger, und wir haben zusammen ein paar von den besten Platten produziert, die die Stones je gemacht haben, auch »Honky Tonk Women«. Ein Sechstel von diesen Songs war Jimmy – für mich. Mick mag das für Quatsch halten, aber ich bin da anderer Ansicht. Jimmy brachte mir bei, wie man sich im Studio diszipliniert. Er hat mir viel gezeigt und noch mehr erklärt. Und er hat viele Dinge sehr gut organisiert. Er war ein exzellenter Produzent für unsere Band. Und auf eine Art hatte auch er großes Glück, denn er war – buchstäblich – in einem Hoch, und in diesem Zustand traf er auf Mick und Keith, die ebenfalls eine ungeheuer kreative Periode hatten.

MICK: »You Can't Always Get What You Want« war ein Song, den ich nur auf der akustischen Gitarre gespielt hatte, eines von diesen Schlafzimmerliedern. Die Aufnahmen für den Song waren extrem schwierig, weil Charlie den Groove nicht spielen konnte und Jimmy Miller das Schlagzeug spielen musste. Ich hatte außerdem die Idee, einen Chor einzusetzen, am liebsten einen Gospelchor, aber es stand damals keiner zur Verfügung. Jack Nitzsche sagte, er werde den Londoner Bachchor engagieren, und wir sagten: »Das wird lustig.«

RONNIE: Bevor ich zur Band stieß, konnte ich nicht glauben, dass Charlie das Schlagzeug auf »You Can't Always Get What You Want« nicht gespielt hatte.

MICK: Wir nahmen »Gimme Shelter« in einem großen Raum im Olympic Studio auf und machten dann in L.A. die Overdubs mit Merry Clayton. In London hatte Keith den Groove ein paar Mal allein gespielt. Ich glaube, Brian zeigte damals noch ein gewisses Interesse und vielleicht war er sogar im Studio, aber es gab keinen Gesang. Der Einsatz einer weiblichen Sängerin war die Idee des Produzenten. Es war wohl einer dieser genialen Momente gewesen: »Ich höre eine Frau auf diesem Track. Hol mir eine ans Telefon!«

CHARLIE: Auf der Bühne haben wir für »Honky Tonk Woman« nie dasselbe Intro wie auf der Platte gespielt. Dort spielt Jimmy die Kuhglocke, und entweder setzt er falsch ein, oder ich setze falsch ein. Keith jedoch setzt richtig ein, und dadurch stimmt das Ganze. Es ist eines von den Ereignissen, die Musikwissenschaftler jahrelang analysieren können. Es ist tatsächlich ein Fehler, aber meiner Ansicht nach funktioniert es trotzdem.

RONNIE: Ich traf Brian eines Nachts an der Heizung im Olympic Studio. Nicky Hopkins sagte: »Ich stelle dich meinem Freund Brian vor.« Aber mit Brian war nicht viel anzufangen. Er saß nur

da und machte: »Urgh. Urgh.« Ich konnte verstehen, warum er so war, bei all den Drogen in seinem Umfeld.

MICK: Keith und ich sagten Brian, dass er nicht mehr in der Band sei. Ich glaube, er wollte es so. Er war mit dem Kopf nicht mehr dabei. Heutzutage hätte man sagen können: »Geh doch ein paar Monate in dieses Zentrum in Arizona, Brian, und mach einen Entzug ...« Aber damals war das keine nahe liegende Möglichkeit. Und er wollte es offensichtlich auch nicht. Es war ihm anscheinend nicht besonders wichtig, in der Band zu bleiben. Er hatte seinen Beitrag geleistet. Menschen sind verschieden. Nicht jeder will 40 Jahre in einer Rockband sein. Man muss das wirklich wollen. Manche Leute sind diesem Leben psychisch nicht gewachsen, und Brian war einer von ihnen. Er war wirklich nicht dafür geschaffen.

CHARLIE: Brian ließ uns keine andere Wahl. Es war nicht wie bei Mick Taylor, der ging, als er fantastisch spielte, sodass man sich fragte: »Warum geht der bloß?« Brian war einfach nicht mehr bei den Stones. Vielleicht war er der Sache körperlich nicht gewachsen und deshalb mit dem Kopf oder mit dem Herzen nicht mehr dabei. Er wollte lieber in seinem Haus sein, dem ersten Haus, das er je besessen hatte. Und er versuchte, mit Mitch Mitchell eine Band zusammenzustellen. Wir waren alle an der Entscheidung beteiligt, aber sie kam fast von allein. Wir drehten uns nicht plötzlich um und sagten: »Du hast eine Session verpasst, du bist gefeuert.«

Es war schon ziemlich lange vorbei gewesen. Seit er einmal aus den Staaten zurückgekehrt war, lange bevor wir unsere Tournee beendet hatten. Von da an stimmte es nie mehr zwischen uns. Ich glaube, dass er früher gestorben ist, weil er nicht mehr in der Band war, aber er war ohnehin kein besonders starker Mensch. Tatsächlich war er sogar sehr schwach.

KEITH: Wir machten eine gemeinsame Anstrengung. Mick, Charlie und ich besuchten ihn gemeinsam in seinem Haus. Es war, wie wenn man zu einer Beerdigung geht, wirklich. Wir waren alle ziemlich schweigsam. Wir fuhren durch diese Vorstadtstraßen und dann hinaus aufs Land. Schließlich kamen wir bei seinem Haus an und sagten: »Hm, toller Schuppen.« A. A. Milne hatte früher hier gewohnt. Ich sah mir alles genau an und dachte: »Jetzt weiß ich, warum Milne in dieser Umgebung *Pu der Bär* schreiben konnte.«

Dann sprachen wir mit Brian. Irgendwie war es merkwürdig, weil er wusste, was kommen würde. Wir sagten: »Wir machen wieder eine Tournee, und du bist nicht in dem Zustand, dass du mitfahren könntest. Oder wie siehst du das? Wir machen weiter, kommst du mit an Bord oder nicht?« Wir gaben ihm eine Chance, in der Band zu bleiben, aber wir wussten, dass er das Angebot ausschlagen würde; es war schon beschlossene Sache. Die Frage war nur noch, wie er damit fertig werden würde. Irgendwie war es traurig, weil Brian dauernd von seinen Plänen sprach: »Yeah, danke dass ihr gekommen seid, aber ich spiele jetzt mit dem und dem, und wir haben all diese Projekte, und ich schreibe an diesem Song.« Er wollte mit Jimi Hendrix auf Tour gehen; er hatte Millionen von Plänen.

»Bist du okay, Mann?«, fragten wir ihn. Ich meine, wir wären doch nicht alle drei zu seinem Haus rausgefahren, wenn er uns nicht wichtig gewesen wäre, auch wenn wir ihm nur sagten, dass er gefeuert war. Doch er hörte nicht auf, über seine Pläne zu reden, also sagten wir: »Okay, wir wünschen dir alles Gute, Kumpel.« Wir drei aber wussten, dass wir die Lücke füllen mussten, wollten wir wieder ins Geschäft kommen.

RONNIE: Ich war kreuz und quer durch England getourt und hatte Leute wie Jeff Beck getroffen, der mich ebenfalls weiterbrachte. Auch Rod Stewart hatte ich kennen gelernt. Unsere Lieblingsband waren die Small Faces, und als Steve Marriott sie plötzlich hängen ließ, dachten wir: »Das ist ein Verbrechen, das können wir nicht zulassen.« Also schlossen wir uns der Band an, damit sie weiterbestand. Ian Stewart ließ uns den Proberaum der Stones in Bermondsey benutzen. Dort nahm Ronnie Lane den Hörer ab, als Mick anrief und fragte: »Würde Ronnie Wood bei den Stones mitmachen?« Und Ronnie sagte: »Nein, es geht ihm ganz gut, wo er jetzt ist.«

MICK: Ich rief einfach John Mayall an und der sagte: »Ich habe da diesen Gitarristen. Du kannst ihn haben; er kann sofort zu dir runterkommen.« Keine zwei Tage später stand er mit Mick Taylor vor der Tür. Es funktionierte, und wir dachten: »Na gut.« Dann hatten wir plötzlich diesen Gig im Hyde Park, also spielten wir einfach mit ihm. Wir veranstalteten kein großes Auswahlverfahren mehr, weil er wirklich gut in die Band zu passen schien und weil wir wegen des Gigs unter Druck standen. Wenn wir in den folgenden sechs Monaten keinen Gig gehabt hätten, hätten wir vielleicht noch viele andere Gitarristen ausprobiert, aber wir durften keine Zeit verlieren. Ich bin sicher, wir hätten ihn ausgetauscht, wenn er sich nicht bewährt hätte, aber er gewöhnte sich wirklich schnell ein.

KEITH: Ich glaube nicht, dass wir zu Brian gefahren wären, wenn wir nicht vorher schon Ersatz gesucht und gefunden hätten, aber ich weiß heute nicht mehr genau, ob das die genaue Reihenfolge der Ereignisse war. Vielleicht haben wir uns auch erst danach für Mick Taylor entschieden. Unser Antrieb war jedenfalls, dass wir dieses Konzert im Hyde Park hatten und wirklich dringend einen neuen Gitarristen brauchten. Ich hatte wahrscheinlich bis zuletzt gehofft, dass Brian es doch noch bringen würde, Optimist der ich bin. Man könnte mir die Augen verbinden und die letzte Zigarette geben, ich würde immer noch hoffen, dass ich nicht erschossen werde …

Mick kannte Mick Taylor. Er kam und spielte, und wir sagten: »Okay, das ist es.« Wir wollten wieder auftreten und Mick war gekommen und hatte mit uns gespielt und wir hatten ihn verdammt gut und topfit gefunden. Warum hätten wir ihn da nicht behalten sollen?

Auf keinen Fall hätte ich eine Kopie von Brian haben wollen. Er spielte kaum mehr Gitarre, also musste ich alle Gitarrenparts übernehmen und mit mir selbst spielen. Ich tue das auch heute noch, aber es ist weder Fisch noch Fleisch!

Mick Taylor kreuzt auf und spielt wie ein Engel, da sag ich doch nicht nein! Ich dachte, der Kerl soll sich entwickeln, denn ich hielt mich damals für einen alten Hasen, mit meinen 25 Jahren! Das kommt davon, wenn man vier Jahre auf Tournee gewesen ist. Dann fühlt man sich wie 50, so viel hat man erlebt.

CHARLIE: Brian lebte nicht mehr lange genug, um viel von seinen Ideen und Plänen zu verwirklichen. Ob wirklich etwas daraus geworden wäre, weiß ich nicht, aber er hatte nie die Chance, es zu versuchen. Er war unglaublich jung, als er starb, wenn ich heute daran zurückdenke. Ich betrachte die Bilder, die meine Frau und mich auf seinem Begräbnis zeigen, und denke nur: »Verdammte Scheiße …« Wir waren noch so jung.

KEITH: Bei Gott, der Kerl hatte immer ein verqueres Timing. Trotzdem ist das Rätsel bis heute nicht wirklich gelöst, aber das ist eine andere Geschichte. Ich weiß nicht, was passiert ist, aber es sind ein paar üble Sachen gelaufen. Hatte er im Swimmingpool einen Asthmaanfall, oder wurde er unter Wasser gedrückt? Es würde mich nicht überraschen. Brian konnte einen wirklich zur Weißglut bringen. Aber die eigentliche Ursache für seinen Tod bestand darin, dass er zwischen Musik und Ruhm nicht das richtige Gleichgewicht fand.

Der Gig im Hyde Park war wirklich bizarr. Wir fingen gewissermaßen wieder ganz von vorne an, aber statt im Crawdaddy Club oder einem ähnlich kleinen Schuppen weihten wir unseren

Mick auf der Bühne bei dem Konzert am 5. Juli 1969 im Hyde Park, hinter ihm Mick Taylor. Für den 20-jährigen früheren Gitarristen der Bluesbreakers war es der erste Gig mit den Stones, und für die Stones war es das erste Konzert nach 14 Monaten. Granada TV brachte später eine Auswahl von sieben Songs aus dem Programm des Nachmittags.

Als die Stones »I'm Yours, She's Mine« anstimmten, wurden als symbolische Geste 3500 weiße Nachtfalter aus Pappkartons freigelassen. Etwa 400 Fans mussten später wegen Hitzschlag behandelt werden.

Das Konzert im Hyde Park hatte zwischen 250 000 und 500 000 Zuschauer. Vor den Stones spielten die Third Ear Band, King Crimson, Screw, Alexis Korner's New Church, Family und die Buttered Ornaments. Später sammelten Fans, denen man für je drei Säcke Müll eine Platte versprochen hatte, insgesamt 15 Tonnen Abfall. Angeblich war die Musik noch 800 Meter vom Hyde Park entfernt am Marble Arch zu hören, und zwar gegen den Wind. Etwas näher an der Bühne war die Prominenz: Eric Clapton, Ginger Baker, Donovan, Paul und Linda McCartney, Mama Cass Elliott und Dave Gilmour von Pink Floyd.

»Brian lebte nicht mehr lange genug, um viel von seinen Ideen und Plänen zu verwirklichen. Ob wirklich etwas daraus geworden wäre, weiß ich nicht, aber er hatte nie die Chance, es zu versuchen.«

Charlie

Brian Jones' Beerdigung fand am 10. Juli 1969 in seiner Heimatstadt Cheltenham statt. Bill, Keith und Charlie nahmen daran teil. Mick war bereits für die Dreharbeiten an dem Film Kelly, der Bandit *nach Australien gereist.*

Brian vor George Harrisons Swimmingpool.

neuen Mann vor der größten Menschenmenge ein, für die wir je gespielt hatten. Eigentlich war es einfach, weil wir gar nichts falsch machen konnten, aber das wussten wir nicht. Das Publikum war sehr launisch, und wir mussten außerdem damit fertig werden, dass Brian nicht nur die Band, sondern den Planeten verlassen hatte. Wir waren hin- und hergerissen: Es hieß nicht nur: »Hier kommen die neuen, verbesserten Rolling Stones«, sondern es war auch eine Beerdigung, also mussten wir das Ereignis nicht nur als Fest, sondern auch als Gedenkfeier gestalten. Der Versuch, beides zu verwirklichen, war ein höchst prekärer Drahtseilakt. Es war ein großer Tag für uns alle. Und vor dem Gig saßen wir eine Stunde mit den Cops in einem gepanzerten Wagen, damit wir überhaupt auf die Bühne kamen. Es war ein sehr heißer Tag und ich dachte: »Fühlt es sich so an, wenn man ein Soldat ist? Gott sei Dank muss ich keinen Helm tragen ...«

MICK: Um ehrlich zu sein, das Hyde-Park-Konzert kam mir damals gar nicht so schwierig vor. Es war schon eine Herausforderung, für all diese Leute zu spielen. Ich glaube, wir waren ganz glücklich, da rauszugehen und mit einem neuen Mann zu spielen, weil wir eine Zeit lang wie ein Pferd mit drei Beinen gewesen waren. Jetzt hatten wir einen neuen Gitarristen, zu dem wir sagen konnten: »Spiel das«, und er spielte es. Das war gut. Schlecht war, dass Brian nicht mehr lebte. Das war wirklich traurig.

RONNIE: Im Hyde Park war ein riesiges Menschenmeer. Und ich wanderte am Rand der Menge herum und überlegte, wie ich in diese Band kommen könnte. Da hielt plötzlich ein Auto, und wer stieg aus? Mick und Charlie! Sie kamen zu mir her und sagten: »Hallo Ronnie, schön dich zu sehen. Wann sehen wir uns wieder?« Und ich sagte: »Früher, als ihr denkt ...«

CHARLIE: Ich weiß noch, dass ich Allen Klein im Dorchester aufsuchte und dass ich die silbernen Hosen abholte, die Shirleys Freundin für mich gemacht hatte. Im Park war eine riesige Menschenmenge, und Shirley wurde von einem fliegenden Sandwich getroffen ... Außerdem hatten wir eine Unmenge Schlagzeuger für »Sympathy For The Devil«. Ich glaube, wir lernten damals alle afrikanischen Drummer in London kennen. Von diesem Tag an kamen die merkwürdigsten Leute auf uns zu und sagten: »Wir haben im Hyde Park mit euch gespielt.«

Tatsächlich machte mir das Konzert eine Menge Spaß. In der Regel gelingt es mir nicht, bei einem Gig viel Spaß zu haben – ich mache mir zu viel Sorgen, ob alles gut läuft. Und es war der

Die Stones Ende 1969 mit Mick Taylor. Nach dem Konzert im Hyde Park gingen sie in die Staaten, wo sie ihre neue LP Let It Bleed *abmischten und in Amphitheatern und auf Rennbahnen spielten. Nach den tragischen Ereignissen bei ihrem letzten Konzert auf dem Altamont Speedway kehrten sie nach England zurück und gaben zum Abschluss des Jahrzehnts zwei Konzerte im Londoner Lyceum.*

Charlie: Mick und ich sehen aus wie zwei Kinder, die auf einem Fest verloren gegangen sind.

Mick Taylor erwarb sich als Gitarrist der lokalen Band The Gods einen guten Ruf. John Mayall holte ihn als Ersatz für Peter Green zu den Bluesbreakers. Taylor spielte zwei Jahre bei der Band und machte zwei Platten mit ihr, bevor er den Ruf von den Stones erhielt.

erste Gig mit Mick Taylor. Er spielte erstaunlich gut und sah blendend aus mit seinen langen Haaren; es war eine sehr romantische Zeit. Mick sah ebenfalls fabelhaft aus mit seinem Anzug im Byron-Stil. Und auch Keith hatte eine seiner besten Zeiten: Er sah spitze aus.

RONNIE: Die Stones wirkten aus der Ferne wie kleine Ameisen. Ich habe erst später auf dem Film mitgekriegt, was wirklich abging. Im Park war ich ständig damit beschäftigt, verwahrloste, betrunkene oder zugedröhnte Leute abzuwehren. Für einen Musiker, der die Musik hören wollte, waren sie ziemlich lästig. Man sagte ständig: »Halt die Fresse, ich will die Musik hören.« Ich freute mich für die Band. Ich wusste, dass Mick Taylor ein Hexenmeister war. Seine melodischen Passagen beeinflussen mich noch immer, weil die Anfänge seiner Soli zu Markenzeichen wurden. Man muss ein Solo mit seinen Licks anfangen, bevor man es auf die eigene Art fortsetzen kann. Wenn ich »Honky Tonk Women« spiele, habe ich seinen Beitrag immer im Ohr. Als sie es zum ersten Mal im Hyde Park spielten, hatte er dem Song – und mir – bereits seinen Stempel aufgedrückt. Ich dachte: »Yeah, dieser Typ wird mit den Stones Großes vollbringen, und ich freue mich sehr für ihn.«

KEITH: Mir war es wichtiger, die richtige Balance für das Ereignis zu finden, als dass Mick Taylor alles richtig machte. Er spielte vermutlich besser als ich! Wir waren schrecklich eingerostet. Keiner von uns hatte in jüngerer Zeit auf der Bühne gestanden, und Lautsprecheranlagen und Monitore waren damals noch im Experimentalstadium – oder nicht existent. Wir spielten einfach drauflos und mussten mit dem leben, was wir hören konnten. Aber wir hatten keine Ahnung, ob das Publikum dasselbe hörte. Wir holten einfach das Maximum aus der Lautsprecheranlage heraus. Wir können ein Publikum sehr gut in Stimmung bringen – wie gut wir klingen, steht auf einem anderen Blatt. Das Konzert im Hyde Park war vom Sound her eines der schrecklichsten, das wir je gegeben haben, aber es war auch eines der wichtigsten. Ich glaube, der Tag war ein Wendepunkt.

CHRISTOPHER GIBBS

Christopher Gibbs (zweiter von rechts) gehörte zur Londoner Kunstszene, an der die Stones Mitte bis Ende der 60er-Jahre beteiligt waren. Er lud Brian, Keith and Mick nach Marokko ein, erlebte die Drogenrazzia in Redlands mit und war bei dem Film *Performance* für die Ausstattung verantwortlich.

Ich wurde mit den Stones über Robert Fraser bekannt. Wir waren zusammen in Eton gewesen. Ich war von der Schule geflogen und er nicht, eine schreiende Ungerechtigkeit! Trotzdem waren wir Freunde geblieben, handelten beide mit Kunst und kauften einander hin und wieder etwas ab. Robert hatte eine Galerie in der Duke Street beim Grosvenor Square und lebte in der Mount Street. Er war gesegnet mit einer wunderbaren Antenne für die neuesten Entwicklungen in Musik und Tanz, in den Clubs und in der Mode und der bildenden Kunst.

Er hatte eine Zeit lang in Amerika gelebt und hatte ein sehr gutes Ohr für die Musik der Schwarzen. Deshalb sprang er auf die Stones an. Er berichtete mir als Erster von der Existenz der Band, die zunächst in Richmond und auf der Themse-Insel Eel Pie gespielt hatte und dann die Themse hinuntertrieb, um im Zentrum von London wieder aufzutauchen. Dort spielten die Stones in Speiselokalen wie Mrs. Beaton's Tent, wo Robert sie vermutlich zum ersten Mal sah.

Robert kannte eine Menge Filmemacher der Avantgarde und veranstaltete Spätvorstellungen, bei denen Regisseure wie Dennis Hopper, Kenneth Anger und Bruce Conner ihre eigenen Filme vorführten. Dabei wurde viel Dope konsumiert, und die Zuschauer – mich eingeschlossen – lagen auf dem Boden und machten die richtigen Geräusche, wenn auf der Leinwand die falschen Dinge passierten. Robert gefiel der Gedanke, einen Salon zu haben, in dem tolle alte Leute und tolle junge Leute ihre Freude aneinander haben konnten. Er war ein Sammler, der aufstrebende Dichter und Musiker um sich scharte (natürlich nicht ohne den Hintergedanken, ihnen einen Magritte zu verkaufen). Die Stones hatten noch nicht viel Geld, als ich sie kennen lernte, aber sie waren lebhaft, schön und gewinnend, nette Leute, mit denen man gerne zusammen war.

Ich lernte Mick genauer kennen, als er ein Haus auf dem Land suchte. Ich gehöre zu den Leuten, die die Zeitschrift *Country Life* abonniert haben und sämtliche Anzeigen studieren; Architektur und Landschaft haben schon immer zu meinen Leidenschaften gehört. Robert dagegen war ein Stadtfreak. Er wurde ziemlich nervös, wenn er eine grüne Wiese sah. Also schien es nur logisch, das ich Mick bei der Suche half. Zufällig gab es in der Nähe von Newbury ein Haus mit dem hübschen Namen Stargroves. Es gehörte einem Verwandten des Malers, Schriftstellers und Mathematikers John Michel, mit dem ich befreundet war. Es war ein schönes Haus in herrlicher Lage mit einer wilden Landschaft dahinter, aber von London aus leicht zu erreichen.

Eines denkwürdigen Tages, kurz bevor das Haus gekauft wurde, fuhren Mick, Marianne Faithfull, Terry Southern, Mason Hoffenberg, Robert und ich hinaus nach Stargroves. Wir machten in verschiedenen Gaststätten auf dem Weg Station und hellten ein bisschen unsere Stimmung auf: ein Joint hier, ein Drink da und die eine oder andere Linie Koks, aber nichts zu essen. Bei unserer Ankunft in Stargroves hielt uns der Besitzer, ein recht zugeknöpfter Bursche namens Sir Henry Carden, offensichtlich für eine Bande von Taugenichtsen, war aber trotzdem hocherfreut, einen Käufer zu finden, der das heruntergekommene viktorianische Anwesen komplett mit Stallungen, Gemüsegärten und Gärtnerhaus haben wollte.

Wir zogen damals wie eine vergnügte Schar Wildgänse kreuz und quer durch Großbritannien und Irland, meistens Mick, Brian und ich, manchmal war auch Keith mit dabei. Er hatte ein sehr enges Verhältnis zu Mick, war elegant und ziemlich schüchtern. Es verblüffte mich immer wieder, wie gut er intuitiv verstand, was in anderen Menschen vorging; er hatte ein unglaubliches Einfühlungsvermögen, das ihn in die Lage versetzte, zu spüren, was eine andere Person gerade durchmachte. Charlie, einer der freundlichsten und edelsten Menschen auf der Welt, stand für mich immer außerhalb unserer Gang. Er war zurückhaltend und sehr kultiviert und elegant.

Brian jedoch war das Fleisch gewordene Chaos, dem man sich nur sehr schwer entziehen konnte. Er war wie von einem großen Spinnennetz umgeben, mit dem er jeden einfing, der in seine Nähe kam. Er war von sich selbst besessen, fordernd und irrational, kam aber damals fast immer damit durch, weil er sehr viel Charme hatte. Er bezauberte andere mit seiner Musik, ohne jedoch auf dieselbe Art verführerisch zu sein wie Mick. Ich glaube, er kommunizierte mit anderen Menschen, indem er ihnen eine Platte vorspielte oder einem exotischen Instrument Töne entlockte.

Mick hat einen wunderbar forschenden Verstand. Er ist schon immer für alle Vorgänge in seiner Umwelt offen gewesen, aber er kommt auch sehr schnell zum Wesentlichen einer Sache, und dann will er eine große Portion von dem, was ihn anturnt. Für einen Menschen, der weitgehend von seinen Gefühlen abhängig ist, verfügt er über eine ungeheure Disziplin.

Wir machten viele Spritztouren nach Irland: Ich führte Mick und Marianne bei Desmond Guinness in Leixlip ein, was der Beginn einer langen Beziehung war. Und wir waren viel mit dem Auto unterwegs. Ich weiß noch, wie Mick mir das Autofahren beibrachte. Ich hatte nie den Führerschein gemacht, aber er sagte: »Das ist lächerlich, natürlich musst du fahren lernen.« Also lernte ich, mit Mick als Fahrlehrer, auf schmalen Landstraßen gewaltigen Heuwagen auszuweichen. Wir kurvten in ganz England und Wales herum, bestiegen Berge und sahen uns Kirchen und Häuser an, wobei ich in der Regel den Führer spielte; die Gruppe verlieh jedem Abenteuer einen völlig neuen Charakter. Es machte riesig Spaß.

Einmal kamen wir an einem Tag in Leixlip an, als auf Kilkenny Castle ein großes Ereignis stattfand. Der Marquis von Ormonde, dem das Schloss gehörte, hatte als Oberhaupt der Familie Butler alle Butlers eingeladen, die von seiner Familie abstammten. Wir fuhren mit Desmond Guinness nach Kilkenny hinüber und die Leute dort interessierten sich viel mehr für die Rolling Stones als für die jungen und alten Butlers mit ihren kleinen Schildchen, auf denen ihr Zweig der Familie vermerkt war. Die Butlers waren ziemlich sauer. Sie sagten, wir hätten sie »von der Titelseite verdrängt« und beschwerten sich bei Desmond über unser schlechtes Benehmen.

Ich reiste mit Brian und Anita Pallenberg nach Tanger, wo wir im Hotel Minzah wohnten. Sie hatten einen Streit, und Brian wollte Anita schlagen, traf jedoch einen eisernen Fensterrahmen. Er brach sich den Arm, und wir mussten ihn mit gebrochenem Handgelenk in eine Privatklinik bringen. Auf der Treppe unterhalb des Minzah entdeckten wir Ahmed Hamifsah, der uns ein Freund fürs Leben wurde. Vor vielen Jahrzehnten pflegte er, Haschisch in Pantoffeln eingenäht zu verschicken. Er hatte ungeheuren Erfolg und umgab sich mit wunderschönen norwegischen Mädchen. Er und seine mit Juwelen behängte Pfeife wurden jedoch schon bald festgenommen, und er verwandelte sich in einen bärtigen Heiligen mit einer vom ständigen Gebet schwieligen Stirn.

Manchmal lebten wir auch in Marrakesch: Einmal mieteten wir über Weihnachten ein Haus mit einem großen Garten und einer Menge Pfauen. Paul und Talitha Getty hatten sich gerade ein Haus in Marrakesch gekauft, Bill Burroughs war in der Stadt, und wir streiften gemeinsam durch die Straßen. Später wohnten wir im Haus der Gettys, einem weitläufigen Gebäude mit mehreren Innenhöfen. Wir stiegen aufs Dach, wo wir über uns die Schneeberge und unter uns die Gärten von Marrakesch sehen konnten – voller Palmen, kreischender Vögel und Fischbecken. Es wurde auch viel Musik gemacht.

Und dann war da natürlich die Razzia in Keiths Haus Redlands. Wir hatten in einer Gruppe dort übernachtet und den nächsten Tag an einem Kiesstrand an der Küste von Sussex verbracht. Wir waren voll mit Acid und hatten nur Blödsinn im Kopf. Auf dem Rückweg mit unserem Lieferwagen suchten wir in den Wäldern oberhalb von West Dean das Haus des surrealistischen Dichters Edward James. Es hieß Monkton, und Robert Fraser wollte es unbedingt besichtigen. Wir fanden zwar die Zufahrt, gesäumt von Bäumen, die durch seltsame rot, grün und gelb gestreifte Eisengitter geschützt waren, aber die Tore waren verschlossen.

In jener Nacht kam die Polizei. Ich hatte den Eindruck, dass die Razzia auf irgendeiner Intrige beruhte. Ein junger Mann namens Nicky Kramer geriet sehr zu Unrecht in den Verdacht, an dem Komplott beteiligt gewesen zu sein, doch er war ein grundanständiger Kerl: ein freundlicher, übermütiger, liebenswerter Spinner. Andererseits war auch der berüchtigte David Schneiderman im Haus, ein echter Rattenfänger. Niemand wusste, wer er war und woher er kam, er war einfach aufgetaucht. Er traf bei jedem die richtige Wellenlänge, war ein satanischer Verführer – der Teufel in seiner trügerischsten Verkleidung. Nach der Razzia verschwand er, wie es bei Teufeln vorkommt, in einer Rauchwolke und ward nicht mehr gesehen.

Das Ganze war wie in einem bösen Traum und in mancher Hinsicht eine große Überraschung für mich, weil ich in Bezug auf Heroin seltsam ahnungslos war. Ich wusste nicht, ob einer meiner Freunde je Heroin genommen hatte oder auch nur daran dachte, es zu nehmen. Mick hatte etwas in der Tasche, das jeder, der alles Mögliche probiert, irgendwann mal in der Tasche hat: ein paar Mother's Little Helpers. Aber was Robert in seinem Besitz hatte, war ein Schock für mich.

Die Razzia war ziemlich groß. Wir wurden von einer ganzen Horde bäurischer Polizisten aus West Sussex heimgesucht. Das ganze Geschehen hatte etwas Ländliches und war ziemlich surreal, ein Eindruck, der durch die völlig aussichtslosen Anstrengungen diverser Freunde von Freunden von Freunden, die Polizei und die Presse zu bestechen, noch verstärkt wurde. Ich besuchte Robert Fraser im Gefängnis; als er wieder herauskam, war er sehr, sehr verstört. Ich weiß auch noch, dass die Musik der Stones nach diesen Ereignissen einen neuen Biss bekam. Keith drückte seinen Trotz durch seine Musik aus. Der Trotz war im Schmerz, im Witz und im Biss der Songs zu spüren. Die Musik ist schon immer Keiths Stimme gewesen.

Brian wurde später Opfer weiterer Razzien und zog zu mir in den Cheyne Walk in Chelsea, wo er ein absolutes Chaos anrichtete und Löcher in die Bettlaken brannte. Es war ein Alptraum. Ich konnte es gar nicht erwarten, ihn wieder loszuwerden. Er brach allmählich zusammen und war bei der Band definitiv in Ungnade gefallen. Er war psychisch schwer gestört, ging durch die Hölle und nahm seine ganze Umgebung mit runter. Als er Cotchford Farm kaufte, besuchte ich ihn dort ein paar Mal, verkaufte ihm einige Sachen und versuchte ein bisschen zu helfen, aber ich merkte, dass ich nicht viel ausrichten konnte. Brian wurde immer paranoider und verängstigter und unmöglicher im Umgang. William Burroughs und seine Mitarbeiter Brion Gysin und Ian Somerville besaßen eine gemeinsame Wohnung hinter dem St James's Square. Sie schwärmten für die Apomorphintherapie, und ich weiß, dass eine solche Therapie auch für Brian erwogen wurde. Aber ob er sie je gemacht hat, weiß ich nicht.

Die Stones und ihre Aktivitäten – wie etwa das Filmprojekt, an dem ich auch beteiligt war – waren eine Art Schmelztiegel, der Energien aufnahm und entzündete. Manche wurden völlig verbrannt und andere blieben erhalten. Ich kam aus einer sehr robusten, hart arbeitenden Bürgerfamilie, und obwohl ich natürlich mit aller Macht gegen sie rebellierte, hatte ich von ihr doch gewisse Überlebensstrategien übernommen. Ich nahm zwar fast alles, was es an Drogen gab, machte auch alle möglichen anderen Experimente und schlug mir oft die Nacht um die Ohren. Doch am nächsten Morgen ging ich stets pünktlich um neun zur Arbeit, führte mein Geschäft und mein Leben weiter und blieb im Spiel.

Mick hatte diese Art von Disziplin im Überfluss, plus die Fähigkeit, auf das Unnötige zu verzichten. Dies erforderte manchmal eine gewisse Skrupellosigkeit und konnte heißen, dass Freunde und Bindungen letztlich geopfert wurden. Aber jeder Mensch braucht irgendeine Verankerung, und meinem Eindruck nach braucht auch Mick einen Rahmen. Er hat schon immer eine starke Bindung an seine Familie und seine jeweilige Freundin oder Ehefrau gehabt und wirkliche Nähe genossen, selbst wenn er gleichzeitig in drei verschiedene Richtungen davonstrebte. Keith lernte ebenfalls, auf das Unnötige zu verzichten, und Charlie brauchte es erst gar nicht zu lernen; Brian jedoch war nicht dazu in der Lage, und das war sein Untergang.

Robert Fraser rief mich um vier Uhr morgens an und sagte mir, dass Brian tot sei. Mick rief an und besprach mit mir, was er bei dem Konzert im Hyde Park vorlesen könnte. Wir zogen Wordsworths »Intimations Of Immortality« und Shelleys »Adonais« in Erwägung: »Life, like a dome of many-coloured glass, Stains the white radiance of Eternity.«

Die Stones machten eine Tournee in den Staaten, dann zogen sie nach Frankreich. Alles änderte sich. Drei oder vier Jahre lang hatte ich sie praktisch jeden Tag gesehen. In dieser Zeit hatten sie sich auf eine ganze Welt von Leuten eingestellt, die einen völlig anderen Lebensstil hatten als sie, aber über Dinge verfügten, die die Stones mit ihnen teilen und genießen konnten. Natürlich waren die Rolling Stones auch eine gewaltige Bereicherung für das Leben aller Menschen, die mit ihnen zu tun hatten. Mir jedenfalls haben sie die Augen für eine unbegrenzte Zahl von Möglichkeiten geöffnet.

This band wouldn't still be going if we didn't have a loyal following. Fortunately a lot of people have always wanted to come and see us. It's one of the things that's helped us over all the bad periods.

Charlie Watts

DIE ERSTE AUFERSTEHUNG

6

Das raue, etwas bedrohliche Image der Stones in den frühen 70er-Jahren. Nun ohne Manager Andrew Oldham und mit Jimmy Miller als Produzent, hatten sie eine eigene Plattenfirma gegründet.

KEITH: Diese Band ist wie ein Phönix. Und die Stones-Tournee von 1969 war unsere erste Auferstehung. Wir hatten das Gefühl, eine neue Band zu sein und wir fragten uns, ob die Leute die Stones auch ohne Brian Jones akzeptieren würden. Die Tournee war im Grund eine Fortsetzung des Gigs im Hyde Park – es war klar, dass wir unsere Leistung auf der Bühne verbessern mussten, aber immerhin hatten wir wieder eine funktionstüchtige Band.

CHARLIE: Ich nenne diese Tournee die »Led-Zeppelin-Tour«. Es war nämlich das erste Mal, dass wir anderthalb Stunden spielen mussten. Schuld daran war Jimmy Page. Led Zeppelin war in den Staaten aufgetreten und hatte ein 20-minütiges Schlagzeugsolo und endlose Gitarrensoli gebracht. Angeblich standen sie zwei bis drei Stunden auf der Bühne, und das wurde eine Art Norm für jedes Konzert. Und Grateful Dead hatte Jerry Garcia, der stundenlang spielte.

KEITH: Bei unseren ersten Gigs dauerte der ganze Auftritt nur 20 Minuten. Niemand erwartete, dass eine Rock 'n' Roll-Band mehr zu sagen hatte. Bei unserer ersten Tournee mit den Everly

Brothers spielten diese fast 40 Minuten, aber sie waren die Hauptgruppe. Ich glaube nicht, dass wir in unserem ersten Jahr je die geplanten 20 Minuten brauchten. Man ging raus und ließ sich ankreischen. Dann machten entweder die Bullen die Halle dicht, oder ein Aufruhr brach los. 1969 dauerte das Set zwei Stunden. Die Leute hatten sich Stones-Platten gekauft und wollten jetzt wirklich die Musik hören – unser heißester Wunsch, seit wir den Crawdaddy Club verlassen hatten. Damals tauchten die ersten primitiven Monitore und Lautsprecheranlagen auf, bei denen das Publikum tatsächlich etwas hörte. Wir hatten uns daran gewöhnt, nicht zu spielen, weil wir mit unserer Anlage keine 3000 kreischenden Mädchen übertönen konnten. Also hatten wir ziemlich lang nicht mehr bewusst live gespielt. Das heißt, wir mussten unsere Bühnenerfahrung praktisch neu aufbauen.

CHARLIE: Wir wussten nicht, wie wir uns körperlich fühlen würden, wenn wir vor der Schlussnummer »Satisfaction« zwei Stunden gespielt hätten. Und wir mussten lernen, wie man einen Auftritt gestaltet. Chip Monck, der in Woodstock die Beleuchtung gemacht hatte, und Bill Graham konnten uns sehr gut vermitteln, wie man eine Show gestaltet: mit Anfang und Ende und einer Zugabe. Wir hatten nämlich in unserer ganzen Laufbahn noch keine einzige Zugabe gegeben. Wir spielten einfach unser Programm und gingen nach Hause – vermutlich schlicht aus jugendlicher Arroganz.

MICK: Vor 1969 waren die Shows sehr kurz, und man wusste vor dem Auftritt nie, wie groß die Bühne war, mal hatte sie die Größe einer Briefmarke, mal war's eine riesige Theaterbühne. Bei der 69er-Tour war die Bühne immer gleich groß, und ich konnte ein paar Bewegungen perfektionieren, die ich in bestimmten Songs machen wollte. Durch die Wiederholung und Kontinuität der Shows war es das erste Mal möglich, etwas auszuarbeiten, zuvor blieb alles dem Zufall überlassen. Vermutlich waren wir zu Beginn der Tournee ziemlich unsicher, aber mit der Zeit kamen uns viele Ideen, und ich konnte für die ganze Länge der Show an meinem Auftritt arbeiten.

»1969 dauerte das Set zwei Stunden. Die Leute hatten sich Stones-Platten gekauft und wollten jetzt wirklich die Musik hören – unser heißester Wunsch, seit wir den Crawdaddy Club verlassen hatten.«

Keith

Tina Turner war auf der Tournee mit dabei, aber ich habe nie ihre Bewegungen kopiert. Sie behauptet immer, ich hätte das getan, aber sie ist eine Frau, und ihr Bewegungsablauf ist ein ganz anderer. Allerdings ging ich immer tanzen, wenn wir nicht auf der Bühne standen, und lernte alles, was in den Clubs so »in« war.

CHARLIE: Die Show in Altamont war das letzte Konzert dieser Tournee. Wir kamen mit dem Hubschrauber an, stiegen aus und sahen ein Meer von Leuten, die nicht mehr von dieser Welt waren; die meisten Jungs waren völlig dicht und die Mädchen hatten fast nichts an. Es war ähnlich wie Woodstock, das war damals Mode, aber Altamont war das Ende dieser Mode. Wenn sie in Woodstock anfing, dann haben wir sie beendet.

Das Ereignis war nicht außer Kontrolle, es war sogar sehr kontrolliert. Ich sprach in einem Zelt mit ein paar von den Angels. Die Zeltwand bauschte sich, und einer der Typen schlug mit einem Billardstock dagegen – vermutlich auf den Kopf eines Jugendlichen. Aber ich setzte das Gespräch einfach fort, weil man zu so einem Typ nicht einfach »Hey, lass das!« sagen konnte. Vielleicht ist

(vorige Seite) Penny Smiths Fotos von Mick Jagger und von Mick Taylor in seiner Afrolook-Phase.

das nur eine feige Ausrede, aber auch die Angels hatten den ganzen Tag getrunken und alle möglichen Drogen eingeworfen, wie alle anderen auch.

Weil eine Menge Bands gespielt hatten, war der Backstage-Bereich voller Leute, als wir auf die Bühne mussten. Viele von den Typen waren total zugedröhnt und die Angels bildeten eine schnurgerade Gasse, damit wir zwischen ihnen durchkamen. Ich weiß noch, dass ich sehr besorgt war, als wir auf die Bühne kamen. Es roch förmlich nach einer Katastrophe. Direkt vor der Bühne war eine Harley Davidson geparkt. Davor befanden sich eine halbe Million Leute, und das Motorrad fiel um. Der Angel, dem es gehörte, ging wie ein Berserker auf die Zuschauer los, und ich dachte nur: »Was für ein dummer Platz zum Parken ...« Die Angels taten noch etwas, das normalerweise nie passiert: Sie blieben mit uns auf der Bühne. Mick, Bill und Keith konnten ihnen kaum ausweichen. Als sich die Lage zuspitzte, gingen die Angels nach vorn zum Bühnenrand, angeblich, um Mick das Leben zu retten. Nichts konnte sie davon abbringen.

Ich sah nicht, wie der Mann niedergestochen wurde. Ich erfuhr es erst später, als wir uns das Material für den Dokumentarfilm anschauten. Ich glaube, Rock Scully, der Manager von Grateful Dead, hatte die Angels als Ordner engagiert, weil sie viele Fans hatten. Wir kannten uns in dem Gebiet um San Francisco nicht aus. Außerdem galten Polizisten damals als »Schweine«. Kurz zuvor hatten die Straßenschlachten in Chicago stattgefunden, und es hatte viele Bilder von Polizisten gegeben, die Leute zusammenschlugen. Also dachten wir, es wäre noch schlimmer, wenn wir die Polizei als Ordnungshüter engagierten. Am Ende war es sogar so, dass es eine Art Mordauftrag gegen uns gab. Die Angels gaben den Stones die ganze Schuld an den Ereignissen und drohten, einen ihrer Jungs zu schicken, der uns umbringen sollte.

Charlie Watts im Gespräch. Die Anfang der 70er-Jahre getroffene und bis heute gültige Entscheidung der Stones, ihren Sound durch Bläser zu ergänzen, gefiel dem jazzverliebten Schlagzeuger.

KEITH: Wir hatten der Plattenfirma ein Live-Album von der Tournee versprochen, und es wurde *Get Yer Ya-Ya's Out*. Es ist so authentisch wie möglich, wenn man die damals verfügbare Technik und das Material in Betracht zieht. Hier und da ist das Album ein wenig ausgebessert, wo es Lücken oder Nebengeräusche gab, aber es ist trotzdem eine ziemlich genaue Wiedergabe der Tournee.

MICK: Damals haben wir Rolling Stones Records gegründet. Aber letztlich haben wir die ganzen Möglichkeiten nicht voll ausgeschöpft. Es ist schwierig, die richtigen Leute für die Geschäftsleitung zu gewinnen, und natürlich muss man selbst auch eine Menge machen:

Songs schreiben und auf Tournee gehen. Ich hätte mich gerne mehr engagiert, aber die Rolling Stones waren ein Fulltimejob. Ich konnte nicht zusätzlich eine Plattenfirma führen. Immerhin war sie ein gutes Medium für unsere eigenen Platten. *Sticky Fingers* war die erste, die bei der Firma erschien.

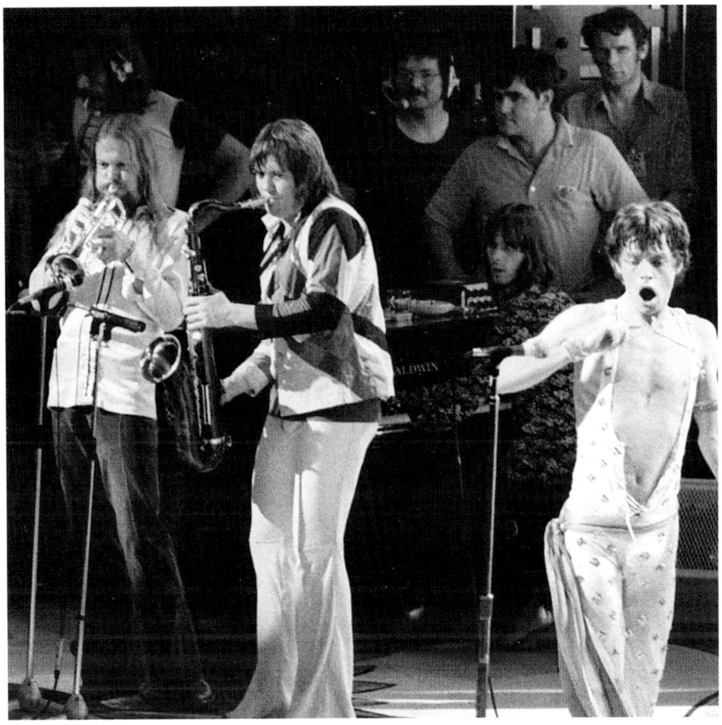

CHARLIE: Bei der Tournee durch die Staaten gingen wir nach Alabama und spielten im Muscle Shoals Sound Studio. Es war eine fantastische Woche. Wir nahmen ein paar großartige Tracks auf, die auf *Sticky Fingers* erschienen: »You Gotta Move«, »Brown Sugar«, und »Wild Horses«, und wir machten es ohne Jimmy Miller, was ebenfalls verblüffend war. Es funktionierte gut. Es ist ein Ding von Keith, mitten in einer Tournee ins Studio zu gehen, wenn alle gut eingespielt sind. Das Muscle Shoals Sound Studio war etwas ganz Besonderes – sehr hip – und mit einem sehr hohen Schlagzeugpodium. Außerdem arbeiteten wir gerne dort, weil schon so viele gute Musiker dort gearbeitet hatten. Ich stellte mein Schlagzeug auf denselben Platz, wo Roger Hawkins gespielt hatte.

Jim Price an der Trompete, Bobby Keyes am Sax und Nicky Hopkins am Piano auf der Tournee von 1970. Ian Stewart steht hinter Nicky Hopkins (siehe auch unten links). Jim und Bobby wurden als Bläser engagiert, als ihr Gig mit Derek and the Dominos ausfiel. Bobby spielt in dem Song »Brown Sugar« auf Sticky Fingers *ein Solo.*

MICK: Ende der 60er-Jahre hatte ich ein bisschen mehr Zeit zum Gitarrespielen. Ich schrieb zum ersten Mal ganze Songs und nicht nur Texte – Songs wie »Sister Morphine«. Ich hatte vorher schon einige Songs geschrieben, aber eher kleine Fische wie »Yesterday's Papers«. Jetzt konnte ich mich ernsthafter damit befassen. Eines der Ergebnisse war »Brown Sugar«. Ich schrieb den Song in Australien, irgendwo zwischen Melbourne und Sydney, als ich bei den Dreharbeiten für *Kelly, der Bandit* in meinem Wohnwagen saß. Ich schrieb einfach, was ich schreiben wollte, ohne vorher abzuchecken, wie es ankam. Die Leute reagieren sehr schnell auf einen Song, aber ich schreibe einfach, was mir in den Sinn kommt.

CHARLIE: Mick spielte plötzlich viel Gitarre. Er spielt eine sehr seltsame Rhythmusgitarre: immer auf dem Up-Beat, wie die brasilianischen Gitarristen, mit vielen sehr hohen Riffs, ganz ähnlich wie die Gitarre auf einem Track von James Brown. Für einen Schlagzeuger ist so was sehr schön zu spielen.

Nicky Hopkins 1971 bei Micks Hochzeit in St. Tropez.

Bei *Sticky Fingers* nahmen wir unter dem Einfluss von Leuten wie Otis Redding und James Brown, aber auch von Delaney und Bonnie, bei denen Bobby Keys und Jim Price spielten, das erste Mal Bläser dazu. Wir wollten unserer Musik eine weitere Dimension verleihen, ohne den Sound der Band zu verändern. Auf der Bühne haben wir, glaube ich, alle gern mit Bläsern gespielt. Mir selbst haben sie schon immer gefallen, obwohl die Gefahr besteht, dass sich alles wie bei einer Showband anhört. Aber weil ich Jazz sehr mag, bin ich auch gern von Bläsern umgeben.

RONNIE: Ich war immer noch hin und wieder mit den Stones zusammen. Die Partys der Plattenfirmen

Mick überholt reitende Mitglieder der Band in Südfrankreich, wo sich die Stones im April 1971 vor allem aus steuerlichen Gründen niedergelassen hatten.

waren immer beliebt in der Szene. Man hüpfte die Oxford Street entlang von einer Firma zur anderen und schaute bei ihren Weihnachtspartys vorbei.

Ich lief den Stones zu den seltsamsten Zeiten über den Weg. Rod Stewart und ich fragten sie immer mal wieder um Rat. Einmal beriet uns Mick in seinem Haus am Chester Square, ob wir einen bestimmten Plattenvertrag abschließen sollten oder nicht. Jahre später, als ich in Malibu lebte, kam Steve Tyler von Aerosmith zu Mick und fragte: »Was sollen wir tun, wenn wir nach Australien kommen?« Mick sagte: »Wenn ihr um die Mittagszeit oder am frühen Abend im Freien spielt, braucht ihr auf jeden Fall ein Sonnendach. Solche Ratschläge gab Mick vielen Bands. Außerdem sucht er ständig nach neuen Talenten und berät sie, auch heute noch.

Mit der ganzen Band traf ich erst nach Brians Tod das erste Mal zusammen, als ich im Olympic Studio aufnahm. Ich war mit Steve Marriott in einem kleineren Raum, die Stones nahmen im großen Studio auf, und wir machten manchmal zusammen Pause. Als Mick später Bianca heiratete, lud er mich mit meiner ersten Frau Krissy zur Hochzeit nach Südfrankreich ein. Wenn ich die Augen schließe, kann ich immer noch Ringo, Jimmy Miller, mich und Krissy, Nicky Hopkins, Bobby Keys, Bill und Astrid sehen. Bianca war immer wunderbar.

CHARLIE: 1971 und 1972 waren sowohl aufregende als auch schwierige Jahre. Rupert Loewenstein hatte mich nämlich dazu gebracht, aus steuerlichen Gründen mein Haus in England zu verkaufen und nach Frankreich zu ziehen. Ich hatte dort ein Haus gekauft, wohnte jedoch die meiste Zeit bei Keith, weil es noch hergerichtet wurde.

KEITH: Wir wurden durch diesen Steuerkram dazu gezwungen. Der englische Staat schien uns die ganze Last des toten Empires aufbürden zu wollen. Es blieb uns gar nichts anderes übrig als abzuhauen. Wir mussten alles neu aufbauen, aber wir sagten: »Lasst uns alle zusammen gehen, Jungs. Wie eine Familie.« Irgendwie hat das einen Energieschub gebracht, vermutlich ist *Exile On Main Street* deshalb ein Doppelalbum geworden.

CHARLIE: Ich konnte kein Französisch, aber ich hatte ein gutes Leben, nur für Shirley war es sehr einsam. Mick und Bianca waren meistens in St. Tropez oder Paris, Bill mietete Häuser im Norden, in der Mitte und im Süden von Frankreich, und Keith hatte Nellcôte. Alle hatten viel Spaß,

Keith mit Sohn Marlon (links außen) und Freunden der Familie.

aber es war auch stressig. Leute, die nicht in der Band waren, konnten nämlich immer mal wieder eine Spritztour nach London machen, aber wir konnten das natürlich nicht. Nur Keith machte das nichts aus. Er wurde in seinem Haus versorgt, während die Band in seinem Keller arbeitete. Es muss paradiesisch für ihn gewesen sein.

KEITH: Nellcôte war ein tolles Haus, und es war nicht zu protzig. Es lag an der Bucht in Villefranche und war von einem englischen Admiral namens Byrd erbaut worden. Es gab eine Höhle und eine Treppe, die zu einem privaten Bootssteg hinabführte. Also kaufte ich mir ein Rennboot. Ich wollte noch ein bisschen herumrasen und möglichst viel Spaß haben, weil ich im folgenden Jahr vielleicht ins Gefängnis musste.

Wir hatten zunächst nicht vor, in meinem Haus Aufnahmen zu machen. Wir sahen uns in der Region nach Studios um, sobald wir entschieden hatten, eine Platte aufzunehmen. Aber im Gegensatz zu heute waren gute Toningenieure im Frankreich der 70er-Jahre noch Mangel-

Mick und Bianca auf ihrer Hochzeitsreise in Venedig nach ihrer Trauung im Mai 1971 in St. Tropez. Das Interesse der Presse an der Hochzeit und der Hochzeitsreise war so groß, dass sich das Paar eine Zeit lang auf ein italienisches Castello zurückzog, das nur über das Meer zu erreichen war.

(vorherige Seite) Charlie und Keith auf der Terrasse von Nellcôte; fotografiert von Dominique Tarlé.

ware … Es gab keine Studios mit guten Arbeitsräumen, ihre Ausrüstung war schäbig, und wir fühlten uns in keinem wohl, das wir uns anschauten. Ich hatte diesen Keller in meinem Haus. Er war wirklich hässlich, mein Haus war das größte, und außerdem hatten wir auch noch unser eigenes mobiles Aufnahmestudio in einem Lastwagen. Also sagten wir: »Warum hören wir nicht einfach auf, nach einem Studio zu suchen, holen den Lastwagen und umgehen das Problem mit den Studios. Wenigstens brauchen wir dann nicht jedes Mal einen Dolmetscher, wenn wir die Anlage an- oder ausmachen wollen.

CHARLIE: Was ich von *Exile On Main Street* noch wirklich gut in Erinnerung habe, sind die Aufnahmen in Nellcôte. Die anderen Tracks auf dem Album waren Off-Cuts, die wir da drunten aufgenommen und später durch weitere Aufnahmen ergänzt haben. Das Schlagzeug wurde unten im Weinkeller aufgenommen. Ich war gerade erst nach Frankreich gezogen und musste von meinem neuen Wohnsitz aus durch Nîmes und Aix-en-Provence zu Keiths Haus fahren. Damals gab es die Autobahn noch nicht. Heute schafft man die Strecke in etwa vier Stunden, aber auf den kleinen Straßen damals waren es sechseinhalb oder sieben. Ich konnte nicht jeden Tag nach dem Spielen noch heimfahren. Also musste ich bei Keith wohnen. Aber er war immer im oberen Stock, und ich war tagsüber weg. Oder ich wohnte eine Weile drüben bei Mick.

Jimmy Miller wohnte in einem ziemlich seltsamen Haus oberhalb von Nellcôte. Keiths Haus war das einzige auf der Landspitze, ein wunderbares Herrenhaus im edwardianischen Stil, das zuvor ein Italiener gekauft und komplett renoviert hatte. Stu hatte sein Klavier in einem der Zimmer, ich war drunten im Keller, und die anderen wanderten mit ihren Gitarren hin und her.

Gram Parsons war ebenfalls in Nellcôte: Er war nett und arbeitete gut mit Keith zusammen. Ich mochte Gram, kannte ihn aber nicht besonders gut. Ich mag Hank Williams und Bob Dylans *Nashville Skyline*, aber von dem ganzen Nashville-Ding bin ich nicht sonderlich begeistert. Aber ich glaube, für Keith ist die Musik sehr interessant. Und einige Country-Musiker sind wirklich fabelhaft, wenn man Gitarrist ist. Mir gefällt die Swingband von Buck Owens und Bob Wills ganz gut, und ich mag George Jones, aber ich kann diese Musik live nicht besonders gut spielen. Elvis Presley war wohl auch ein toller Country-Musiker.

»Viele Aufnahmen wurden so gemacht, wie Keith gerne arbeitet. Das heißt, man spielt ein Stück zwanzigmal und lässt es dann weitere zwanzigmal reifen, ganz ähnlich wie im Jazz. Keith ist in vielen Belangen ein Jazzer.«

Charlie

KEITH: Meine Beziehung zu Mick änderte sich, als ich immer mehr mit Gram Parsons zusammen war. Mick war vielleicht ein kleines bisschen eifersüchtig, weil Gram und ich so viel zusammenhockten und jede Menge Country-Musik spielten, die Mick ebenso fasziniert wie mich. Ich weiß nicht, ob sich Mick im Stich gelassen fühlte. Ich lernte Gram in der Zeit kennen, als wir für etwa ein Jahr nicht auf Tournee waren. Es war eine ziemliche Erleichterung, nicht mehr mit denselben vier Typen in einen Bus gestopft zu werden; einer davon war natürlich Brian, der eine üble Nervensäge war. Als ich dieser Zwangsgemeinschaft entkam, fand ich in kurzer Zeit viele neue Freunde. Man denkt nicht darüber nach, wenn es passiert, es geschieht einfach und man hat seine Freude dran. Es gibt immer was Interessantes um die nächste Ecke.

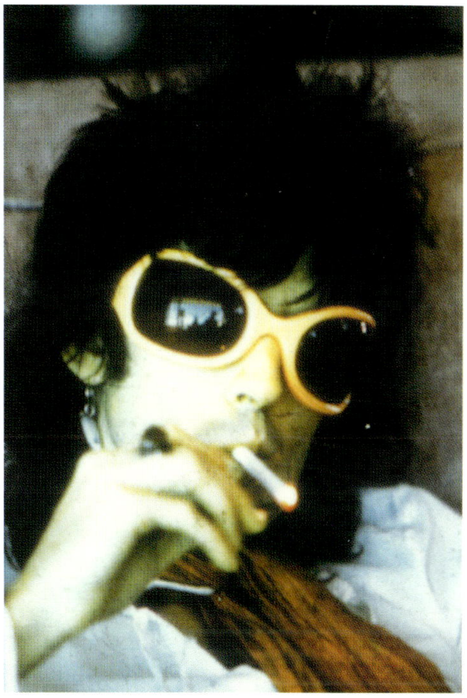

Ich lernte Gram Parsons 1968 kennen, als er bei den Byrds spielte. Sie machten eine Tournee durch die englischen Clubs. *Sweetheart Of The Rodeo* war gerade erschienen, und die Band wollte demnächst nach Südafrika reisen. Ich traf Parsons in einem der Clubs und wir kamen ins Gespräch. Er fragte mich: »Was ist mit Südafrika, hast du je dort gespielt?« Und ich sagte: »Nein, da gehen wir nicht hin, es ist schlimmer als Georgia.« Wir redeten die ganze Nacht, und am nächsten Tag verließ er die Byrds. Sie gingen ohne Gram nach Südafrika, und er blieb bei mir.

Gram erklärte mir die Feinheiten der Country-Musik. Der Typ war erstaunlich. Er landete nie einen Hit; keine seiner Platten war in den Charts, und trotzdem hat er einen der größten Namen in der Country-Musik. Ich frage mich immer, warum? Wenn dieser Trottel nicht abgekratzt wäre, hätte er noch Gott weiß was erreichen können. Andererseits glaube ich auch, dass er fast alles erreicht hat, was er erreichen konnte, so viel hat er in sein kurzes Leben gepackt. Gram hat das Gesicht der Country-Musik verändert, ohne dass es jemandem auffiel, und sie ist bis heute davon geprägt. Parsons Einfluss war ähnlich groß wie der von Jimi Hendrix, nur dass Hendrix natürlich zu Lebzeiten viel erfolgreicher war, dafür hat Jimi eine ganze Generation furchtbarer feedback-versessener Gitarristen ausgebrütet.

Gram kannte Songs, die ich vergessen oder nie gekannt hatte. Er machte mich mit einer Menge Musiker bekannt, und er zeigte mir den Unterschied zwischen Nashville und Bakersfield. Die beiden Schulen haben nämlich einen ganz verschiedenen Sound und sind von ganz unterschiedlichen Einstellungen geprägt. Von alldem abgesehen, war Gram einfach ein ganz besonderer Typ. Er war mein Freund, und ich wünschte, er wäre es viel länger gewesen. Es kommt nicht oft vor, dass man mit einem Typ auf dem gleichen Bett liegt, wenn beide einen Cold Turkey haben, und man kommt trotzdem gut mit ihm aus.

Keith in einem Hotel in Los Angeles; Aufnahme mit Infrarotfilm von Ed Caraeff.

(gegenüber) Keith wärmt sich vor einem Konzert auf.

CHARLIE: Sie dürfen nicht vergessen, dass Keith die Zeit gehörte, als er in seiner Drogenperiode war. Das bedeutete, wir kamen zu einem bestimmten Zeitpunkt irgendwo an, aber Keith war nicht da. Wir konnten eine Platte machen, aber er war nicht drauf. So eine Platte gibt es tatsächlich, sie heißt *Jammin' With Edwards*, und wir nahmen sie auf, als wir auf Keith warteten. Bei Gigs musste man oft zwei Stunden auf ihn warten, bis man auf die Bühne konnte. Heute drehen die Leute schon wegen fünf Minuten Verspätung durch, aber damals war eine mildere Zeit. Man wartete einfach zwei, drei Stunden und war trotzdem ganz zufrieden. Aber damals kamen auch eine Menge Leute zu spät. Keith war nicht der Einzige. Eine ganze Menge Leute waren wie er. Das Problem ist nur, dass viele nicht überlebt haben. Als wir jedoch in Keiths Haus arbeiteten, konnten wir es in der Regel vermeiden, dass er bei den Aufnahmen nicht da war.

Viele Aufnahmen wurden so gemacht, wie Keith gerne arbeitet. Das heißt, man spielt ein Stück zwanzigmal und lässt es dann weitere zwanzigmal reifen, ganz ähnlich wie im Jazz. Man nennt es »nach Keith-Zeit arbeiten«. Keith ist in vielen Belangen ein Jazzer. Er weiß, was ihm gefällt, aber er ist sehr locker und würde einem nie sagen, was man tun soll. Das muss man schon selbst herausfinden. Oder man sagt zu ihm: »Ist es das? Ich glaube, so sollte ich es machen.« Und dann sagt er: »Yeah, yeah«, oder so etwas Ähnliches. Mick dagegen will am liebsten alles unter Kontrolle haben. Das hat auch etwas für sich.

MICK: *Exile On Main Street* gehört nicht zu meinen Lieblingsalben, obwohl ich finde, dass das Album ein besonderes Feeling hat. Ich bin mir nicht sicher, wie gut einzelne Songs sind,

Coke

Das persönliche Flugzeug der Stones für die US-Tournee von 1972.

Zeitvertreib auf dem Flug zur nächsten Stadt während der US-Tournee.

aber das Album ist insgesamt gut. Allerdings sind auf der Platte meiner Ansicht nach einige der schlechtesten Mixes, die ich je gehört habe. Ich würde sie liebend gern neu abmischen, nicht nur wegen des Gesangs, sondern weil ich finde, dass sie insgesamt lausig klingt. Damals funktionierte Jimmy Miller nicht richtig. Ich musste der ganzen Platte selber den letzten Schliff geben, weil sonst nur Besoffene und Junkies da waren. Ich war in L.A. und versuchte das Album unter Termindruck fertig zu kriegen. Es war ein Witz. Natürlich bin ich letztlich dafür verantwortlich, aber es ist wirklich nicht gut, und man spürt keine gemeinsame Anstrengung oder Absicht.

Ich gehe nicht gern ins Studio, wenn ich keine Ahnung habe, was zum Teufel eigentlich los ist. Ich bin ein Sänger. Bei einer Band ist es okay, wenn sie einfach bloß dasteht und sich den verdammten Arsch abjammt, aber oft ist das auch einfach Zeitverschwendung. Es ist sehr langweilig, und später ist es viel schwieriger, die Songs in die Endfassung zu bringen. Ich kann so arbeiten, aber es ist nicht die Methode meiner Wahl. Die Platte ist eigentlich eine Mischung aus Überbleibseln des vorherigen Albums, die wir im Olympic Studio aufgenommen hatten. Nachdem wir den Vertrag mit Allan Klein gelöst hatten, wollten wir ihm Tracks wie »Shine A Light« und »Sweet Virginia« nicht mehr geben. Diese Songs waren mit den etwas raueren Sachen gemischt, die wir in Südfrankreich aufnahmen. Viele meinen, das ganze Album sei in Südfrankreich aufgenommen worden, aber das stimmt nicht. Wir nahmen einfach alles mit rein. Ich habe nichts dagegen, dass den Leuten das Album gefällt. Ich selbst finde es eben nicht so toll.

Das Komische an *Exile* ist, dass die Platte allen gefällt und ich eigentlich nicht weiß, warum. Es sind keine wirklichen Hits darauf, abgesehen von »Tumbling Dice«. Und die Platte ist zwar gut zum Anhören, aber es gibt nur eine Hand voll Tracks, die man auf der Bühne spielen kann: »Tumbling Dice«, »Happy«, »All Down The Line« und »Sweet Virginia«, einen sehr hübschen Country-Song. Es sind also vier gute Songs auf dem Album, aber wenn man die anderen zu spielen versucht, dann funktioniert es nicht und man denkt: »Okay, spielen wir lieber was anderes.«

CHARLIE: Wir probieren immer wieder »Ventilator Blues«. Der Song ist toll, aber wir spielen ihn nie so schön wie bei der Aufnahme. Immer stimmt etwas nicht ganz, entweder spielt Keith ein bisschen anders, oder ich mache was falsch. Es ist eine fabelhafte Nummer, aber sie ist ein bisschen tückisch. Bobby Keys hat den Rhythmus-Part geschrieben, und der ist der intelligente Teil des Songs. Bobby sagte: »Warum spielst du nicht das?« Und ich sagte: »Das kann ich nicht.« Also

stellte er sich neben mich und klatschte den Rhythmus und ich folgte einfach seinem Timing. In der Welt von »Take Five« ist das gar nichts, aber in meiner Welt war es total umwerfend. Bobby stand einfach da und klatschte, während wir das Band aufnahmen, und wir haben es nie wieder so gut hingekriegt.

KEITH: *Exile* ist ein Doppelalbum. Deshalb hat es verschiedene Bereiche, einschließlich D für Down, und die Stones fühlten sich damals wirklich wie Exilierte. Wir hatten zunächst nicht die Absicht, ein Doppelalbum zu machen. Wir fuhren einfach nach Südfrankreich, um eine Platte aufzunehmen, und als wir fertig waren, sagten wir: »Lasst uns alles rausbringen.« Wir hätten es halbieren und nur eine Platte veröffentlichen können und später eine zweite. Doppelalben waren nämlich bei den Plattenfirmen sehr unbeliebt: dass man mehr Geld dafür verlangen muss, ist nur einer der Gründe, kein Doppelalbum zu machen.

Als die Platte herauskam, verkaufte sie sich zunächst nicht besonders gut, und sie bekam auch fast nur Verrisse. Aber nach ein paar Jahren riefen dieselben Leute, die das Album als ein Stück Scheiße bezeichnet hatten, es zum verdammt besten Album der Welt aus.

Stevie Wonder war der Opening Act bei der US-Tournee von 1972 und gab Jagger und Taylor Gelegenheit für ein bisschen ›Schwarzarbeit‹. Wonder hatte genau wie die Stones gerade das Management seiner Karriere selbst in die Hand genommen. Er handelte einen neuen Vertrag mit Motown aus, der ihm für die Klassiker Talking Book *und* Innervisions *den Weg bahnte.*

(umseitig) Vier Porträts von Norman Seeff.

Entscheidend ist, dass die Stones einen Punkt erreicht hatten, wo sie nicht mehr tun mussten, was man ihnen sagte. Etwa um diese Zeit verließ uns Andrew Oldham, wir waren lange genug im Geschäft, die Welt veränderte sich, und ich war nicht mehr daran interessiert, jedes Mal die Nummer eins in den Charts zu belegen. Was ich will, ist gute Musik machen. Wenn sie wirklich gut ist, kapieren die Leute es einige Zeit später. *Exile* hat das bewiesen. Außerdem hält man eine Band auf diese Art am Leben, sie wächst dann und bleibt nicht im Pop-Getriebe stecken.

Ich kann sagen, dass wir von *Beggars Banquet* bis *Exile* ein konsistentes Stück Arbeit produziert haben, konsistent vor allem, weil es mit den gleichen Leuten gemacht wurde. Es ist nicht verwunderlich, dass man eine Zeit lang aus dem Gleichgewicht kommt, wenn man wichtige Leute verliert, mit denen man Platten aufgenommen hat. Wir waren immer von unglaublich guten Produzenten und Technikern beeinflusst, die unsere Musik auf Band kriegen wollten, und ich verstehe eigentlich gar nicht, was sie an uns so anziehend fanden.

Durch *Exile On Main Street* hat sich Jimmy Miller mit goldener Schrift in den Rock 'n' Roll-Himmel eingeschrieben. Er kannte die Charaktere, mit denen er es zu tun hatte, und er arbeitete unter widrigsten Bedingungen, dass es eine Freude war.

Bei *Goats Head Soup* war Jamaika eines der ganz wenigen Länder, in das wir noch alle einreisen durften! Die Schweiz war damals so ziemlich das einzige andere Land, in dem ich überhaupt noch existieren durfte. Es war verdammt langweilig dort, zumindest im ersten Jahr, weil ich nämlich nicht gern Ski fuhr. Und dann probierte ich es doch, und es war toll. Wir waren damals ständig auf dem Rückzug, wurden von einem Land ins andere geschoben. Neun Länder wiesen mich aus (vielen Dank!), deshalb wurde es schwierig für uns zusammenzubleiben – wir gingen dafür überall hin. Wir mussten herausfinden, wer uns wie lange aufnehmen würde, und es war

Mick ruht sich aus, Januar 1971. Das Jahr wurde sehr ereignisreich: Innerhalb der folgenden sechs Monate kam der Film Performance *heraus, in dem Mick eine Hauptrolle spielte, er verließ Großbritannien und ging ins französische Exil, er heiratete Bianca, und die Stones nahmen ihre erste Platte für ihre eigene Plattenfirma auf.*

immer ein großer Scheiß mit den Visa und alledem, aber wir wollten das Album machen – wo auch immer: Also sehen wir uns am Nordpol, Jungs! Ach, ich wäre doch lieber im Warmen als in der Kälte, also wird es wahrscheinlich Jamaika! Und so wurde es allmählich ein Abenteuer.

Jamaika, oh, die Musikinsel! Wir hatten interessante Sounds aus Jamaika gehört, und es gab dort billige Studios. Das Dynamic Sound in Kingston war schon ein erstaunlicher Ort: Schlagzeug und Verstärker waren auf den Boden genagelt. Jamaika ist herrlich, irgendwie frei und ungezwungen. Ich war in den 60er-Jahren immer wieder dort gewesen, aber nur zu Besuch. Seit *Goats Head Soup* lebe ich dort, wann immer ich kann. Ich habe eine Familie dort: Die Dörfler empfangen mich mit offenen Armen. Sie mögen Musik, und sie mögen Musiker, und solange sie dir nicht den Kopf mit einer Machete abschlagen, geht es dir gut. Ich glaube, es gibt da einen machtvollen Einfluss in Jamaika, der aus ganz tiefen Wurzeln kommt.

Das Album selbst nahm nicht viel Zeit in Anspruch, aber wir nahmen schrecklich viele Tracks auf. Es waren nicht nur Jamaikaner beteiligt, sondern auch Perkussionisten aus Ländern wie Guyana – ein Pool von Wandermusikern, die dort in den Studios arbeiten. Es war einfach interessant, in dieser völlig anderen Atmosphäre zu spielen. Mikey Chung, der Toningenieur im Dynamic, war zum Beispiel Chinese, da sehen Sie, was für ein multi-ethnischer Ort Jamaika ist.

RONNIE: Intensiven Kontakt zu den Stones bekam ich ab 1974. Keith versuchte damals gerade, einem Drogenhändler zu entkommen, und meine Exfrau Krissy sagte zu ihm: »Ronnie ist im Wick in Richmond« (einem Haus, das ich von John Mills gekauft hatte). »Warum schaust du nicht bei ihm vorbei? Er nimmt gerade ein Album auf.« Keith war einverstanden: »Ich tu alles, um hier rauszukommen. Ich muss weg von diesen Leuten.« Er kam zu Besuch, und vier Monate später war er immer noch da! Es war fabelhaft: Die Polizei hatte genau zwei Wochen zu lange mit seiner Festnahme gewartet. Sie hatte sein Haus überwacht und dann schlug sie zu, als er schon zwei Wochen weg war. In den vier Monaten sind wir uns wirklich nahe gekommen.

Ich hatte an meinem ersten Soloalbum *I've Got My Own Album To Do* gearbeitet, und damals kam öfters mal Mick Jagger vorbei und half mir. Das Haus war immer voll. Mick brachte David Bowie mit. Greg Allman und Paul McCartney waren da. Und die Drummer standen auf der Treppe Schlange – Keith Moon, Ringo. Wir schrien: »Oh nein, nicht noch mehr Schlagzeuger, raus mit euch!« Wir hatten Kenney Jones, Andy Newmark, Jim Capaldi. Es war verrückt.

Mick half mir, als ich »I Can Feel The Fire« schrieb, und er sagte: »Hilf du mir bei einem von meinen Songs. Er heißt ›It's Only Rock 'n' Roll‹; ich habe schon diesen Refrain und diese Verse dafür.« Also gingen wir den Song immer wieder durch. Bowie und ich sangen die Back Vocals, und Willie Weeks spielte den Bass. Andy Newmark war eingeschlafen oder gegangen, um etwas anderes zu erledigen. Also hatten wir keinen Drummer und weckten mitten in der Nacht Kenney Jones. Wir kriegten die Aufnahmesession nur mit Hängen und Würgen hin, aber schließlich hatten wir den Basis-Track auf Band. Dann nahmen wir alles mit rüber zu Island Records, wo Keith alle meine Gitarren ausprobieren wollte.

KEITH: Ronnie hatte ein Mehrspur-Aufnahmegerät. Ich war überrascht, als ich *It's Only Rock 'n' Roll* hörte, weil sie den Song doch tatsächlich mit David Bowie und Mick Jagger als Sängern laufen ließen. Später versuchten wir den Song mit den Stones neu aufzunehmen, aber am Ende sagten wir: »Scheiß drauf, behalten wir das Original und mischen wir unsere Stimmen dazu, es hat das richtige Feeling.«

RONNIE: Bei einem Song wie »It's Only Rock 'n' Roll« kann man wunderbar streiten, wer welchen Ton geschrieben hat. Wir tauschten einfach Ideen aus. Mick hatte schon den Refrain, und dann lief es nach dem Prinzip trial and error, wie bei den meisten Songs. Man gibt ihnen eine Form,

und bevor man sich's versieht, hat man den Refrain, den Text, die Middle Eight und die Stelle, wo das Solo hinkommt. Der Song nimmt ziemlich schnell Gestalt an. So war es jedenfalls bei »Maggie May« – es war ein normaler Album-Track mit Rod Stewart. Ich spielte alle Instrumente bei dem Song und dachte danach: »Oh, das war ein guter Album-Track.« Ich hatte keine Ahnung, dass es ein solcher Erfolg werden würde.

Mick sagte zu mir: »Weißt du was, ich schlage dir einen Handel vor. Du behältst ›I Can Feel The Fire‹, und ich behalte ›It's Only Rock 'n' Roll‹. Damals verstand ich noch nicht viel vom Geschäft, also war es okay. Wir kümmerten uns damals nur um die Musik. Wir fuhren sogar nach Irland rüber und schrieben zusammen Songs, und Mick nahm ein paar Ideen und Strukturen mit nach Hause, aus denen offensichtlich ein Jagger/Richards-Song werden würde. Ich fand mich viele Jahre lang damit ab. Es war meine Lehrzeit.

KEITH: Wir begannen mit den Aufnahmesessions für *It's Only Rock 'n' Roll*: hier mal zehn Tage, dort mal 'ne Woche. Viele Aufnahmen wurden damals in England gemacht, in Stargroves, dem Haus von Mick. Die Dinge sind ein bisschen verschwommen in meiner Erinnerung. Ich muss mich an den Produzenten orientieren, und wie sie gestorben sind. Jimmy Miller war bei *It's Only Rock 'n' Roll* noch mit dabei; ich weiß noch, dass er im Island Studio in London war. Aber er war damals so fertig, dass er Hakenkreuze in den Tisch kratzte, der Arme. Er hatte gedacht, nach einer Weile könne sich jeder an meinen Lebensstil gewöhnen, aber er wusste nicht, dass ich eine höchst seltene Diät halte.

CHARLIE: Ich glaube, Keith war damals einige Zeit ziemlich weggetreten, und das hätte sich eigentlich schlecht auswirken müssen, aber vielleicht half es auch. Vielleicht hat gerade das die kreativen Energien mobilisiert. Ich weiß es nicht, denn ich stand Keith zwar sehr nahe, aber in dieser Beziehung war ich nie ein Teil seiner Welt, und er drängte sie mir nie auf. Es war wie bei Gram Parsons, ich hatte keine Ahnung, was sie taten. Sie taten es einfach. Es war nicht, wie wenn man vor einem Schwimmbecken steht und die anderen rufen: »Hey spring zu uns rein.«

KEITH: Ende 1974 teilte Mick Taylor Mick Jagger mit, dass er die Band verlasse, und Mick Jagger sagte es mir. Ich fand Taylor als Gitarrist fantastisch: Aber zugleich war da ein gewisser Mangel an Kameraderie, wenn ich so sagen darf. Das ist nicht Mick Taylors Fehler – er ist ein sehr netter Junge –, aber wir sind einfach sehr unstete Gesellen in dieser Band, und wenn wir jemand dabei haben, der einfach nur dasitzt, bekommen wir unwillkürlich das Bedürfnis, ihm einen Feuerwerkskörper unter den Arsch zu schmuggeln.

RONNIE: Mick tat mir Leid, als sie anfingen, ihn aufzutakeln und mit seinen Haaren rummachten und ihm komische Hüte aufsetzten. Ich hatte das Gefühl, Glück zu haben: Ich hätte wahrscheinlich irgendwann an der Nadel gehangen oder so was Ähnliches, wenn ich damals schon zu der Band gestoßen wäre. Die Band hatte so viel und intensiv mit Drogen zu tun, dass ich vielleicht nicht stark genug gewesen wäre, der Versuchung zu widerstehen. Jedenfalls sind viele Leute auf der Strecke geblieben, als sie versuchten, mit den Stones Schritt zu halten.

MICK: Mick Taylor war einfach ein Typ, der gern stand. Er war vielleicht ein kleines bisschen zu statisch und zu wenig emotional, obwohl er ein hervorragender Gitarrist war.

KEITH: Mich enttäuschte bei Mick Taylor, dass er die Chance gehabt hätte, sich weiterzuentwickeln und etwas anderes zu tun, aber sie überhaupt nicht wahrnahm. Er dachte, er würde Songs schreiben, als Produzent arbeiten, seine Karten voll ausreizen. Aber er hat es nie geschafft.

RONNIE: Ich war dabei, als Mick Taylor das Handtuch warf. Es war bei einer Party von Robert Stigwood. Ich saß direkt neben Mick Taylor und Mick Jagger, als Taylor sagte: »Mick, ich verlasse die Band.« Mick Jagger sagt: »Was?«, und Mick Taylor sagt: »Ich verlasse echt die Band, und zwar jetzt.« Dann stand er auf und ging. Mick wandte sich mir zu und sagte: »Oh, nein! Was soll ich jetzt machen, Ronnie? Würdest du bei uns mitmachen?« Ich sagte: »Ja, natürlich, aber ich will nicht, dass die Faces auseinander brechen.« Mick sagte: »Nein, keine Sorge«, und ich: »Also ruf mich an, wenn du eine Idee hast.« Mick sagte: »Kann ich auch anrufen, wenn ich am Verzweifeln bin?« »Na klar«, sage ich. Und etwa ein Jahr später kam der Anruf. Rod hatte gerade die Faces verlassen. Es war perfektes Timing.

Charlie: Dieses Hemd habe ich immer noch. Ich konnte nicht darin spielen. Die Rüschen rutschten mir über die Handgelenke. Hier versuche ich sie zurückzuschütteln.

»Exile on Main Street *gehört nicht zu meinen Lieblingsalben, obwohl ich finde, dass das Album ein besonderes Feeling hat. Allerdings gibt es auf der Platte einige der schlechtesten Mixes, die ich je gehört habe. Ich würde sie liebend gern neu abmischen.«*

Mick

Die Aufnahmen für Exile On Main Street, *dem zweiten Album der Band bei Rolling Stones Records, begannen im Sommer 1971 in dem mobilen Studio vor Keiths Villa. Im Dezember zog die Band in das Sunset Sound Studio in Los Angeles um. Zuvor kaufte sie in Nashville neue Gitarren, um die elf in Frankreich gestohlenen zu ersetzen. Die aufgenommenen Songs reichten für eine Doppel-LP, die heute als eines der besten Stones-Alben gilt. Damals meinten manche Kritiker, dass das Material für das teurere Format nicht gut genug sei.*

MARSHALL CHESS

Marshall Chess wuchs im Umfeld der Plattenfirma Chess Records auf, die sein Vater Phil und sein Onkel Leonard Chess 1950 gegründet hatten. Sie brachte Platten großer Bluesmusiker und Stars des frühen Rock 'n' Roll wie Chuck Berry und Bo Diddley heraus. Er wurde 1970 Präsident von Rolling Stones Records.

Im Frühjahr 1964 meldete sich Andrew Oldham bei Chess Records und sprach mit mir. Er wollte wissen, ob die Stones nach Chicago kommen und in unserem Studio aufnehmen könnten. Damals durften nur Musiker dort Aufnahmen machen, die wie etwa Muddy Waters, Howlin' Wolf, Sonny Boy Williamson oder Chuck Berry bei Chess Records unter Vertrag standen. Die Erlaubnis für die Stones würde eine massive Ausnahme von dieser Regel bedeuten. Ich war damals Anfang 20 und wusste, dass die Stones Material von unseren Künstlern spielten, also trat ich in der Firma für sie ein und brachte die Familie mit einiger Überredungskunst dazu, sie kommen zu lassen.

Das Haus in der Michigan Avenue 2120 – eine Adresse, die die Stones durch das dort aufgenommene gleichnamige Instrumental unsterblich gemacht haben – war ein schmales, zweistöckiges Gebäude mit einem Parkplatz, von dem eine Tür direkt zum Studio im Obergeschoss führte. Laut Keith war Muddy Waters gerade mit dem Streichen des Studios beschäftigt, als die Stones auftauchten. Ich kann das nicht glauben, weil ich mir nicht vorstellen kann, dass Muddy Waters einen Blaumann anzog, aber es ist doch schön, dass Menschen verschiedene Erinnerungen haben. Gut möglich, dass Muddy den Stones half, Equipment vom Parkplatz in die Studios hinaufzutragen, das hätte gut zu ihm gepasst. Bluesmusiker wie er interessierten sich nicht sonderlich für die Stones, aber es gefiel ihnen, dass sie ihre Songs coverten und dadurch immer mehr Leute, und insbesondere Weiße, auf ihre Musik aufmerksam wurden.

Nach ihrer Ankunft machte ich eine Führung mit den Stones, zeigte ihnen die Firma und nahm sie mit ins Archiv. Ich hatte mir gerade einen brandneuen Porsche-Cabrio gekauft, und eines Abends nahm ich Brian Jones in das Hotel mit, wo die Band abgestiegen war. Brian hatte schulterlanges Haar, länger als alle anderen Mitglieder der Band, und wir fuhren mit offenem Dach. Als wir an einer roten Ampel hielten, machte sich ein Haufen junger Leute einen Spaß daraus, »Homo, Homo!« zu brüllen. Das war der amerikanische Mittelwesten im Jahr 1964. Niemand in Chicago sah aus wie die Stones. Chess hatte ein paar durchaus seltsame Typen in seinem Programm, aber es gab keinen, der im Studio Jack Daniels aus der Flasche getrunken hätte. Man zog sich höchstens für einen heimlichen Schluck oder einen Joint auf die Toilette zurück. Das Verhalten der Stones war sogar für uns etwas Neues.

Ich hatte bei Chess mitgearbeitet, seit ich zehn war. Als ob mein Vater einen Lebensmittelladen gehabt hätte, nur dass es eben eine Plattenfirma war. Eine meiner ersten Aufgaben bestand darin, Platten mit der Post zu verschicken. Wir hatten ein paar Kunden in England und auf dem europäischen Kontinent, und wenn mich nicht alles täuscht, sandte ich damals auch ein Paket an einen gewissen M. P. Jagger in Dartford, Kent.

Nach der Schule hielt ich mich eine Zeit lang in Europa auf, um für Chess eine europäische Niederlassung aufzubauen und neue Märkte zu erobern. 1966 zog die Firma in ein neues, viel größeres Gebäude in Chicago mit drei Studios und einer eigenen Plattenpresse. Ich produzierte eine Anzahl von Hits: zum Beispiel das Debütalbum von Rotary Connection, einer psychedelischen Rockgruppe mit der Sängerin Minnie Riperton, von dem eine Viertelmillion Exemplare verkauft wurde, und das Album *Electric Mud*, auf dem Muddy Waters' Cover-Version von »Let's Spend The Night Together« drauf ist. Dann, ganz plötzlich, im Herbst 1968, verkauften mein Vater und mein Onkel Chess Records. Sie besaßen mit WVON den erfolgreichsten schwarzen Radiosender und wollten in das schwarze Fernsehen einsteigen. Außerdem standen sie unter schwerem Beschuss von Bürgerrechtsgruppen, weil sie als Weiße die Platten von schwarzen Musikern verlegten. Ich war schrecklich enttäuscht und ganz verrückt vor Wut; schließlich hatte man die Firma verkauft, für deren Übernahme ich erzogen war. Mein Vater und mein Onkel boten mir einen Teil des Verkaufspreises – eine Million Dollar –, damit ich meine eigene Plattenfirma gründen konnte. Aber dann löste sich dieser Traum in Luft auf. Im Oktober 1969 starb mein Vater, und er starb ohne rechtsgültiges Testament. Ein großer Teil seines Vermögens fiel als Steuer an den Staat; es gab keine Million Dollar mehr. Die neuen Besitzer von Chess, ein Konzern von der Westküste, interessierten sich nur für Budgets und Marktanalysen, während sich die Firma zuvor auf kreative Musiker konzentriert hatte. Ich war sehr deprimiert und kündigte. Innerhalb von drei Wochen bekam ich einen Anruf von meinem alten Freund Bob Krasnow (dem späteren Präsidenten von Elektra Records). Er hatte von meiner Kündigung gehört und berichtete, dass die Stones ihren Vertrag mit der Londoner Decca auflösen würden. »Tun wir uns doch zusammen und handeln einen Vertrag mit ihnen aus«, sagte er. Ich kannte Bob gut genug, dass ich offen mit ihm reden konnte, und ich sagte ihm, dass bei einem solchen Deal nicht genug Raum wäre für unser beider Ego. Doch ich nahm mir vor, es allein zu versuchen.

Ich hatte Mick Jagger im Ad Lib Club in London kennen gelernt und besaß seine Telefonnummer. Ich rief an und er nahm ab. Ich erklärte ihm, dass sich mein Leben verändert habe und ich tatenlos herumsitze, aber Geldgeber für ein neues Label hätte. Ich hätte gehört, dass auch bei den Stones wichtige Veränderungen anstünden. Mick meinte, wir müssten miteinander reden, doch er hatte Visa-Probleme und konnte nicht nach Chicago kommen. Also flog ich nach London und stand zum vereinbarten Zeitpunkt im Büro der Stones, aber nur, um von Jo Bergman zu erfahren, dass Mick in Irland weilte. Auf diese Weise machte ich Bekanntschaft mit der Tatsache, dass die Stones ihren eigenen Zeitrahmen hatten. Ich war fuchsteufelswild, denn so machte man keine Geschäfte mit mir, und Jo wusste das.

Eine der besten Eigenschaften meiner Beziehung zu den Stones bestand darin, dass ich kein Groupie war. Ich kroch den Stars nicht in den Hintern, sondern behandelte sie wie normale Musiker, die bei Chess unter Vertrag standen. Als ich Mick schließlich in seinem Haus im Cheyne Walk aufsuchte, wirkte er nervös. Das Haus war wunderschön, für mich etwas ganz Neues: Es hatte

Perserteppiche und orientalische Möbel, und Mick tanzte auf Clifton Cheniers »Black Snake Blues«, während er mit mir sprach. Er erklärte mir, dass die Stones ein eigenes Label gründen wollten, aber keinen Manager brauchten. Rupert Loewenstein hätte gerade angefangen, für sie zu arbeiten, und sollte das Finanzmanagement übernehmen. Ich traf die Band in ihrem Proberaum in Bermondsey. Muddys LP *Electric Mud* hing aufgeklappt an der Wand, das große Bild von Muddy in einem weißen Gewand. Ich nahm das als gutes Omen. Angesichts meiner Erfahrung mit der den Stones eigenen Zeitvorstellung erklärte ich der Band, dass sie sich binnen zwei Wochen entscheiden müsse, weil ich sonst ein eigenes Label starten würde. Erstaunlicherweise bekam ich am 14. Tag das Telegramm mit der Zusage, und das Abenteuer begann.

Meine erste Aufgabe bestand darin, die Zusammenstellung der Songs auf *Get Yer Ya-Ya's Out!* abzuschließen, dem Live-Album der Tournee von 1969 und der letzten Platte der Stones für die Decca. Ich weiß noch, wie ich in Begleitung von Paddy Grafton Green, dem Anwalt der Stones, einer illustren Herrenrunde mit dem Decca-Chef Sir Edward Lewis den Song Cocksucker Blues vorspielte. Die Herren flippten erwartungsgemäß aus und weigerten sich, den Song als Single herauszubringen. Mir gefiel das. Ich wusste, dass mir die Arbeit mit den Stones Spaß machen würde.

Ich hatte mich kurz zuvor scheiden lassen und die Stones und ihr Label wurden mein Leben. Eine Weile wohnte ich in Keiths Haus in Chelsea, oben in den Gesinderäumen. Bei meinem ersten Besuch stieß ich auf einen mit Blumen bemalten Flügel, an dem Gram Parsons saß und spielte. Die Stones zogen mich bisschen auf, weil ich Jeans anhatte. Sie hatten mich bisher nur in meinem vornehmen Manager-Outfit gesehen, mit Anzug und Krawatte. Nun kam ich in ihre Welt und hatte die Chance, meine Ketten zu sprengen.

Wir schlossen einen Vertriebsvertrag mit Atlantic Records, und ich half Prinz Rupert dabei. Er besaß zwar extremes Verhandlungsgeschick, war aber noch ein Neuling im Musikgeschäft. Ich dagegen kannte die Erteguns von Kindesbeinen an; Ahmet Ertegun, der Chef von Atlantic Records, war bei meiner Bar-Mizwa gewesen. Der Deal war sehr gut, einer der höchsten Tantiemenverträge, die je mit Atlantic ausgehandelt worden waren.

Es war eine aufregende Zeit. Wir brauchten ein Logo für das Label. Ich musste zu einem Treffen mit der Band nach Rotterdam und flog bis Amsterdam, wo ich einen Mietwagen nahm. Bei der Autofahrt sah ich eine Shell-Tankstelle. In den Staaten hatten alle Tankstellen des Konzerns den Schriftzug Shell, in Europa jedoch gab es nur die gelbe Muschel, und bei dem Treffen sagte ich, wie elegant es wäre, keinen Schriftzug, sondern nur ein Logo zu haben. Jemand hatte die Idee mit der Zunge und den Lippen, und ich beauftragte zahlreiche Künstler mit der Umsetzung. Sie lieferten eine Vielzahl unterschiedlicher Entwürfe, bis wir uns schließlich für die heute noch gültige Version von John Pashe entschieden.

Sticky Fingers kam sowohl in UK als auch in den USA auf den ersten Platz der LP-Charts. Die Single »Brown Sugar« wurde in den USA die Nummer 1 und in England Nummer 2. Es war ein exzellenter Start. Der Druck war groß. »Die Stones sind zu langsam«, sagte Ahmet Ertegun zu mir. »Ich brauche alle zwölf bis 18 Monate ein Album.« Andererseits hatten die Stones zum ersten Mal in ihrer Karriere ein koordiniertes Management: Peter Rudge organisierte die Tourneen, Prinz Rupert war für die Finanzen zuständig und ich war der Exekutivproduzent der Alben, alles mit einer gemeinsamen Strategie.

Aus steuerlichen Gründen zogen die Stones nach Südfrankreich um. Für mich bedeuteten die Sessions für *Exile on Main Street* in Keiths Haus Nellcôte eine Menge Arbeit. Ich baute in dem Haus eine Küche ein, konstruierte mit Hilfe von Stu, Alan Dunn, Andy Johns, Glyn Johns und dem Olympic Studio das mobile Studio der Stones, fuhr es nach Südfrankreich hinunter, fand heraus, wie alles funktionierte, und geriet unter schweren Beschuss von den Buchhaltern, weil alles so viel Geld kostete.

Es folgte eine Reihe intensiver Erfahrungen: die Amerika-Tournee von 1972, ein chaotisches Unternehmen, das auf dem von mir produzierten Film *Cocksucker Blues* des realistischen Fotografen Robert Frank ziemlich akkurat dokumentiert ist. Allerdings fehlen darin die leichteren, witzigen Momente als Gegengewicht zu den eher negativen, bedrückenden Aspekten.

Goats Head Soup: Das Ambiente von Kingston hatte direkte Auswirkungen auf die Stimmung des Albums, die schwüle Hitze drang bis in die Seele der Platte. Für Plattenaufnahmen mieteten wir immer ein Studio einen Monat lang rund um die Uhr, damit die Stones ihr Equipment nie abzubauen brauchten und ihre Songs auf ihre informelle Art entwickeln konnten: Sie jammten und probten mit ein paar Textzeilen und Rhythmen als Ausgangspunkt, während wir uns um die Tontechnik kümmerten. Als alter Hase im Studio war ich stets verblüfft, wie gut die Stones harmonierten, auch wenn sie manchmal sechs oder acht Monate nicht zusammen gespielt hatten. Schon nach einer guten Stunde kam die Synergie ins Spiel, die ihre Stärke ist, und sie verschmolzen erneut zu einer Einheit. Bei Atlantic wollten sie »Angie« nicht als Single-Auskopplung von *Goats Head Soup* haben. Sie hätten statt einer Ballade lieber wieder einen Song wie »Brown Sugar« gehabt. Es gab ein paar hitzige Diskussionen, bevor wir uns dann doch alle auf »Angie« einigten, das schließlich in den USA erneut Nummer 1 wurde.

Auf der Europa-Tournee von 1973 spielte ich bei den letzten acht Konzerten in der Wonderlove Brass Section Trompete, allerdings nur bei den letzten drei Songs, mehr vertrugen meine empfindlichen Lippen nicht. Bei der Amerika-Tournee von 1975 kam ich, der junge Jude aus dem amerikanischen Mittelwesten, mit Berühmtheiten wie Rudolf Nurejew und Man Ray zusammen. Und ich wurde auch gemeinsam mit Mick und Keith von der Polizei in Providence, Rhode Island, festgenommen, nachdem Keith auf einen aufdringlichen Fotografen losgegangen war.

All diese Erfahrungen haben mein Leben bereichert, aber 1976 war ich ausgebrannt. Es lag nicht an den Stones, es lag an mir. Ich hatte erkannt, dass mir die Leute nicht um meiner selbst willen den Hintern küssten, sondern wegen der Band. Mädchen schliefen nur mit mir, weil ich sie der Band vorstellen sollte. Mein Selbstwertgefühl hatte einen Tiefpunkt erreicht und ich war mit meiner eigenen Seele nicht mehr zufrieden. Ich hatte diverse Stoffe genommen und musste nur in den Spiegel schauen, um die Folgen zu sehen. Ich war nicht mehr glücklich, obwohl unsere Alben und Singles immer noch auf den ersten Platz kamen. Ich hatte das Gefühl, dass ich sterben würde, wenn ich den Bruch nicht wagte.

Ich hatte eine Liebesaffäre mit den Stones gehabt, eine heiße Liebesaffäre. Aber wie alle Affären war auch sie abgekühlt. 1977 teilte ich der Band mit, dass ich aufhören wollte. Bei einem gemeinsamen Abendessen in Montreux erklärte ich Mick ausführlich meine Gründe. Die Stones baten mich noch, ihnen bei *Some Girls* zu helfen, aber eine Woche, bevor ich anfangen sollte, wurde Keith in Toronto festgenommen, und das war das Ende. Plötzlich hörten die Anrufe der Speichellecker auf. Tatsächlich rief überhaupt niemand mehr an. Nachdem ich sieben Jahre fast jeden Tag mit den Stones zusammen gewesen und mit ihnen durch dick und dünn gegangen war, war plötzlich alles aus. In den folgenden Jahren machte ich mit den Drogen Schluss, gründete eine Familie und verlor den Kontakt zu der Band.

Erst bei der Bridges-To-Babylon-Tour besuchte ich das Konzert im Madison Square Garden. Keith empfing mich und führte mich in die luxuriöse Garderobe des Veranstaltungszentrums. Seine Frau und Ronnies Familie waren ebenfalls da. Ich sagte: »Okay Jungs, schenkt mir mal fünf Minuten eure Aufmerksamkeit. Ich bin immer der Ansicht gewesen, dass es zwischen uns falsch zu Ende gegangen ist. Ich hatte dieses Dinner mit Mick, und dann war plötzlich alles aus. Das belastet mich seit 18 Jahren.« Doch Keith, der alte Hurensohn, sagte nur: »Was zum Teufel redest du da, Marshall? Du warst damals mit dabei. Und jetzt bist du hier.« Und wisst ihr was? Er hatte Recht.

It wasn't so much a question of being a wizard on the guitar. You also had to be quite a magician to be able to live with the Stones.

Ronnie Wood

DER NEUE 7

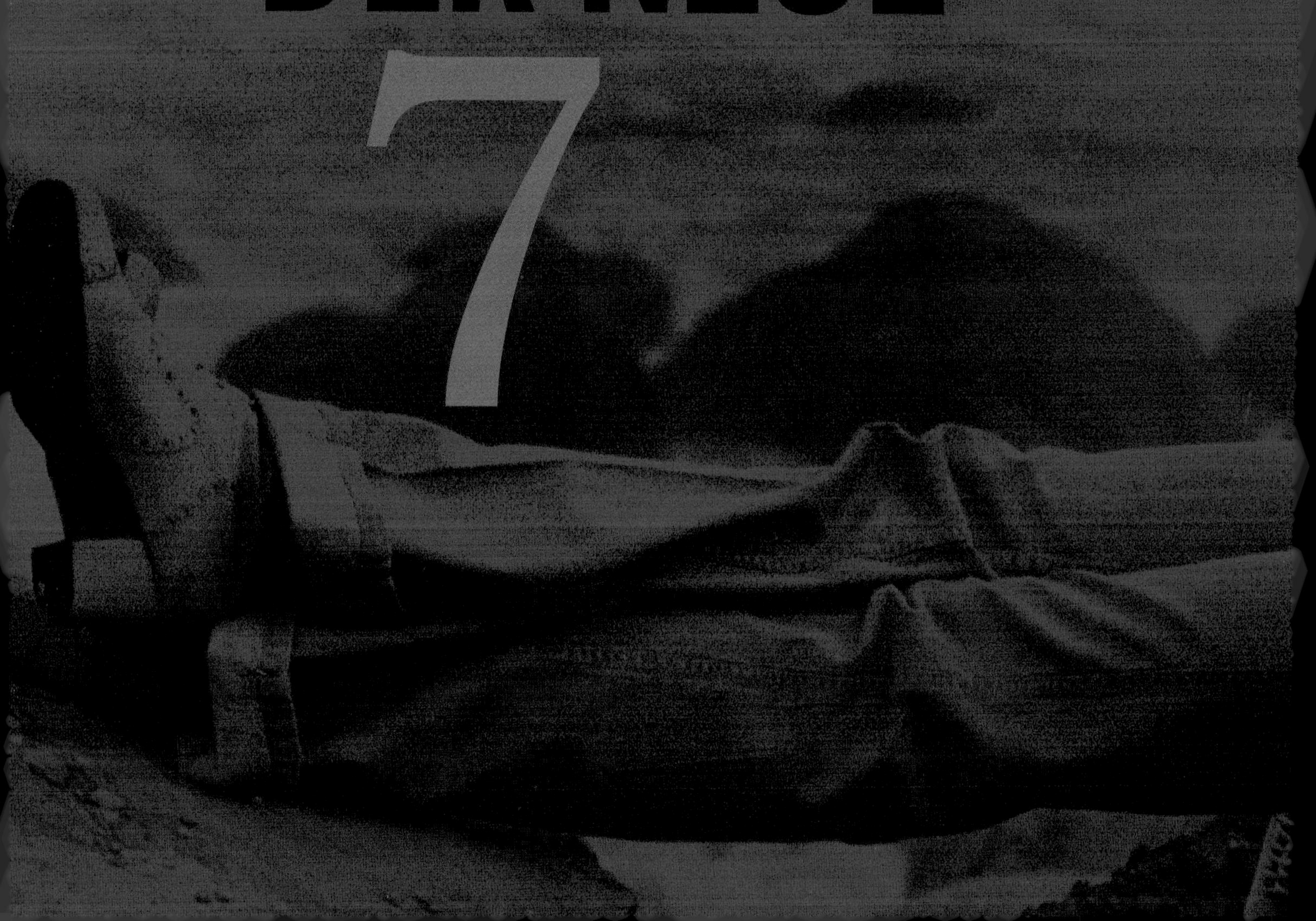

Ronnie Wood stößt zur Band, zunächst nur auf vorübergehender Basis, hier beim Posieren vor dem Alamo National Monument während der Tournee von 1975. Am Eröffnungskonzert an der Louisiana State University feierte er vor einem Publikum von 15 000 Menschen seinen 28. Geburtstag.

RONNIE: Ich war gerade in Los Angeles, als ich einen Anruf von Mick bekam. Wegen einer Art Krankheit, die mit dem Smog zu tun hatte, lag ich flach und konnte mich nicht rühren. Zum Glück legten die Faces unterwegs eine Pause ein, sonst hätten wir unsere Tournee abbrechen müssen. Mick sagte: »Wir sind verzweifelt. Könntest du nach München kommen?« Ich war einverstanden: »Klar, sobald ich wieder auf den Beinen bin.« Und das war's.

KEITH: Wir veranstalteten Auditions, um für Mick Taylor Ersatz zu bekommen. Fantastische Gitarristen kamen in die Stadt. Wayne Perkins war ein wunderbarer amerikanischer Typ und ein unglaublicher Spieler – so gut wie Mick Taylor –, und Harvey Mandel, ein weiterer Amerikaner, war ebenfalls brillant. Dann kreuzte Ronnie Wood auf, ein Engländer, und wir sahen ihn uns an. Das ist schließlich eine englische Rock 'n' Roll-Band, und das war das Hauptkriterium. Es ging nicht darum, wer seinem Instrument die süßesten Klänge entlocken konnte. Es ging bloß darum, wer mit mir die »alte Form des Verwebens« bringen und mit wem ich kommunizieren konnte. Bei einer Gruppe kommt vieles zusammen, aber wichtig ist vor allem, dass auf der Scheißtournee das tägliche Zusammenleben klappt.

MICK: Wir haben einen Haufen Leute ausprobiert. Es war ziemlich schwierig, und wir stellten uns bei diesen Vorspielen wirklich nicht besonders gut an. Wir waren ziemlich hilflos, hoffnungslos, um ehrlich zu sein. Als wir nach Bills Abgang Bassisten ausprobierten, waren wir viel organisierter: Wir setzten uns einfach in einen Raum und testeten Dutzende aus.

CHARLIE: Wir fingen mit den Vorspielen an und gingen nach Rotterdam, wo ich Kenny Clark kennen lernte. Der war für mich das Highlight von dieser ganzen Show, er und das Spielen mit Jeff Beck. Ich glaube, Jeff hätte den Job gekriegt, aber er ist nie wieder aufgetaucht. Er kam, spielte vor, ging am nächsten Morgen, und keiner wusste, wo er geblieben war. Vielleicht hatte Keith etwas gegen seine Art zu spielen, oder vielleicht kamen sie nicht so voran, wie Keith sich das vorgestellt hatte. Das Besondere an Ronnie ist, dass er nicht nur ein ausgezeichneter Gitarrist, sondern auch sehr umgänglich und äußerst liebenswert ist. Das ist Jeff Beck auch, aber er ist komplizierter als Ronnie. Wenn man auf Tournee ist, dann kann man einen Jeff Beck nicht nur für vier Tage die Woche haben, sondern man braucht ihn volle sieben Tage. Und Ronnie ist ein Sieben-Tage-die-Woche-Typ. Ich glaube, das war es, was Mick und Keith an ihm so klasse fanden. Das Gitarrenspiel kann man abhaken: Wenn man gefragt wird, ob man diesen Job haben will, muss man sowieso gut sein, und Jeff Beck ist wohl der Beste aus Europa, zusammen mit Martin Taylor.

Jeff lag Rock 'n' Roll wohl sehr viel besser als Mick Taylor. Bei ihm hätte es so richtig gegroovt und alles, aber bei Jeff wussten wir nicht so recht, woran wir waren.

Jimmy Page kam damals ebenfalls zum Vorspielen zu uns. Harvey Mandel machte einen tollen Job, als er in die Studios kam, ebenso Wayne Perkins, aber ich glaube, bei Harvey oder Wayne war das Problem, dass sie Amerikaner waren. Ich denke, wir waren damals alle der Meinung, wir sollten uns eher für einen englischen Typen entscheiden. Das heißt nicht, dass wir uns gegen Jimi Hendrix entschieden hätten, wenn der 1969 nach Brians Abgang den Job hätte haben wollen. Aber es war generell ein wichtiger Faktor, dass Ronnie Engländer war.

RONNIE: Man musste mit den Stones auch einfach zusammenleben können. Als ich zum ersten Mal in die Studios spazierte, wo die Auditions liefen, sagte ich: »Okay, spielt diesen Song: Der geht so«, und Charlie sagte: »Aber hallo, der kommandiert uns jetzt schon herum.« Das war sein erster Satz an mich.

CHARLIE: Ich hasse Vergleiche zwischen Gitarristen. Es war nicht die Frage, wer jetzt »besser« war, aber für diesen Gig hielt ich Ronnie für den geeignetsten Kandidaten. Außerdem ist er ein großer Gewinn für Mick und Keith, weil er sich sehr gut merken kann, was wir in jedem Song machen. Weil Keith ein bisschen wie ich spielt – und das meine ich jetzt nicht als Grobheit –, weiß er nicht wirklich, wohin die Reise notwendigerweise geht, und er will das auch gar nicht wissen. Wenn also jemand fragt: »In was für einer Tonart war das?«, und Keith meint: »Oh, das war B-Moll« oder so, dann sagt Ronnie: »Nein, es war das und das, und die Mitte geht: da da da.«

»Ich glaube, die anderen wollten vor allem das Gefühl haben, dass jemand in der Lage sein würde, mit ihnen zusammenzuleben und alle Hochs und Tiefs durchzustehen, die man auf dem langen Weg einer Tournee vor sich hatte.«

Ronnie

Ronnie denkt analytisch, ist dabei aber nicht immer konzentriert. Er kann ein Problem lösen, aber solche Lösungen sind für ihn auf Dauer uninteressant! Er ist fantastisch schnell, spielt sehr gut und macht das Richtige – ist also so gesehen ein hervorragender Musiker. Mit Ronnie zu spielen, ist genauso interessant und macht genauso viel Spaß wie mit Mick Taylor. Allerdings konnte Mick aus manchen Songs und einigen Momenten darin etwas anderes machen, sodass sie wunderbar klingen, wenn man sie sich nochmals anhört. Mick hat das einfach beherrscht. Mit Ronnie entstehen solche Momente nicht, und das liegt einfach an seinem Zusammenspiel mit Keith, da ist kein Raum für so etwas. Mit Ronnie machen wir andere Sachen, und die kann er einfach fantastisch. Ich weiß nicht, wie gut Brian Jones als Gitarrist war, denn ich bin kein Gitarrist, aber an Brian war gut, was jetzt an Ronnie gut ist, nur dass Ronnie da wohl noch besser ist.

Brian war ein guter Allrounder für eine Band, weil er alle Instrumente konnte. Seine Konzentration war beschränkt, aber immer noch etwas besser als Ronnies: Ronnies Aufmerksamkeit hält ungefähr eine Minute, Brians hielt etwa zwei. Und wie Ronnie probierte Brian alles aus. So konnte Brian bei einem Song eine Blockflöte, eine Autoharp und ein Klavier spielen. Damals hatte man in den Studios noch keine Computerprogramme. Heutzutage bekommt man Arthur Rubinstein oder zumindest seinen Stil am Klavier als Begleitung, während man damals Rubinstein entweder persönlich darum bitten oder ihn kopieren musste. Es gab einen Song, auf dem Bill und Brian oder Keith sich auf dem Cello versuchten, einer hielt das Cello und der andere strich. Es war wie eine Amateurstunde, hat aber riesig Spaß gemacht. Brian war bei solchen Sachen Klasse, und auch Ronnie hat diese Fähigkeit. Wenn man Ronnie einen Tag mit einem Instrument allein lässt, kann er etwas darauf spielen, sei es Trompete, Saxophon oder Akkordeon, irgendetwas kriegt er hin. Bei der Slide-Gitarre ist er besser als damals Brian, und ebenso bei der Lap-Steel-Gitarre, ein verdammt schwieriges Instrument, weil man Pedale treten muss. Und in »Paint It Black« spielt er sogar Sitar. Ronnie spielt diese ganzen Instrumente mit Begeisterung, und das ist für die Stones ein Riesengewinn.

»Als ich dann zu den Stones gehörte, nannte mich mein Dad Archie nicht mehr Ronnie, sondern ›Ronnie Wood von den Rolling Stones‹«.

Ronnie

RONNIE: Ich war schon immer ein großer Mick-Taylor-Fan. Ich kannte ihn damals wirklich gut, lange bevor er zu den Stones stieß, als er mit einer Band namens The Gods spielte und ich bei den Birds war. Er war gewöhnlich zu aufgeregt für seinen Auftritt und sagte: »Ronnie, spiel das Stück für mich.« Und ich: »Mick, komm schon, du bist ein verdammt brillanter Spieler.« Ich spielte einen Les Paul jedenfalls nicht so gut wie er. Aber er meinte: »Bitte, Ronnie, nimm meine Gitarre und mach den Auftritt. Du musst anfangen.« Und dann schob er mich auf die Bühne. Ich übernahm seinen Auftritt, und dann hatte ich meinen eigenen bei den Birds.

Mick Taylor unterschätzte immer sein Talent. Er hielt sich für einen grässlichen Gitarristen. So ist er heute noch. Während der Forty-Licks-Tournee haben wir einen Brief von ihm erhalten: »Ich habe kein Vertrauen. Ich bin deprimiert und knapp bei Kasse. Grüßt Ronnie von mir.« Keith brachte es auf den Punkt: »Das kommt davon, wenn man die Band im Stich lässt.« Mick war einer der ganz wenigen, die diese Gruppe lebend verlassen haben!

Ronnie Wood zu Hause in The Wick, Richmond Hill. Er hatte seine Konkurrenten Jeff Beck, Clem Clempson, Mick Ronson, Rory Gallagher, Peter Frampton, Harvey Mandel, Wayne Perkins und Ollie Halsall (je nach Musikzeitschrift) ausgestochen und sich so seinen Platz bei den Stones gesichert.

CHARLIE: Mit die beste Musik, die wir je gemacht haben, haben wir mit Mick gemacht. Ich dachte, die Chemie stimmt haargenau, und musikalisch war es eine Spitzenperiode, was vielleicht nicht nur an Mick Taylor gelegen hat, sondern auch an den Songs, die Mick und Keith schrieben. Als virtuoser Lead-Gitarrist war Mick in Songs wie »Can't You Hear Me Knocking« unglaublich lyrisch. Das war ein erstaunliches Stück, weil es eine komplette Jamsession war, mit letztendlich einer einzigen Aufnahme. Er hatte ein fantastisches Gehör, und ich habe ihn mit einem treibenden Rhythmus unterstützt. Bei »Waiting On A Friend« driftete er in die Spielweise von Santana. Es war unglaublich und klappte tatsächlich. Er war ein fabelhafter Gitarrist.

Mick war in der Band nicht schwierig, aber er war sehr jung, als er bei uns war, und total undiszipliniert. Er war kein Arbeitspferd. Er hasste es, eine Sache zweimal zu spielen. Wenn es mit

(Oben) Keith beim Schminken vor dem Konzert.

(Unten links) Ronnie und seine erste Frau Krissy. Foto von Terry O'Neil.

(Unten rechts) Ronnie und Keith.

(Gegenüber) Ronnie. Foto von Michael Ochs.

Mick nicht auf das erste Mal klappte, konnte man es vergessen. Man musste am nächsten Tag wiederkommen und hoffen, dass man es dann mit der ersten Aufnahme hinbekam. Dagegen wird Keith mit jeder Aufnahme besser. Mick war nicht begeistert, wenn er am nächsten Tag wieder ins Studio musste, um ein Solo als Overdub aufzunehmen wie Mick Jagger. Er war ein Typ, der ganz auf Natürlichkeit stand.

Wie auch immer, ich glaube nicht, dass Keith die Arbeit mit Mick Taylor genauso geschätzt hat wie jetzt die mit Ronnie. Keith liebt die Arbeit mit Ronnie. Und Ronny ist in einer Sache sehr gut, zu der Mick Taylor überhaupt nicht taugte: dazustoßen und für die nächsten 30 Jahre dabeizubleiben.

RONNIE: Wir haben Nicky Hopkins verloren und Jimmy Miller, aber Mick Taylor lebt noch, strampelnd und in einem protzigen Anzug!

Charlie Mitte der 70er-Jahre.

Porträtaufnahme von Charlie. Foto von David Bailey.

KEITH: Mick Taylor war ein wunderbarer Spieler, wirklich. Ein brillanter Blues-Spieler. Ich würde die musikalischen Fähigkeiten dieses Mannes niemals kleinreden, er hat mich gewöhnlich in die Tasche gesteckt. Er hatte sämtliche Licks drauf. Aber wo war sein Herz?

Ich hatte während der Jahre bereits ab und zu mit Ronnie gespielt, und ich hatte immer gesagt: »Was für eine Schande, dass wir das nicht mit den Stones machen können, Ron.« Mit Ron zu spielen, hat viel Spaß gemacht, während Mick Taylor nicht eben eine Stimmungskanone war. Er kennt keinen einzigen Max-Miller-Witz!

Und mit Mick Taylor spielte ich nicht den Stil, den ich wollte. Ich hatte den Eindruck, dass wir zunehmend zur alten Trennung in Lead- und Rhythmus-Gitarre zurückkehrten, was noch nie mein Ding gewesen ist. Ich war immer mehr an der »alten Kunst des Verwebens« interessiert, wie Ronnie und ich es nannten. Und Ronnie versteht, worum es dabei geht. Das ist wie der Teppich von Bayeux. So zusammen spielen, dass man nicht sagen kann, was Rhythmus-Gitarre und was Lead-Gitarre ist, wo man etwas aufgreifen, in Fluss kommen und dem anderen etwas hinwerfen kann. So kann es vorkommen, dass einer sagt: »Der Lick, den du da machst, ist fantastisch«, und ich antworte: »Das war nicht ich, sondern Ronnie!«

Es geht um den Typ, mit dem du spielst. Man muss sich wirklich ganz in den anderen hineinversetzen, auch wenn man ihn manchmal bis aufs Blut hasst. Ich habe mit den besten Gitarristen der Welt gespielt. Manche sind einfühlsam, andere nicht, und wieder andere sind zu technisch und können sich nie gehen lassen. Ich will den Unterschied zwischen Rhythmus- und Lead-Gitarre aufheben, alles soll nahtlos ineinander übergehen, und das mache ich eigentlich schon seit Jahrzehnten so. Ich glaube, ich hatte sehr viel Glück, dass ich mit Ronnie spielen konnte, denn er ist einer der einfühlsamsten Spieler, die ich kenne, wenn er auch verdammt unberechenbar sein kann – aber das liebe ich an ihm. Damals, als Mick Taylor ging, hat mich das angekotzt, aber dann fand ich mich damit ab. Es kommt, wie es kommt. Ronny hat eine völlig andere Beziehung geschaffen, die sich bis heute hält und Nachahmer gefunden hat. Ich muss sagen, Ronnie hat auf der Forty-Licks-Tournee so gut gespielt wie noch nie.

CHARLIE: Als Mick Taylor ankündigte, er wolle gehen, war ich nicht überrascht: Ich hatte immer das Gefühl gehabt, dass er nicht unbedingt zu besseren, aber zu anderen Sachen fähig war, und ich glaube, das dachte er auch. Ich glaube, wir waren alle sauer, weil er so einfach abgehauen ist.

Aber so ist Mick Taylor eben, wie man jetzt weiß. Für mich war seine Solokarriere eine große Enttäuschung. Von Mick wusste ich, dass er so etwas vorhatte, und habe ihn da immervunterstützt.

Mick nahm mich zu einem Treffen mit John McLaughlin mit, der damals mit Tony Williams am Schlagzeug und Larry Young an den Keyboards spielte, nur die drei. Lifetime nannten sie sich. Ich hatte Tony mit Miles Davis spielen sehen, aber noch kein Konzert von Lifetime besucht. Also gingen wir nach New York und schauten sie uns an und es war fantastisch. Mick sagte, dass er gerade dieses Soloalbum machte, und ich sagte ihm: »Sing nicht, spiel bloß, und setz Leute wie Tony oder Elvin Jones ein, oder frag Ginger Baker. Nimm Leute, bei denen du gewöhnlich nicht an eine Zusammenarbeit denken würdest.« Das war in der Zeit, als die Plattenfirmen Leuten wie Nicky Hopkins und Mick Taylor eine Menge Geld zuschoben – vielleicht eine oder eine halbe Million Dollar –, bloß damit sie ein Soloalbum aufnahmen. Und sie nahmen das alles tödlich ernst und sahen sich schon ganz oben bei Elton John oder Bob Dylan. Aber Nicky Hopkins war nicht Elton John. Nicky war ein fabelhafter Klavier-Spieler, doch nun versuchte er, eigene Songs zu singen, statt seine üblichen kleinen Klaviermelodien zu spielen. Und mit Mick Taylors Solobemühungen war es das Gleiche. Erst Jahre später fand ich heraus, dass er zu dieser Zeit ziemlich am Ende war.

»Ich glaube, ich hatte sehr viel Glück, dass ich mit Ronnie spielen konnte, denn er ist einer der einfühlsamsten Spieler, die ich kenne, wenn er auch verdammt unberechenbar sein kann – aber das liebe ich an ihm.«

Keith

Ich war ganz bestimmt nicht enttäuscht, als Ronnie zu uns stieß, obwohl ich eigentlich gar nicht gewusst hatte, dass er der Auserwählte war. Er machte einfach bei uns mit und ging dann mit auf Tournee. Irgendwie kommt es mir noch heute so vor, als sei Ronnie erst seit ein paar Jahren bei den Stones, dabei ist er es nun schon eine verdammt lange Zeit. Er ist ein wunderbarer Typ für unterwegs, eine ganz unbeschwerte Persönlichkeit und ein toller Kerl auf Tournee. Er bringt einen Haufen Spaß mit … ein bisschen verrückt ist er auch … aber einfach ein prima Typ.

RONNIE: Ich wollte immer mit Keith arbeiten. Er war einer meiner Lieblingsgitarristen, und *Get Yer Ya-Ya's Out!* war immer das Lieblingsalbum der Faces. Wir spielten diese Platte oft zur Einstimmung, bevor wir auf die Bühne stiegen.

Keith und ich liebten beide Robert Johnson, Earl Hooker und die ganzen Leute, die mit Muddy Waters gespielt hatten. Wir haben beide eine Menge Barbecue Bob in uns, diesen alten Stil, die Steel-Gitarre zu zupfen. Wenn Keith und ich uns vor dem Auftritt aufwärmen, dann geht das oft in Richtung dieser alten gezupften Gitarrenstücke aus dem tiefen Süden der 20er-Jahre, und das kommt in den Songs auch rüber. Ich habe eine alte halbakustische Gibson von 1947, und Keith hat eine alte, helle halbakustische Gibson.

Keith hat gerne einen Trainingspartner auf der Gitarre … und generell im täglichen Leben. Ich glaube, er vermisst Gram Parsons sehr. Ich kannte Keith nicht, als er mit Gram zusammensteckte, aber soweit ich mitgekriegt habe, hingen sie auf die gleiche Weise wie Keith und ich aneinander. Ich habe Grams Tochter bei einem Konzert in Los Angeles kennen gelernt. Ich habe aus der Distanz etwas von dem Verhältnis zwischen ihr und Keith mitbekommen und fand das so rührend, dass ich sie umarmte und sagte: »Ich hätte deinen Dad so gerne kennen gelernt.« Und sie meinte: »Es hätte ihm sicher gefallen, dass ich dich kennen lerne.« Wir wurden

Keith posiert. 1975 stand die Band ganz oben auf der Liste der Bands mit den größten Publikumserfolgen der Zeitschrift Performance. *Die Zahlen stammten von US-Veranstaltern.*

Drei Gesichter von Mick: Ganz privat (gegenüber), auf der Bühne (links) und aus einer Serie von Drucken Andy Warhols, die im Dezember 1975 vollendet wurden.

richtig sentimental. Ich bin sicher, dass ich in den Bahnen des Zusammenspiels, das Keith mit Gram gehabt haben musste, weitergemacht habe.

Den Sparringspartner zu machen, bedeutete für mich etwas Neues, weil ich bei den Faces der einzige Gitarrist gewesen war. Ich spielte Rhythmus und Lead, und ich war auch der Bandleader, der das Sagen hatte und die Einsätze gab. So war es für mich geradezu eine Erleichterung, dass ich mich nach Keith richten konnte, weil er bei den Wechseln in der Band den Ton angab. In gewisser Weise ist das ein gemütlicher Job für mich. Ich konnte einfach sagen: »Okay, hier ist Keith am Zug, und ich weiß, wann ich was zu machen oder einzusetzen habe, hier ist mein Solo, und da ist seines, und dort verweben wir die Gitarrenstimmen miteinander.« Und das funktionierte dann sehr gut und tut es noch heute.

Ich übernehme heute mehr Verantwortung, weil ich Dinge klarer sehe und besser spiele, und die ganze Band ist schlagkräftiger denn je. Es gab Zeiten, als wir uns so durchmogelten, völlig stoned waren und einfach drauflosspielten: »Augen zu und durch!« Wenn ich auf diese Tage zurückblicke, denke ich: »Oh Gott, wie habe ich das gespielt, wie sind wir da durchgekommen, ganz zu schweigen von irgendeiner Erinnerung an die Setliste, an die Stadt, in der wir gespielt haben, oder an das Jahr.«

CHARLIE: Auf der Tour 1975 durch die Staaten gehörte Ronnie eigentlich nicht zur Band. Wir versuchten ihn von den Faces abzuwerben, und als er die Tournee mit uns beendet hatte, ging er sofort wieder mit ihnen auf Tour. Seine Frau sah ihn wohl zwei Jahre nicht mehr!

RONNIE: 1975 hatte ich zwei Tourneen mit den Faces und dazwischen die mit den Stones durch die Staaten. Ich erinnere mich insbesondere, dass Keith sagte: »Wir werden deinen Eintritt in die Band nie offiziell bekannt geben. Wir lassen sie weiter raten.« Und das ging noch Jahre so, bis schließlich keiner mehr fragte ... Und bei den Stones war ich ganz glücklich, weil die Faces keine Zukunft hatten. Als ich im Herbst 1975 mit den Faces auf Tour war, hing ihr Fortbestand an einem seidenen Faden. Ich hätte schon weiter gemacht: An mir hätte es nicht liegen sollen, wenn die Band sich auflöst. Zu der Zeit hätte ich am liebsten weiter mit Verpflichtungen in beiden

Bands jongliert und so ununterbrochen gearbeitet! Aber am Ende lösten sich die Faces dann doch auf, weil Rod Stewart ausgeschieden war, und damit war dann auch meine Zeit als Leiharbeiter zu Ende.

Als wir die Tournee von 1975 starteten, mieteten wir einen Laster mit Pritsche, auf dem wir spielen und Werbung machen konnten, und fuhren durch die Straßen von Manhattan. Wir fragten uns, woher wir die Idee eigentlich hatten, und Charlie klärte uns auf: »Das ist so ein alter Jazz-Brauch aus Harlem. Das haben sie früher so gemacht.«

Ronnie, Mick und Keith in harmonischer Dreisamkeit während der Stones-Tour 1975 durch die USA.

Mick vor einem Konzert 1975.

Folglich fuhren wir um 9 Uhr morgens durch die 5th Avenue. Plötzlich entdeckte ich Shep Gordon – das war Alice Coopers Manager – mit Aktentasche unterwegs auf dem Bürgersteig. Shep hatte Groucho Marx geholfen, aus dem ganzen Schlamassel herauszufinden, in das er nach Ende seiner Quiz-Show *You Bet Your Life* geraten war. Shep kümmerte sich darum, dass Groucho sein ganzes Geld zurückbekam, bevor er starb. Ich bin Groucho einmal begegnet, als ich ihn mit Ahmet Ertegun zu Hause besuchte. Wir klingelten, die Tür ging auf, und Groucho stand vor mir. Das Erste, was er mir sagte, war: »Das ist der albernste Haarschnitt, den ich je gesehen habe.« Dann brummte er: »Folgt mir.« Als er mit seinem Spazierstock vor uns herging, fragte er: »Bist du ein Mann oder ein Mädchen?« Ich hielt einfach den Mund und folgte ihm, während er sich immer wieder umdrehte und mich weiter dumm anmachte: »Was zum Teufel machst du eigentlich in meinem Haus?«

Wir kamen an Shep Gordon vorbei, der auf dem Weg in sein Büro war, und bogen mit lautem Gedudel um die Ecke: Hier kommen die Rolling Stones und Billy Preston auf der Ladefläche, und ich hatte diese Scheißlederjacke der Band an: Obwohl ich mich für bedrohte Tierarten einsetzte, trug ich jetzt das Leder einer Thomsongazelle. Wegen dieser Jacke zieht mich meine Tochter noch heute auf.

Meinen ersten Auftritt bei den Rolling Stones hatte ich an meinem Geburtstag, dem 1. Juni. Ein Meer von Gedanken wogte durch mein Hirn, wegen der vielen Songs, die ich hatte lernen müssen. Ich dachte: »Ach du Scheiße, jetzt geht's los, der Sprung ins kalte Wasser.« Es war furchtbar aufregend, eine echte Herausforderung, aber zum Glück haben mich Herausforderungen schon immer begeistert. Ein wenig ist das immer noch so, weil die Band sich dauernd verändert.

Ich konzentrierte mich mehr darauf, eine gute Hommage an Mick Taylor zu bringen und eine gute Präsentation von allem, was er während seiner Zeit der Band gegeben hatte, seine Melodien und seine Virtuosität. Wenn ich einen Song wie »All Down The Line« spiele, ist das ein Tribut an Mick Taylors Stil, und wenn wir »Can't You Hear Me Knocking?« spielen, dann spiele ich Mick Taylor, doch heutzutage kann ich es anderswo hinführen.

Ich dachte immer, dass ich niemals so gut spielen könnte wie er, während er sich für absolut miserabel hielt. Er hält mich für weitaus besser, und ich sage ihm: »Komm, Mick, lass den Quatsch.« Aber er glaubt das wirklich. Ich habe mich nicht allzu lange damit aufgehalten. Ich wusste, dass ich es in mir hatte, Sachen auf meine Art zu spielen, aber sie mit Mick Taylor zu würzen, ist auch cool.

Auf Tournee war ich sofort vom Organisationsniveau der Stones überrascht. Sie arbeiteten mit Hilfsmitteln wie der Setliste und Zetteln, die täglich unter der Hotelzimmertür durchgeschoben wurden und die einem sagten, wie alles ablaufen würde, wann die Soundchecks und Ähnliches

Beim Betrachten von Schnappschüssen eines Konzerts.

(Gegenüber) Ronnie. Foto von Christopher Sykes.

stattfinden würden. Außerdem gab es eine Vorgruppe und eine Kiste Sekt. So etwas war ich nicht gewöhnt. Bei den Faces hieß es immer: »Yeah, wir geben einfach Sekt aus, statt mit einer Vorgruppe aufzutreten.« Und dann saßen wir in der Garderobe und fragten uns: »Welche Songs spielen wir heute Nacht? Womit fangen wir an?« So unprofessionell ging es da zu. Die Shows der Stones besaßen immer Struktur. Das hat mir sehr gut gefallen.

MICK: Die Tour von 1975 war anders als unsere früheren, weil wir einen neuen Beleuchter namens Jules Fisher hatten, der immer noch sehr aktiv ist. Begonnen hatten wir mit Chip Monck auf der 69er-Tour. Das war die große Wende-Tournee, weil wir damals anfingen, die Soundtechnik und damit auch die Scheinwerfer aufzuhängen. 1972 hatten wir eine ziemlich komplizierte Light-Show auf der Bühne, und eine von Chips Ideen bestand in aufgehängten Spiegeln. Einen großen brachten wir vor der Bühne an und stellten hinter der Bühne riesige Scheinwerfer auf, deren Licht gebündelt vom Spiegel aus auf die Bühne geworfen wurde. Das war eine von Chips Spezialnummern. Für die Tour von 1975 wechselten wir dann den Beleuchter und holten uns Jules Fisher. Ab dieser Zeit wurde die Bühnenshow zu einer richtigen Industrie. Ich bin kein großer Rock-Historiker, aber ich glaube, auch Pink Floyd brachten ihre Show damals auf dieses Niveau.

Aber vor dieser Zeit waren Rock-Tourneen noch kein echtes Gewerbe. Damals mussten wir Leute aus anderen Bereichen holen: Für die Show auf Tour griffen wir auf Leute von *Holiday On Ice* zurück, weil ja alles fertig aufgebaut werden musste, und auch unsere Techniker stammten aus dieser Eis-Revue und von Disney. Damals konnte man eben noch nicht auf Talente und Erfahrungen aus der Rock-Szene zurückgreifen. Das alles entwickelte sich erst mit Leuten wie Chip Monck, wie überhaupt die Idee, das ganze Material auf Transporter zu laden und mit sich herumzukarren: So lächerlich das heute klingen mag, das hatte bis dato noch keiner gemacht. Alles wollte erst einmal gelernt sein. Die anderen Shows, wo man Erfahrung hatte, waren zwar keine Rock-Shows, aber das Prozedere war ganz ähnlich: Ein Haufen Material musste in die Eis-Arenen hinein- und dann wieder hinaustransportiert werden, und wir spielten in den Vereinigten Staaten ja genau an solchen Veranstaltungsorten.

(Nächste Doppelseite) Szenen von der Tournee 1975 durch die USA. Fotos von Christopher Sykes und Ken Regan. Mit dabei waren Charlies Frau Shirley und Tochter Serafina (S. 190 unten rechts), Billy Preston, Keyboard, und Ollie Brown, Percussion (S. 191, Mitte rechts) sowie Bianca Jagger (S. 191, unten ganz links).

CHARLIE: Billy Preston war auf der Tour von 1975 mit dabei. Er war und ist fabelhaft, insbesondere mit seiner Band, die wir uns damals auf ziemlich verrückte Weise einverleibten. Die

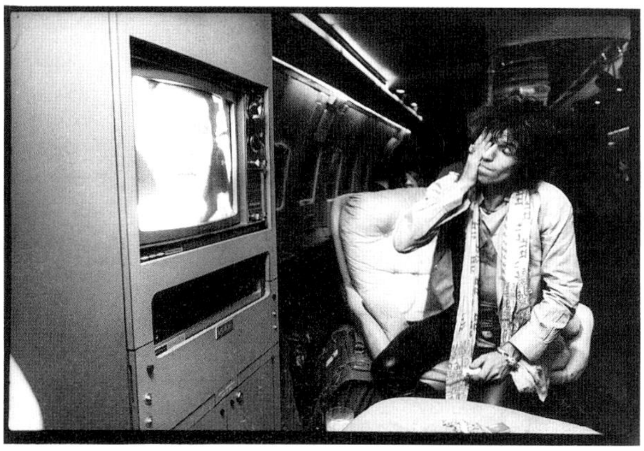

Ronnie, Stu und Charlie in der Luft.

Hälfte dieser Gruppe machte bei uns mit. Billy spielte bei uns ein paar großartige Stücke. Zu der Zeit war er der Beste mit seinen Piano-Gospels. Mick schrieb mit ihm damals ein paar exzellente Songs mit tollen Melodien.

Ich habe Billy zum letzten Mal gesehen, als ich an einer Filmmusik arbeitete. Wir waren mit *Bridges To Babylon* zugange, und Billy spielte einige Songs von uns ein. Ich ging folglich eine Tür weiter und arbeitete ein bisschen mit ihm. Später habe ich gehört, dass er mit Eric Clapton gearbeitet hatte und sich irgendeinen Ärger eingehandelt haben soll. Diese Seite von ihm kenne ich überhaupt nicht. Wann immer ich ihm begegnet bin oder mit ihm gearbeitet habe, war er ein netter, charmanter Kerl.

RONNIE: Billy war einer der nettesten Kerle, die es gab. Auf dieser Tournee hatten wir Ollie Brown an den Percussions, den großen Ollie *E.* Brown, streng genommen.

MICK: Wir hatten immer einen Keyboarder mit an Bord, manchmal auch mehr als einen. Ganz am Anfang war Stu unser Roadmanager, und Stu spielte auch Klavier. Dann kamen Nicky Hopkins, Billy Preston und andere. Ohne Keyboarder ging bei uns nichts. Er wurde für viele unserer Songs gebraucht, und für mich wäre es unvorstellbar, diese Songs ohne Keyboard zu spielen. Das heißt nicht, dass jeder Song einen großen Keyboard-Part benötigt, aber viele tun das, insbesondere die langsamen Stücke. Außerdem hat der Keyboarder ziemlich oft noch weitere Aufgaben, nämlich bei den musikalischen Arrangements mitzuhelfen und dafür zu sorgen, dass alles glatt und rund läuft.

MICK: Auf der Tournee von 1975 gab es zahlreiche Requisiten und diese ganzen neuen Effekte von Jules Fisher, Sachen, die er am Broadway gemacht hatte, Projektionen auf Oberflächen und bemalte Tücher. Wir hatten zwei Bühnen in Form von Lotusblüten. In den größeren Städten waren die Blätter der einen Lotusblüte zunächst zusammengelegt, und über die Bühne waberte ein alles verhüllender Nebelschleier. Ich musste dann über eine Leiter auf den Lotus steigen und mich eisern an einem dieser Blütenblätter festklammern, worauf sich die Blüte öffnete und die spielende Gruppe zum Vorschein kam. Die andere Bühne ragte mit ihren Blütenblättern in die Arena hinein, sodass wir mitten im Publikum spielten. In kleineren Städten wäre es zu aufwändig

Charlie und Shirley Watts hinter der Bühne.

Bill schneidet eine Torte zur Abschlussfeier einer Tournee an, die durch 27 Städte verlief, 45 Konzerte umfasste und fast 13 Millionen US-Dollar einspielte. Zwei Monate später, im Oktober, traf die Band wieder in Montreux zusammen, um mit den Aufnahmen für Black And Blue *zu beginnen.*

gewesen, die Bühne beweglich zu gestalten, aber wir hatten wenigstens noch diese Lotusblüte inmitten des Publikums, anstatt der eher geometrischen Formen, mit denen wir und andere heute arbeiten – mit ziemlich langweiligen Rechtecken. Wir hatten zahlreiche Tricks und aufblasbare Objekte, zum Beispiel Penisse. Irgendwann haben sie, glaube ich, den aufblasbaren Penis verhaftet! Und wir brachten einen recht simplen Zirkustrick, bei dem man sich zunächst an eine Art Steigbügel festhielt, der von einem anderen mit gleichem Gewicht unten gehalten wurde. Sobald er absprang, wurde man an einer Art Seil über das Publikum hinweg katapultiert. Die Schwierigkeit bestand darin, den Bügel rechtzeitig loszulassen, wenn das Seil wieder zurückschwang. Das war, als die Scheinwerfer auf den Spiegel projiziert wurden: Ich erinnere mich jedenfalls, dass das Seil an den Spiegelrahmen schlagen musste.

Charlie und Mick mit Stu im Hintergrund.

Mick – und Bill – im Uhrzeigersinn von oben mit: Andy Warhol, George Harrison, Billy Preston und Elton John, Bob Marley und Peter Tosh sowie Howlin'Wolf.

CHARLIE: Wegen all dem mussten wir schließlich an Orten wie dem Wembley-Stadion auftreten. Mir ist das Wembley echt lieber als Earls Court. Earls Court war für mich furchtbar. Mick und ich schauten uns dort einmal Elton John an: Er war Klasse, und alle waren begeistert. Und als dann wir dort spielten, war es verdammt furchtbar. Keine Ahnung, warum. Es war einfach furchtbar.

Backstage, 1975.

RONNIE: Als ich dann zu den Stones gehörte, nannte mich mein Dad Archie nicht mehr Ronnie, sondern »Ronnie Wood von den Rolling Stones«. Er kam zum Konzert 1975 im Wembley, einer der wenigen Auftritte, die er sich angeschaut hat, und saß da in seinem Rollstuhl und sagte: »Das ist mein Junge, Ronnie Wood von den Rolling Stones.« Er war der Erste, der kam, und der Letzte, der ging. Er bewegte sich durch sämtliche Reihen, schüttelte allen die Hände, küsste die Mädchen, ließ sie auf seinem Schoß sitzen, obwohl er nur noch ein Bein hatte, und sagte zu den hübschen Girls: »Drei sind bei mir noch immer drin, Schätzchen.«

Um die Zeit, als wir *Black And Blue* herausbrachten, war ich fest etabliert. Obwohl die anderen Bandmitglieder manches von mir lernten, lernte ich mehr von ihnen wegen ihrer größeren Erfahrung. Sie waren und sind in der Beziehung noch immer die reinste Goldgrube.

Und ich trat nicht als Songwriter in Erscheinung, außer bei »Hey Negrita«, das mit »Inspiration von Ron Wood« aufgenommen wurde. Zu der Zeit gab es viele dieser »inspirierten Tage« – »Melodie«, so hieß es dann, »inspiriert von Billy Preston«. Eine Menge Leute nahmen das übel, zum Beispiel Billy, der sagte: »Vielen Dank und leckt mich …« und der bei den Stones nie wieder gesehen wurde. Ich fand mich allerdings damit ab, dass ich sozusagen bloß die Routinearbeit machte. »Okay«, sagte ich mir, »sie sind ja auch älter, und ich bin noch immer der Neue. Ich werde immer der Jüngste in der Band sein, ich hake es als Erfahrung ab. Eines Tage kriege ich schon, was mir zusteht.« Es dauerte wirklich lange, aber dann war es so weit. Was gibt es Besseres, als der Lehrling in der Band zu sein, in der man schon immer spielen wollte. Ich machte mir deswegen keinen Kopf. Schließlich habe ich schon das Glück, Gitarre spielen zu können.

Ich habe gelernt, wenn man als Songwriter von einem Stück auftreten will, braucht man Hartnäckigkeit und muss genau zum richtigen Zeitpunkt kommen. Mick Taylor hätte sich wohl damit herausgeredet: »Ach, ich habe doch keine Zeit, so etwas weiter zu verfolgen und das dann durchzusetzen.« Man muss es zur rechten Zeit forcieren, nämlich dann, wenn so eine kreative Pause, eine Lücke da ist.

CHARLIE: Der Reggae-Einfluss in den Songs auf *Black And Blue* stammt hauptsächlich von Keith. In den 60er-Jahren hatte ich einen Haufen Ska- und Blue-Beat-Platten. Als diese 45er herauskamen, hatte ich sie. Sie gehörten in Wahrheit meinem Schwager: Er schickte sie mir oder brachte sie vorbei, wenn er uns besuchte, und überließ sie mir.

Auf Tournee: Beim Anschauen von Fotos mit dem Saxophonisten Bobby Keys.

(Gegenüber) Keith mit seinem Sohn Marlon, seinem ältesten Kind mit Anita Pallenberg. Nach dem Schauspieler Brando benannt, ist Marlon inzwischen in den Dreißigern und selbst Vater. Keiths Mantel war ein Geschenk von Charlie.

(Vorige Seite) Ronnie im Studio. Foto von Ken Regan.

Reggae ist wie rückwärts spielen, aber mit einem fantastischen, mitreißenden Rhythmus. Ich glaube, das ist einer der letzten einzigartigen Rhythmen: ein Zufall, das so etwas irgendwie zustande kommt. Das ist wie bei diesen ganzen lateinamerikanischen Rhythmen: Man spielt etwas seit eh und je auf einer Kuhglocke, dann wird es zu einer neuen Art Tanz, oder ein Mädchen zeigt einen etwas größeren Arsch als zuvor, und schon ist es Rumba. Es gibt Hunderte von Namen für diese Rhythmen, die man vor allem auf einer Kuhglocke schlägt, wie Mick sagen würde. Er würde sagen: »Es muss die Hölle sein, wenn man Schlagzeuger in so einer Band ist«, nicht wegen der Art zu Spielen, weil die Musik wunderschön ist, sondern weil es einem ein unglaubliches Wissen abverlangt: Diese endlosen Variationen zu den Rhythmen, was man alles wie machen muss, wenn ein bestimmter Tanz dabei herauskommen soll. In meiner Bigband sitzt ein Brasilianer an den Percussions, und es ist unglaublich: Man sagt nur: »Das ist eher eine Samba oder so«, und er spielt es einfach. Wirklich erstaunlich.

Aber Reggae war ein kleiner Rhythmus, der aus heiterem Himmel kam und wie ein Strohfeuer abgebrannt ist, so sehe ich das jedenfalls. Tatsächlich ist er kaputt gemacht worden. Leute wie Sly und Robbie haben ihn so tüchtig gespielt, dass alles zu einer Art Maschine wurde, und eine Maschine haben sie dann auch wirklich eingesetzt: Eher die Aufnahme- als die musikalische Technik hat dann die schöne Spielweise im Stil der Barrett Brothers verwässert: Der Sound klang völlig steril. Das war Musik von Technikern, nicht wirklich eine Band, die spielt.

Mick Jagger stand bestimmt auf Reggae. Ich hatte den ganzen Reggae-Kram mit dabei, als wir nach Frankreich zogen und in Keiths Haus die Stücke für *Exile On Main Street* aufnahmen. Mick hatte die gewöhnlich auch. Ich spielte ihm »Cherry Oh Baby« vor oder er mir etwas anderes. Und wir hörten uns oft das Album *The Harder They Come* an. Es gab eine Tournee, die ich die Harder-They-Come-Tournee nannte, weil wir die Platte jede Nacht im Bus spielten. Ich konnte jeden Song mitsingen. Ich habe nicht viele der Licks beherrscht, die die Schlagzeuger spielten, aber es ist ein fantastisches Album, ein großes Beispiel für besten Reggae.

RONNIE: Reggae gehörte zu meinem Kompendium unterschiedlicher Stile, zusammen mit ein bisschen Jazz, ein bisschen Blues und ein bisschen Soul. Mit Eric Clapton, mit dem ich mich zu der Zeit viel herumtrieb, habe ich ziemlich oft Reggae gehört. In den 70er-Jahren gingen Keith und ich in die Clubs und brachten zum Beispiel unseren eigenen Reggae mit. Wir verlangten vom

Keith. Foto von Joe Sia.

DJ, er solle unsere Musik auflegen, worauf dann alle zu Toots and the Maytals oder ähnlichen Bands tanzten. Das machten wir in allen Clubs, ließen unsere Musik und unsere Lieblingsmusiker spielen und schwoften. Es war, als schmissen wir überall, wohin wir in der Welt gingen, eine Megaparty: in New York, London und in ganz Deutschland und Europa. Keith hatte eine andere Masche. Wir mussten auch was aufreißen, und es hieß, in dem oder jenem Club gebe es den oder jenen Stoff, also nahmen wir unsere Musik mit. Es wurde eine Riesenparty, und wenn Stoff auftauchte, war gleich noch mehr los!

Als ich in Malibu lebte, spielte ich mit Bob Marley im Oakland Coliseum. Einem seiner Gitarristen, Al Anderson, wurde die Gitarre geklaut, also brachte ich ihm eine ins Coliseum, und Al sagte: »Komm und spiel mit uns.« Ich ging zu Bob und sagte: »Tja Bob, jetzt bist du das einzige Bandmitglied, das noch nicht weiß, dass ich bei euch mitspiele! « Bob sagte kein Wort und schaute mich bloß mit einem Blick an, der besagte: »Gut, wenn du's kannst, ist es in Ordnung, wenn nicht, fliegst du raus.« Nach ein paar Songs auf der Bühne erntete ich einen »Das-geht-in-Ordung«-Blick. Ich spielte bis zur Zugabe weiter, die sicher eine Stunde ging.

Wir standen also alle gemeinsam und voneinander unabhängig auf Reggae – auch so eine Laune dieser Zeit. Ich brachte da so einen bestimmten Lick mit ins Studio, und als die anderen fragten, womit wir anfangen sollten, sagte ich: »Ich hab da diesen Song.« Charlie saß schon hinter dem Schlagzeug und war richtig drin, und dann wurden auch Keith und Mick von der Bewegung erfasst. So kam »Hey Negrita« zustande. Wenn man in dieser Band einen Song durchkriegen will, liegt der Schlüssel darin, dass man niemals versucht, den ganzen Text zu schreiben. Wenn du den Rhythmus hast, hast du Glück! Überlass' den Text Mick, dann hast du eine Chance.

KEITH: Mit *Love You Live* wollten wir eigentlich kein Live-Album machen, aber wir brauchten ein neues und hatten keine wirklich guten Basic-Tracks. Man muss mit dem arbeiten, was man hat. Das Problem bei Live-Aufnahmen besteht darin, dass man auf der Bühne steht und keinen Einfluss darauf hat, was über die Tonköpfe aufs Band gelangt. So ist manches entweder schlecht gespielt oder schlecht aufgenommen, oder jemand hat das Band verschlampt. Live-Aufnahmen sind immer ein Glücksspiel. Die heutige Technik macht es einfacher, eine Band auf der Bühne aufzunehmen, aber gleichzeitig sind Live-Alben etwas Merkwürdiges, denn wenn man den optimalen Sound abmischt, bekommt man vielleicht eine sehr gute Aufnahme, aber es klingt nicht mehr live, also fährt man den Lärm aus dem Publikum hoch! Man muss auf eine feine Balance zwischen Klang und Atmosphäre beim Konzert achten, damit man die Stimmung und Begeisterung rüberbringt. So etwas klappt erstaunlicherweise tatsächlich, und das ist auch der Grund dafür, warum manche Leute diese Platten gerne hören.

> *»Kanada brachte das Fass zum Überlaufen. Die Kacke war buchstäblich am Dampfen. Ich sah mich bereits für sieben Jahre in den Knast wandern.«*
>
> *Keith*

RONNIE: Wir mussten die Show im Nachtclub El Mocambo in Toronto aufnehmen, um für *Love You Live* eine Extraseite Material zu bekommen. Ich erinnere mich an die ausgeschnittenen Palmen hinter uns auf der Bühne und an Maggie Trudeau, die mein Gast war. Wir hatten etwas zu lachen, aber der Gig lag auch irgendwie im Nebel: Wir mussten uns so viele Songs merken, und ich glaube, wir hatten bis zur letzten Minute keine klar ausgearbeitete Setliste. Es war ein dauerndes Hin und Her. Ich erinnere mich zwar überhaupt nicht, welche verdammten Songs wir damals spielten, aber immer, wenn mir jemand die Liste zeigt, erscheint sie mir ausgezeichnet!

CHARLIE: Das El Mocambo war eines unserer Clubkonzerte. Die finde ich gewöhnlich ziemlich schrecklich, weil zu viele Leute da sind. Und im Allgemeinen spielen wir auch zu laut. Viel zu heiß und viel zu laut. Der Gig selbst ist mir nicht mehr sehr präsent, aber ich erinnere mich an das Abendessen mit Mick und Mia Farrow und Ronnie, der mit Margaret Trudeau zusammen war und fast den Fahrstuhlschacht hinabgestürzt wäre. Ich weiß noch, wie Mick auf mich zu stürzte und sagte: »Raus hier, raus, wir werden verhaftet.« Ich hatte immer ein furchtbares Gefühl, weil wir einfach abgehauen sind und Keith zurückgelassen haben. Ich habe mich immer gefragt, warum wir ihn im Stich gelassen haben. Es war totale Paranoia zu glauben, dass alles ginge mich nichts an, das sei bloß eine Sache von Anita und Keith. Ich hatte deswegen üble Schuldgefühle. Stu blieb mit Keith allein zurück und vergaß uns das nie. Er und Keith machten zwei großartige Aufnahmen, während sie dort festsaßen: eine tolle Version von »Confessin' The Blues« und »Run Rudolph Run«.

KEITH: Ich schlief, als sie mich verhafteten. Ich war auf der Probe gewesen, war zum Hotel zurückgekehrt und zusammengebrochen. Als Nächstes erinnere ich mich daran, dass ich aus dem Schlaf gerissen und weggeschleppt wurde, von diesen beiden riesigen Typen, die mich wach watschten. Man kann nicht verhaftet werden, wenn man nicht wach ist, also schütteten sie mir Wasser ins Gesicht. Ich erwachte mit dem Gedanken: »Ich wache in einer Minute auf.« Es war eher ein Alptraum. Kanada brachte das Fass zum Überlaufen. Die Kacke war buchstäblich am Dampfen. Ich sah mich bereits für sieben Jahre in den Knast wandern. Aber wenigstens stellte ich mich der Situation. Das ist das Einzige aus dieser ganzen Zeit, auf das ich stolz bin und mir gesagt habe: »Okay, das war's. Es ist vorbei.« Deshalb blieben Anita und ich auch nicht zusammen, weil sie sich der Sache nicht stellte und ich deswegen ging.

Ich blickte buchstäblich in einen Gewehrlauf. Bill Wyman ging als Erster, um Stoff für mich aufzutreiben. So etwas hatte er noch nie gemacht, aber er tat es, weil ich von den Mounties, die mich gefilzt hatten, verlangt habe: »Gebt mir ein Gramm zurück, ihr wisst doch, was sonst passiert: Ich ziehe noch mal los und beschaffe mir neuen Stoff, und ihr könnt mir dann hinterherrennen und mich noch mal filzen.« Sie gaben mir natürlich nichts, das machen Cops nicht.

Aber letztlich braucht man mich nicht dumm anzumachen. Das bringt nichts. Ich spiele nur Gitarre und schreibe Songs. Ich bin Troubadour, Spielmann, ein uralter angesehener Beruf. Das ist alles. Ich bin nicht besonders ehrgeizig. Ich bin kein Mozart. Trotzdem lag der einzige Grund dafür, dass die Cops sich für mich interessierten, darin, dass sie mich für so wichtig hielten. Das hat mich richtig geschockt.

Ich sagte mir: »Okay, das Experiment geht jetzt langsam zu Ende. Das ist ein Labor, und das schließen wir jetzt.« Vorher hatte ich es einfach so gesehen, dass alles, was ich mit meinem Körper angestellte, mein Bier war. Für den Dealer auf dem Schulhof, der Kids Stoff verkaufte, war ich nicht verantwortlich. Und das versuchten sie mir nun anzuhängen: Wenn du Drogen nimmst, machst du mit den Drogen auch Schulkinder an. Ich hatte die Haltung von Baudelaire, der wissen wollte, wie so ein Stoff wirkt. Dass ich noch am Leben bin, hängt damit zusammen, dass ich beim Stoff immer auf Top-Qualität geachtet habe. Aber dann wurde es immer schwieriger, an guten Stoff heranzukommen, ich wurde zur Zielscheibe, und überall war man hinter mir her.

Ich merkte einfach, dass ich nicht auf allen Hochzeiten tanzen konnte, und dachte: »Okay, ich brauche es wirklich, also ist es Zeit, es bleiben zu lassen.« Ich machte meine Band, meine Familie, mich selbst kaputt: einfach alles. Das Experiment hatte nur ein bisschen zu lange gedauert. Ich hatte es getan, um mich zu verstecken, vor der Berühmtheit und davor, dass ich auf der Bühne ein anderer war. Ich wollte doch nichts anderes als Musik machen und meine Familie durchbringen. Mit einem Schuss Heroin konnte ich mich schützen, überstand ich alles, und alles war mir scheißegal. So fühlte ich mich weder unsicher noch unter

Druck. Heroin ist anfangs wohl ein billiger Ausweg, aber am Ende kommt er einen verdammt teuer zu stehen.

Also habe ich Schluss gemacht. Ein Entzug ist keine große Sache: Es ist nicht so, wie wenn einem die Kniescheiben zerschossen werden, obwohl es natürlich nie leicht ist, clean zu werden. Leute, die nichts davon verstehen, reden von den »Schrecken des Cold Turkey«, aber wenn man es zehn oder zwölf Mal hinter sich gebracht hat, ist es gar nicht so furchtbar.

Ich würde mich nie in anderer Leute Probleme mischen. Wirklich nie. Jeder soll machen, was er will. Ich kehre vor meiner Haustüre. Jedenfalls habe ich es in dieser Band nie erlebt, dass einer die Gruppe in Gefahr gebracht hat, außer mir.

CHARLIE: Ich habe mir um die Zukunft keine Sorgen gemacht. Nie. Das ist nichts, über das ich ins Grübeln geraten könnte. Wenn wir morgen aufhören – nicht weil wir alle sterben, sondern weil wir nicht mehr spielen –, dann wäre das für mich in Ordnung. Ich würde etwas anders machen oder mit anderen spielen. Ich habe mir nie Sorgen gemacht, ob die Band aufhören könnte. Wenn sie es tut, tut sie es eben.

Was Drogen betrifft, so habe ich nie wirklich welche genommen. Manchmal habe ich Speed eingeworfen, aber das war so ein Zeug wie Schlankheitspillen. Also dachte ich immer: »Das hat nichts mit mir zu tun.« Oder: »Ich wüsste nicht, was man mir vorwerfen sollte.« Aber ich war immer mit betroffen, und ebenso meine Familie. Wegen des Jobs und wegen meiner Kontakte wurden wir immer herausgepickt und gefilzt. In den 60er-Jahren war es gewöhnlich wegen der langen Haare, und dann kamen noch die Drogen dazu. Ich konnte nichts anderes sagen, als dass ich keine nahm. Bloß weil Keith welche nahm, hieß das noch lange nicht, dass auch ich zu Drogen griff. Aber sein Konsum wirkte sich natürlich voll auf die Band aus: Unsere Karriere lag auf Eis.

Ich habe mir deswegen keine grauen Haare wachsen lassen oder Keith Vorwürfe gemacht. Ich

Nach vielen Jahren wieder ein Clubkonzert. Der El Mocambo Club, Toronto, März 1977, mit Live-Aufnahmen für das Album Love You Live. *In der erste Reihe Margaret Trudeau auf Einladung von Ronnie.*

»Irgendwie kommt es mir noch heute so vor, als sei Ronnie erst seit ein paar Jahren bei den Stones, dabei ist er es nun schon eine verdammt lange Zeit. Er ist ein wunderbarer Typ für unterwegs. Er bringt einen Haufen Spaß mit – ein bisschen verrückt ist er auch – aber einfach ein prima Typ.«

Charlie

glaube, es machte ihm selbst am allermeisten zu schaffen. Bill war wegen der Auswirkungen auf sein Leben sehr viel wütender als ich. Eigentlich hätte ich auch wütend sein müssen, war es aber nicht.

Charlie beim Üben.

Ronnie und John Belushi auf dem Set von Saturday Night Live *im Oktober 1978. Einige Jahre später trat Belushi als Jake Blues in der R&B-Parodie* The Blues Brothers *auf. Er starb 1982.*

Proben für die Sendung Saturday Night Live, *bei der die Band als Gastgeber wie als musikalische Attraktion auftrat. Unter den Gästen waren Carrie Fisher (Prinzessin Leia aus Krieg der Sterne) und der New Yorker Bürgermeister Ed Koch.*

Die Stones beim Auftritt in Saturday Night Live. *Ihr Erscheinen auf dem Bildschirm bedeutete eine Atempause in einem Monat, in dem sie wegen des humoristischen Textes von »Some Girls« unter Beschuss gerieten und mit Keiths Prozess konfrontiert wurden.*

RONNIE: Als Keith das durchmachte, versuchten wir, nicht in den Abgrund zu blicken. Ich hoffte einfach, dass alles gut gehen würde. Wir konnten kaum mehr machen, als weiterhin unser Bestes geben. Ich glaube, wir hatten in dieser Phase mit den Drogen immer etwas in petto, falls Keith einmal nicht in ein Land gelassen werden sollte. Trotzdem konnten wir uns die Band ohne ihn nicht vorstellen. Wenn es ein Problem gegeben hätte, hätten wir damit fertig werden müssen. Ich wäre bei der Band gewesen, aber ich weiß nicht, was wir wegen des anderen Gitarristen gemacht hätten! Als ich hörte, dass es ihm helfen würde, in Kanada mit den New Barbarians das Konzert für die Blinden zu geben, war die Stimmung klar: »Klar, los, das machen wir.« Und es half ihm tatsächlich.

KEITH: In den zwei Jahren, in denen sich der Prozess hinzog, musste ich immer wieder zur Verhandlung nach Toronto. Alle waren da, ganze Menschenmengen mit Plakaten mit der Aufschrift: »Das ist nicht fair, lasst Keith in Ruhe.« Und dann war da ein blindes Mädchen aus Montreal, mein blinder Engel. Ich hatte sie schon vor ein paar Jahren kennengelernt. Sie kam so oft es ging zu unseren Auftritten. Sie sagte, sie wolle unbedingt auch zum nächsten Konzert kommen, und wir machten uns natürlich Sorgen. Ich redete mit den Fahrern und bat darum, sie beim nächsten Konzert abzuholen und dafür zu sorgen, dass sie sicher ankam. Und das war mein Glück. Sie ging zum Richter nach Hause, nach Dienstschluss und nachts, klopfte an seine Tür und erzählte ihm die Geschichte. Zwei Tage später hatte ich die nächste Verhandlung, da hieß es: »Gut, Sie sind verurteilt, ein Benefizkonzert für Blinde zu geben«, was wir dann auch gerne taten. Deswegen liebe ich Toronto, weil man die Probleme dort auf eine nette Art löst.

CHARLIE: Keith wurde von einem kleinen blinden Mädchen gerettet, das er gekannt hat. Er trifft sich noch heute mit ihr. Er vergisst ihr das nie. Er ist wirklich ein toller Typ.

PRINZ RUPERT LOEWENSTEIN

Rupert Loewenstein war Direktor der Londoner Geschäftsbank Leopold Joseph, als er Mick Jagger 1968 kennen lernte. 1970 wurde er damit beauftragt, die Geschäfte der Rolling Stones zu führen. Er entwirrte mit Erfolg deren komplizierte Vermögenslage und ist seit nunmehr 33 Jahren ihr Finanzberater.

Ende Februar 1977 hielt ich mich in Los Angeles auf, um mit mehreren interessierten Firmen einen neuen Plattenvertrag für die Rolling Stones auszuhandeln. Der alte mit Atlantic Records lief aus. Als ich in meinem Zimmer im Hotel Beverly Hills eintraf, erwarteten mich dort zur Begrüßung bereits mehrere Flaschen Champagner, Gaben der verschiedenen Bewerber um den Vertrag. Eine Magnumflasche Dom Perignon stammte von Robert Stigwood, der zu dieser Zeit für Polygram arbeitete. An einer Flasche Korbell war die Nachricht angeheftet: »Von Ahmet Ertegun und Atlantic Records.« Erst später erfuhr ich, dass der Korbell in Wahrheit von Stigwood stammte, der einen Scherz gemacht hatte. Ungefähr einen Tag nach meiner Ankunft, als ich mitten in den Verhandlungen steckte, erhielt ich einen Anruf von Mick Jagger. Er teilte mir mit, Keith Richards sei in Toronto wegen Drogenhandels verhaftet worden, sicher würde das bald weltweit bekannt sein.

Nach kurzem besorgten Nachdenken informierte ich telefonisch pflichtgemäß sämtliche Bewerber. Sie zogen sich nacheinander aus dem Rennen zurück, bis auf Ahmet Ertegun. Natürlich erneuerten wir mit ihm die Vereinbarungen für Amerika und erreichten zudem einen Abschluss mit EMI für die übrige Welt. Aber die Neuigkeiten über Keith waren natürlich ein schwerer Schlag, der unsere Verhandlungsposition deutlich schwächte.

Dass wir die Geschäftsbeziehungen der Stones zu Atlantic aufrechterhielten, bedeutete weder eine Härte noch eine Enttäuschung. Nach den traurigen Erfahrungen der Gruppe mit Plattenfirmen und Managern in den 60er-Jahren war die Begeisterung über die Zusammenarbeit mit Atlantic enorm gewesen. Atlantic war noch immer ganz das – wenn auch fast erwachsene – Kind von Ahmet Ertegun.

Er hatte die Firma, die er einst mit seinem Bruder und einigen Freunden gegründet hatte, inzwischen an Steve Ross' Unternehmen Warners verkauft, das aus den Kinney Services hervorgegangen war. Es war nach meiner Kenntnis ein Unternehmen seines damaligen Schwiegervaters, das mit der Bewirtschaftung von Parkraum und Bestattungen Geld verdiente und später von Warners aufgekauft wurde, ein Unternehmen, das nach vielen Fusionen, Zukäufen und Umstrukturierungen heute AOL Time Warner heißt. Dieser Konzern hat bekanntermaßen die größten Firmenverluste in der US-Geschichte hinnehmen müssen: 2002 98,7 Milliarden US-Dollar, also mehr als die Staatsverschuldung vieler Länder zusammen.

Obwohl er verkauft hatte, trug Ahmet nach wie vor eine hohe Verantwortung, sogar mit Blick auf tägliche und - wenn man so sagen darf - nächtliche Aufgaben. Er nahm, gelegentlich schlafend, an vielen Aufnahmen teil, um seine Künstler zu ermuntern, denen er nickend oder winkend, mit einem Lachen oder Stirnrunzeln Beistand leistete.

Seine Erfahrung und Begeisterung bedeuteten für die Band während ihrer neuen Schallplattenkarriere eine große Hilfe. In dieser frühen Zeit bei Atlantic, die mit dem Erscheinen von *Sticky Fingers* 1971 begann und sehr erfolgreich mit *Exile On Main Street*, *Goats Head Soup* und *Black And Blue* fortgeführt wurde, konnte man interessanterweise beobachten, dass der Großteil der Platten in den USA verkauft wurde. Der »Rest der Welt« war dagegen ein eher unbedeutender Markt. Noch deutlicher wurde dies beim Erscheinen von *Some Girls* 1978, dem noch immer meistverkauften Album der Stones.

Derweil wurde gegen Keith weiter ermittelt. Wir hatten allerdings das Glück, dass die Mühlen der Justiz mit der gewohnten Langsamkeit mahlten und das Urteil erst im Oktober 1978 verkündet wurde: nach dem triumphalen Erscheinen von *Some Girls* und der dazugehörigen Tournee durch die Vereinigten Staaten. Für die Band selbst sah die Zukunft dagegen eher düster aus: Obwohl es technisch möglich gewesen wäre, konnte man sich die Rolling Stones in Wahrheit ohne Keith an der Seite von Mick und den anderen unmöglich vorstellen. Glücklicherweise fiel das Urteil, bei dem von einer Haftstrafe ausgegangen werden musste, milder aus als befürchtet: Keith musste ein Benefizkonzert für das Canadian Institute for the Blind geben. (»Warum nicht für Gehörlose?«, fragte er.) Aber er durfte zur Therapie in die USA zurückkehren, sodass die Arbeit weitergehen konnte.

Ich bin den Stones erstmals 1968 begegnet. Mick und ich wurden einander von Christopher Gibbs vorgestellt, einem meiner Freunde. Christopher fragte mich, ob ich mich um die Finanzen seines Freundes Mick Jagger und der Rolling Stones kümmern könne. Ich hatte zu der Zeit noch nichts von den Rolling Stones gehört, erinnerte mich aber mit einem etwas unguten Gefühl an den Zeitungsartikel von William Rees-Mogg in der *Times* zu Mick Jaggers Verhaftung in Sussex. Allerdings erhielt ich über sie schnell Auskünfte durch meine Frau und bekam den Eindruck, dass meine Bank mit der Verwaltung eines großen Vermögens zu tun bekäme.

Als ich dann Mick bei ihm zu Hause auf dem Chelsea Embankment besuchte, »funkte« es, obwohl mir klar wurde, dass es hier kein großes Vermögen zu verwalten gab. Die Stones machten vielmehr eine angespannte und schwierige Phase durch, denn es gab bei einer Reihe von Verträgen Verwicklungen, die erst einmal gelöst werden mussten. Als damaliger Direktor einer kleinen Geschäftsbank konnte ich meine Partner überzeugen, dass die finanziellen Probleme einer prominenten Rockband im Grunde nichts anderes waren als die anderer Kunden, die in der Londoner City in finanziellen Angelegenheiten um Rat nachsuchten.

Natürlich unterschied sich der Lebensstil einer solchen Band von dem der Vorstände von beispielsweise ICI oder British Aluminium, obwohl die auftauchenden menschlichen Probleme so anders gar nicht waren. Komplizierte emotionale Beziehungen gibt es auch unter Politikern, und auf Leichtgläubigkeit und übergroßen Enthusiasmus trifft man auch in den Chefetagen großer Konzerne. Trotzdem war es einigermaßen schwierig, die Banker in der City und die Anwälte davon zu überzeugen, dass man Rockstars als Kunden und Geschäftspartner betrachten kann, und in der

Tat, als sich Richter mit den ersten Verträgen der Rolling Stones zu befassen hatten, waren deren weithin publik gemachten Eskapaden natürlich wenig hilfreich.

Kaum hatte ich Mick, Bill, Charlie und Keith kennen gelernt, starb Brian Jones, dem ich nie begegnet war. Um die gleiche Zeit veranstalteten wir in unserem Londoner Haus einen Tanzabend. Alle wurden gebeten, in Weiß zu erscheinen, und Mick trug einen etwas bukolisch anmutenden weißen Kittel, den er auf dem Gedenkkonzert der Stones für Brian Jones ein oder zwei Tage später im Hyde Park ebenfalls anhatte. Soweit ich mich erinnere, brachte Mick Marianne Faithfull mit. Sie hatte sich für ein schwarzes Kleid entschieden und war damals eine schöne junge Frau mit einer bezaubernd unschuldigen Ausstrahlung.

Nachdem wir und unsere Anwälte 1970 schließlich die Verträge der Stones und ihre offenen Rechnungen gesichtet hatten – Stapel Papier, die aus den Büros der Stones und ihrer Anwälte abtransportiert werden mussten –, wurde eines deutlich: Die Band hatte einen Schuldenberg, der mit ihren künftigen Gagen nur dann abgetragen werden konnte, wenn sie ihre Zelte in England abbrechen würden. (In der Zeit vor der Regierung Thatcher wurden alle Einkommen über 24 000 Pfund pro Jahr mit 83 Prozent und zudem alle Einkünfte aus Anlagevermögen über 2250 Pfund pro Jahr mit 15 Prozent besteuert.)

Die Rolling Stones gingen daraufhin ins »Exil« nach Frankreich. Sie arbeiteten und lebten in den Alpes Maritimes. Charlie Watts und Bill Wyman fassten den glücklichen Entschluss, in Südfrankreich Häuser zu kaufen, während Mick und Keith ihre – wenn auch spektakulären – Häuser leider nur mieteten. Frankreich war zu dieser Zeit noch kein Hafen des Sozialismus wie England.

In dieser frühen Zeit flog ich oft nach Nizza, um mich mit der Band zu treffen. Die Stones mussten sich an ihre neue Umgebung erst einmal gewöhnen und arbeiteten hart an den Aufnahmen zu *Exile On Main Street* in der prachtvollen Villa, die Keith und Anita Pallenberg bezogen hatten. Ich war vor allem mit einer Reihe von Prozessen (und Gläubigervergleichen) beschäftigt, die ich für sie gegen ihr früheres Management und ihre Plattenfirmen führte und die endlose Diskussionen und Sitzungen mit Anwälten in London und in den USA notwendig machten. Immerhin verliefen diese Verfahren im Großen und Ganzen erfolgreich: Das wichtigste Ergebnis war, dass die Stones jetzt wieder frei und ohne Rücksicht auf alte Abmachungen Schallplatten aufnehmen und Lieder komponieren konnten.

In der Zeit bis 1978 war das Geld noch immer knapp, da Schulden abbezahlt, finanzielle Verpflichtungen gedeckt und für die Kosten ihres Lebensstils aufgekommen werden musste. Wie unterschiedlich sie auch ansonsten sein mochten, genügsam lebte keiner aus der Band.

Die zehn Jahre nach 1978 bedeuteten für die Stones definitiv eine Wende: Dass sie ihre Jugendprobleme überwunden haben und zu der hoch professionellen, aber noch immer begeisterten Gruppe herangereift sind, als die man sie heute noch kennt, ist schon eine bemerkenswerte Tatsache. Zum Glück besteht die Band aus Individuen, deren unterschiedliche Charaktere und Prägungen für Spannungen sorgen, die sich dann wieder in Harmonie auflösen. Ich habe meine Rolle in ihrer Organisation oft in einer Kombination aus Bankmanager, Psychiater und Kindermädchen gesehen.

In den nächsten Jahren erschienen *Emotional Rescue*, *Tattoo You* und *Undercover*. Die Verkaufszahlen waren zwar beruhigend, reichten aber nie an die von *Some Girls* heran. Allerdings machten die Stones 1981 und 1982 eine erste groß angelegte Tournee und spielten vor zwei Millionen Zuhörern in den USA und 1,5 Millionen in der übrigen Welt. Tourneen waren von den Rolling Stones wie von vielen führenden Rockgruppen bis dahin als zweitrangig angesehen worden. Sie waren finanziell eher unlukrativ, und als sicheres Mittel, den Neuerscheinungen mehr öffentliche Aufmerksamkeit zu verschaffen, galt vor allem die »Arbeit an der Schallplatte«. Ahmet Ertegun selbst hat eigentlich nie daran geglaubt, mit einer Tournee Verkaufszahlen steigern zu können.

Er war damals und auch später noch fest davon überzeugt, dass die Plattenverkäufe allein von der Qualität der Musik und von der Verbreitung im Radio abhingen.

Zudem gab es vor den 80er-Jahren noch keine Einnahmen durch Werbung und Sponsoring durch Firmen, die heutzutage den Bekanntheitsgrad einer Tournee mit massiven Werbekampagnen gewaltig steigern. Die Rolling Stones waren 1981 die erste Band mit einem kommerziellen Sponsor (Jovan). Einer der Hauptgründe für die bescheidenen Gagen der Künstler bestand darin, dass sie mit ihrer rigiden (wenn nicht naiven) Forderung nach billigen und für jedermann erschwinglichen Eintrittskarten den Veranstaltern in die Hände spielten. Dies führte dann natürlich zu den unverhältnismäßig hohen Gewinnen der »Absahner« im Gegensatz zu den Einkünften der Musiker.

Ich denke, die Rolling Stones haben mit den Weg dafür bereitet, das Missverhältnis zwischen Kartenerlösen einerseits und Unkosten und Gagen andererseits bedeutend zu verringern. Dadurch stehen die Nettoeinkünfte der Musiker jetzt in den Vereinigten Staaten und in (leider nur) zwei oder drei anderen Ländern in einem sehr viel realistischeren Verhältnis zu den Erträgen ihrer musikalischen Leistungen.

In den letzten 20 Jahren hat der Plattenverkauf der Stones ein unterschiedliches Muster gezeigt: In der übrigen Welt lief er sehr viel besser als in den USA, auch wenn er insgesamt hinter den Erwartungen zurückblieb, die durch den großen Erfolg von *Some Girls* geweckt worden waren. Allerdings verliefen die letzten Tourneen zum Glück sehr erfolgreich und unterstrichen die große Popularität der Band.

Insgesamt bin ich, wie wir alle, Zeuge der erstaunlichen Veränderungen in den letzten 40 Jahren geworden. Die 60er-Jahre brachten im Kulturleben eine bedeutende Wende, die mit einem tief greifenden politischen Wandel zusammenfiel, ausgelöst durch die Nachwirkungen des Zweiten Weltkrieges. Die Rockmusik war das Symptom einer neuen säkularen Evangelisierung, bei der die Zehn Gebote hinter einer Religion der Erfüllung individueller Bedürfnisse zurückgetreten sind. Die enorme Popularität und der gewaltige Erfolg der Rolling Stones ist ein Tribut an ihre Fähigkeit, dieses neue Lebensgefühl einzufangen und zu vermitteln.

Auch die technischen Veränderungen haben sich auf die grundlegende Ökonomie dieses Unternehmens ausgewirkt. Die Honorare für den Verkauf von Tonträgern – einst Schelllackplatten, jetzt CDs – werden bald aus anderen Quellen fließen: Durch Begleichung einer Lizenzgebühr wird das Publikum jede Aufnahme in jeder Sprache jederzeit und an jedem Ort abrufen können. Dieser Trend hat bereits begonnen, aber natürlich werden noch einige Jahre vergehen, ehe er den Markt beherrschen und damit auch diejenigen verändern wird, welche die Popindustrie der Zukunft dominieren werden.

Unverändert bleibt dagegen, dass manchen Künstlern, wie den Rolling Stones heute, in ihren Live-Veranstaltungen noch immer Starqualität zugesprochen wird und sie folglich auch weiterhin große Massen anziehen werden. Und man wird feststellen, dass sich viele attraktive Songs zu erfolgsträchtigen Werbeslogans und eingängigen Melodien verarbeiten lassen, die den großen Konzernen beim Verkauf ihrer Produkte helfen können.

Die Rolling Stones haben Kraft, Professionalität, ein großartiges musikalisches Talent und, was wohl das Wichtigste ist, die Starqualität, an der es in unserer unruhigen Zeit so sehr fehlt.

You can make a very strong case that the large stadium show is not an American art form at all, and that it was really the Rolling Stones and Pink Floyd who invented it.

Mick Jagger

WIDERSTREIT DER KRÄFTE

8

Die Stones, fotografiert von Dimo Safari.

RONNIE: Von all den Alben, die die Band gemacht hat, seit ich dabei bin, gehört *Some Girls* mit zu meinen Favoriten. In vielerlei Hinsicht haben wir mit *Some Girls* gefeiert, dass Keith wieder an Bord war, aber mir gefiel auch das Zusammenspiel mit Mick. Es machte mir riesigen Spaß, gemeinsam mit ihm die Songs zu entwickeln, genauso viel wie mit Keith. Doch Keith sagte: »Hey, rück mal ein bisschen zu mir rüber und häng nicht ständig mit dem Sänger rum!« Da musste ich natürlich sehr diplomatisch sein!

KEITH: Für *Some Girls* engagierte Mick Chris Kimsey als Toningenieur und trieb ein hervorragendes Studio in Paris auf, in dem wir uns sehr wohl fühlten. Dort lebte ich mehr oder weniger für die nächsten sechs Jahre. Einmal wachte ich auf, nachdem ich unter dem Mischpult eingeschlafen war, und entdeckte, dass die Band der Pariser Polizei gerade eine Session im Studio abhielt. Ich kroch schnell unter dem Pult hervor und sagte: »Das war schön, echt schön, aber ich glaube, ich verschwinde lieber.«

Viele der guten Sachen entstanden, wie immer, wenn wir das richtige Team zusammen hatten und am richtigen Ort arbeiteten. Theoretisch kannst du eine Platte überall aufnehmen, solange du mit dem richtigen Mann zusammenarbeitest und er die richtigen Mikrofone mitbringt. Das Problem ist, was den ganzen Technikkram angeht, dass die Firmen immer wieder was Neues rausbringen, und das macht die Leute ganz kribbelig. Sie wollen dann immer noch mehr Neues – und dann hat man es mit so Sachen zu tun wie Synthesizern und dem Internet, Dingen, die man nie unters Volk hätte bringen sollen. Für einen Songwriter, der in seinem stillen

Kämmerlein arbeitet, ist ein Synthesizer eine tolle Sache, aber versuch nicht, damit Platten aufzunehmen …

CHARLIE: Viele dieser Songs wie zum Beispiel »Miss You« auf *Some Girls* und später »Undercover« und Ähnliches waren stark von der Disco-Musik beeinflusst. Man hört es an den »Four-to-the-Floor«-Rhythmen und dem Drumming im Philadelphia-Stil. Mick und ich sind oft in die Disco gegangen. Tanzmusik hört man am besten in einem Tanzschuppen oder in einer Disco – als Kind bin ich oft in diese Tanzschuppen gegangen, um mir die Schlagzeuger anzusehen. In den 70er-Jahren gab es wirklich einige fantastische Tanzbands. Ihre Klamotten mögen ja dämlich ausgesehen haben, aber die Platten, die zum Beispiel Earth, Wind & Fire herausbrachten, waren sagenhaft. Es war eine tolle Zeit. Ich erinnere mich, dass Mick und ich, als wir einmal in einem Club in München gewesen waren, anschließend einen Song von den Village People gesungen haben – ich glaube, es war »Y.M.C.A.« – und dass Keith durchdrehte, aber in dem Tanzschuppen klang er einfach super.

Wir waren nicht jeden Abend in einem Club, aber wenn wir irgendwo gespielt oder Aufnahmen gemacht haben, sind wir manchmal schon ein paar Mal pro Woche ausgegangen. Mick fand immer irgendeinen Club für uns. Ich hab übrigens nie getanzt, sondern einfach nur dagesessen, während Mick tanzte. Ich tanze nie, wie meine Frau bestätigen kann. Wenn man Drummer ist, glauben die Leute immer, dass man tanzen kann, weil man dieses Instrument spielt. Die einzigen Schlagzeuger, die wirklich tanzen, sind gewöhnlich die Südamerikaner und Kubaner.

Wir sind auch dorthin gegangen, um uns Platten anzuhören, und ich hab sie dann zu Hause gespielt – na ja, ich eigentlich nicht, aber Shirley legte sie immer wieder auf. Wenn du einen Song schreibst oder an ihm arbeitest, fließt alles, was du gerade hörst, in ihn ein. Wenn die im Radio zum Beispiel Schostakowitsch spielen, dann hörst du entweder mit dem auf, was du gerade machst, oder seine Musik schleicht sich in diese Tätigkeit ein. Mick hört sich gerne irgendeinen Rhythmus an, während er spielt, sich einen Song ausdenkt oder ihn überarbeitet.

»Es war sehr kompliziert, sich richtig zu verhalten und nicht eins draufzukriegen. Ich glaube, wenn Charlie sich auch noch eingemischt hätte, dann wär's zu einem fürchterlichen Streit gekommen und alles wäre vielleicht vorbei gewesen.«

Ronnie

MICK: In einen Club zu gehen ist so, als würde man ein Buch immer nur mit dem Hintergedanken lesen, es zu verfilmen. Ein Teil von dir sagt: »Warum kannst du nicht einfach ausgehen und dich amüsieren?« Aber ich finde es total wichtig, dorthin zu gehen, denn sonst hörst du dir vielleicht neue Platten an und setzt dich mit neuen musikalischen Entwicklungen auseinander, kriegst aber nicht mit, wie die Leute auf diese Sounds reagieren. Sich neue Platten anzuhören ist auf jeden Fall nicht dasselbe, denn in einem Club spielen sie ja nicht nur das, was in den letzten Wochen veröffentlicht wurde. Normalerweise spielen sie eine sehr bunte Mischung, und man erlebt, wie die Leute auf alle möglichen Sachen reagieren.

KEITH: Mick hat sich immer viel mehr für die Pop-Szene interessiert als ich. Ende der 70er-Jahre gab es im Disco-Beat einige interessante Entwicklungen – da gab's diesen »Four-to-the-Floor«-

Keith macht sich für einen Auftritt fertig.

Rhythmus, vier Schläge pro Takt auf der Bassdrum, und gleichzeitig den Punk, ein faszinierender Gegensatz.

RONNIE: Mick wollte schon immer genau wissen, was die Kids so hören, ob während der Disco- oder der Funk-Ära oder was auch immer. Er verfolgt immer, was sie hören, und überlegt dann, wie wir das aufgreifen und ihm unseren Stempel aufdrücken könnten. Wir sind oft zusammen ausgegangen, um mitzukriegen, was gerade gefragt war. Mit Mick in einen Club zu gehen, ist schon ein Erlebnis an sich, weil sich alle draufgängerischen Frauen auf ihn stürzen. Es ist dann einfach interessant, ganz still dazusitzen und zu beobachten, was vor sich geht. Charlie – na ja, der hätte sich ein Grinsen nicht verkneifen können.

Keith ist es nicht wichtig, was gerade »in« ist. Er folgt nicht jedem Trend. Keith weiß, was er mag und was nicht. Mick hingegen interessiert sich für alles Neue, was sehr gut für die Band ist, weil es uns auf Trab hält. Wenn die beiden getrennt sind – so wie damals, als sie an ihren Soloalben arbeiteten –, fehlt dieses Wechselspiel: Keith wird nicht mehr gepusht und Mick treibt nichts mehr voran, aber Keith scheint es besser zu gehen, wenn man ihn pusht ... Mick brachte also die neuen Sounds ein und Keith und ich machten was draus.

KEITH: Ich hab einem Publikum noch nie was aufgedrängt: »Mir gefällt dieses oder jenes – ob's euch passt oder nicht.«

CHARLIE: Punk war wirklich eine Modeerscheinung. Mick interessiert sich sehr für neue Trends, deswegen haben wir nach den »Four-to-the-Floor«-Rhythmen bei »Miss You« versucht so zu spielen wie Johnny Rotten, der seinerseits versuchte, uns nachzuahmen ... Ich fand das okay, denn im Grunde genommen war das alles dasselbe.

Diese Songs zu schreiben ist das Schwierige. Ich finde es interessant und muss mich deswegen auf dem Laufenden halten, was es so an aktuellen Rhythmen gibt. Ich meine nicht die Art, wie Jack DeJohnette spielt – obwohl ich ihn mir natürlich anhöre –, sondern eher, wie Sachen von jemandem wie Tony Williams sich durchsetzen. Es gibt einige Drummer in New York wie Terreon Gully, die großartige Sachen spielen.

(gegenüber) Mick, fotografiert von Terry O'Neill.

(vorhergehende Seiten, rechts) Mick, fotografiert von Terry O'Neill.

(vorhergehende Seiten, links) Jade Jagger beobachtet von der Bühnenseite aus den Auftritt ihres Vaters. Mick feierte ihren zehnten Geburtstag im Oktober 1981 in einer New Yorker Rollerdisco.

Mick mit Jerry Hall auf Mustique.

(gegenüber) Jo Howard schminkt Ronnie. Sie heirateten 1985 und Ronnie widmete ihr seinen Solotrack »Josephine«.

RONNIE: Diese Punk-Songs waren unsere Botschaft an diese Jungs. Wir haben nie dagesessen und über Punk geredet, aber man kam nicht um ihn herum. Man hörte ihn ständig überall, von den Sex Pistols, von The Clash und all den anderen Bands. Punk war einfach in der Luft genauso wie damals Disco, als wir »Miss You« gemacht haben. Und da haben wir auch nicht gesagt: »Lasst uns einen Disco-Song machen.« Der Rhythmus war einfach populär und da haben wir so einen Song gemacht. Das Witzige war, dass ich die Jungs von Green Day während der Forty-Licks-Tour backstage gesehen habe: Sie nahmen ein paar Platten auf, die mich an »Respectable« und »When The Whip Comes Down« auf *Some Girls* erinnert haben. Bei »Far Away Eyes« haben wir auch ein bisschen Bakersfield-Sound mit reingebracht.

Sugar Blue spielte auf »Miss You« und »Some Girls« Mundharmonika. Mick oder Keith waren auf ihn gestoßen, als er auf der Straße spielte. Es hat mich schier umgehauen, wozu der Typ in der Lage war, denn ich spiele ein bisschen Mundharmonika. Ich beherrsche das Bending beim Einziehen der Luft und beim Blasen, so wie Jimmy Reed, aber wenn man Sugar Blue eine Mundharmonika gab, dann spielte er in C-Dur, Cis-Dur, Ces-Dur, H-, A- oder F-Dur, egal was. Sein Bending war schier unglaublich. Sugar Blue zu sein ist so, als würde man als Gitarrist den Gitarrenhals zweiteilen, beide Hälften spielen und trotzdem noch was aus dem Instrument rausholen. Er machte das Unmögliche möglich, und so jemanden wie ihn habe ich nie wieder getroffen ... Das Traurige ist, dass er wahrscheinlich wieder auf der Straße spielt wie damals, als Mick und Keith ihm zufällig über den Weg gelaufen sind, und die Qualität dessen, was er tut, nicht erkennt. Er weiß offensichtlich, dass er sehr gut ist, aber er weiß nicht, wie wertvoll er ist. Sugar ist wie einer von den Meters – Zigaboo oder George Porter –, er spielt einfach. »Ich weiß nicht, wie gut ich bin, ich weiß nur, dass ich das hier kann.« Und ich stehe da und denke: »Wie zum Teufel hast du das gemacht, Junge?«

Ian McLagan kam auch nach Paris, mein alter Sparringspartner von den Faces, die für mich immer noch die besten Zwerge sind, denen du über den Weg laufen kannst. Kenney Jones, Ian McLagan und Ronnie Lane waren die vollendeten »Midgets«. Mac war und ist unbezahlbar: Er spielt Klavier wie Nicky Hopkins und Ian Stewart und – wie früher – Chuck Leavell. Mac hat seine eigene Band und arbeitet seit einiger Zeit mit Billy Bragg zusammen, einem Mann, der lieber predigen würde als zu spielen, aber das Tolle ist eben, wie Mac mir sagte: »Wir machen Musik.«

KEITH: Als ich in den Schoß der Gemeinde zurückkehrte, nachdem ich clean war, kam ich, etwa um die Zeit von *Emotional Rescue*, mit Mick ins Studio, um ihm zu sagen: »Danke, Kumpel, dass du die Last auf dich genommen hast.« Deswegen hab ich, wie mir rückblickend klar wird, »The Beast Of Burden« für ihn geschrieben – und das Merkwürdige war, dass er die Last nicht mehr teilen wollte. Mick hatte sich daran gewöhnt, den Laden zu schmeißen – und langsam wurde mir bewusst, dass er sich über jede Einmischung ärgerte.

Ron mit seinem Vater Archie backstage im Wembley-Stadion 1982.

RONNIE: Die Sessions für *Emotional Rescue* fanden in Paris statt. Das Tolle daran, in Paris zu arbeiten, ist, dass du immer in der Nähe eines fantastischen Restaurants bist. Und all das gute Essen hält einen bei Laune, was schon die halbe Miete ist. An manchen Orten gibt's nix außer Arbeit, das ist schrecklich; nicht dass du viel von der Umgebung mitkriegst, aber irgendwann hängt es dir einfach zum Hals raus, vom Zimmerservice abhängig zu sein.

Das Pathé-Marconi Studio erwies sich als gutes Versuchsgelände für Produzenten wie Chris Kimsey, mit dem wir bei *Some Girls* zusammengearbeitet hatten, und später Steve Lillywhite, weil wir uns hier einfach gut auskannten. Wenn wir jemand Neues engagierten, war das, als würden wir sagen: »Okay, du bist jetzt in unserem Salon.« Trotzdem, das Studio hatte irgendwie etwas Kaltes und in diesen Vororten von Paris war es ziemlich langweilig und befremdlich. Wir fuhren mit Keiths Bentley zum Studio und kämpften uns an den französischen Dealern vorbei, die überall rumhingen und das Studio umzingelten.

Da gab's diese Bar, die Vesuvius hieß, eine kleine Jazzbar im oberen Stockwerk, wirklich funkig. Da bin ich immer vor den Sessions zum Essen hingegangen. In Paris bestand Keith immer hartnäckig darauf, dass wir über das bloße Pflichtprogramm hinaus arbeiteten. Gegen vier Uhr morgens, gerade wenn alle richtig müde wurden, nachdem wir uns wirklich ins Zeug gelegt und ein paar Basic-Tracks zusammengeschnitten hatten, sagte Keith dann: »Okay, jetzt machen wir dies oder jenes«, und wir machten alle »Ahh …«, während Bill an der Tür herumlungerte. Keiths damaliger Slogan lautete: »Keiner schläft, solange ich wach bin.« Eines Nachts hatte ich es tatsächlich geschafft, aus dem Studio rauszukommen und mich ins Bett zu legen. Und ich dachte: »Gott, bin ich müde!« Aber es dauerte nicht lange, da kletterte Keith draußen über den Zaun, sprang in meinen Garten und brach ins Haus ein. Im Halbschlaf hörte ich, wie die Tür aufsprang, boom, boom, crash, bang. Und sie kamen rein, direkt nach oben in mein Schlafzimmer – »Keiner schläft, solange ich wach bin« – und zerrten mich zurück ins Studio. Die Sessions waren also wirklich Sklavenarbeit, aber wir schafften unglaublich viel.

»Dance Part I« war ein echt starker Riff, bei dem Mick sofort anbiss. Er sprang buchstäblich auf und tanzte dazu, was der Sinn des ganzen Tracks war. Es ist ein eingängiger Riff und ein Beispiel für einen Song, der ohne Text entstand, nur ein Groove mit Variationen, ohne Chorus. Damals arbeiteten wir an verschiedenen alternativen Versionen, aber ich kann eigentlich nicht sagen, worin der Unterschied zwischen Part I und Part II oder Part III bestand. Es war einfach was Neues, dieser Part I.

Bei *Tattoo You* war das so, dass Mick und Chris Kimsey aufging, dass wir in der Vergangenheit eine Menge großartiger Musik aufgenommen, aber nie veröffentlicht hatten, Material, das sich vor allem während der *Emotional-Rescue*-Sessions angesammelt hatte. Sie sind dann alles durchgegangen, und irgendwann hatten sie die Faxen dicke und meinten: »Es reicht«, und verwendeten Songs wie »Waiting On A Friend«.

KEITH: »Waiting On A Friend« ist einer von den Songs, die du irgendwann mal schreibst und bei denen du dich, wenn du sie später wieder hörst, fragst: »Worum ging's da eigentlich?« Irgendwie ist es einfach ein netter Song, und ich glaube nicht, dass er eine bestimmte Bedeutung hat. Nur wenige Sachen, die wir geschrieben haben, haben irgendwas mit der Realität zu tun, und zwar einfach deshalb, weil wir so viel zu verbergen haben!

RONNIE: »Black Limousine« entwickelte sich aus dem Slide-Guitar-Riff, zu dem unter anderem ein paar Hop-Wilson-Licks angeregt hatten. Die waren auf einer Platte, die ich verlegt hatte, nach Jahren wiederfand und schließlich wieder verlegte. Aber ich vergaß nie, was ich da gehört hatte. Und da gab es diesen anderen Typen, Big Moose, von dem ich vorher nie was gehört hatte und auch nachher nie wieder etwas erfuhr. Eric Clapton hatte mir eine Single gegeben, auf der dieser alte Slide-Spieler zu hören war, der ein bestimmtes Lick hatte, das er immer wieder spielte. Ich dachte: »Das ist wirklich gut, das werde ich verwenden« – und dann hab ich unbewusst den ganzen Song um dieses eine kleine Lick herum geschrieben, es weiterentwickelt, umgemodelt und was daraus gemacht. Ich lerne immer was von diesen Eintagsfliegen.

Dies war etwas, wo es musikalisch bei den Gitarren, den Drums und Mick direkt funkte, und dann kabbelten wir uns sofort um den Text, denn das Ganze schrie offensichtlich nach einem Text. Wir kümmerten uns noch einmal um den Riff und ich überließ Mick das Schreiben des Textes. Keith schreibt seine Riffs eher im Alleingang: »Das ist mein Riff, lass die Finger davon. Hilf mir dabei, aber das ist mein Song.« Mick ist da ein bisschen offener, wenn du mit einer Idee zu ihm kommst. Klar, wenn jemand die Idee zu einem Song hat, dann ist es im Grunde genommen seiner, und wenn Mick oder Keith mit einem Riff bewaffnet und dem ganzen Text für einen Song zu einer Session kommen, dann ist die Sache praktisch gelaufen. Wenn ich dagegen mit fertigen Songs ankam, hatte ich viel mehr Schwierigkeiten, mich durchzusetzen und

Ronnie huldigt seinem Gitarrenkasten.

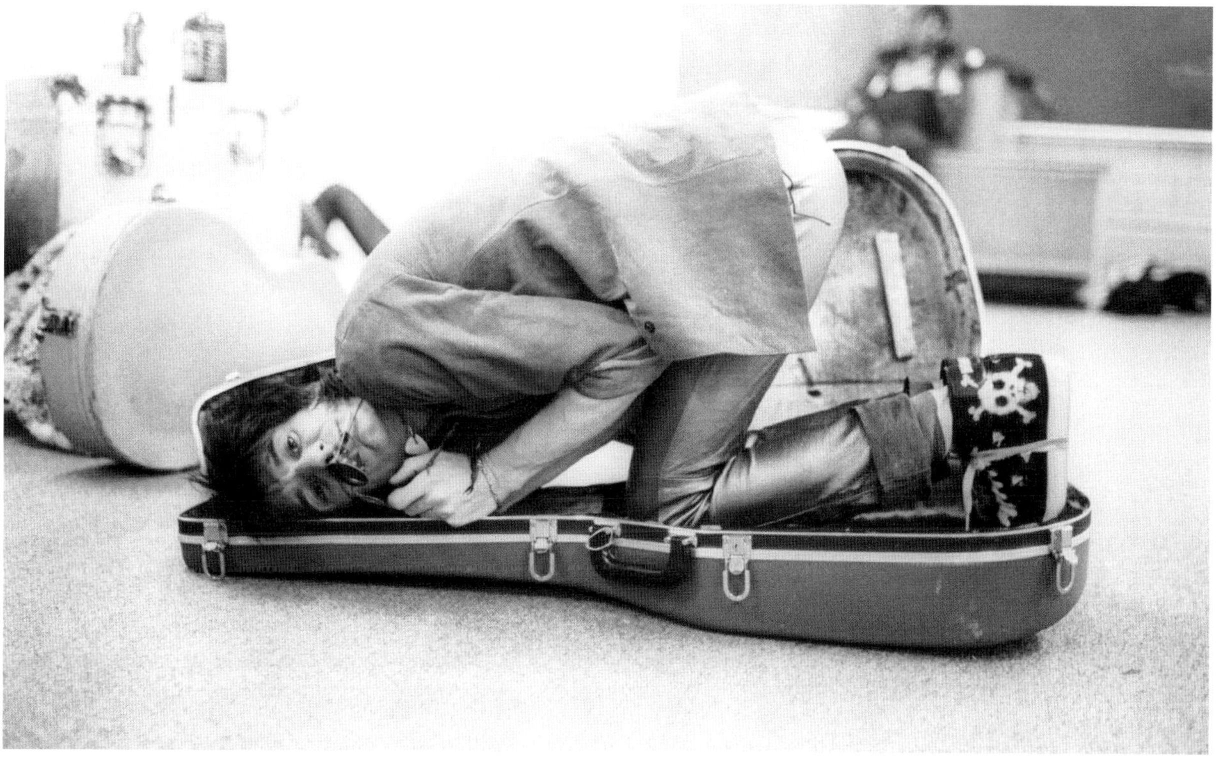

ihnen zu sagen, wie sie zu singen sind – Mick hat nämlich seinen eigenen Stil und deswegen überlasse ich ihm die Interpretation. Das ist nur fair.

Aber dieser Song ist mir durch die Finger gerutscht. Ich hab gekämpft bis zum Umfallen, hab immer wieder gesagt: »Ich hab ihn geschrieben, ich!« Eine der Lektionen, die ich da gelernt habe, war, dass du schon im Studio während der Aufnahmen klären musst, dass es dein Song ist. Bei »Black Limousine« bin ich die Sache nicht professionell genug angegangen, um als Songwriter genannt zu werden. Das hab ich mir wirklich entgehen lassen.

Keine Ahnung, warum »Start Me Up« nicht auf *Emotional Rescue* oder *Some Girls* drauf war, denn zu der Zeit haben wir den Song aufgenommen. Das ist komisch. Vielleicht haben wir ihn für eine Single aufgehoben. Ich meine, mich zu erinnern, dass Mick den Riff dazu mitgebracht hat, wie bei »Don't Stop« auf *Forty Licks*, das auch auf einer Idee von Mick basierte, obwohl »Start Me Up« schließlich ein Mick/Keith-Song wurde. Es war einer dieser Songs, bei dem die beiden echt zusammengearbeitet haben und gleichzeitig ein bisschen Magie im Spiel war.

Keiths Tochter Angela (links).

MICK: Während der Tour 1981/82 haben wir mit Kazuhide Yamazari zusammengearbeitet, einem japanischen Designer. Bei dieser Tour spielten wir am Tag. Es gab keine Abend-Shows. Die meisten Konzerte im Freien fanden am Tag statt, wahrscheinlich weil es billiger war. Ich weiß es nicht. Wir hatten also diese hellen, hellen Grundfarben, die Kazuhide entworfen hatte, und diese riesigen Bilder von einer Gitarre, einem Auto und einer Schallplatte – eine amerikanische Idee –, die für die Nachmittag-Shows ideal waren.

Karis mit Elizabeth auf dem Schoß, Mick mit James und Jade.

RONNIE: Irgendwann während der Tour kam Mick Taylor und spielte bei einer Show mit, aber er war so laut – ich weiß nicht, ob er so nervös war oder was –, dass Keith nahe dran war, ihm den Hals umzudrehen. Während der Songs musste ich ein paar Mal versuchen, Keith den Weg zu versperren. Immer wieder sagte er: »Ich bringe ihn um.« Ich weiß nicht, wie die beiden es geschafft haben, überhaupt so lange zusammenzuarbeiten.

CHARLIE: Bei den größeren Bühnen rückten die Musiker immer weiter auseinander. Mick ist schon immer durch die Gegend gerannt. Es war einfach so, dass die Laufstege und die Aktionsfläche größer geworden waren, manchmal, weil er die Bühne so entworfen hat, manchmal, weil es sich so ergab. Aber im Wesentlichen ist es das Gleiche wie im Crawdaddy Club, wo er immer mit dem Hintern gewackelt hat. Es ist der gleiche Hintern, mit dem er wackelt, nur dass ich ihn manchmal überhaupt nicht mehr sehe. Während der *Voodoo-Lounge*-Tour hatten wir riesige Ausläufer. Die Hälfte der Zeit hab ich Mick gar nicht gesehen. Er war immer um die Ecke verschwunden.

Mick, fotografiert von Pennie Smith.

RONNIE: Bei diesen ersten Stadion-Shows – schwupp, schon entschwand Mick wieder hinterm Horizont. Ich bin auch viel rumgerannt statt zu spielen. Aber inzwischen macht es mir mehr Spaß, zu spielen, als rumzurennen und überall raufzuklettern. Wir mussten uns anders präsentieren, aber tief in uns steckte immer noch das Clubgefühl, das uns sogar die Stadion-Shows überstehen ließ. Ein Stadion ist so ein Riesending, vieles von dem, was du machst, verpufft einfach, sodass du nicht wirklich weißt, was beim Publikum ankommt. Es ist ein bisschen verwirrend. Du kannst nicht dort draußen sein und dich selbst beobachten. Deswegen weißt du eigentlich nicht, was rüberkommt.

KEITH: Obwohl die größeren Shows für uns die Regel sind, sind sie schwieriger, weil man so von Beleuchtungssystemen und Computern abhängig ist. Man sollte sich nur nicht einbilden, dass dadurch die Abstimmung untereinander leichter geworden wäre. Je mehr Kommunikation nötig wird, desto verwirrender wird das Ganze. Wenn wir auf einer kleineren Bühne oder in einem Club spielen, ist das so, als würden wir wieder nach Hause kommen. Du kannst so frei und locker sein, wie du willst, und wenn du Mist baust, na und? Dann sagst du einfach: »Schluss jetzt, wir fangen noch mal an«. Das bringt einfach Lockerheit in die Band.

CHARLIE: Das war die Zeit, in der Mick und ich uns ernsthaft mit den Bühnen beschäftigten. Da wir in Fußballstadien spielten, mussten wir im großen Maßstab planen. In diesem riesigen Stadium wirkst du auf der Bühne winzig. Deswegen hatten wir bei der 1981/82er-Tour diese farbigen Tafeln und später verwendeten wir dann Mittel wie Videowände. Es war uns vollkommen klar, dass wir nicht gesehen wurden, winzig wie Ameisen erschienen. Vor allem Mick ging das so, denn er ist derjenige, der sich wirklich im Rampenlicht produzieren muss. Und wenn die Show so groß wird, brauchst du eben ein bisschen zusätzliche Hilfe. Du brauchst ein paar Effekte in der Show, ein Feuerwerk, eine Light-Show, du brauchst ein bisschen Theater.

KEITH: Als wir *Undercover* machten, verwendeten wir ein paar Sequencer und Synthesizer. Eine Weile lang denkst du immer, alles läuft, wie es laufen sollte, und dann tauchen Dinger wie der

Jo Wood, Jerry Hall und Patti Hansen, die bald Patti Richards heißen wird, im Jahr 1982.

(gegenüber) Keith heiratete Patti Hansen am 18. Dezember 1983, seinem 40. Geburtstag, in Mexiko. Mick, als Einziger von der Band bei der heimlichen Hochzeit anwesend, war Trauzeuge.

Synthesizer auf – eine Maschine fürs Hinterzimmer, um was auszuprobieren, aber nicht fürs Platten machen. Diese verdammte Maschine. In den 80ern hörte man sie auf den Platten immer heraus. Glücklicherweise sind ihre schlimmsten Tage jetzt vorbei. Irgendwann hatten alle das Ding satt, aber es ist ein Beispiel dafür, womit du dich im Musikbusiness ständig rumschlagen musst. Du musst mit der Technologie jonglieren wie auch mit dem Publikum, denn beides ändert sich ständig.

RONNIE: Synthesizer und Sequencer sind nicht Keiths Ding. Ich fand es auch schwierig, mit Sequencern zu arbeiten, aber ich hab nicht gesagt: »Verdammt, ich mach das nicht.« Ich hab immer gefragt: »Bist du sicher?«, hab dann aber mitgemacht. Zu viel davon ist nicht gut, aber ein bisschen ist okay. Keith hasste diese ganze Technologie. Mick hingegen hat schon immer gerne experimentiert und sich informiert, was so los ist. Er ist offen für Neues, so wie bei *Bridges To Babylon*, als er die Dust Brothers mit an Bord brachte. Er musste das tun. In dieser Hinsicht ist Don Was ein guter Vermittler. Er versteht es, die beiden Seiten zu vereinen, Keiths Interesse an dem modernen Techno-Zeugs zu wecken und die Blues-Wurzeln zu bewahren.

Auf *Undercover* waren nicht viele Keith-Songs. Während dieser Phase gab es auf jedem Album nur den einen Proforma-Song von ihm. Ich glaube, das lag einfach daran, dass zwischen Mick und Keith irgendwas nicht stimmte. Irgendwas war da los, etwas Unausgesprochenes, was ich nicht richtig verstehe und wovon ich nicht sagen kann, was dahinter steckte. Mick konnte nicht so gut mit Alkohol und Drogen umgehen, und als er beschloss, damit aufzuhören oder das Ganze zu reduzieren, seine Persönlichkeit insgesamt zu ändern und verantwortungsbewusster zu werden, gefiel Keith diese Veränderung nicht … Aus irgendeinem Grund blieb aus dieser Zeit, in der er das Ganze zuerst übertrieb und dann clean wurde, ein gewisser Groll haften.

Beim *Undercover*-Album wird das ganz deutlich. Sobald ich die Liste der Songs betrachte, die da drauf sind, denke ich: »Das ist kein ausgewogenes Album, es ist ein heilloses Durcheinander.« Es ist eine Mischung aus ausgegrabenen Songs und einigen, an deren Aufnahme ich mich gar nicht mehr erinnern kann. Da ist einer meiner ruhigen Songs drauf, »Pretty Beat Up« –, aber »All the Way Down« hätte ein besserer Song werden können, da haben wir einfach nicht das ganze Potential ausgeschöpft. »Too Much Blood« war vor allem interessant, weil wir in Mexiko waren,

(vorhergehende Seiten) Keith, fotografiert von Michael Halsband.

Die viel gerühmte Energie der Band, eingefangen von Ken Regan und, gegenüber, von Denis O'Regan.

um ein Video zu machen. Musikalische Höhepunkte gibt's kaum auf dem Album. Es war wirklich eine äußerst schwierige Zeit – keine, über die ich oft rede.

Es war der Beginn einer sehr zerrissenen Phase, die zur Veröffentlichung von *Dirty Work* führte, das erste Anzeichen für den Zusammenbruch des Jagger-Richards-Lagers; dafür, dass es in Gefahr war, aus den Fugen zu geraten. Es herrschte eine entsetzliche Spannung und ich musste oft den Vermittler spielen. Keith hatte an allem, was Mick tat, was auszusetzen – »Nein, das ist Scheiße«, sagte er dann. Und Mick kam zu mir und fragte: »Was ist los mit Keith? Was hab ich gemacht?« Woraufhin Keith zu mir kam und fragte: »Wieso redest du mit ihm?«, und dann hatte ich Probleme mit Keith. Es war sehr kompliziert, sich richtig zu verhalten und nicht eins draufzukriegen. Ich glaube, wenn Charlie sich auch noch eingemischt hätte, dann wär's zu einem fürchterlichen Streit gekommen und alles wäre vielleicht vorbei gewesen.

Allerdings haben wir bei dem Song »Undercover Of The Night« ein paar wunderbare Veränderungen vorgenommen, weil Keith nichts damit zu tun haben wollte. Ich erinnere mich, dass wir nur zu dritt daran gearbeitet haben – ich, Mick und Charlie. Es hat mir richtig Spaß gemacht, den Song mit Mick und Charlie zu spielen. Es wurde zu einem wunderbaren Abenteuer mit all diesen Änderungen. Die geschliffene Endfassung mag zwar Micks Vorstellung von dem Song gewesen sein, aber ich weiß, dass ihm die funkige Version auch gefiel.

Bill hat mir immer dabei geholfen, einen Song aufzubauen. Er wusste, wo man Veränderungen vornehmen musste, und hat sich das gemerkt, so wie Chuck Leavell das macht, seit er mit uns spielt. Bill war in dieser Hinsicht wirklich eine Hilfe, aber was einen tatsächlichen Beitrag zur Gestaltung eines Songs anging, da muss man wohl sagen, dass da nie viel kam. Und irgendwie verdrückte er sich immer, wenn ein Streit drohte, was wirklich sehr clever war.

MICK: Für mich ist es egal, ob ich ein Soloalbum oder ein Stones-Album mache, jedoch unter einer Bedingung: Wenn ich für die Stones schreibe, kann der Song ruhig wie einer von den Stones klingen. Aber ein Song, den ich nicht mit den Rolling Stones aufnehme, soll nicht zu viele Klischees enthalten, die man mit den Stones verbindet. Deswegen gebe ich mir große Mühe, sie zu vermeiden. Vor der Veröffentlichung von *Forty Licks* schrieb ich in der Zeit, in der ich zugleich an meinem Soloalbum arbeitete, »Don't Stop«. Ich legte den Song einfach beiseite und sagte mir: »Der klingt sehr nach den Rolling Stones. Er könnte in den kommenden Monaten äußerst

nützlich sein, aber lass ihn einfach liegen und spiele ihn nicht ein, weil er sich besser für die Stones eignet.« Aber es ist alles Teil derselben Songwriting-Session, weil ich nicht auf Bestellung schreibe.

Das Problem mit dem Schreiben eines Songs ist, wenn du dabei bist, musst du davon überzeugt sein, dass er gut ist, und irgendwann dann, dass er wunderbar ist, aber normalerweise ist er nicht wunderbar. In der Regel gibt es ein oder zwei Dinge, die man rauslassen sollte, aber man hat nur selten Zeit, sich den Song aus der Distanz anzusehen, über ihn nachzudenken und zu sagen: »Moment mal, das ist gut, aber das hier könnte besser sein und dieser Teil sollte gar nicht drin sein«, denn wenn du den Song zu Ende geschrieben hast, ist es normalerweise zu spät. Du bist vielleicht auf Tournee oder du hast eine Deadline und immer steht die Plattenaufnahme vor der Tür. Es mag ein großartiger Song sein, aber vielleicht wurde er nicht besonders gut aufgenommen oder gespielt oder gesungen und du hast die Chance verpasst.

RONNIE: Wir haben bei Live Aid nicht gespielt, obwohl Mick seinen Auftritt mit Tina Turner hatte und das Video mit David Bowie gemacht hat. Keith und ich spielten schließlich mit Bob Dylan. Das erste Mal habe ich Bob im Studio von The Band, im Shangri-La, getroffen. Eric Clapton machte dort Aufnahmen mit The Band und ich war auf dem Sunset Boulevard in L.A. Ich sagte: »Ich hab das Gefühl, ich sollte zurück zum Shangri-La fahren.« Also stieg ich in mein Auto und jemand aus dem Studio rief an und sagte: »Du solltest jetzt hier sein, Mann. Eric Clapton ist mit The Band hier.« »Weiß ich«, meinte ich – Rob Fraboni war der Toningenieur: Er ist bis heute Keiths Favorit – und sie sagten: »Und rate mal, wer gerade aufgetaucht ist und deinen Song spielt?« Ich fragte: »Wer?«, und sie sagten: »Bob Dylan.« Also sagte ich: »Fahrer, gib Gas!« So kam ich an »Seven Days«, denn Bob sagte zu mir »Du kannst den Song haben«, und schließlich hab ich ihn mit Mick Fleetwood am Schlagzeug aufgenommen. Jedes Mal, wenn ich Bob sehe, fragt er: »Hey, Woody, willst du heute Abend ›Seven Days‹ spielen?« Und ich sage: »Naja, du hast den Song geschrieben.« Und er: »Ja, aber du kannst ihn spielen.« Bob ist wunderbar.

Keith signiert ein Programm für Jim Callaghan, den Sicherheitschef der Band.

Hinter Mick und Ronnie ist auch Chuch Magee, der Backline-Techniker, zu erkennen.

Kurz vor Live Aid rief Bob mich an und fragte, ob ich bei dieser »Wohltätigkeitsveranstaltung« mitmachen wolle – ich hatte natürlich vorher nicht die geringste Ahnung, welche Bedeutung Live Aid mal haben würde –, und er kam rüber in mein Souterrain-Studio in New York. »Ich will dir ein paar Songs zeigen«, sagte er. Ich kannte die Songs, hatte die Akkorde aber nie wirklich gespielt. Deswegen sagte ich: »Hör mal, bevor wir uns intensiver damit beschäftigen – hast du was dagegen, wenn Keith rüberkommt?« Bob meinte: »Nein, hab ich nicht, aber mir reicht es auch, wenn du da bist.« Und ich sagte: »Ich brauche meinen Sparringspartner Keith.«

Ich rief also Keith an und er: »Verdammt, was willst du?« Und ich: »Bob Dylan ist hier bei mir.« »Bob wer? Fuck you!« Ich sagte: »Er arbeitet an so einem Projekt und ist hier bei mir im Studio.« Ich ging wieder runter ins Studio. Bob fragte: »Was machen wir jetzt, Mann?« Und ich sagte: »Was immer du willst, Bob. Lass uns anfangen.« Wir haben dann all diesen Mist gespielt und zwei Stunden später trudelte Keith ein. »Was willst du, verdammt noch mal?«, fragte er wieder. Und ich: »Bob Dylan ist unten.« »Ja, aber der muss mir erst mal was beweisen, sonst hat er bei mir keine Chance.« Ich sagte zu Keith: »Sei nett zu ihm, Keith, sei nett zu dem Mann, schließlich ist er Bob Dylan.« »Ja, aber was zum Teufel macht er mit meinem Gitarristen? Was macht er hier mit meinem Ronnie?« Ich sagte: »Komm einfach runter, Keith, und sieh es dir an.« Keith kommt runter: »Hallo, Bob, ich liebe dich.« Darauf ich: »Du hinterfotziges Arschloch!«

Was die Show betraf, wussten wir nicht genau, was eigentlich Sache war. Ich erinnere mich, dass wir meine Wohnung in der 78. Straße zwischen Riverside und West End verließen und Bob sagte: »Wir haben einen Auftritt in Philadelphia.« Ich sagte: »Fahr mit mir in meiner Limousine«, aber Bob wollte nicht. »Nein, ich nehm den Truck mit meiner Tochter.« Bobs Tochter fuhr den Truck. »Okay Bob, wir folgen dir«, sagte ich, und als wir losfuhren, meinte Keith: »Wehe, da geht was schief.«

Kurz bevor wir bei Live Aid unseren Auftritt hatten – und das war wirklich die Krönung des Ganzen – gingen wir die Treppe zur Bühne in Philadelphia hoch und Bob drehte sich um und sagte: »Warum spielen wir nicht ›It Ain't Me Babe‹? Wie wär's damit?« Ich sagte: »Bob, das ist jetzt zu spät, das haben wir nicht geübt, sondern all die anderen Sachen aus deinem und dem Stones-Repertoire.« Und dann riss Bob während des Gigs eine Seite. Er sah mich an und sagte. »Woody, was soll ich machen?« Und ich: »Willst du meine Gitarre haben?«, und er sagte: »Ja.« Also gab ich sie ihm. Das war der einzige Abend, an dem ich keinen Gitarren-Roadie hatte. Ich schaute hinter die Bühne: »Haben wir eine andere Gitarre?« Aber wir hatten keine und ich sagte: »Okay, ich

Proben auf der Longview Farm, Massachusetts, im September 1981 vor der US-Tournee.

Bei einer After-Show-Party in New Orleans, 1981.

Keith und Ronnie, fotografiert von Ken Regan.

Tina Turner eröffnete während der US-Tour 1981 einige der Stones-Konzerte, was ihr die Gelegenheit gab, mit Mick im Duett »Honky Tonk Women« zu singen. 1985 traten sie bei Live Aid erneut gemeinsam auf, diesmal mit »State Of Shock« und »It's Only Rock 'n' Roll«.

improvisiere.« Ich nahm Bobs Gitarre und spielte Slide auf einer Saite. Hinterher sagten alle: »Oje, was war das denn für'n Mist – die Gitarre zu nehmen und auf einer Saite zu spielen«, und ich sagte: »Ich hab nur versucht, Bob zu helfen!«

Nachdem wir gespielt hatten, gingen die Vorhänge auf, und da waren sie alle versammelt. Keith und ich saßen auf den Monitor-Boxen und dachten: »Verdammt, wie viele Leute, die wir kennen, kommen noch auf die Bühne?« Es war ein großartiger Abend.

CHARLIE: Stu starb Ende 1985. Wir haben das Glück gehabt, mit einigen fantastischen Pianisten wie Nicky Hopkins zusammenzuarbeiten, aber Nicky konnte nicht das spielen, was Stu konnte, und umgekehrt. Stu hatte nicht Nickys Finesse oder dessen erstaunliches musikalisches Gespür. Nicky spielte großartigen Blues. Darüber hab ich ihn auch kennen gelernt, als er noch ganz jung war, bevor er mit den Rolling Stones zusammengearbeitet hat. Nicky spielte damals mit Screaming Lord Sutch und klang wie eine Mischung aus Jerry Lee Lewis und Otis Spann, spielte wunderschönen Blues, spitzenmäßiges Zeugs. Stu hingegen polterte herum und die linke Hand spielte irrwitzig schnell. Stu hatte eine sehr körperliche Art zu spielen. Er war einer von den Spielern, bei denen das Klavier ins Schwanken kommt. Er spielte eher wie ein Drummer.

KEITH: Eine der größten Belastungen für uns war, dass es keine Kontinuität gab bei dem, was wir machten. Jetzt, wo wir auch mehr zwischendurch machen, ist es etwas einfacher geworden, aber früher gab es zwischen den Tourneen immer diese Phasen, in denen wir herumlungerten und Aufnahmen machten. Stu hatte viel mehr Durchblick als wir alle, weil er immer das getan hat, was er wollte. Er hatte schließlich seine eigene Band, Rocket 88, und tat all die anderen Dinge, die er tun wollte, zum Beispiel all seine Kumpels fördern, die Leute pushen, die er für gut hielt, was ihm wirklich Spaß machte. Er besorgte jemandem die entsprechende Anlage oder beschaffte einen Probenraum. Der Band-Alltag spielte für ihn einfach eine große Rolle.

Stu schlenderte gern auf eine völlig exzentrische, aber total vernünftige und logische Weise durchs Leben, die absolut Sinn machte, wenn man ihn kannte. Es gehörte einfach zu ihm, mit dem, was er war, völlig zufrieden zu sein. Und was für einen Mist er mit einem anstellte, Mann. Wir spielten in irgendeiner Stadt wie Tulsa im Mittleren Westen und wir sagten uns: »Oh super, ein paar Weiber aus Oklahoma«, und die Jungs konnten es kaum abwarten, nachdem die Show vorbei war. Wir fragten Stu: »Wo gehen wir hin?« Aber statt in die Stadt zu fahren, um ein

Bill feiert 1981 seinen 45. Geburtstag in Florida.

Die stets fröhliche Präsenz von Ian Stewart, dem »sechsten Stone«, ließ seinen plötzlichen Tod am 12. Dezember 1985 umso schwerer ertragen. »Wer wird uns denn jetzt sagen, wenn wir uns danebenbenehmen?«, fragte Keith bei Stus Beerdigung Ronnie. Mick: Ein großartiger Freund. Seine merkwürdigen, aber wertvollen musikalischen Tipps hielten uns meistens auf einem bluesartigen Kurs.

bisschen Spaß zu haben, fuhr Stu uns in die finsterste Provinz zu einem Hotel mit einem Golfplatz, weil er den stellvertretenden Manager des Golfplatzes kannte und am Morgen als Erstes eine Runde spielen wollte. Es dauerte Jahre, bevor uns klar war, warum wir in der Pampa übernachteten. Wir dachten, alle Hotels hätten einen Golfplatz. Und wir fragten: »Was machen wir hier, Stu?« »Die Preise sind hier günstiger … und damit ihr mir keine Dummheiten macht«, das war seine übliche Antwort. Und morgens bist du dann aufgewacht und hast gesehen, wie Stu auf den Golfplatz zusteuerte, um seinen Schwung zu üben.

CHARLIE: Stu war viel erwachsener als wir. Er trug immer ein Lacoste-Hemd und Jeans und schleppte Golfschläger mit sich rum. Er nahm die Schläger immer und überall mit hin und wir fanden es entsetzlich. Seit ich ihn kennen lernte, vom ersten Tag an, hat er sich nicht verändert. Er hat nie den Versuch unternommen, sich auf die 70er-Jahre einzustellen – na ja, ich auch nicht so richtig, aber ich hab's mal versucht und mich dabei lächerlich gemacht. Stu hat nie irgendeine Mode mitgemacht, nie. Er hat sich nie geändert. Als ich ihn Anfang der 60er-Jahre kennen lernte, sah er genauso aus wie an dem Tag, als ich mich auf den Stufen der Fulham Town Hall von ihm verabschiedete, einen Tag oder so bevor er starb. Er trug Jeans, Halbschuhe und eine Strickjacke mit dem Krokodil drauf, so wie immer, und er war auf dem Weg zu einem Golfspiel – so wie immer. Stu setzte uns immer irgendwo ab und verschwand dann auf irgendeinem Golfplatz, während wir dann auf ihn warten mussten, weil er eine Runde spielte.

»Stu schlenderte gern auf eine völlig exzentrische, aber total vernünftige und logische Weise durchs Leben, die absolut Sinn machte, wenn man ihn kannte.«

Keith

PETER WOLF

Peter Wolf war Lead-Sänger der J. Geils Band, die mit ihrem rohen authentischen R&B-Sound auf der Europa-Tournee der Stones 1982 als Special Guests auftraten. Im Anschluss veröffentlichte Peter Soloalben, die bei der Kritik gut ankamen. Sein jüngstes Album, *Sleepless*, enthält Beiträge von Mick und Keith.

Die Stones und die J. Geils Band erschienen beide ab Ende der 60er-Jahre bei Atlantic Records. Diese Firma war ganz erstaunlich. Die Gründer des Labels hatten noch immer das Sagen, und sie waren nicht nur Geschäftsleute, sondern leisteten auch bedeutende Beiträge zur Entwicklung des R&B und Rock 'n' Roll.

Ich freute mich jedes Mal, wenn ich sie in ihren Büros mitten in Manhattan ganz in der Nähe des Broadways besuchen konnte, denn ähnlich wie bei Motown und Stax Records herrschte dort zwischen den Angestellten und Künstlern eine wirklich familiäre Atmosphäre.

Man konnte nie wissen, wer von den Musikern gerade vorbeischaute. Ich erinnere mich, dass ich einmal im Fahrstuhl Wilson Pickett und Sonny Rollins begegnete, und als ich oben ausstieg, lungerten im Vorraum Dr. John und Eric Clapton herum, während der Saxophonist King Curtis in einem Studio an Arrangements mit Aretha Franklin feilte. Auf dieser Etage eines ganz gewöhnlichen New Yorker Geschäftshauses herrschte immer eine funkige Straßenatmosphäre.

Eine Zeit lang machten die Rolling Stones und die J. Geils Band ihre Aufnahmen bei Atlantic in den gleichen Studios. Um Mitternacht, als wir unsere Sessions abgeschlossen hatten, tröpfelten die Stones und ihre Crew herein und begannen ihr Tagewerk. Um ihnen dabei zuzusehen, drückte ich mich, so oft es ging, im Kontrollraum herum. Es war jedes

Mal ein Aufmarsch bunt gemischter Charaktere, mit vielen Jack Daniels und zahlreichen anderen Vergnügungen, die für eine chaotische Szenerie sorgten, scheinbar ohne Struktur und Mittelpunkt. Nach mehreren Stunden kristallisierte sich dann doch etwas Erkennbares heraus, ungefähr so wie ein Foto beim Entwickeln im Labor. Im Zentrum von allem standen Mick und Keith, zwei sehr gegensätzliche Persönlichkeiten, die dennoch das Ganze irgendwie zu einer Einheit formten.

Mick Jagger und ich begegneten uns zum ersten Mal in New York. Wir besuchten damals dieselben Konzerte und waren oft Gäste bei denselben Events, häufig veranstaltet von zwei charismatischen Exzentrikern, dem Atlantic-Chef Ahmet Ertegun und dem Chef des Labels Rolling Stones Records, Earl McGrath.

Eine Freundin von mir, die damals auch häufiger mit Mick zusammen war, stellte mich einem Mann namens Fred Sessler vor. Fred war polnischer Einwanderer und ein geheimnisvoller und seltsamer Charakter. Er hatte mehrere Konzentrationslager überlebt und war mit nur ein paar Dollar in der Tasche in Amerika angekommen. Als ich ihn kennen lernte, hatte er auf seine kreative und unorthodoxe Art schon mehrere Millionen Dollar verdient – und wieder verloren. Aber dieses Auf und Ab schien ihn ziemlich kalt zu lassen. Bei Fred lernte ich Keith kennen oder besser gesagt, ich stolperte über ihn, als er in Freds Wohnzimmer ausgestreckt auf dem Boden lag.

Mit der Musik der Stones war ich erstmals ein Jahrzehnt zuvor in Berührung gekommen. Ich arbeitete damals in Plattenläden, um meine künstlerischen Aktivitäten zu finanzieren: Neben der Musik war die Malerei ein wichtiger Teil meines Lebens. Meistens wurde ich als Laufbursche zu verschiedenen Anbietern geschickt, um Neuerscheinungen abzuholen. Von einem dieser Besuche brachte ich die erste in Amerika erschienene Platte der Stones mit. Der Plattenladen, in dem ich arbeitete, lag in der gleichen Straße wie die Carnegie Hall, einer der ersten Veranstaltungsorte eines Stones-Konzerts in den USA. Als ich eines Abends von der Arbeit nach Hause ging, kam aus dem nahe gelegenen Hotel Americana eine schrille Gruppe junger Männer heraus, umgeben von einem Schwarm junger Mädchen. Einer trat auf mich zu und fragte nach dem Weg zu einem Nachtclub. Zu meiner Überraschung war es Brian Jones.

Als ich später zum Kunststudium an der Boston Museum School of Fine Arts nach Boston zog, gründete ich mit Studenten, die sich für die gleiche Blues- und R&B-Musik begeisterten wie ich, eine Band, die mit der Zeit zur J. Geils wurde. Wir traten in ganz Neuengland auf und gingen mit vielen Großen des Chicago Blues auf Tournee. Ich hatte die gleichen Wurzeln wie die Stones, und das gab den Tourneen mit ihnen eine noch größere Bedeutung.

Die J. Geils Band tourte mehrfach mit den Stones durch die Staaten. Eine der denkwürdigsten Tourneen war allerdings die 1982 durch Europa. Es war die erste größere Stadion-Tour der Stones überhaupt, und wir hatten mit unserer Band nach 17 Jahren endloser Wanderschaft unseren ersten bedeutenden kommerziellen Erfolg.

Eine der vielen Dinge, die ich bei den Stones immer einzigartig fand, ist ihre Loyalität. Viele, die für die Band arbeiten, sind ungeheuer lange dabei, einige stammen noch aus der Zeit, als sich die Stones und die Beatles die Spitze der Charts gegenseitig streitig machten.

Mit den Rolling Stones unterwegs zu sein ist in vielerlei Hinsicht so, als sei man Teil einer riesigen Karawane, und ganz egal, wie sorgfältig alles geplant worden ist, Chaos und Durcheinander sind immer dabei, ebenso eine ständig wechselnde Entourage, die durch die Anziehungskraft der Musik zusammengeschweißt wird. Auf Tournee mit den

Rolling Stones muss man sich auf einiges gefasst machen. Dazu ein paar Momentaufnahmen aus der Erinnerung.

In der Nacht vor einem Auftritt in Deutschland gingen Mick und ich mit einer großen Gruppe von Leuten essen. Jemand am Tisch machte beiläufig darauf aufmerksam, dass in dem Stadtviertel, wo wir aßen, ein berühmtes Tanzlokal (und Bordell) lag, das in der Zeit der ersten Deutschland-Tourneen der Stones und der Beatles besonders »in« gewesen war.

Mick wollte partout nachschauen, ob es dieses Etablissement noch gab, und nachdem wir ewig durch verwinkelte Gassen geirrt waren, lag es tatsächlich scheinbar unverändert vor uns. Beim Eintreten erwartete uns ein großer, so gut wie leerer Saal. Eine hölzerne Empore, von der zahlreiche Türen abgingen, lief um den Raum herum, einzige Lichtquelle waren die Kerzen auf den leeren Tischen. Ganz hinten im Tanzsaal, auf einer kleinen Bühne, bereitete sich eine Instrumentalband von den Philippinen auf den Auftritt vor – alle Musiker in glänzenden purpurroten Jacketts. Nichtsahnend, dass Mick da war, spielten sie die ersten Takte von »As Tears Go By«. Ich wettete mit ihm, dass er es nicht wagen würde, sich zu der Band auf die Bühne zu stellen. Mick sprang zu meiner Überraschung auf, eilte nach vorn und stimmte in den Song mit ein. Das sprach sich natürlich wie ein Lauffeuer herum, die Damen des Gewerbes hinter den Türen erschienen auf der Empore. Mick zog alle Register und veranstaltete eine gewagte Show, die sogar die Liebesdienerinnen in Staunen versetzte und nach Zugaben schreien ließ.

Unmittelbar vor einem anderen Konzert wollten Mick und ich noch einmal einen Soundcheck machen. Um nicht aufzufallen, schlüpften wir in Sweatshirts mit Kapuze durch die Menge. Auf dem Weg zurück hinter die Bühne stellten sich uns ein paar stämmige Sicherheitskräfte entgegen. Ich hatte meinen Bühnenausweis dabei und durfte durch, aber Mick hatte keinen und musste draußen bleiben. Amüsiert beobachtete ich, wie Mick den Leuten zu erklären versuchte, wer er nun eigentlich sei.

In Schweden erfuhr ich von Micks erstaunlicher körperlicher Vorbereitung auf seine Auftritte. Er war immer schon sehr früh am Veranstaltungsort, und ich wollte der Sache auf den Grund gehen. Also kam ich selbst auch früher und beobachtete, wie er mit seinem Trainer ein rigoroses Fitnessprogramm absolvierte. Allein die Vorstellung eines solchen Trainings war mir und damals wohl auch den meisten Rockmusikern völlig fremd. Mick lief an die 15 Meilen um das Stadion herum, abschnittsweise auch rückwärts. Dann machte er eine ganze Reihe von Dehnübungen, auf die dann Gewichtheben und Gymnastik folgten. Dass Mick auf und hinter der Bühne unglaubliche Ausdauer besaß, war mir immer bekannt gewesen, aber jetzt wusste ich auch, warum. Ich versuchte es ihm nachzutun, was jedoch nach einer durchgemachten Nacht mit Keith keine so gute Idee war.

Keith und ich gründeten eine Feierabend-Doo-Wop-Gruppe, die wir die Carltones nannten, nach dem Hotel, in dem wir damals gerade wohnten. Genaugenommen hieß die Gruppe Carltones Four, Five or Six, je nachdem wieviele Leute aufkreuzten. Sie war vor allem eine A-capella-Gruppe, bis auf Bobby Keys, der Saxophon spielte. Wegen des Echos war das Badezimmer der beste Raum für unsere Proben. In einer Stadt nach der anderen trafen wir uns auf Keiths Zimmer und tranken eine Menge Rebel Yell, ein Bourbon, den Keith damals mochte. Wir landeten dann unweigerlich im Badezimmer – manchmal blieben wir tagelang dort – und nahmen unsere Proben auf Band auf. Unseren ersten (und zugleich letzten) Auftritt hatten wir auf einer Geburtstagsfeier für Jerry Hall, die Bill Graham ausrichtete. Ich bin mir nicht ganz sicher, wie gut wir an jenem Abend waren. Wenn die

»Carltones« zusammenkamen, war es immer ziemlich schwierig, sich überhaupt noch an etwas zu erinnern – und erst recht, den richtigen Ton zu treffen.

Zur Halbzeit der Tournee wollten die Stones für den ganzen Tross eine Privatparty schmeißen. Dazu mieteten sie einen großen Nachtclub. Es gab reichlich zu essen und natürlich eine offene Bar. Als Hilfe für das Fest heuerte Bill Graham einen DJ an. Der spielte aus irgendeinem Grund einen Haufen übles Disco-Zeug. Wenn Leute Rock und R&B verlangten, legte er ein paar Stücke auf und machte dann weiter mit Discomusik. Ich saß mit Keith am Tisch und bekam mit, wie er richtig sauer wurde. Schließlich nahm er seinen Drink, ging langsam zum Discjockey und grinste ihn an. Er packte ihn am Genick, zückte sein Bowiemesser und setzte es ihm mit einer letzten Warnung an die Kehle. Den Rest der Nacht hörte man keine Discomusik mehr.

Einmal saß ich mit Charlie Watts und Ian Stewart irgendwo in Südfrankreich in einem Bistro. Bei jeder Menge Wein diskutierten sie detailreich über ihre liebsten Jazzmusiker. Ich hatte viel Spaß dabei, bis ich am Ende der Diskussion einiges über den Durst getrunken hatte und über irgendeinen obskuren Jazz-Saxophonisten eine abweichende Meinung äußerte. Eine lange Stille entstand. Dann erhob sich Charlie und schlug mich mit einem gezielten Faustschlag vom Barhocker. Als wir merkten, wie betrunken wir waren, brachen wir in Gelächter aus.

Die Stones und ihr Tross waren große Fußballfans, und die Tournee 1982 fiel mit der Weltmeisterschaft zusammen. Unterwegs folgten immer wieder Stopps, damit keiner die Fernsehübertragung eines Spiels versäumte. Beim Endspiel, Brasilien gegen Italien, befanden wir uns gerade in Turin. Als das Spiel lief, starrte die ganze Stadt gebannt auf die Bildschirme. Ich bin kein Fußballfan und schaute mir derweil die Stadt an. Als Italien in Führung ging, tönte aus allen Fenstern anfeuerndes Geschrei. Die Straßen waren wie leer gefegt, alle Geschäfte geschlossen. Ein Bankeinbruch wäre zu dieser Zeit völlig unbemerkt geblieben. Dann hatte Italien schließlich gewonnen, und auf allen Straßen brach das Chaos aus. Menschen strömten auf den Hauptplatz. Autos, Motorräder und Fahrräder bildeten lange Korsos, Ziegen und Hühner irrten umher, und alle trugen große Weinflaschen mit sich herum. Ein Jubel herrschte wie bei der Wiederkehr des Messias. Am nächsten Nachmittag stand leider unser Konzert auf dem Programm, und zwar bei ordentlicher Hitze. Als wir die Bühne betraten, blickten wir in eine apathische Menge. Alle hatten am Vortag bis zur Erschöpfung gefeiert. Wir gaben unser Bestes, bis bei Sonnenuntergang die Stones die Bühne betraten, aber erst als Keith, frisch wie der Morgentau und zum Weiterfeiern bereit, die ersten Akkorde von »Satisfaction« fetzte, kam endlich Schwung in die Menge. Wir hatten unser erstes Konzert in einem völlig verkaterten Land gegeben.

Viele halten die Stones für die bedeutendste Rockband der Welt. Wenn ich an meine Auftritte mit ihnen und ihre gewaltige Wirkung denke, meine ich, sie haben den Titel verdient.

I never plan anything, which is probably the difference between Mick and myself.
Mick needs to know what he's going to do to-morrow and I'm just happy to wake up and see who's hanging around.
Mick's ROCK, I'm Roll!

Keith Richards

MIDLIFE-CRISIS

9

Auf dem Set des Videos für »Harlem Shuffle«. Das Remake von Bob und Earls Soul-Klassiker kam in den US-Charts auf den 5. Platz. Das Album Dirty Work, *aus dem der Song stammte, wurde nie als Klassiker bezeichnet, erreichte aber auf beiden Seiten des Atlantiks Platz 4.*

RONNIE: *Dirty Work* entstand auf der schwierigsten Etappe unserer Reise. Das sieht man daran, dass vier Songs auf der Platte von mir sind – ein deutliches Zeichen, dass die Songschreib-Maschine Jagger/Richards nicht mehr richtig funktionierte. Das Verhältnis zwischen ihnen wurde immer schlechter, besonders während der Aufnahmesessions für die Platte. Der Streit erreichte damals seinen Höhepunkt, und erst als das Duo Jagger/Richards wieder richtig arbeitete, konnte ich mich entspannen, weil das Schiff wieder auf dem richtigen Kurs war. Bis dahin war ich immer bereit, einzuspringen und zu helfen, wenn nötig. Angeblich soll ich ja eine Unmenge Songs in der Hinterhand haben.

Bei *Undercover* hatte mich Mick stark mit Beschlag belegt; er kam mit dem Grundgerüst seiner Songs zu mir, und wir arbeiteten sie dann aus. Bei *Dirty Work* arbeiteten hingegen Keith und ich sehr eng zusammen. Die Phase war zwar schlecht für die Band, aber toll für uns. Ich heiratete damals Jo, und Keith war einer meiner Trauzeugen, Charlie der andere. Ich mietete ein Haus in Chiswick, wo ich ein Klavier und Gitarren hatte. Keith und ich arbeiteten dort viel an den Songs für *Dirty Work*, entwarfen, planten und perfektionierten die Riffs für das Album.

Steve Lillywhite, der zuvor mit Peter Gabriel, U2 und den Simple Minds gearbeitet hatte, wurde bei *Dirty Work* unser Koproduzent. Seine Mitarbeit war im Wesentlichen auf Micks Anstrengungen zurückzuführen: Mick ist immer auf der Suche nach neuen Produzenten und einer frischen Perspektive, um den Sound der Band in jedem neuen Jahrzehnt weiterzuentwickeln. Der Einsatz von Steve war also Micks Schachzug, und wie sich herausstellte, ein guter. Keith erschien im Studio und sagte: »Okay, wen hat Mick dieses Mal rausgesucht? Wehe, wenn er nicht gut ist.« Ein Einstieg, der das »Einstellungsgespräch« – wenn wir es mal so nennen wollen – für Steve nicht gerade leichter machte. Er musste eine Reihe von Hürden überspringen und Keith schien jedes Mal zu fragen: »Ob er die wohl schafft?« Er schaffte sie alle, nicht zuletzt

Keith im Backstage-Bereich.

wegen seiner liebenswerten Frau Kirsty MacColl. Ich denke, Keith hat letztlich den Hut vor Mick gezogen, weil er Steve mitbrachte. Wir sind immer noch gut mit ihm befreundet, auch wenn wir seltsamerweise nie mehr mit ihm gearbeitet haben.

CHARLIE: In dieser Phase hatte ich üble persönliche Schwierigkeiten. Deshalb nahm ich die Probleme zwischen Mick und Keith und die Gefahr, die sie für die Existenz der Band darstellten, kaum wahr. Ich war in einer ziemlich schlechten Verfassung, nahm Drogen und trank eine Menge Alkohol. Ich weiß nicht, warum ich so spät im Leben noch damit anfing, aber im Nachhinein denke ich, es war so eine Art Midlife-Crisis. Als ich jünger war, hatte ich nie irgendwelche harten Drogen genommen, aber an diesem Punkt meines Lebens dachte ich: »Zum Teufel, jetzt tu ich es.« Mir machte nur Angst, dass ich ein ganz anderer Mensch wurde, als ich diesen Weg beschritt, ein Mensch, der sich radikal von dem unterschied, der meiner Umgebung seit 20 Jahren vertraut war. Manche Menschen funktionieren auch unter Drogen ganz gut, aber mit meiner Persönlichkeitsstruktur kann man ihnen sehr schnell zum Opfer fallen. Ich habe einfach nicht die richtige Konstitution. Meine aktive Drogenphase dauerte ein paar Jahre, aber es dauerte viel länger, bis meine Familie und ich die Folgen überwunden hatten.

»Angesichts des damaligen Zustands der Band war es wahrscheinlich sehr gut, dass wir eine Zeit lang keine Tournee gemacht hatten. Wir hätten überhaupt nichts zustande gebracht. Wir hatten intern und extern zu kämpfen.«

Mick

KEITH: Charlie ist körperlich sehr stark und man steht lieber nicht am anderen Ende der Rechten eines Drummers. In Amsterdam warf er Mick in dieser Phase mal über einen Tisch: Mick und ich hatten ein paar Drinks genommen und ich hatte Mick mein Hochzeitsjackett geliehen. Mick ließ sich vollaufen, und wenn Mick voll ist, wird er unangenehm. Wir kamen zurück ins Hotel, und Mick wollte mit Charlie reden. Er sagte so was wie: »Wo ist mein Drummer?« ins Telefon.

CHARLIE: Er machte mich wütend, also stürmte ich die Treppe hinauf und sagte ihm, dass er so etwas nicht sagen sollte.

KEITH: Es klopft an der Tür und herein kommt Charlie Watts in einem Savile-Row-Anzug mit Krawatte, frisch frisiert, rasiert und parfümiert. Er geht rüber zu Mick, packt ihn und sagt: »Nenn mich nie mehr deinen Drummer«, – und wumm! Auf dem Tisch steht eine große silberne Platte mit Räucherlachs. Mick liegt mit dem Rücken auf der Platte, und die Platte schlittert mit ihm den Tisch entlang aufs offene Fenster zu. Ich sitze am Tisch und will Mick eigentlich vorbeisausen lassen, aber dann denke ich: »Scheiße, das ist mein Hochzeitsjackett«, und greife zu.

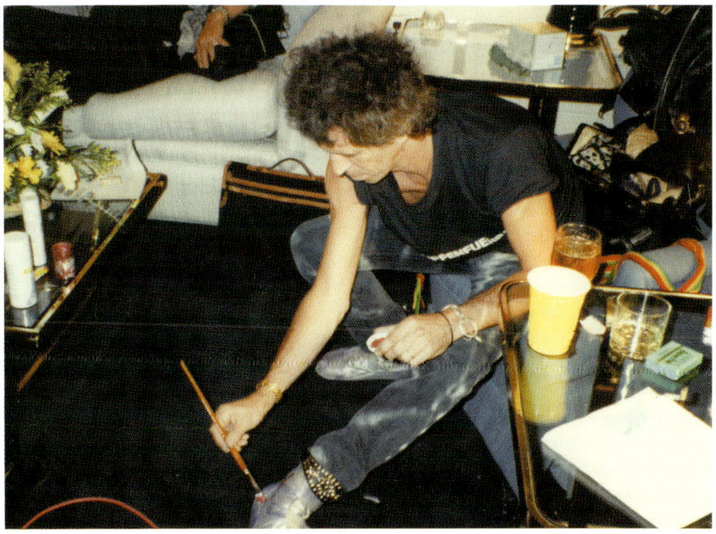

CHARLIE: Das Fazit lautet: Mach mich nicht wütend. Ich bin nicht stolz auf die Sache, und wenn ich nicht getrunken hätte, wäre das nie passiert.

RONNIE: Trotz aller Schwierigkeiten gab es bei den Aufnahmen für *Dirty Work* auch einige besondere Höhepunkte, insbesondere als Bobby Womack und Don Covay die Back Vocals für »Harlem Shuffle« aufnahmen. Die Stones hatten diese Cover-Version von Dons »Mercy Mercy« 1964 im Chess Studio aufgenommen. Bobby war ein hervorragender Sänger, und er hatte mit den Valentinos das von ihm geschriebene »It's All Over Now« aufgenommen, das später zum ersten Hit der Stones wurde. Mit »Harlem Shuffle« erwiesen wir Bobby und Don unseren Respekt. Ich war über diese Geste begeistert, da ich beiden immer besonders nahe gestanden hatte. Bobby hatte sogar bei meinen Soloalben mitgemacht. Deshalb war es für mich ein ganz besonderer Erfolg, dass ich die beiden für die Aufnahme gewinnen konnte und Mick damit einverstanden war. Die Entscheidung, »Harlem Shuffle« aufzunehmen, fiel praktisch gemeinsam. Wir hatten den Song schon immer geliebt; jemand im Studio warf den Titel in den Raum, und wir machten uns fast sofort an die Arbeit.

»Mitte der Achtzigerjahre – das waren harte Zeiten für mich. Damals machte ich durch, was Keith in den Siebzigern durchgemacht hatte«

Charlie

Bobby und Don verliehen »Harlem Shuffle« durch ihre historische Verbindung mit den Stones und die tonale Qualität ihrer Stimmen etwas Magisches. Es steckt ein bisschen Don Covay in Mick's Stimme. Er selbst ist sich dessen vielleicht gar nicht so bewusst, aber wir anderen umso mehr. Wahrscheinlich sind ihre Kehlköpfe ähnlich strukturiert und haben einen ähnlichen Klang. Bobby hatte schon immer eine herrliche Stimme. Sie gab dem Song den entscheidenden Kick, und ich glaube, er hat Mick bei »Harlem Shuffle« und ein paar anderen Songs auf *Dirty Work* beraten, nämlich »Back To Zero«, »Winning Ugly« und »One Hit«. Mick fragte mich: »Glaubst du, Bobby würde mir helfen?«, und ich sagte: »Aber liebend gern würde er das!«

Bei »Too Rude« durfte ich Schlagzeug spielen. Charlie hatte damals eine schreckliche Krise mit Shirley. Wegen der vielen Auseinandersetzungen kam Charlie oft zu spät, oder Shirley stürmte ins Studio und schleppte ihn mit Gewalt hinaus. In einer dieser Nächte sagte Keith: »Okay, du übernimmst das Schlagzeug, Ronnie.« Ich habe schon immer gern Schlagzeug gespielt, also spielte ich Stunde um Stunde, bis Charlie wieder im Studio aufkreuzte. Ich hörte auf und sagte: »Charlie, da hast du deine Stöcke«, aber er sagte: »Nein, lass mich zusehen.« Also spielten wir den Song noch ein paar Mal, und er stand hinter mir, als wir den Take machten, der auf das Album kam. Ich sagte: »Bist du sicher, Charlie?« Und er sagte: »Ja, es gefällt mir wirklich, was du spielst. Ich kann das so nicht.« Mein Schlagzeug-Sound war sehr dynamisch, am Schluss klang ich wie der Drummer von Solomon Burke. Ich war, offen gesagt, sehr stolz darauf.

Wir haben damals öfter die Rollen gewechselt. Kann sein, dass ich auf ein paar Titeln auch den Bass spiele. Ich kann mich ehrlich nicht daran erinnern, dass ich bei den Sessions viel von Bill gesehen hätte. Er schaute kurz im Studio vorbei, sagte: »Ich bin zum Dinner verabredet«, und blieb weg bis nach Mitternacht.

Keiths Version von Chuck Berrys Duck Walk.

Als *Dirty Work* erschienen war, gab es Überlegungen, mit dem Album auf Tournee zu gehen, aber es gab auch große Widerstände dagegen. Nach einer langen Diskussion über das Für und Wider wurde uns schließlich mitgeteilt, dass die Tournee nicht stattfinden würde.

Ronnie: Keith beim Billard zu schlagen ist die einzige Art, wie ich ihn fit halten kann. Manchmal gewinnt er auch, aber in der Regel nur, weil ich Fehler mache. Ich sage zu ihm: »Ruf dir die Regeln ins Gedächtnis, beug dich vor, visiere dein Ziel an, bleibe gebeugt, wenn du den Stoß machst, und finde den richtigen Rhythmus.« Es ist eine sehr gute Art, vor dem Auftritt einen klaren Kopf zu kriegen.

CHARLIE: Da die Stones nicht auf Tournee gingen, stellte ich ein Orchester aus Musikern zusammen, die ich mochte, mit denen ich aber noch nie zusammen gespielt hatte. Ich nahm noch ein paar dazu, mit denen ich schon gespielt hatte, und plötzlich hatte ich eine riesige Band. Ich hätte so etwas nie getan, wenn ich nicht in diesem besonderen Zustand gewesen wäre, aber ich bin sehr froh, dass ich es tat, weil ich so mit ein paar hervorragenden Musikern arbeiten konnte, die ich seit meiner Kindheit bewunderte. Meine schlimme Zeit hatte also auch gute Seiten. Ich wünschte nur, ich wäre fitter gewesen, als die Sache stieg, dann wäre die Musik noch besser gewesen. Andererseits jedoch hätte ich ohne Drogen überhaupt nicht den Mut aufgebracht, diese Typen zu fragen, ob sie mit mir spielen wollten.

Diese Jazzmusiker haben eine Fähigkeit, die mir fehlt: Sie können geschriebene Musik spielen; auf diese Weise leben und arbeiten sie. Ich dagegen höre ihnen zu und versuche, den passenden Schlagzeugpart für mich zu finden, aber es dauert drei Gigs oder eine dreistündige Probe, bis ich ihn habe. Ein Jazzer schafft das in drei Minuten. Er schreibt alles auf und vergisst es nie mehr, weil er es aufgeschrieben hat. Ich dagegen arbeite fast ausschließlich mit dem Gedächtnis, auch wenn ich mir für jeden Titel ein paar grobe Notizen mache, etwa ob ich die Schlägel, die Besen oder die Stöcke benützen muss und so weiter. Hauptsächlich aber arbeite ich so, dass ich mal Keith und mal Ronnie beobachte, und nun beobachtete ich meistens Chuck Leavell wegen der Wechsel.

Die Band arbeitete im Ronnie Scott's, wo wir zwei Wochen fest gebucht waren, und wir waren zweimal in Amerika. Unsere Konzerte im Ronnie Scott's waren viel entspannter, als wenn ich mit den Stones in einem Club auftrat. Wir gingen einfach auf die Bühne und fingen mit dem Set an. Am Schluss tanzten die Leute noch ein bisschen, und die Band konnte heimgehen. Mit den Stones in einem Club spielen kann zum Alptraum werden …

Das Jazz-Orchester war eine gute Band, jedenfalls am Schluss: In der Zeit, als wir spielten, hörte ich mit den Drogen auf: Das heißt, die erste Phase war ziemlich heftig und die zweite total nüchtern. Es war das erste Mal, dass ich wieder nüchtern in einer Band spielte, nachdem ich jahrelang täglich zu gewesen war. Es ging mir ein bisschen wie Ronny am Anfang der Forty-Licks-Tour. Er hatte großen Schiss, ob er ein Konzert nüchtern durchhalten würde. Und ich konnte ihm nur sagen: »Mach es einfach, dann merkst du nach zwei Stunden, dass du's geschafft hast.« Aber es ist sehr schwierig, wenn man selbst da raus muss.

RONNIE: Mick brachte seine ersten Soloalben heraus, und das beunruhigte mich ein bisschen. Ich hatte Angst, dass Mick vielleicht nicht zu den Rolling Stones zurückkommen würde, wenn er als Mick Jagger zu großen Erfolg hätte. Ich dachte: »Oh weh, vielleicht sehen wir ihn nie wieder.« Zum Glück war es jedoch ein Lernprozess für ihn, genau wie der Jazz für Charlies Glück und seine Entwicklung sehr wichtig war. Ich bringe immer wieder ganz verschiedene Musiker zusammen und Keith auch: Keith hatte eine Menge Songs auf Lager, die er durch sein Soloalbum loswerden konnte. Dasselbe gilt auch für Mick. Seine Solotourneen liefen gut und waren ein hervorragendes Ventil für ihn. Doch sie waren nie so übermäßig erfolgreich, dass er nicht mehr zu den Stones zurückkehren wollte. Deshalb mache ich mir inzwischen keine Sorgen mehr. Außerdem hat Micks Soloarbeit auch positive Folgen für die Band, zum Beispiel die musikalische Zusammenarbeit mit dem Sänger Bernard Fowler.

MICK: Ich war überrascht, dass Keith so aufgebracht war, als ich etwas ohne die Band machen wollte – schließlich hatte er mit den New Barbarians auch schon sein eigenes Ding durchgezogen. Keith kann wirklich kompetent und hilfreich sein, und er ist sehr ideenreich, aber manchmal ist er auch absolut engstirnig und intolerant. Doch ich kenne ihn gut genug, um zu wissen, dass er nicht immer so ist. Menschen sind eben sehr kompliziert und spielen nicht immer dieselbe Rolle. Ich kann zum Beispiel in manchen Wochen ziemlich ausgeflippt sein, dann muss ein anderer meine Arbeit übernehmen. Solche Rollenwechsel sind häufig.

RONNIE: Unterdessen erkundete ich andere Bereiche: Ich begann ernsthaft zu malen, zog in den 80er-Jahren nach New York und kehrte erst wieder zurück, als wir *Dirty Work* aufnahmen. Jedenfalls machte ich immer die verschiedensten Sachen und blieb auch im Studio immer am Ball. In meiner New Yorker Zeit nahm ich eine Menge Zeug auf, das nie herauskam – mit Bob Dylan und mit den Bands von Billy Idol und Al Green. Ich hatte Greens Band in mein Studio eingeladen, als ich sie bei der Show *Come Down And See Me* sah. Al kehrte ohne seine Musiker nach Memphis zurück und ließ sie in New York zurück. Also kamen sie in mein Studio, nahmen die ganze Nacht auf und schliefen auch dort!

Durch die Arbeit mit all diesen anderen Musikern – ich machte auch Tourneen mit Bo Diddley und Jerry Lee Lewis – bekam ich eine Menge Selbstvertrauen, das allerdings teilweise den Drogen zu verdanken war. Heute halte ich es für ein Wunder, dass ich damals überlebt habe. Ich schlief kaum. Aber es war eine wichtige Erfahrung.

Keith, fotografiert von Claude Gassian.

KEITH: Ich nenne diese Periode den Dritten Weltkrieg – sie ist eine Lücke in der Geschichte der Stones. Ich hatte damals eine extreme Wut auf Mick, weil er seinen eigenen Soloplattenvertrag auf unseren Vertrag draufgesattelt hatte, ohne einen von uns zu informieren. Das fand ich damals wirklich hinterfotzig. Ich sagte: »Das kommt nicht in Frage und deshalb zieh ich mich zurück. Tut mir Leid, alter Junge, das kann ich so nicht schlucken. Mach du nur dein Soloalbum. Von mir kriegst du keins.« Dann wurde der Streit in der Presse fortgesetzt: »Er sagte dies, und er sagte das.« Ich liebe Mick wirklich sehr. Er ist mein Kumpel und ich werde ihn in Schutz nehmen bis zum Schluss. Aber manchmal denkt man: »Was kommt von ihm zurück? Wo bleibt die Gegenleistung?« Vielleicht hab ich das Verhältnis in den zehn Jahren ruiniert, als ich auf Dope war, und es gibt keine Gegenleistung.

Aber wenn ich heute auf die ganze Sache zurückblicke – und ein kleiner Teil von mir hatte damals vielleicht schon dieselbe Einsicht –, dann denke ich: »Okay, wir hatten von 1962 bis Mitte der 80er-Jahre zusammengearbeitet

Die Aussicht des Drummers hat sich im Lauf der Jahre geändert: anfangs der Crawdaddy Club in Richmond, jetzt die größten Stadien der Welt.

Charlie und seine Frau Shirley, fotografiert von Claude Gassian.

und waren einander ständig dicht auf der Pelle gehockt. Da ist es eigentlich kein Wunder, dass einer von uns sich fragte: »Gibt es nicht noch was anderes?« Und es war eben zufällig Mick, der es als Erster ausprobierte.

Das Letzte, was ich je tun wollte, war, die Band aufzulösen, und ich scheute auch immer davor zurück, über eine eigene Solokarriere nachzudenken. Mick aber hat mir unwissentlich einen Gefallen getan: Er zwang mich, mit einer neuen Gruppe von Musikern zu spielen, und es war eine Erleuchtung für mich.

Es geschah einfach, weil ich etwas unternehmen musste. Ich war dazu gezwungen, weil ich nicht einfach herumsitzen und warten konnte, bis Mick sein Album fertig hatte. Ich hatte nicht die Absicht, eine neue Band zu gründen, aber durch ein paar glückliche Zufälle konnte ich in jener Zeit mit ein paar hervorragenden Musikern arbeiten, die gerade neu in der Szene waren. Ich begann mit Steve Jordan, Charlie Drayton, Ivan Neville und Waddy Wachtel Songs zu schreiben, aus denen dann die X-Pensive Winos wurden: Steve am Schlagzeug, Charlie Drayton am Bass, Ivan an den Keyboards und Waddy an der Gitarre. Sie waren vermutlich eine der besten Rock 'n' Roll-Bands der Welt – eine großartige Band, ganz ähnlich wie die frühen Stones. Ich musste in dieser Band der Frontmann sein mit der Folge, dass ich eine Menge über Micks Job lernte.

In jener Zeit lernten wir alle eine ganze Menge. Ich vermute, Mick fand auf seine Art heraus, dass man die Rolling Stones nicht mieten kann und man nicht unbedingt eine Band bekommt, selbst wenn man die besten Musiker der Welt verpflichtet. Zu gleichen Zeit fand Charlie heraus, was es wirklich heißt, mit einer großen Jazzband in der ganzen verdammten Welt herumzureisen. Und am Schluss, als wir endlich wieder als Rolling Stones zusammenkamen, konnten wir die verschiedenen Aufgaben der anderen Bandmitglieder ein kleines bisschen besser würdigen. Insgesamt betrachte ich das Ganze als einen Lernprozess mit zwei möglichen Ergebnissen, nämlich entweder weiterzumachen oder zu sagen: »Es ist nur eine Rock 'n' Roll-Band, es ist nur Rock 'n' Roll! Also scheiß drauf!«

CHARLIE: Ich glaube, ohne die produktive Reibung mit Keith wäre Mick schon vor Jahren vom rechten Weg abgekommen – und umgekehrt. Mick und Keith sind wie Brüder, sie streiten ständig, kommen aber trotzdem miteinander klar. Es ist ein liebenswerter Konflikt, ein Liebeskonflikt.

KEITH: Meine Freundschaft zu Mick gründet sich auf einen gewissen Abstand. Ich habe das Gefühl, dass ich keinen anderen Freund haben darf außer ihn, und er hält mich auf Distanz. Er entwickelt eine Art Belagerungsmentalität, und wenn irgendwer auf ihn zukommt, denkt er: »Was will denn der von mir?« Aber die einzige Möglichkeit herauszufinden, ob ein Typ was taugt, besteht darin, ein Risiko einzugehen. Manchmal lassen dich deine Freunde im Stich, manchmal nicht. Aber du gehst das Risiko ein, sonst kriegst du überhaupt nichts. Das ist meine persönliche Meinung. Mick ist sehr schwer zu erreichen. Er steigt aus dem Flugzeug und sieht einen gar nicht, und man sagt: »Hey Mick, kennst du mich noch?« Aber so ist er halt.

RONNIE: Es war einfach furchtbar, als es so aussah, als ob Mick und Keith nie mehr miteinander reden würden, aber ich erreichte wenigstens, dass sie noch miteinander telefonierten. Ich wollte es auf keinen Fall zulassen, dass die Stones untergingen, und dachte: »Wenn ich sie auf irgendeine Art retten kann, dann werde ich es verdammt noch mal tun.« Mir war bewusst geworden, dass ich schon länger in der Band war als Brian Jones und Mick Taylor zusammen, und ich dachte: »Das muss doch etwas zu bedeuten haben.« Ich vermute, dass Charlie und Bill sich nicht einmischen wollten, weil sie dachten: »Nun ja, wir hätten sowieso nie gedacht, dass es so lange halten würde.« Ich glaube, ihre Begeisterung hatte sich in der letzten Zeit vor der Krise in Grenzen gehalten, ich aber dachte: »Es muss unbedingt weitergehen, wir dürfen uns nicht auflösen, wir müssen weitermachen.«

Ich wollte nie ein Vermittler sein, aber es gefällt mir, wenn etwas Gutes weitergeht. Wenn ich's mir recht überlege, habe ich während meiner ganzen Musikerkarriere dafür gesorgt. Als Jeff Beck bei den Yardbirds aufhörte, dachte ich: »Hoffentlich verschwindet er nicht von der Bildfläche, er ist ein toller Gitarrist.« Ich rief ihn an, und er sagte: »Oh, ich habe gerade nichts zu tun. Hast du Lust, eine Band zu gründen?« Eigentlich hatte ich erwartet, dass er viel zu beschäftigt wäre, um mit mir zu sprechen, aber er war froh, dass ich anrief, und so wurde die Jeff Beck Group gegründet.

Dasselbe passierte, als Steve Marriott 1969 die Small Faces verließ und Humble Pie gründete – ich verstehe bis heute nicht, warum er das tat. Rod Stewart und ich hörten furchtbar gern das Album *Ogden's Nut Gone Flake* von den Small Faces und fanden, dass sie ein großartiges Team waren, also fragten wir uns nach Steve Marriotts Abgang: »Was werden die anderen drei, Mac, Kenney und Ronnie, jetzt tun?« Wir können sie doch nicht dem Vergessen anheim fallen lassen.« Ich rief Ronnie Lane an und sagte: »Ich hoffe, du unternimmst etwas.« Ronnie sagte: »Na ja, wir haben keinen Sänger mehr. Wir sind Waisen.« Ich sagte: »Ich stell was auf die Beine.« Und Ronnie sagte: »Das würdest du tun?« Ich sagte: »Yeah.« Und er sagte: »Wir kommen rüber.« Und dann probten wir monatelang im Übungsraum der Stones in Bermondsey, den Ian Stewart uns besorgt hatte. Wir kamen, wenn die Stones weg waren, und spielten Songs von den Meters und Booker T – alles instrumental, weil die Jungs eine Abneigung gegen Leadsänger entwickelt hatten. »Wir haben genug von ihnen«, sagten sie, »hoffentlich läuft uns keiner mehr über den Weg.« Aber ich sagte: »Also ich kenne da einen Typ namens Rod Stewart, Leute. Der ist echt okay.« »Ja«, sagten sie, »aber irgendwann entpuppt er sich als ein neuer Steve Marriott und kommandiert uns wieder alle rum.« »Nein«, sagte ich, »Rod wartet schon im ersten Stock, er ist sehr schüchtern.« Das stimmte damals noch. Schließlich holte Kenney Jones Rod herunter, und Rod war wirklich total schüchtern: Er wollte nicht einmal seinen Mantel ablegen. Aber die anderen schafften es, das Eis zu brechen, und so sind die Faces entstanden.

CHARLIE: Es war eine besonders schwierige Zeit für die Band. Keith wollte in die eine und Mick genau in die andere Richtung. Vielleicht wollte Mick ein paar eigene Ideen verwirklichen, die er noch nie verwirklicht hatte. Als Mick und Keith ihre Schwierigkeiten hatten, war Mick jedenfalls nicht fähig, mich in der Sache um Rat zu fragen, und ich hätte ihm auch ganz bestimmt keinen

Rat geben können. Keith war in Amerika, also konnte ich auch mit ihm nicht viel sprechen. Aber das war eigentlich fast wie immer, denn Keith greift nur selten zum Telefon, wenn wir keine Tournee haben und zu Hause sind. Er schickt höchstens mal ein Fax. Mick dagegen ruft immer an. Sie sind sehr verschieden in dieser Hinsicht.

RONNIE: Es war eine von diesen Situationen, wo die Band einfach durch musste. In dieser Zeit war der Siedepunkt erreicht und kurz darauf kam die Explosion, und erst dann konnte der Heilungsprozess beginnen. Und die Band ist enorm gestärkt daraus hervorgegangen. Mein Gott, wir hätten natürlich eine solche Explosion nie geplant, weil sie die Band wirklich fast gesprengt hätte. Und damals musste ich mein Möglichstes tun, damit Mick und Keith miteinander im Gespräch blieben.

Mick rief mich an und sagte: »Keith will einfach nicht mit mir sprechen, Woody. Er hasst mich.« Und ich sagte: »Ich habe gerade mit Keith telefoniert. Er hasst dich nicht, das war ein Missverständnis.« Mick sagte: »Wirklich, Woody?« Also sagte ich: »Du bleibst 15 Minuten wo du bist, und ich garantiere dir, dass ich Keith dazu bringe, dich anzurufen, und danach rufst du mich zurück.« Und Mick sagte: »Oh Woody, bist du sicher?«

Also rief ich Keith an, plauderte ein bisschen und sagte dann: »Mick hat diese fixe Idee, dass du ihn hasst.« Und er sagte: »Na und?« Und ich sagte: »Du musst ihn anrufen und mit ihm reden.« Und er: »Ach komm, das liegt doch nur an den Zeitungen, die machen aus jeder Mücke 'nen Elefanten.« Ich: »Also ruf ihn an und sag ihm das.« Er: »Okay, seine Nummer?« Ich gab sie ihm und sagte: »Bitte ruf ihn jetzt gleich an.« Er sagte »okay« und tat es. Mick rief zurück: »Es hat funktioniert, Woody.« Und ich dachte: »Wow, jetzt habe ich meine gute Tat für dieses Jahrzehnt vollbracht.« Es war ein gutes Gefühl, weil ich wusste, dass die beiden trotz allem, was passiert war, immer noch diese alte Liebe – diese alte Hassliebe aus dem Sandkasten – füreinander empfanden.

Charlie bei einem Auftritt mit seiner Jazzband.

Das Leben hinter der Bühne und Micks Performance (nächste und übernächste Seite), fotografiert von Claude Gassian.

Nach diesen Telefongesprächen dauerte es vielleicht noch einen Monat oder so, bis Mick und Keith zusammen nach Barbados gingen. Dort schrieben sie ein paar Wochen lang Songs, die die Grundlage für das neue Album *Steel Wheels* bildeten.

KEITH: Mick war ohne uns nicht übermäßig erfolgreich gewesen, und ich hatte einen ganz ordentlichen Erfolg gehabt. Und in welche andere Richtung hätten wir auch gehen sollen? Es gibt da diese magnetische, ja elektromagnetische Anziehungskraft. Als Mick und ich wieder zusammenkamen, war es vom ersten Tag an ein Traum.

MICK: Keith und ich haben ein sehr kompliziertes Verhältnis. Ich gebe nicht vor, es zu verstehen. Ich finde es ziemlich heikel. Er ist ein sehr introvertierter Mensch und war schon immer ein stiller und meditativer Typ. Deshalb ist es für ihn manchmal wirklich ein Problem, das auszudrücken, was er eigentlich sagen will. Ich bin sehr extrovertiert und gesellig, Keith nicht. Obwohl er inzwischen gelernt hat, etwas geselliger zu sein als früher.

CHARLIE: Das Komische an Mick ist, dass er sehr locker ist und in dieser Lockerheit sehr kompliziert. Er will gerne erfolgreiche Platten machen, erste Plätze belegen, aber wenn es ihm gelingt, ist er der Erste, der sie kritisiert. Oder wenn wir ein Video machen, ist er nie zufrieden, er kann es einfach nicht lassen wie es ist, sondern muss weitere 4000 Pfund ausgeben.

RONNIE: Es geschieht durch die Musik. Man fängt einfach an zu spielen und auf einmal hat alles einen Sinn. Ansonsten sind wir einfach ein Haufen extrem schwieriger Typen, die es in unterschiedliche Richtungen zieht. Die Rolling Stones sind ein Fahrzeug, das nur funktioniert, wenn wir es in Bewegung setzen.

CHARLIE: Es ist, als seien wir zu 75 Prozent getrennt und doch zu 100 Prozent zusammen. Es ist irgendwie verrückt. Ich weiß nicht, was es ist. Ich spiele mit einer Menge sehr guter, genialer Musiker zusammen und das ist großartig, aber dieser Haufen ist einfach was Besonderes. Ich wollte nie mit einer anderen Band Rock 'n' Roll spielen.

KEITH: Mick ist meine Ehefrau! Aber wir können uns nicht scheiden lassen. Selbst wenn wir uns nie mehr sehen wollten, müssten wir immer noch mit den vielen Babies klarkommen, die wir gemacht haben. Wir wussten, dass wir nach unserer Wiedervereinigung ein bisschen eingerostet waren. Wenn man ein Ding nach fünf Jahren wieder zusammenfügt, kann man nicht erwarten, dass alles wunderbar passt. Aber zum Glück war es wie immer so interessant und vielversprechend für uns, dass wir sagten: »Ja, wir wollen weitermachen. Und das Geld und die Weiber sind mir auch ganz recht, auch das gehört zum Rock 'n' Roll!«

Ich hatte nie wirklich daran gezweifelt, dass wir es schaffen würden. Meine Position war: »Das ist mein Job, und ich werde irgendwann wieder da sein«, aber ich verstehe auch, dass es von außen ganz anders aussah. Die Leute sagten: »Au weia, jetzt sind sie wirklich am Ende.« Am schlimmsten war in dieser Zeit ab 1989, dass wir Stones dachten: »Wir stellen das wieder auf die Beine, wir sind fest dazu entschlossen, und was spricht schließlich dagegen?« Aber gleichzeitig mussten wir mit dem Hammer fertig werden, dass die Leute von diesen »runzligen Altrockern« sprachen und all dem Unsinn.

Es kommt darauf an, wie man mit der Vorstellung umgeht, die sie in der Musikbranche und in der Presse davon haben, was man in einem bestimmten Alter noch tun darf. Ein Stück weit wünschen sie einem auch den Tod, aus Eifersucht. Und es geht auch darum, was die anderen wollen. Ich könnte das nicht allein durchziehen und Mick, Charlie oder Ronnie könnten es auch nicht, aber wir schauen einander an und sagen: »Uns ist egal, was die denken …«

MICK: Wir haben ein recht vernünftiges Verhältnis zur Presse. Aber du kannst niemandem wirklich trauen, und das nervt. Du musst immer auf der Hut sein, sonst schlagen sie zu.

Keith, fotografiert von Mikio Ariga.

CHARLIE: Mir ist es egal, was die Leute über mich sagen. Aber es ist mir wichtig, was sie über meine Familie sagen. Deshalb rede ich nicht wirklich offen mit der Presse.

KEITH: Wir hatten eine ganz neue Generation als Publikum. Ich habe bei der Steel-Wheels- und der Voodoo-Lounge-Tour für 12-jährige Kids gespielt, die jetzt selber Musik machen. Bands wie die Hives und die Strokes. Was willst du daran ändern? Auf dem Grabstein eines Musikers kann nur stehen: »Er gab es weiter.« Das ist das größte Lob, das man kriegen kann.

RONNIE: Als wir für *Steel Wheels* wieder zusammenkamen, war die Atmosphäre etwas gedämpft, aber wir hatten trotzdem ein gutes Gefühl. Man hörte förmlich, wie alle einen Seufzer der Erleichterung ausstießen, weil Mick und Keith sich endlich wieder vertrugen.

KEITH: Wir nahmen *Steel Wheels* im Air Studio auf Montserrat auf. In einer Stadt zu arbeiten ist nicht immer optimal für eine Band. Auf einer kleinen Insel, wo man nirgends hingehen kann, bringt man viel mehr zustande, und das viel schneller.

MICK: Ich war überrascht, dass wir mit den Aufnahmen für *Steel Wheels* so schnell fertig waren. Aber wenn man wochenlang Zeit hat, kann man immer eine Ausrede finden und etwas auf den nächsten Tag verschieben.

KEITH: Noch nie hat eine Band so lange zusammengehalten. Ich hätte nicht im Traum damit gerechnet, aber jetzt ist es zu einer Herausforderung geworden. Solange ich noch die Kraft habe, muss ich dieses Ding weitertreiben.

Als wir im Londoner Olympic Studio arbeiteten, hatte Mick Bernard Fowler und Pierre de Beauport mit dabei. Sie waren mit Mick in Australien gewesen und hatten ihn genervt, weil sie die ganze Zeit »Talk Is Cheap« gespielt hatten. Ich spielte »Slipping Away« mit Bernard Fowler, und es war das erste Mal, dass wir zusammen sangen. Ich sagte zu ihm: »Scheiße Mann, ich wollte dich eigentlich nicht sympathisch finden, weil du sein Mann bist.« Doch ohne Pierre könnte ich inzwischen wahrscheinlich nichts mehr auf der Gitarre machen.

Und zugleich wusste ich, dass das Album von einem Neubeginn handelte. Wichtig war, es zu machen, nicht wie gut oder schlecht es wurde. Entweder war jetzt die Zeit gekommen, wo wir für immer auseinander fallen würden, oder wir würden überleben und weitermachen. In den folgenden zehn Jahren ging es für mich nur darum, die Stones neu zu erfinden und neu zu etablieren, nachdem wir das alles durchgemacht hatten.

MICK: Angesichts des damaligen Zustands der Band war es wahrscheinlich sehr gut, dass wir eine Zeit lang keine Tournee gemacht hatten. Wir hätten überhaupt nichts zustande gebracht. Wir hatten intern und extern zu kämpfen. Aber dann waren wir 1989 mit einer großen Tournee wieder da. Sie machte Spaß und war sehr erfolgreich. Und es war auch eine große Befriedigung, sie zu planen und eine Mannschaft dafür zusammenzustellen.

RONNIE: Bevor wir mit der *Steel-Wheels*-Tour nach Japan flogen, setzten sich meine Kumpel Charlie und Bill für mich ein. Sie fragten: »Verdienst du das Gleiche wie wir?«, und ich sagte: »Nein.« Und dann sagten sie, wenn ich nicht das Gleiche verdiente, würden sie nicht weitermachen. Sie brachten das Thema bei einem Treffen der Band zur Sprache, und ich war ihnen sehr dankbar. Bill und Charlie traten sehr energisch für mich ein. Sie ersparten es mir, zu betteln und zu sagen: »Hey, ich werde unfair behandelt.« Sie sagten: »Ronnie hat verdammt noch mal genauso hart für die Band geschuftet wie wir, und trotzdem kriegt er weniger Geld.« Und da sagten die anderen Band-Mitglieder: »Okay, wir bieten dir eine Lehrstelle an, dann gehörst du endlich zur Band.«

Das Tolle an Bill war, dass er eine echt humanitäre Einstellung hatte. Er sagte: »Ich kümmere mich um meinen Freund Ronnie, ich sorge dafür, dass er bekommt, was ihm zusteht.« Jeder andere hätte die Sache wahrscheinlich unter den Teppich gekehrt und gesagt: »Oh, Ronnie hat es doch nicht gekriegt, na ja, scheiß drauf.« Aber Bill sagte: »Moment mal, er hat seine Chance verdient!«

»Ronnie kann einen auf großartige Weise unterstützen, weil er die dunklen Seiten des Lebens einfach nicht beachtet. Manchmal denkt man ›Halt die Klappe, Ronnie, wir wollen jetzt nicht glücklich sein.‹ Aber er ist einfach unwiderstehlich.«

Keith

Jajouka in Nordafrika, 1989. Mick greift ein Projekt wieder auf, das Brian Jones im Juli 1968 begann. Brian verfolgte mit seiner ursprünglichen Idee ein doppeltes Ziel: Er wollte die Magie der Meistermusiker von Jajouka erfassen und den musikalischen Horizont der Stones erweitern.

Ronnie: Wir reisten nach Marokko und drehten mit den marokkanischen Musikern, die schon mit Brian Jones gearbeitet hatten, das Video für »Continental Drift«. Die alten Knaben holten uns vom Flughafen ab. Es war wirklich ein Erlebnis: Sie waren so höflich, trugen unser Gepäck und spielten und sangen die ganze Zeit

MICK: Die Logistik der Steel-Wheels-Tour war fantastisch. Die Show war gewaltig, und das stählerne Gerüst für die Bühne war riesig. Es war das erste Mal, dass wir auf einer Tournee permanent mit einem Aufwand dieser Größenordnung arbeiteten. Wir hatten schon viele Konzerte in Stadien gegeben, aber nie so viele hintereinander, und nie waren sie so aufwändig, so gigantisch, so teuer gewesen. Mark Fisher und ich waren schockiert, als wir die Bühne das erste Mal aufbauten und es fünf Tage dauerte. So konnte das nicht funktionieren, der Aufbau durfte höchstens 36 Stunden in Anspruch nehmen. Da hatten wir nun dieses riesige Ding, und es gab jede Menge Anfangsprobleme. Vor allem aber wurden wir unsicher, als wir es zum ersten Mal bei Nacht sahen und es diesen ganzen Rauch ausstieß. »Was zum Teufel haben wir da eigentlich gebaut?«, fragten wir uns.

Wir versuchten dem Ding einen geistigen Sinn abzugewinnen. Wir fragten andere, wie es auf sie wirkte, und sie sahen, je nachdem wo sie saßen, eine Fabrik oder etwas aus dem Film *Blade Runner*. Das Ding hatte verschiedene Bedeutungen für verschiedene Leute. Wir lernten dabei, dass die Leute gerne über die Bedeutung einer Sache nachdenken. Für den europäischen Teil der Tournee, die Urban-Jungle-Tour, bauten wir eine andere Version des Bühnenbilds und entwarfen eine ganze Garnitur neuer optischer Elemente, wobei Hunde eine große Rolle spielten. Wir konnten in Europa nicht so viel Stahl benutzen wie bei der Steel-Wheels-Tour; die Eintrittspreise gaben es nicht her. Also mussten wir das Ganze etwas reduzieren.

Ich will immer, dass die Band eine Menge Geld verdient. Ich will nicht, dass wir ein Jahr unterwegs sind oder länger und dann kein Geld dafür bekommen, das haben wir oft genug gemacht. Aber dann muss man auch was ausgeben für die Show. Am meisten kostet nicht das eigentliche Material, sondern der Transport, das Be- und Entladen der Sattelschlepper und der Auf- und Abbau, all das ist sehr kostspielig. Aber es ist ein tolles Gefühl, wenn 54 Sattelschlepper auf einem Parkplatz stehen und du sagen kannst: »Das ist unsere Show. Yeah! 54 Trucks!«

KEITH: Mick ist der Frontmann, und alles ist als Sicherheitsnetz für ihn angelegt, besonders auf diesen großen Bühnen, wo es Echos gibt und man manchmal einen halben Kilometer voneinander entfernt ist. Trotzdem muss man spielen und dem Sänger das Gefühl geben, dass es gar nicht darauf ankommt, was er tut: Wenn er rausfliegt, ändert man einfach den Beat und fängt ihn wieder auf. Idealerweise merkt er nicht einmal, wenn er Scheiße gebaut hat. Das gehört zu

Mick und Jerry bei einem Video-Dreh.

den Dingen, die Mick bei den Auftritten mit seiner eigenen Band herausfand: Er hatte plötzlich kein Sicherheitsnetz mehr. Charlie und ich bringen Mick sogar dann noch groß raus, wenn es uns selber schadet. Das läuft intuitiv, es beruht ein Stück weit auf Erfahrung, aber im Prinzip haben wir von Anfang an so gearbeitet. Charlie sagt dasselbe: Mick ist der Sänger und was immer er tut, wir folgen ihm. Und wenn er Scheiße baut, fangen wir ihn wieder auf. Den Sänger lässt man nicht hängen. Das ist nicht drin.

MICK: Manchmal ist man nervös und macht Fehler. Ich weiß, dass ich Fehler mache. Jeder macht seine Portion Fehler, aber man hofft, dass man mit seinem Fehler nicht das ganze Ding ruiniert. Ich muss aufpassen, denn wenn ich einen Fehler mache und zum falschen Teil des Songs springe, folgt mir die halbe Band und die andere Hälfte macht an der richtigen Stelle weiter, und dann kommt das Ganze zu einem hässlichen, knirschenden Halt. Normalerweise findet mich jedoch die Band wieder, wenn ich mich verirre.

CHARLIE: Die Bühne von *Steel Wheels* war riesig. Mick rannte über sechs Kilometer bei einem Konzert. Als er das erste Mal damit anfing, hatte ich das Gefühl, allein auf der Bühne zu stehen. Keith rannte ebenfalls, wenn auch in eine andere Richtung, und Ronnie war wieder woanders. Natürlich gab es auch noch Matt Clifford an den Keyboards und Bill, der sich ja nie bewegt. Trotzdem fühlte ich mich sehr isoliert, weil ich keinen Frontmann hatte. Schließlich gewöhnte ich mich daran, und heute fühlt es sich ganz normal an.

MICK: Wenn man in einer großen Halle oder in einem Stadion arbeitet, meinen die meisten Leute, es sei riesig, ich aber finde es ziemlich klein. Alle können dich die ganze Zeit sehen, wenn du auf der Bühne bist. Du kannst dir nicht einmal die Nase putzen, ohne dass es jemand merkt.

KEITH: Wenn die Scheinwerfer an sind und die Musik spielt, betrachtest du die Bühne als dein Zuhause. Dann hast du alles unter Kontrolle. Du bist Zeus, der Herr der Welt. Und alles, was geschieht, geschieht, weil du es so willst.

Auf dieser Tour arbeiteten wir das erste Mal mit Videoschirmen – lieber Gott, wer hätte je gedacht, dass wir mal so viel Equipment mit uns rumschleppen würden – und langsam lernten wir, sie zu verwenden. Das erste Mal, als mir jemand einen Videoschirm zeigte, dachte ich: »Oh nein, jetzt sind wir nur noch wie kleine Puppen, und es ist, als ob alle sich einen Film ansehen.« Aber es dauerte nicht lang, bis ich erkannte, dass ich damit Unrecht hatte, denn tatsächlich halfen die Schirme, mehr Intimität herzustellen. Wenn du am hinteren Ende des Stadions stehst, sehen wir ohne die Schirme wie Streichhölzer aus. Ich

Die Band in Aktion, fotografiert von Ken Regan.

Keith in Paris, fotografiert von Claude Gassian.

(gegenüber) Ronnie in Barcelona, fotografiert von Claude Gassian.

bin 1,76 groß, und daran können wir nichts ändern. Deshalb war der Schirm keine Ablenkung, wie ich zunächst gedacht hatte, auch wenn es schwierig war, sich daran zu gewöhnen, dass das Publikum auf ein Ding über deinem Kopf blickt, das du selbst nicht sehen kannst. Inzwischen haben sich die Schirme zu einer Art mitreisendem Hintergrund entwickelt. Sie bewirken, dass man sich als Musiker anders verhält: Man spielt nicht mehr nur für die erste Reihe und den Raum dahinter, sondern muss auch lernen, wie man sich zu der Videokamera verhält. Tatsächlich hört das Lernen nie auf, weil es bei jeder neuen Tournee technische Neuerungen gibt. Die Schirme sind größer oder die Anlage ist besser, oder man probiert irgendein neues System aus. Als wäre man ein Pilot, der das neue Kampfflugzeug als Erster kriegt.

RONNIE: Wir hatten bei der Steel-Wheels- und der Urban-Jungle-Tour die Uptown Horns als Bläser dabei. Das war ein Ergebnis von Micks Tourneen mit seiner eigenen Band: Wir engagierten einige der Musiker, die mit ihm gearbeitet hatten. Keith hatte mit Charlie Drayton und Steve Jordan gearbeitet; wir waren einfach offen für neue Talente. Bläser sind ein nützliches Element auf einer Tournee, ähnlich wie der Umstand, dass Blondie Chaplin nicht nur Sänger, sondern auch Gitarrist ist. Er ist gut zu gebrauchen, wenn man bei verschiedenen Songs einen üppigeren Sound haben will. Es verschafft einem mehr Freiheit, wenn bestimmte Teile eines Songs durch Bläser oder Background-Sänger abgedeckt werden. Man hat den Raum, vielleicht nur einen wichtigen Ton oder einen speziellen Riff hinzuzufügen, wenn man weiß, dass wegen der Bläser kein Loch entstehen kann. Man denkt: »Ich bin abgesichert, ich kann gar nichts spielen oder einen interessanten Ton oder einen Riff beisteuern.«

»Es war einfach furchtbar, als es so aussah, als ob Mick und Keith nie mehr miteinander reden würden, aber ich erreichte wenigstens, dass sie noch miteinander telefonierten. Ich wollte es auf keinen Fall zulassen, dass die Stones untergingen.«

Ronnie

Ronnie und Keith beim Proben Ronnie: Vor der Show tauschen Keith und ich im Gitarrenraum hinter der Bühne Ideen und Riffs miteinander aus und spinnen die unterschiedlichsten Soundgewebe. Das ist unsere Vorbereitung für die Show.

KEITH: *Steel Wheels* war eine verdammt lange Tournee, ein echtes Großunternehmen. Aber wenn das Ihre Majestät bei Laune hält, dann machen wir halt die Riesen-Events und das ganze Larifari. Mir ist es immer lieber, wenn die Bühne wie in einem Jazzclub aussieht.

Die größte Schwierigkeit besteht darin, den 50 000 Leuten das Gefühl zu vermitteln, dass sie nur 500 oder 50 sind. Wie kann man ein Fußballstadion in einen Club verwandeln? Ein Fußballstadion ist nicht gerade der optimale Auftrittsort. Gott spielt außerdem noch jeden Tag in Form von Wind, Hitze, Licht und Regen bei der Band mit, und man kann ihm nicht mit dem Zeigefinger drohen und sagen: »Hör endlich auf damit.«

CHARLIE: Das wirklich Erstaunliche ist, dass wir tatsächlich zusammengeblieben sind, mit all den Egos oder dem Mangel an Ego oder was es sonst ist, das Menschen zu dem macht, was sie sind. Und die Tatsache, dass die Leute einen immer noch mögen, ist einfach überwältigend.

KEITH: Nach der Urban-Jungle-Tour sagte Bill, er werde die Band verlassen. Ich bekam wirklich eine Scheißwut auf ihn. Ich drohte ihm die schlimmsten Sachen an, einschließlich den Tod im Morgengrauen, denn ich sage immer: »Diese Band verlässt man nur im Sarg.« Aber er hatte sich entschieden. Er hatte doch tatsächlich angefangen, das Fliegen zu hassen, und eine echte Flugangst entwickelt. Das ist zwar recht seltsam nach 25 Jahren, aber es passiert. Er musste zu jedem Gig fahren und das schlauchte ihn. Manche halten so was eben nicht ewig aus.

»Schließlich hat Bill nichts weiter verbrochen, als die Band zu verlassen und drei Babys zu bekommen sowie einen Fish & Chips-Laden!«

Keith

RONNIE: Bill hatte sich schon seit Jahren in diese Richtung entwickelt, und je mehr Flüge wir hatten, umso schlimmer wurde es. Am Ende war es ein Flug zu viel. Tatsächlich sagte er auf unserem letzten gemeinsamen Flug: »Hey, guck mal da raus.« Ich blickte aus dem Fenster, und er sagte: »Siehst du das Zeug, das da aus dem Flügel kommt?« Ich sagte: »Ja, das ist Kondenswasser.« Aber er sagte: »Nein, das ist Treibstoff. Wir haben ein Leck.« Ich glaube, er war einfach überzeugt, dass es Zeit war, aufzuhören, und zur Abwechslung ließ Keith mal jemand ziehen, ohne ein großes Theater zu machen.

KEITH: Schließlich hat Bill nichts weiter verbrochen, als die Band zu verlassen und drei Babys zu bekommen sowie einen Fish & Chips-Laden!

CHARLIE: Bill hatte ein gewisses Alter erreicht, er hatte frisch geheiratet und eine Familie gegründet, und er wollte nicht mehr in der Band sein. Er hatte extreme Angst vorm Fliegen, was mir noch gar nicht aufgefallen war, obwohl er während der Urban-Jungle-Tour, die wir in Europa machten, nie ein Flugzeug benutzt hatte. Ich dachte damals, er würde nur eines seiner eigenen Projekte verfolgen.

RONNIE: Bill sagte: »Fuck you, ihr habt nie einen meiner Songs benützt.« Und Keith sagte: »Hast du immer noch nicht geschnallt, dass sie nichts taugen?«

KEITH: Ich mag Bill sehr. Er ist ein sehr witziger Bursche, mit einem sehr trockenen Humor. Er kennt ein paar fiese Witze aus dem Londoner Süden und er hat einen sehr ausgeglichenen Charakter. Wenn man Bill zuhört, merkt man, dass er unglaublich scharfsinnig ist, was man ihm bei seinem Äußeren eigentlich gar nicht zutrauen würde.

Es war eine Riesenüberraschung, als er sagte: »Ich verlasse die Gruppe.« Eigentlich darf das niemand sagen, aber ich musste es letztlich akzeptieren. Ich wollte ihn lange nicht vom Haken lassen, weil wir eben diese Einheit sind und alles, was wir anpacken, zu gelingen scheint. Der Gedanke, aus einer Einheit, die nur aus fünf Elementen besteht, ein Stück herauszubrechen, ist unangenehm. Natürlich, wenn einer stirbt, kann man nichts machen, aber sonst.

Außerdem war Bill meine Rhythmusgruppe. Für mich war er musikalisch mit Charlie an der Hüfte zusammengewachsen. Er hatte eine Affinität zu Charlie Watts, die geradezu verblüffend war, und gute Rhythmusgruppen sind nicht so leicht zu finden.

RONNIE: Ich vermisse Bill, weil er auf der Bühne auch immer nach vollbusigen Mädchen Ausschau hielt. »Hey, Woody, siehst du dieses Riesenpaar?«, pflegte er zu sagen.

CHARLIE: Als Brian die Band verließ, war er schon einige Zeit kein sehr angenehmer Mensch mehr gewesen, also fiel uns der Abschied in mancher Hinsicht nicht so schwer, trotzdem war es keine schnelle Entscheidung. Und als Bill ging, war es ebenfalls nicht so, dass er den Raum verlassen hätte und eine Woche später nicht mehr wiedergekommen wäre. Er sagte, er werde nach der Tournee aufhören, und als wir zwei Jahre später wieder eine Tournee machen wollten, fragten wir ihn, ob er seine Entscheidung ernst gemeint habe. Er hatte zwei Jahre Bedenkzeit. Aber er wollte immer noch gehen, und das war's. Doch es war wirklich ein verdammt hartes Stück Arbeit, einen neuen Bassisten zu finden.

Richard Branson spielt den Gastgeber und feiert mit Jagger, Richards und Wood den Vertrag über drei Alben, den die Stones Ende 1991 mit Virgin Records geschlossen hatten.

EDNA GUNDERSEN

Edna Gundersen arbeitet seit 1986 als Musikkritikerin für *USA Today*. Seit den 70er- und 80-Jahren berichtete sie regelmäßig über die Stones und schrieb über jede Tournee und jedes Album seit *Exile On Main Street* (1972). Seit 1988 hat sie die Bandmitglieder immer wieder interviewt, zuletzt im September 2002.

Als knospendes Blumenkind an der Highschool groovte ich auf Jimi Hendrix, und Bob Dylan war mein Idol, aber das Geheimnis der Rolling Stones motivierte mich, Rockjournalistin zu werden.

Ich begriff sofort, warum die hübschen, sonnigen Beatles mit ihren Zottelfrisuren und ihrem strahlenden Pop so gut ankamen. Sie waren das Liebesboot der britischen Rockinvasion in den USA. Anders das Unheil verkündende Piratenschiff, das auf viel dunkleren Gewässern kreuzte und von zwei radikal gegensätzlichen Kapitänen gesteuert wurde. Mick Jaggers berechnender Charme und sein katzenartiges Maunzen schienen sich mit den unkultivierten, coolen und rohen Riffs von Keith Richards überhaupt nicht zu vertragen. Trotzdem brachte dieses ungleiche Paar von Außenseitern einige der beständigsten Klassiker der Rockgeschichte zustande. Im Scheinwerferlicht traten die Unterschiede noch deutlicher zutage, das entdeckte ich, als ich die Stones am 15. Juni 1972 in Albuquerque, New Mexico, zum ersten Mal sah. Ich war ein vom Fotografieren besessener Teenager, 500 Kilometer von zu Hause entfernt und hatte ein Schwarzmarkt-Ticket für eine der hinteren Reihen, was mich nicht hinderte, mich mit meiner eingeschmuggelten Kamera in die vorderste Reihe zu schlängeln. Die Band spielte mit erstaunlicher Energie und Schärfe und schleuderte Granaten wie »Rip This Joint« und »Midnight Rambler« in die Menge. Ich war wie gebannt von der inneren Dynamik der Band: von Keiths schwankendem Gang, Micks geilem Ballett, von Keiths Guerilla-Outfit und Micks rotem Lidschatten, von Keiths taumelnden Gitarrenkrämpfen und Micks vokaler Extravaganz. Stimmlich und instrumental standen die Stones für harmonische Disharmonie. War die Band auch im Leben von Gegensätzen geprägt? Unmöglich, dachte ich.

Doch ich hatte Unrecht. Die Dissonanzen in der Band waren kein flüchtiges Phänomen, und die Coexistenz der Gegensätze bekam einen Riss. Keine der Gefahren, die den Stones in den tückischen 80er-Jahren drohten, von Charlie Watts Heroinsucht bis zu der Hysterie, die Bill Wymans Beziehung zu einer Minderjährigen in der Regenbogenpresse auslöste, konnten der legendären Band den Garaus machen. Selbst der berüchtigte Streit in Amsterdam, als Charlie dem betrunkenen Mick wegen einer verächtlichen Bemerkung einen Schlag versetzte, hatte kaum Nachwirkungen außer einem schlimmen Kater.

Nur der latente Konflikt zwischen Mick und Keith wog anscheinend schwer genug, um die Band zu gefährden. Die Fehde brach offen aus, als Mick 1986 im Gefolge von *Dirty Work* ein Soloalbum aufnahm, statt mit der Band auf Tournee zu gehen. Keith war am Boden zerstört und die Band drohte zu zerbrechen: Ron Wood machte eine Tournee mit Bo Diddley, Charlie trat mit seiner Jazzband auf und Bill engagierte sich sozial. Mick suchte ganz offensichtlich Distanz zu den Stones, als er 1987 das intelligente und tanzbare Album *Primitive Cool* veröffentlichte und in dem Song »Kow Tow«: »The future looms, so damn the past« verkündete.

Keith fühlte sich immer noch verraten, als ich ihn ein Jahr später interviewte, aber er genoss auch die gelungene Rache, die er mit seinem eigenen Solo-Album genommen hatte. Auf dem herrlich rohen *Talk Is Cheap* ließ er seinem Groll auf Mick in »You Don`t Move Me« freien Lauf. Er reagierte auf Micks Ansinnen, die Stones nach zwei mäßig erfolgreichen Soloalben wieder zusammenzurufen, mit den Zeilen: »Now you want to throw the dice; you already crapped out twice«.

Als ich Keith an einem Septembernachmittag in seiner Hotelsuite in L.A. interviewte, wusste ich vorher nicht, ob er Mick als seinen Freund oder Feind betrachten würde. Wie ich feststellte, war beides der Fall. Der zerknitterte, aber leutselige Gitarrist schwankte zwischen anklagend und versöhnlich, während er an einem großen Glas Jack Daniels mit Gingerale nippte. (»Wenn man mit Heroin aufgehört hat, ist alles andere Säuglingsnahrung«, erklärte er mir.)

Sich von der Band zu trennen und *Talk Is Cheap* zu machen, sei nicht seine Idee gewesen. »Ich war dazu gezwungen, weil ich arbeiten wollte. Ich war nicht derjenige, der gesagt hat, ich mache jetzt alleine weiter. Wie ich schon zu Mick gesagt habe: ›Die Stones sind größer als wir beide, Darling.‹ Irgendwie werde ich schon ein bisschen Vernunft in ihn reinprügeln.«

Und doch wollte Keith nur ungern auf seine eigenen Erfahrungen im Rampenlicht verzichten.

»Noch nicht«, sagte er mit einem rauen Lachen. »Ich genieße es zu sehr. Es ist gut für mich gewesen, mal aus der Stones-Blase rauszukommen. Es hat mein Selbstvertrauen gestärkt. Und ich weiß, dass ich heute von den Stones als Lebensweise nicht mehr so total abhängig bin.«

Die Jagger/Richards-Symbiose hatte sich in einen Schuljungenstreit verwandelt. Keith warf Mick vor, mit »Ersatz-Stones« auf Tournee zu gehen. Mick wollte zu Keiths Tournee überhaupt nichts sagen. Keith erzählte, dass Mick pausenlos geredet habe, während er *Talk Is Cheap* zum ersten Mal hörte. Später jedoch habe er beobachtet, wie Mick zu einem der Stücke tanzte.

»Ich sah, wie er zu der Musik im Raum herumhüpfte«, sagte Keith stolz. »Wenn es ihm in die Beine gegangen ist, dann muss es ihm gefallen haben. Aber damals wollte er es nicht zugeben. Er ist ein komischer Junge. Die persönliche Beziehung zwischen uns ist ein bisschen komplex.«

Keith wollte Mick nicht von der Sünde der Arroganz freisprechen, hatte jedoch dank seiner neuen Rolle als Frontmann der X-Pensive Winos inzwischen mehr Verständnis für die Probleme eines Leadsängers.

»Es ist hart«, sagte er. »Auf der Bühne musst du daran glauben, dass du ein Halbgott bist. Aber wehe, wenn du im normalen Leben immer noch dran glaubst.«

Die hinterhältigen Angriffe, die auf die versuchsweise Trennung gefolgt waren, machten schließlich echter Selbstreflexion und Versöhnung Platz, was zu einer triumphalen Rückkehr der alten Formation führte. Der Waffenstillstand von 1989 brachte *Steel Wheels* hervor, das wichtigste Werk der Band seit *Some Girls* von 1978.

Ende August, nach der Veröffentlichung des Albums und vor dem Start der alle Rekorde brechenden Steel-Wheels-Tour, versammelten sich die Stones in einem Internat in der kleinen Stadt Washington in Connecticut zum Üben. Nachdem ich jahrelang gerätselt hatte, was sie zusammenhielt, bekam ich nun endlich die Gelegenheit, Mick und Keith persönlich auf den Zahn zu fühlen. Aber nicht beiden gemeinsam, wie sich herausstellte. Trotz einer gewissen Entspannung im Studio war der Konflikt noch nicht beigelegt. Ich durfte sie getrennt interviewen, wie eine neutrale Schweizerin, die im Kalten Krieg vermittelt. Ein PR-Berater der Band riet mir zu diplomatischem Verhalten und meinte, beide Musiker seien durch die Veröffentlichung des neuen Albums und die Vorbereitung der Tournee gestresst, da dürfe ich keinesfalls Partei ergreifen.

Mick und Keith waren in den bewaldeten Hügeln der Umgebung in verschiedenen Landhäusern in Stellung gegangen, und wie ich sie dort antraf, bestätigte mir erneut die radikale Gegensätzlichkeit beider Persönlichkeiten, die ein unwahrscheinliches Bündnis eingegangen waren.

Keith saß mit seiner anarchisch wuchernden Haarmähne barfuß in einem verwaschenen, gepunkteten T-Shirt auf der Veranda seines unaufgeräumten Hauses und rauchte eine Marlboro nach der anderen. Er war immer noch wütend über Micks Extratour, hatte aber inzwischen erkannt, warum Mick sich zurückgezogen hatte.

»Er hatte wahrscheinlich das Bedürfnis nach einer Pause in der ständigen Auseinandersetzung mit mir«, sagte er. »Wir waren uns zu lange zu dicht auf der Pelle gesessen. Wenn man sich schon 40 Jahre kennt und der Druck bei der Arbeit wächst, regt man sich furchtbar über Kleinigkeiten auf.«

Doch der Ärger sei mit der kreativen Explosion bei der Entstehung von *Steel Wheels* verflogen, ein Vorgang, den Richards mit Stolz und Vergnügen beschrieb. Nach dem Waffenstillstand im Februar hatten er und Mick sich auf Barbados getroffen und Songs für das 34. Album der Stones geschrieben, ein wichtiger Meilenstein ihrer Partnerschaft, der es an neuen Ideen gefehlt hatte. Die Last, die sich in drei Jahrzehnten öffentlicher Partnerschaft angesammelt hatte, verschwand mit dem kindlichen Vergnügen, neue Songs zu bauen.

Anderthalb Kilometer entfernt traf ich Mick in seinem mit Antiquitäten möblierten Empfangszimmer. Er strahlte kühle Eleganz aus mit den kurz geschnittenen Haaren, der Sonnenbrille, der frischen Freizeithose und den marokkanischen Pantoffeln. Als er sich zu dem jüngsten Streit äußern sollte, wurde sein Ton eisig.

»Er war sehr grob«, sagte Mick in Bezug auf die Seitenhiebe, die ihm Keith in den Medien versetzt hatte. »Keith ist nicht für seine guten Manieren bekannt. Er hat überhaupt keine Manieren. Ich habe eine Zeit lang versucht, sein Verhalten gar nicht mehr zu kommentieren, weil das einigen Schaden anrichten kann. Man sagt nicht gern: ›Also, mein Bruder ist ein Idiot, aber ich muss mit ihm klarkommen.‹ Über so etwas spricht man nicht in der Öffentlichkeit. Ich fand, dass Keith einfach unnötig das Maul aufriss.«

Er machte eine Pause und fügte aufgeräumt hinzu: »Da ich nicht nachtragend bin, fällt es mir recht leicht, die Sache wegen der bevorstehenden Tournee zu vergessen.«

Mick musste sich nach der dreijährigen Alleinherrschaft während seiner Solokarriere wieder an Teamwork gewöhnen: »Ich muss jetzt sehr viel demokratischer vorgehen, wenn ich meine Autorität zur Geltung bringe«, sagte er mit einem Lächeln. »Es ist schwer, so diplomatisch zu sein, weil es langweilig ist.«

Die niedrige Toleranzschwelle der Stones für Rost und Langeweile ist auf dem glänzenden *Steel-Wheels*-Album leicht zu erkennen: einer ehrgeizigen Mischung aus Exotik, raffiniertem Pop und Garagenrock der *Exile*-Ära.

Auf der Bühne verblüffte dieses heiße Gemisch jene Kritiker, die mit einer schlappen Oldie-

Revue gerechnet hatten. Die Nachricht von der Steel-Wheels-Tour, der ersten Tournee seit sieben Jahren, wurde von einem Teil der wankelmütigen Pop-Welt mit Hohn und Spott begrüßt. Wie nicht anders zu erwarten, provozierte das Come-back von über 40-jährigen Rockmusikern in einer nach Teen Spirit stinkenden Ära verächtliche Bemerkungen über abgefuckte Altstars und morsche Knochen. Doch die Witze über Steel Wheelchairs (Stahlrollstühle) verstummten schnell, als der Moloch nach einem atemberaubenden Start in Philadelphia ins Rollen kam.

Mick und Keith, die wie Wildpferde gekämpft hatten, erreichten nach *Steel Wheels* ein Stadium wohlwollender gegenseitiger Duldsamkeit und zogen sogar an einem Strang, um ein internes Desaster der Band zu verhindern: Bill Wymans Abschied.

»Es war nichts zu machen«, sagte mir ein frustrierter Mick 1991. »Er hat einfach aussteigen wollen. Und er hat nie geschwankt.«

Keith reagierte zunächst zornig, kam dann jedoch zu dem Schluss, dass Bills Ausstieg berechtigt war. »Man muss sich in diesem Geschäft mehr als hundertprozentig engagieren«, sagte er, als ich ihn bat, etwas zum Burnout-Syndrom des Bassisten zu sagen. »Bill konnte die zusätzlichen fünf Prozent nicht mehr aufbringen.«

Dieses unbedingte Engagement ist der Schlüssel zum Überleben und zur Entwicklung der Band. Der Gegensatz zwischen Mick und Keith ist keine grundsätzliche Unvereinbarkeit, sondern entspringt vielmehr ihrer Entschlossenheit, die Latte immer höher zu hängen.

Der nächste Wachstumsschub brachte 1994 das glanzvolle Album *Voodoo Lounge* hervor, ein groovendes, mit Sticky-Finger-Farben gemaltes, euphorisch-hedonistisches Rockgemälde. Die ausgewogene Mischung von handwerklichem Können und urtümlicher Kraft bewies, wie fruchtbar es sein kann, kreative Energie aus persönlichen Gegensätzen zu schöpfen. Der sardonische Dandy mit dem bedrohlichen Jaulen und der rebellische Außenseiter mit den funky Hooks hatten sich gefunden, um ihrer gemeinsamen Leidenschaft für das musikalische Abenteuer zu frönen.

»In den 80er-Jahren fanden wir in einem langwierigen Erkenntnisprozess heraus, dass wir für ein von uns selbst geschaffenes Monster arbeiteten, das eigentlich für uns hätte arbeiten sollen«, erklärte mir Keith. »Da Mick und ich unsere Wut nicht an diesem unsichtbaren Feind auslassen konnten, gingen wir aufeinander los. All dieses böse Blut gehört jetzt der Vergangenheit an.«

Tatsächlich war Mitte der 90er-Jahre ein Zustand erreicht, in dem der schlimmste Ärger von Talkmastern im Fernsehen verursacht wurde: Sie machten sich den Spaß, darauf hinzuweisen, dass der hüftschwingende, gummilippige Rockgott Mick Jagger älter sei als Präsident Bill Clinton. (»Aber jünger als sein Außenminister«, konterte Mick.) Solche Angriffe verstärkten nur den Trotz der Band, und Keith riet den Witzbolden: »Tragt es mit Fassung, Jungs, wir werden noch da sein, wenn eure Witze schon längst keiner mehr hören will.«

Anlässlich des 30-jährigen Bestehens der Band brachte Keith sein ungebrochenes Vertrauen in die Fähigkeit der Stones, mit Würde zu überleben, zum Ausdruck: »Es besteht die Möglichkeit, dass die Stones noch ein weiteres, sehr interessantes goldenes Zeitalter vor sich haben«, sagte er. »Wir gehen einen Weg, den noch keiner beschritten hat.« Dieser Weg werde bestimmt voller Hindernisse sein, räumte Keith ein. Und tatsächlich ist wohl jeder Friedensschluss zwischen Mick und Keith stark gefährdet.

Wenn allerdings bei den Stones die Funken fliegen, entzünden sie die Fantasie. Die Alchimie der Band sorgt dafür, dass Genie und Können mit darwinscher Effizienz gedeihen. Zweifellos sind die regenerationsfähige Hipness der Band und ihre andauernde Relevanz den widerstreitenden Kräften und der geschwisterlichen Konkurrenz im Verhältnis der Glimmer Twins zu verdanken. Als ich Keith fragte, welche Rolle der Ehrgeiz einzelner Mitglieder spiele, sagte er: »Wenn es Konkurrenz gibt, dann ist sie sehr unterschwellig.«

Aber im Ergebnis oft überwältigend.

The difficult days had gone. The camaraderie and the bonding was back. The Rolling Stones were rocking, and going from strength to strength.

Ronnie Wood

10

EINE ART WUNDER

Die Band 1994 in Indianapolis.

RONNIE: Auf der Suche nach einem Ersatz für Bill hörten wir uns in New York Bassgitarristen an und hatten viel Spaß. Wir hatten das Gefühl, dass wir einen Schritt nach vorn machen und sehen sollten, was die Zukunft brachte, und vielleicht ein bisschen funkiger werden sollten, nicht so verhalten wie Bill.

Bill hatte seinen eigenen Stil beim Bassspielen. Er war nicht sehr forsch, aber es passte immer gut zu Keith und Charlie und schuf von Anfang an dieses spezielle Feeling bei den Stones, das aus dem Zusammenklang widerstreitender Kräfte entstand. Deswegen wollten wir keinen Bassisten, der zu perfekt war, das hätte dann zu sauber geklungen. Der Bassspieler, den wir aussuchen würden, musste die Gratwanderung beherrschen, gut, aber auch ruppig genug zu spielen.

Wochen vor dem Vorspielen rief ich immer wieder Mick an und sagte: »Wir sollten es mit dem und dem probieren.« Die anderen in der Band machten es auch so, und schließlich hatten wir genug Namen auf der Liste und konnten sagen: »Okay, heute kommen zwölf und morgen noch einmal zwölf.« Jeder kam und spielte drei Songs mit uns. Das machte Spaß, denn mit jedem neuen Spieler entstand eine andere Atmosphäre.

KEITH: Als Bill die Band verließ, brauchten wir einen neuen Bassisten, einen ganz anderen aus einer neuen Generation. Wichtig war, jemanden zu finden, der mit Charlie harmonierte.

RONNIE: Mit den Bassisten, die zu einer gemeinsamen Probe kamen, spielten wir einen Blues, aber erst am Schluss, nach ein paar Songs wie »Brown Sugar« und »Miss You«. Das Jammen am Schluss war wichtig, denn da konnten wir sehen, wie gut sie waren und ob sie zu Charlie passten.

CHARLIE: Mir kam es so vor, als ob wir mit tausend Spielern probten und ich neun Tage lang am Schlagzeug saß. Es war unglaublich; wir hatten eine Liste mit Leuten, die wir ausprobieren wollten, und alle waren gut. Jeder kam mit einer besonderen Empfehlung. Da gab es einen, mit dem Keith gearbeitet hatte und den er sehr gern mochte, und einen anderen, der Mick gefiel: Dougie Wimbish, ein fantastischer Spieler.

RONNIE: Ich führte Buch, so ein kleines rotes Schulheft, in dem ich mir Notizen über jeden Bassspieler machte, der zum Vorspielen kam: Das ist sehr interessant, ich bewahre es in meinem Archiv in Kingston auf. Darin ist jeder Bewerber aufgeführt, woher er kommt, welche Songs wir mit ihm spielten, meine Bewertung von 1 bis 10, die Beliebtheit in der Band und dazu noch Kommentare, etwa »Der Typ kann nicht mit uns singen« oder »Was für ein Widerling – der Nächste, bitte!« Für so talentierte Leute war es sehr hart, so behandelt zu werden, aber sie verstanden alle, dass es sehr schwierig für uns war. Wir hatten so viele Bewerber. Alle möglichen Leute bewarben sich, als sie hörten, dass wir einen Bassisten suchten, von Noel Redding von Jimi Hendrix Experience bis zu diesen ganzen Jungspunden.

Die Entscheidung fiel mehr oder weniger über die Blicke, die wir austauschten und die sagten: »Mit dem spielen wir gern, er hat Talent.« Schließlich blieben nur noch ein paar übrig, vielleicht zwei oder drei. Es war kein Problem für mich, dass Darryl Jones den Job bekam, er ist perfekt. Ich machte das so: Ich fragte jeden Bassisten, als er hereinkam: »Möchtest du ein Guinness?« Darryl sagt immer, er würde nie den Augenblick vergessen, als er ins Studio kam und ich zur Begrüßung sagte: »Möchtest du ein Guinness, Kumpel?« Darryl bekam den Job, weil er antwortete: »Ja, gern« … In so einer Situation sind bei allen die Nerven angespannt, auch wenn man es nicht zeigt, aber nach der Frage fiel die Anspannung sofort von Darryl ab.

CHARLIE: Schließlich blieben noch Dougie Wimbish und Darryl und der Typ übrig, mit dem Keith gearbeitet hatte. Das war sehr knapp zwischen den dreien, aber mit Darryl war es so einfach zu arbeiten, dass wir uns schließlich einstimmig für ihn entschieden.

»Das Wichtigste bei der Auswahl eines Musikers für diese Band ist, dass man mit ihm als Mensch auskommt. Das ist so wichtig wie sein spielerisches Können.

Charlie

KEITH: Ich sah Charlies Gesicht, als wir mit Darryl spielten. Da war diese Jazzverbindung, außerdem ist Darryl unglaublich vielseitig.

CHARLIE: Darryl ist ein echt guter Bassist, er passt sich so gut ein. Und er ist in der Lage, sowohl in der Rhythmussektion als auch als Frontmann zu spielen. Ich habe ihn in beiden Rollen bei verschiedenen Bands gesehen, darunter auch seiner Fusion-Jazz-Band. Er spielt sehr rhythmisch und druckvoll. Er kann musikalisch sehr viel, aber das Wichtigste bei der Auswahl eines Musikers für diese Band ist, dass man mit ihm als Mensch auskommt. Das ist so wichtig wie sein spielerisches Können. Ich meine, ich höre gern Darryls Geschichten über seine Arbeit mit Miles Davis, aber das muss manchmal ein Alptraum gewesen sein. Das wäre nichts für mich.

Darryl spielt schön, aber auch ernst und stark. Erst da erkannte ich, dass Bill im Vergleich dazu fast ein femininer Spieler ist, allerdings spielte er ein paar großartige, ja eigentlich fantastische Bass-Linien. Ich glaube, das liegt daran, dass er eigentlich von der Gitarre kommt, so wie Ronnie ein toller Basser ist, obwohl er druckvoller spielt als Bill. Bill ist ein völlig untypischer Bass-Spieler.

Zwei Studien von Ronnie.

Als wir in Toronto für die Forty-Licks-Tour probten, hörte ich mir wieder Songs an, die Bill und ich zusammen gespielt hatten, und ich stellte fest, dass er sehr viel besser war, als ich ihn in Erinnerung hatte. Ich glaube, ich hatte davor noch nie richtig darüber nachgedacht: Bill war ein Bassist, mit dem ich arbeitete, und ein Freund, aber ich hatte mich nie hingesetzt und sein Spiel genauer angehört. Wir proben also mit Darryl »Mother's Little Helper« oder so und spielen immer wieder die Originalversion ab und ich denke: »Das ist sehr einfallsreich«, und ich sehe Bills winzige Hände die Saiten greifen.

RONNIE: Als ich mit Bill in der Band arbeitete, konnte ich beobachten, wie Charlie, Bill und Keith interagierten: Es war dieser Effekt der Zeitverzögerung zwischen Keiths Riff, Charlies Beat und Bill, der ein bisschen später anschlug. Das gab den Songs den ursprünglichen, schleppenden Effekt. Das war so eine Art simple Magie bei Bill in der Struktur der Rhythmussection. Darryl ist ein absoluter Virtuose und macht das auch, sogar noch effizienter. Charlie hat echt Glück. Und dadurch spiele auch ich überlegter, knapper, sodass das, was ich spiele, mehr bedeutet. Außerdem überlege ich, was und wann ich nicht spiele. Früher sprach ich total viel darüber: »Oh ja, es zählt das, was man nicht spielt«, und dann ging ich auf die Bühne und spielte alles durch, dachte aber, ich hätte mich zurückgehalten. Das ist etwas, das erst mit der Erfahrung kommt.

KEITH: Neben Darryl am Bass hatten wir bei *Voodoo Lounge* auch einen neuen Produzenten. Don Was ist unglaublich diplomatisch und hat ein tolles musikalisches Gespür. Er ist sehr, sehr gut, wenn er so zwischen den Cracks vermittelt – das sind Mick und ich. Wenn es wirklich darauf ankommt, fragen wir Charlie, er hat dann das letzte Wort. Don sagt: »Erzwingt es nicht – es ist sehr gut, aber nicht jetzt. Das Timing ist alles, und du, Charlie, bestimmst die Zeit.«

Man wird unweigerlich von allen beeinflusst, mit denen man arbeitet. Wenn man etwas im Kopf hatte und es für ganz großartig hielt, aber Don Was meinte: »Na ja, vielleicht ist es nicht so toll«, akzeptierte man sein Urteil, niemand sagte etwas dagegen. Oder er meinte: »Das braucht noch ein bisschen Arbeit, aber okay, ich lass die Finger davon.« Entweder versteht man diese Botschaften sofort oder man ist verloren.

RONNIE: Don Was ist ein bisschen wie Steve Lillywhite. Er war immer da, beobachtete und sagte nicht viel. Man konnte zu ihm gehen und seine Meinung einholen, fragte ihn zum Beispiel: »Soll ich das machen? Meinst du, das braucht eine Twelve-String oder eine akustische Gitarre?« Und er sagte: »Das ist gut so mit der Six-String ...«, einfach so kleine Ratschläge.

Don ist ähnlich. Mit der Band besteht eine stillschweigende Übereinkunft, dass er nicht zu stark eingreift, aber zur Stelle ist, wenn man Rat braucht. Das bedeutet, dass wir mit Dons Hilfe sehr schnell und effizient arbeiten: Er ist sehr umgänglich bei der Arbeit. Meistens erhalte ich von Don als Feedback: »Nein, du machst das gut, mach einfach genauso weiter.« Er kommt vielleicht mal zu mir und sagt: »Bei dem kannst du loslegen, das ist für dich« oder »Mir gefällt die Linie, die

Drei Studien von Keith. Zweites Bild rechts live 1994 in Indianapolis.

du spielst, sehr – mehr davon.« Und ich glaube, Mick bekommt von Don hinsichtlich der Arrangements viel Feedback, weil Don ein sehr guter Arrangeur ist.

Abgesehen davon sitzt Don bei einer Aufnahme nur da, gibt das Zeichen zum Einsatz, greift aber selten ein. Er geht auch im Aufnahmeraum zur Hand, er ist ja auch Musiker und ein hervorragender Bassist. Und Ed, seine rechte Hand, ist immer dabei. Ed kümmert sich um den Sound, damit Don mit uns im Aufnahmeraum sein kann. Chris Kimsey dagegen war die ganze Zeit im Regieraum und arbeitete am Sound. Steve Lillywhite wiederum hatte einen Toningenieur, deswegen kam er immer mal wieder aus dem Regieraum. Don ist fast die ganze Zeit bei uns im Aufnahmeraum, er bleibt sehr selten im Regieraum, wenn wir aufnehmen.

Chris und Steve gaben immer ihren Senf dazu, aber sie erhielten auch mehr Anweisungen von Mick und Keith, die ihnen sagten: »Gut, wir machen das so und wollen, dass ihr das so macht.« Don dagegen lassen sie fast freie Hand, er kann mehr entscheiden, in welche Richtung er den Song haben will. Für mich ist es seltsam, wenn ich sehe, wie sie Anweisungen von Don Was befolgen, aber ich denke: »Okay, wenn sie glücklich damit sind, dann ist das cool.« Don ist konstruktiv und weiß sehr viel, man kann ihm vertrauen und muss nicht viel diskutieren oder analysieren. Er passt einfach zur Band.

KEITH: Ich arbeite gerne mit Don Was: Er ist ein toller Musiker, wie Jimmy Miller. Es ist nicht immer nötig, dass der Produzent ein Instrument spielt, manche Typen gehen völlig nach dem Sound und man kann sich trotzdem mit ihnen verständigen, aber normalerweise ist es einfacher, wenn der Produzent auch ein Instrument spielt.

CHARLIE: Im Studio haben wir eines Tages etwas versucht, was Don vorschlug. Er bat mich, zu Dr. Dres Album *The Chronic* etwas zu spielen. Ich glaube, dahinter stand die Idee, dass die Jungs im Regieraum ein paar komplette Tracks von mir am Schlagzeug bekamen, falls sie das irgendwann brauchten, ein paar Drumpatterns, die sie hervorholen und später verwenden konnten. Sie legten die CD ein und ich spielte einfach dazu. Don war verblüfft, dass ich das konnte, aber eigentlich war der Rhythmus immer gleich und sehr einfach. Manchmal spielt man zu Stücken, und die sind dann sehr schwierig, aber dieses nicht. Das wurde nicht gemacht, um mich zu

verarschen, sondern weil man Aufnahmen brauchte, allerdings weiß ich nicht, ob wir je etwas davon verwendet haben.

MICK: Ich habe sehr viel Spaß beim Songschreiben. Ich überlege nicht: »Was hat das für eine Wirkung?«, sonst könnte ich gar keine Songs mehr schreiben. Die meisten Songs, die ich schreibe, drücken aus, was ich im Moment empfinde. Man kann einen Song schreiben und eine Woche später schon nicht mehr daran glauben, wie man sich in ein Mädchen verlieben kann und eine Woche später nicht mehr verliebt ist – alles, was man schreibt, ist vergänglich, nicht nur Songs.

KEITH: Ich habe nie über das Songschreiben nachgedacht, ich habe Songs immer als Geschenke betrachtet, die einem so einfallen. Ich habe mich nie in meinem Leben hingesetzt und gesagt: Ich schreibe jetzt dies oder das … Ich meine, immerhin bin ich derjenige, der »Satisfaction« im Schlaf geschrieben hat, den Song gäbe es gar nicht, wenn ich nicht den kleinen Recorder gehabt und eingeschaltet hätte. Vielleicht ist es ein Segen für mich, dass ich nie daran gedacht habe, etwas in Form zu hämmern. Nein, es geht nur ums Gefühl, einfach so, es ist Intuition.

Auf einem Album wie *Voodoo Lounge* sind Songs, die die Leute zehn Jahre lang nicht kapieren … und dann kapieren sie plötzlich, was ich gemacht habe. Bei »Thru and Thru« war das zum Beispiel so. Das schlug ein, als es auf dem Soundtrack zu *Die Sopranos* war, zusammen mit »Make No Mistake About It« von X-Pensive Winos. Plötzlich fragte jeder: »Was ist das für ein tolles Stück?«, und ich sagte dann: »Tja, das ist der vorletzte Track auf *Voodoo Lounge*.«

Ich kenne diese Songs. Ich schreibe sie nicht, damit jemandem sofort ein Licht aufgeht, das kann man mit einem Hit machen. Ob die Leute den Song kapieren oder nicht, ist mir nicht mehr wichtig, ich muss nicht mehr alle acht Wochen einen weiteren Hit produzieren, wie wir es damals in den Sechzigern machen mussten. Heute kann ich mich ausstrecken und das machen, was ich will – und wenn es niemand jetzt kapiert oder in zehn Jahren oder nachdem ich abgekratzt bin, ist es mir auch egal – irgendwann werden sie es schon kapieren.

Musikalisch habe ich nie gelogen. Ich lüge alle anderen an, vor allem Richter! Aber mein Publikum belüge ich nicht: Was ich mache, mache ich in der Hoffnung, dass dann euer Herz ein bisschen schneller schlägt, euch die Tränen kommen oder ihr lächelt. Wozu macht man sonst

Musik? Ich möchte einfach andere an der Freude teilhaben lassen, die ich empfinde, und wenn ich das erreiche, habe ich das Meine getan.

RONNIE: Das Zusammenspiel der Gitarren von Keith und mir bei einem Stück wie »Sweethearts« ist etwas, das ohne Worte geschieht. Das entsteht beim Spielen, das ist so eine Art Wunder zwischen uns beiden. Wenn es nicht passiert, machen wir mit dem Song nicht weiter, aber in neun von zehn Fällen fügen sich unsere Teile einfach so ineinander, ohne dass einer von uns etwas sagen muss. Keith spielt unten am Hals und ich oben oder umgekehrt oder wir bleiben beide in der Mitte wie bei »Beast of Burden«, wo wir beide an einer ähnlichen Stelle des Gitarrenhalses spielen und alles so verweben, dass wir nicht wissen, welcher Teil von wem ist.

»Ich wache morgens auf und denke manchmal, oh, so geht das, ohne groß nachzudenken. Eine Note nach der anderen, das ist meine Theorie über Songs.«

Keith

KEITH: Ich setze mich einfach hin und sage: »Ich würde gern ›Maybe Baby‹ von Buddy Holly spielen«, oder ich setze mich ans Klavier und versuche mich an Bach, obwohl ich weiß, dass ich dafür nicht tauge, aber ich kann es ja trotzdem probieren. Dann fällt mir nach zehn oder fünfzehn Minuten etwas anderes ein, das ist der alte Instinkt. So vermeidet man diese Scheißblockade, man klimpert ein bisschen und leitet dann zu etwas anderem über.

Wenn wir ins Studio gehen, sage ich: »Okay, ich habe euch drei oder vier Monate nicht gesehen, vielleicht auch länger, aber wir müssen etwas machen, was haben wir denn?« Mick sagt dann vielleicht: »Ich habe ein Riff.« »Komischerweise habe ich ein ganz ähnliches.« Und er meint dann: »Ja, aber mir fehlt die Bridge.« »Tja, ich habe einen miesen Anfang, aber eine tolle Bridge …« Bei den Stones genügt eine winzige Idee, die Band macht dann etwas daraus.

MICK: Wenn wir eine Tour planen, bringen manchmal andere das Geld auf und manchmal wir. Es gibt einen Break-even-Point, der meist weit in der Zukunft liegt: Manchmal muss man bis dahin 30 Shows spielen. Wir versuchen, nicht zu viel Geld für die Show auszugeben. Wir bemühen uns, ein bestimmtes Limit nicht zu überschreiten, aber es ist immer sehr teuer. Mit der Bühnenkonstruktion im Budget zu bleiben, ist sehr schwierig, vor allem in einer Branche, die nicht gerade für ihre Sparsamkeit bekannt ist. Es gibt nur wenige Events im Showbusiness, wenige Filme und Rock-Shows, die finanziell im Rahmen blieben, man neigt eher dazu, von Anfang an das Budget zu überschreiten.

CHARLIE: Es macht wirklich etwas aus, wenn man zwischen den Tourneen eine Auszeit nehmen kann. Was uns als Band erhalten hat, ist meiner Meinung nach – abgesehen davon, dass wir optisch sehr gut sind –, dass wir diese langen Pausen hatten. Wenn wir dann auf Tour gehen, ist das ein Ereignis und wir versuchen auch, es zu einem zu machen. Manchmal ist die Pause aufgrund interner Umstände ziemlich lang, aber normalerweise kommen wir alle paar Jahre wieder zusammen.

Die Entscheidung, auf Tour zu gehen, fällt meist, wenn wir alle etwas anderes gemacht haben, was wir schon immer machen wollten, etwa ein Soloprojekt oder so. Oder Michael Cohl schlägt uns etwas vor. Rupert Loewenstein sagt dann: »Wollt ihr wieder arbeiten?«, und dann wird ein Treffen der Band einberufen; sie sind fantastisch. Wo das Treffen stattfindet, hängt davon ab, in

Keith als Spaßerreger im Studio.

RGRUPPENF

Darryl Jones (oben) am Bass.

Chuck Leavell (unten) am Keyboard.

welchem Teil der Erde Mick und Keith sich gerade aufhalten, das kann also auch irgendwo auf Bali sein. Aber normalerweise treffen wir uns in London. Wir sitzen um einen Tisch, und dieses erste Treffen ist immer so ein bisschen mañana, weil alles noch so weit weg scheint, normalerweise ist es noch über ein Jahr hin. Aber die Grundform wird schon einmal festgelegt, und Rupert notiert alles, damit wir wissen, dass die Tour stattfindet.

Dann fängt Mick an, sich Gedanken zu machen, aber schließlich fügt sich alles zusammen. Für jemanden wie Mick fängt das sehr früh an. Er fragt dann, ob ich mich beteilige – es gibt so viel zu tun. Die Planungen für die Bühne beginnen etwa ein Jahr vor der Tour. Man denkt: »Oh Gott, da sind wir nun – was können wir tun? Wir können die Bühne in die Mitte stellen, ein paar Vorhänge dranmachen, aber was sonst noch?« Und ein paar Monate vor der Tour hat man dann den Plan für die Bühne in der Hand und Hunderte Fragen müssen geklärt werden. Von allen Seiten kommen Anfragen, wie groß alles sein muss. Dann ist plötzlich die Bühne gebaut und man versucht, darauf zu arbeiten, schlängelt sich darum herum und drunter durch und die Leute schlagen sich den Kopf an und Keith fragt: »Wer hat das denn gebaut?« Und dann versteckt man sich besser, wenn man daran beteiligt war.

MICK: Die Zuschauer wollen viele Lichter und Effekte, und ich stelle mir die Show als drei oder vier Akte vor und versuche, die Stimmung jedes Aktes zu vermitteln. In der Praxis bedeutet das, dass etwas passieren muss: zum Beispiel eine Leinwand, die plötzlich erscheint und die dann wieder verschwindet. Wenn wir zu viel Schnickschnack haben, kann ich immer noch etwas streichen, obwohl es viel Mühe macht, so etwas auf die Bühne zu bringen, diese großen Objekte bauen zu lassen und dann zu erkennen: »Moment mal, das ist verdammt sinnlos.« Bei der Voodoo-Lounge-Tour hatten wir diesen riesigen Laternenmast in der Mitte der Bühne. Das sah sehr gut aus, aber nach 25 Minuten oder nach einer Stunde Show stand der Mast immer noch da und hatte keine Funktion mehr. Wir mussten uns noch etwas dazu einfallen lassen und hatten dann diese aufblasbaren mexikanischen Figuren, die zwar interessant, aber auch ein bisschen merkwürdig waren. Sie wurden so gemacht, dass sie aussahen wie Puppen in einem seltsamen religiösen Schrein.

So eine Live-Show hat viele Aspekte des Theaters, aber weil es kein Libretto, kein Buch für die Show und keine Figuren mit Konflikten und auch keine Auflösung gibt, eben all das, was wir im Theater akzeptieren, liegt es bei den Zuschauern, ob sie aus dem Bühnenaufbau, den wir schaffen, einen Sinn ziehen und verstehen, was gemeint ist. In gewisser Weise würde ich mir wünschen, wir hätten eine Art Peter Hall, jemanden, der sich ausschließlich mit dem konzeptionellen Aspekt der

Show befasst. Das wäre eine großartige Rolle, aber dafür habe ich bislang noch niemanden gefunden.

Mark Fisher und ich mussten uns überlegen, wie die aufblasbaren Figuren und der Laternenmast für *Voodoo Lounge* funktionierten, weil wir der Ansicht sind, dass eine Live-Show einen Sinn ergeben sollte. Es kümmert uns nicht, wenn sonst niemand das Konzept versteht, aber für uns muss es Sinn machen. Wenn wir die Inszenierung einem ernsthaften Kritiker erklären müssten, jemandem, der fragt: »Okay, worum geht es in der Show? Was zum Teufel macht diese Straßenlaterne hier?«, wollen wir eine Antwort parat haben. Aber es fragt natürlich niemand.

Ein Rockkonzert ist Theater, bei dem alles im Fluss ist. Dabei hat man das Problem, dass mehr oder weniger immer die gleichen Leute auf der Bühne sind, deswegen ist man hinsichtlich der Elemente, die man verändern kann, eingeschränkt. Das ist ein spezifisches Problem der Rockmusik. Wenn man eine Show mit Britney Spears oder Madonna macht, kann man jedes Mal, wenn sie auf die Bühne kommen, alles anders gestalten. Man kann ihr Aussehen verändern, die Band, die Tänze, die sie aufführen. Wenn man etwas Pop nennt, kann man die Show gestalten, wie es einem gefällt. Bei einer Rock-Show gibt es eine ganz andere Ästhetik, da kann man nicht viel daran machen, denn sonst nimmt man viel von dem weg, was von einer Rock-Show erwartet wird.

RONNIE: Bei der Voodoo-Lounge-Tour war die Band ziemlich festgelegt, einschließlich der Zusatzmusiker, die schließlich auch die folgenden Tourneen mit uns machten, also Darryl am Bass, Chuck Leavell an den Keyboards, Bobby Keys bei den Bläsern und Bernard Fowler, Lisa Fisher und Blondie Chaplin bei den Back Vocals.

Bobby Keys (Saxophon) zusammen mit Keith.

MICK: Ohne Lisa wäre es nicht die gleiche Show. Sie arbeitete zum ersten Mal bei meiner Solotournee durch Australien für mich. Obwohl ich der Meinung bin, dass zusätzliche Musiker mit Ausnahme des Keyboarders nicht unbedingt notwendig sind, ist es schön, sie dabei zu haben. Außerdem ist es gut, noch einen zusätzlichen Blickfang zu haben.

RONNIE: Lisa ist wunderbar. Sie sieht toll aus und bewegt sich super – und ihr Gesang ist fantastisch. Sie hat eigene Fans im Publikum mit Schildern, auf denen steht »Wir lieben Lisa«. Ich zeige sie ihr: »Schau mal dort, die sind nicht ohne Grund da, Baby, weißt du, sie lieben dich.« Bernard steht meiner Familie sehr nahe, er liebt meine Kinder und nennt mich »Pop« und Jo nennt er »Mama«.

MICK: Zusätzliche Musiker sind eine Hilfe, allerdings muss man aufpassen, dass man sie nicht zu oft einsetzt – sie wären die ganze Zeit auf der Bühne, wenn sie könnten!

RONNIE: Wieder einmal übertraf die Band meine Erwartungen. Die Rolling Stones befriedigen all meine Bedürfnisse und produzieren am laufenden Band Rock 'n' Roll. Ich bin erst glücklich, wenn die Band es so richtig krachen lässt.

CHARLIE: Chuck Leavell hat eine ganz andere Art zu spielen als die Klavier- und Keyboardspieler, mit denen wir bisher gearbeitet haben: Sein Stil ist wirklich faszinierend, wenn man ihn allein für sich spielen hört, wie er so dasitzt und herumklimpert. Er spielt eine seltsame Mischung aus Südstaaten-Country und Jazz, sehr interessant. Ein Stil, den es nur in Amerika geben kann, wo sich alle Richtungen vermischen und dann ganz natürlich klingen, obwohl sie etwas völlig Neues sind.

RONNIE: Chuck Leavell ist so eine Art Buchhalter, der Hüter der Songs. Er hat Notizen zu allen Songs:

Wie wir es letztes und vorletztes Mal gemacht haben. Er ist unser direkter Bezugspunkt; wenn es Streitigkeiten darüber gibt, wie ein Song gespielt werden sollte, kann Chuck sagen: »Nein, hier steht ›da, da, da‹«, und das Problem ist gelöst. Es ist immer nützlich, so jemanden dabei zu haben. Wir haben zwar einen Click-Track, aber Chuck zählt die meisten Songs ein, bei denen man das braucht.

Keith: Mick und ich sind verheiratet, aber wir können uns nicht scheiden lassen ...

Mick in Aktion. Charlie: Mick ist wahrscheinlich der beste Entertainer der Welt.

MICK: Chuck führt Buch über alle Arrangements – an die sich natürlich nie jemand erinnern kann. Daher ist er bei den Proben eine große Hilfe, denn er hält alles zusammen. Außerdem machen er und ich auch zusammen die Setlist. Er ist auch musikalisch eine Hilfe und hält alles im Takt, sonst könnte es etwas chaotisch werden, weil sonst niemand das Tempo kontrolliert.

RONNIE: Es dauerte Jahre, bis sich Keith an den Click-Track gewöhnt hatte. Er sagte immer: »Wenn ich noch einmal diese verdammte Tick-Tack-Maschine höre, bringe ich jemanden um.« Jahrelang ging das so! Zuerst dachte ich auch: »Verdammtes Klick-klack.« Aber schon bald gewöhnte ich mich daran. Nützlich ist ein solcher Click-Track, wenn man einen Songteil für einen Film oder einen Werbespot benutzt, für alles, was synchron sein muss. Auf der Bühne wird er nur für das Intro benutzt – Charlie spielt sowieso wie ein Metronom, wenn der Song erst einmal angefangen hat: Er weicht sehr selten vom ursprünglichen Click ab, aber es ist gut, es zu haben. Wenn man mit einem Song zu schnell oder zu langsam anfängt, hat man es vermasselt, vor allem, wenn man in einem Stadion spielt oder nervös ist. Mit Click läuft es dagegen so: »1, 2, 3 und oh nein, das ist zu schnell.« Es ist gut, wenn man Luft holen kann und dann sagt: »Klick, klack, 3, 4 ...«

Mick und Keith auf der Bühne, fotografiert von Anton Corbijn.

CHARLIE: Es ist toll für uns, dass Chuck uns einzählt – wir brauchen das. Aber Keith mag das gar nicht, er hat nie so gespielt. Keith ist nun einmal so ein Typ und ich bin eigentlich auch so, wir neigen dazu, entweder genau richtig oder völlig daneben zu liegen! Wir spielen beide nach Gehör, so haben wir spielen gelernt: Da geht es nicht ums Zählen, sondern ums Gehör.

MICK: Wenn wir eine Show oder eine Setlist zusammenstellen, bestimmen die Songs nicht völlig das Bühnengeschehen, aber ich habe im Hinterkopf, dass es bestimmte Songs gibt, die sich für eine bestimmte visuelle Behandlung eignen; es kann ein Song sein, zu dem man musikalisch vielleicht gar nicht so neigt, der aber optisch einige Möglichkeiten bietet. Man muss überlegen, was in der Show funktioniert. Wenn also ein Song eine tolle Optik hat und ein Video und sich von den anderen abhebt, nimmt man ihn vielleicht, obwohl man eigentlich sagen würde: »So toll klingt der nicht.« Es gibt einige solcher Songs, aber normalerweise wird die Musik nicht vom Bühnengeschehen bestimmt; man sorgt vielmehr dafür, dass die Optik zu den Songs passt. Aber wenn ich die Setlist mache, muss ich beide Aspekte berücksichtigen. Ein Musiker denkt meistens, die Leute gehen nur zu einem Konzert, um ihn Gitarre spielen zu sehen.

CHARLIE: Ich höre unsere Platten am liebsten, wenn jemand anderes sie richtig laut spielt, etwa bei einer Party, und man denkt: »Oh, das ist gut«, oder wenn ein Song im Radio gespielt wird und man ihn zusammen mit anderen Sachen hört, alles kunterbunt vermischt.

KEITH: Mit der Auswahl der Songs habe ich nichts zu tun, es gibt schließlich einen Sänger, der die Songs aussuchen und sagen muss, ich will wegen meiner Stimme die und die Songs singen. Wenn man live spielt, lässt man im Grunde den Sänger entscheiden, welche Songs er singen will. Man ist vielleicht mit der Reihenfolge nicht einverstanden oder schlägt etwas vor … bringt eine Idee ein, aber er hat seine Gründe, warum er bestimmte Sachen singen will. Wir streiten uns dann nicht, man diskutiert vielleicht, aber das passiert sehr selten. Im Grunde sind alle Songs in Ordnung, vielleicht schafft er an einem Tag einen bestimmten Ton nicht, dann machen wir den Song eben nicht. Das ist pure, logistische Vernunft, der Sänger will es halt nicht. Man möchte niemanden dazu zwingen, etwas zu singen, was er nicht mag.

MICK: Bei Auftritten gibt es immer wieder kritische Augenblicke, etwa wenn Leute auf die Bühne rennen, ein paar Spinner gibt es immer. Wenn man mitten in einer Ballade ist und Gefühle rüberbringen will, erschrickt man natürlich, wenn ein Typ daherkommt, einem die Arme um den Hals legt und einen zu Boden werfen will.

KEITH: Ich habe Mörder gesehen. Ich habe Hunde erlebt, die auf die Bühne sprangen und auf einen losgingen. Ich habe mich umgedreht und an der Stelle, wo der Klavierspieler sitzen sollte, nur eine Blutlache gesehen! Ich wurde von angefeilten Münzen getroffen. Dagegen kann man nichts machen, das gehört zu einem Konzert.

RONNIE: Bei einer Tour lernte ich fliegen. Ich stolperte und landete mit dem Kopf voraus samt Gitarre in einem Metallgerüst. Alles verschwamm vor meinen Augen. Aber ich habe mich nicht verspielt …

KEITH: Den erschreckendsten Zwischenfall auf der Bühne bekam ich gar nicht richtig mit. Ich streifte mit der Gitarre den Mikrofonständer und mein Mund schlug gegen das Mikro. Ich sah einen Blitz und Rauch. Eine Stunde später wachte ich im Krankenhaus von Sacramento wieder auf und ein Arzt sagte: »Tja, die einen wachen wieder auf und die anderen nicht.«

Keith, fotografiert von Pennie Smith.

RONNIE: Backstage im Gitarrenraum gehen Keith und ich zurück zum alten Blues wie Barbecue Bob und tauschen Ideen und Riffs aus, klimpern so rum und bereiten uns so auf die Show vor. Wir gehen weit zurück, etwa zu den Wurzeln der jamaikanischen Musik, wir haben viele gute Reggaeplatten, das gehört auch zum Jammen: Reggae und Blues. Wir spielen zusammen Billard, das ist sehr wichtig für den Kopf, wir spielen immer eine oder zwei Runden vor dem Auftritt. Wir hören uns diese Platten an, und dann gehen wir in den Gitarrenraum und klimpern ein bisschen auf unseren wunderbaren alten Gibsons, die nur für Backstage oder fürs Studio sind; wir benutzen sie nie auf der Bühne. Wir brauchen nur fünf bis zehn Minuten dafür, dann harmonieren wir, und das setzen wir dann auf der Bühne um.

Manchmal arbeiten wir an einem Solo, das wir schon lange nicht mehr gespielt haben, aber an dem Abend spielen wollen und das wir wieder ein bisschen aufpolieren. Oder wir gehen mit Chuck ein Intro durch. Keith sagt dann: »Ist das dreimal?« und wir: »Nein, viermal.« Oft spielen wir es gar nicht, sondern summen es nur. In so einer Situation geht es sehr kameradschaftlich zu.

Bei den Faces schrieben wir in der Garderobe immer Songs – etwa »Stay With Me« oder »Cindy Incidentally«. Der Unterschied war, dass ich der einzige Gitarrist in der Band war, woran mich Rod Stewart immer erinnert, wenn er mich sieht. Er sagt dann: »Weißt du noch, du warst der einzige Gitarrist bei den Faces. Wenn wir jemals auf Tour gehen sollten, will ich keinen anderen Gitarristen, ich will nur dich.«

Keith und ich verbrachten früher noch mehr Zeit in der Garderobe und spielten zusammen. In den 70er-Jahren hockten wir immer zusammen. Anstatt uns zu unterhalten, spielten wir den ganzen Tag und die ganze Nacht, solange wir ein Album machten oder auf Tour waren. Wir kamen von der Bühne und gingen sofort in die Garderobe und spielten weiter und entwickelten neue Songs, von denen viele noch nicht veröffentlicht sind. Keith und ich haben einen Song namens »Munich Hilton«, der in dem Hotel in München geschrieben wurde. Er

Szenen von der Voodoo-Lounge-Tour.

Charlie und sein Schlagzeug bei der Voodoo-Lounge-Tour. Das Schlagzeug, auf dem er bei Alexis Korner spielte, war ein Ludwig. Charlie besitzt es heute noch. Auf Tour in den USA kaufte er Mitte der 60er-Jahre ein Schlagzeug von Gretsch. Auch heute spielt er auf einem Gretsch, das er seit den 70ern hat, als er mit Ronnie zusammen eine Platte aufnahm.

fängt diese Zeit ein, vielleicht machen wir eines Tages etwas daraus, da steckt ein wirklich guter Song drin.

Die ganze Arbeit kommt uns jetzt zugute. Wir können einfach kleine Stücke aus diesem enormen Schmelztiegel aus Reggae und Rock 'n' Roll oder Mozart herausholen, alles, was da drin ist, einfach etwas rausholen und es auf der Bühne oder für ein neues Album verwenden.

CHARLIE: Eine der besten Platten, die wir in den letzten Jahren gemacht haben, war *Stripped.* Sie sollte aufgenommen werden, als es Mode war, bei *MTV Unplugged* aufzutreten. Aus irgendeinem Grund wollte die Plattenfirma es dann nicht machen, vielleicht war auch kein Geld da oder wir bekamen kalte Füße. Mick dachte vielleicht, das sei ein bisschen altmodisch, für 1995 war es das auch. Deswegen überlegten wir, wie wir es anders machen könnten, und die fertige Platte war eine der besten Sachen, die wir gemacht haben: die Version von »Not Fade Away« ist fantastisch.

»Was uns als Band erhalten hat, ist meiner Meinung nach – abgesehen davon, dass wir optisch sehr gut sind –, dass wir diese langen Pausen hatten. Wenn wir dann auf Tour gehen, ist das ein Ereignis.«

Charlie

RONNIE: *Stripped* vermittelt einen guten Eindruck von einer typischen Session. Das Album wird meiner Meinung nach weit unterschätzt. Video und Album fangen ein, wie wir mit Don im Studio arbeiten und wie Darryl mit uns interagiert: Es zeigt, wie eine moderne Band arbeitet.

KEITH: Manche Leute sagen, in den 90er-Jahren hatte die Band mehr Energie denn je. Wahrscheinlich war die Energie immer da, nur war sie eben konzentrierter. Die Effizienz und Qualität der Sound- und Monitorsysteme hatten sich verändert, wir konnten uns bei einem

Mick: Die Zuschauer wollen viele Lichter und Knalleffekte.

Charlie: Wenn man in einem riesigen Stadion auf der Bühne steht, wirkt man winzig. Deswegen benutzen wir Videoleinwände. Mick ist derjenige, der auf der Bühne rüberkommen muss.

Auftritt besser hören, auf der Bühne herrschte weniger Verwirrung. Es ist wirklich nützlich, wenn eine Band weiß, dass das, was sie spielt, so ziemlich dem entspricht, was das Publikum hört, dass es so klingt, wie es sich die Band vorstellt. Die Rolling Stones waren die gleiche Band, es waren die gleichen Leute, aber in gewisser Weise waren wir auch eine neue Band. *Steel Wheels* war keine schlechte Platte, um wieder zusammenzukommen, und *Voodoo Lounge* war ein ziemlich guter Nachfolger. Aber mit *Bridges To Babylon* hatten wir die Chance, die Band zu erneuern, konnten Risiken eingehen und uns in neue Bereiche vorwagen. Das alles fasziniert mich. Zwischen den Leuten draußen und uns gibt es etwas, das eine Saite zum Klingen bringt. So ist das in der Musik. Ich kann mir nichts anderes vorstellen.

DON WAS

Don Was war Koproduzent für *Voodoo Lounge*, *Stripped* und *Bridges To Babylon* und die neuen Songs auf *Forty Licks*. Er hat mit Bob Dylan, Roy Orbison, Willie Nelson und Bonnie Raitt gearbeitet (für Raitts *Nick Of Time* erhielt er vier Grammys). Zusammen mit David Was ist er Begründer der Band Was (Not Was).

Die Rolling Stones sind Giganten. Sie transzendieren die Beschränkungen des menschlichen Körpers – ihre Persönlichkeiten sind größer als die aufblasbaren Figuren, die sie früher bei ihren Live-Auftritten verwendeten. Vor einigen Jahren arbeiteten wir im Studio One von Ocean Way Recorders – einem riesigen Raum, in dem Frank Sinatra 30 Jahre zuvor »It Was A Very Good Year« mit einem 80-köpfigen Orchester aufgenommen hatte. Das Studio ist mindestens drei Stockwerke hoch. Charlie, Mick und Keith standen allein im Studio und diskutierten über Fußball. Obwohl sie zusammen höchstens 200 Kilo wiegen, füllten die drei das größte Studio in Los Angeles völlig aus, da war kein Platz mehr für jemand anderen.

Diese Welt braucht Helden wie die Rolling Stones! Die Zeiten sind hart für die Menschheit: Die Evolution hinkt der gesellschaftlichen Entwicklung um 30 000 Jahre hinterher. Wir wollen immer noch im Stammesverband leben und haben ein tief greifendes Bedürfnis nach Sicherheit, Stabilität und Gemeinschaft. Aber stattdessen verlieren wir unsere Jobs und lassen uns scheiden, Priester kommen ins Gefängnis, unsere Präsidenten werden wegen Vergehen im Amt belangt, Familien brechen auseinander und wir konsumieren mehr Prozac als Gemüse.

Aber selbst wenn einen die Welt im Stich lässt, findet man stets Zuflucht bei den Rolling Stones. Sie lassen dich niemals hängen. Man kann ihnen getrost seine gescheiterten Hoffnungen und Träume überlassen. Sie gehen auf die Bühne und sind Balsam für die Seelen von 100 000 Menschen – von denen jeder seine eigenen Probleme hat. Nach dem Konzert fühlen sich alle getröstet und mit Millionen anderen Menschen verbunden. Was auch immer in der Welt geschieht, man kann sich immer darauf verlassen, dass die Rolling Stones auftreten und das Letzte aus »Satisfaction« rausholen werden. In der heutigen Zeit liefern sie vielleicht das stabilste Fundament, das uns das Leben überhaupt bieten kann. Und macht nicht gerade das einen Helden aus?

Im Alter von elf Jahren wurde ich Teil dieses Publikums. Es war im Juni 1964 und die Stones spielten im Olympia Stadium in Detroit, dem Eishockeystadion der Red Wings. Ich fuhr mit dem Bus um drei Uhr morgens in eines der berüchtigsten Viertel der Stadt, damit ich auf jeden Fall einen guten Platz bekam. Was haben sich meine Eltern nur dabei gedacht? Heute würden sie vom Jugendamt belangt werden. Die Stones hatten erst ein paar Konzerte bei ihrer ersten USA-Tournee absolviert und spielten vor höchstens 200 Zuschauern, aber sie waren fantastisch. Niemand kannte sie, doch die rebellischen Untertöne in ihrer Musik hatten auf mich enormen Einfluss. Ich hatte großes Glück, ich konnte meine Träume ausleben. Und das liegt zum Teil auch an der Courage, die die Stones Kids wie mir vermittelten, indem sie verkündeten: »Lass dich von niemandem in ein Schema pressen. Du bist kein Stück Stahl auf dem Fließband. Es ist okay, wenn man anders ist – tatsächlich ist es sogar besser.« Seit damals habe ich keine Tournee der Stones verpasst und jede Platte noch am selben Tag gekauft, an dem sie erschien – bis zu *Voodoo Lounge*, von der ich ein Vorabexemplar bekam.

Gut 25 Jahre nach diesem Konzert in Detroit rief Mick mich an und fragte, ob ich mich mit der Band treffen wolle. Es ging unter anderem darum, dass ich eventuell das Album produzieren sollte, das dann als *Voodoo Lounge* erschien. Sie probten damals gerade mit verschiedenen Bass-Spielern als Ersatz für Bill Wyman. Ich ging zur Probe, und auf der Bühne standen die Stones und spielten ihre größten Hits. Außer ihnen und Pierre und Chuch war niemand da, keine Menschenseele. Das war unglaublich. Ich glaube nicht, dass Keith wusste, dass ich kam oder wer ich war oder dass man überhaupt daran dachte, einen Produzenten für das Album zu nehmen. Ich bin sicher, dass er die Vorstellung hasste. Er sagte einfach zu mir: »Ich brauche niemanden, der mir sagt, wie man Gitarre spielt.« Ich antwortete: »Das stimmt.«

Ich setzte mich auf die Couch, auf der einen Seite saß Mick und auf der anderen Keith. Beide redeten 15 Minuten ununterbrochen auf mich ein. Ununterbrochen, sie gönnten dem anderen keine einzige Redepause. Das war wie bei einem Tennismatch; ich blickte hin und her und versuchte, bei beiden immer zu nicken. Schließlich sagte Keith: »Bist du sicher, dass du das Fleisch in diesem Sandwich sein willst?« Ich dachte: »Keine Chance, dass ich diesen Job kriege, aber immerhin kann ich davon noch meinen Kindern erzählen...«

Nach zehn Jahren gemeinsamer Arbeit verstehe ich die Rivalität der Stones untereinander besser. Anfangs dachte ich, es sei meine Aufgabe, das zu kontrollieren, mein kindisches Ego glaubte sogar, ich könnte etwas ausrichten. Aber dann erkannte ich, dass diese Rivalität die Stones antreibt. Einmal sagte ich zu Keith: »Wenn ihr euch nicht zanken würdet, wenn es diese kleinen Spannungen nicht geben würde, wenn alle ganz integer und stets perfekt wären, dann wärt ihr etwa so aufregend wie REO Speedwagon.« Dann dachte ich: »Junge, das geht zu weit« und hielt die Luft an... Doch Keith ging nicht auf mich los, sondern lachte nur. Es war unnötig, dass ich ihm das sagte, ich bin mir sicher, dass er und Mick schon vor 30 Jahren zu diesem Schluss gekommen sind.

Ich spielte zum ersten Mal Bass bei den Stones, als sie B-Seiten für *Voodoo Lounge* schrieben. Darryl Jones war nach Hause gegangen, daher griff ich mir einen Bass und wir nahmen ein paar Stücke auf. Danach sah ich die Band in einem ganz neuen Licht. Wenn ich ihre Platten gehört oder sie live gesehen hatte, war mir nie aufgefallen, wie viel Spaß sie haben und wie entspannt ihr Zusammenspiel ist. Selbst wenn sie den härtesten Rock 'n' Roll spielen, den man je gehört hat, thront Charlie am Schlagzeug wie Art Blakey mit den Drumsticks unten an der Taille. Steht man neben ihm, klingt es, als ob er sehr leise spielen würde. Stellt man sich zwei Meter vor das Schlagzeug, spürt man, wie kräftig der Sound ist.

Als Bassspieler habe ich eine Theorie über das Zusammenspiel mit Charlie. Ich nenne sie die »Obstschalen-Theorie«. Dazu muss man sich eine lange, senkrechte Linie vorstellen, die ein Drumcomputer, ein Mathematiker oder ein sehr steifer weißer Mann als exakten Beat definieren würde. Wenn Computer schlecht programmiert sind, folgen die Beats genau dieser Linie. Dazu will niemand tanzen. Schlagzeuger, die wirklich swingen – etwa Charlie, Al Jackson, Elvin Jones, Benny Benjamin oder Jim Keltner –, sind menschliche Wesen, und daher gibt es bei ihnen eine leichte Verzögerung von wenigen Millisekunden, wie die verschiedenen Körperteile die oben beschriebene senkrechte Linie wahrnehmen. Diese Verschiebung definiert das einzigartige »Gespür« jedes Schlagzeugers. Nun setzt man ein Zeichen vor der Linie – dort spürt Charlie das Hi-Hat. Dann markiert man eine Stelle ganz leicht hinter der Linie – dort sitzt die Bassdrum. Und genau dahinter befindet sich die Stelle, wo er auf die Snaredrum schlägt. Wenn man eine Obstschale zeichnet und diese Punkte die Breite der Schale bestimmen, hat man ein hübsches, breites, schönes Gerät, das richtig funky ist. Wenn man sich nun den Bassspieler als Typ mit einem Apfel in der Hand vorstellt, kann man den Basspart – den »Apfel« – in diese große Obstschale werfen, die Charlie schafft. Sie ist so tief, dass man sie nicht verfehlt. Wenn die Obstschale zu breit wäre, gäbe es keinen Groove, aber Charlie swingt wie der Teufel. Wenn man dagegen mit Drumcomputer spielt, ist das, wie wenn man versucht, den Apfel in ein Sektglas zu werfen, und auch wenn man das noch nie gemacht hat, wird das schon nach 30 Sekunden todlangweilig.

Das Spiel der Stones ist von Großzügigkeit geprägt. Sie hören einander zu und reagieren sofort. Keiner nimmt zu viel Platz für sich in Anspruch. Einmal spielte ich Bass bei »Already Over Me« auf *Bridges To Babylon*. Normalerweise spielte Charlie auf der Bassdrum »bum ... bum bum«, aber manchmal spielte er nur »bum ... bum«, und dann hob sich mein Bass richtig peinlich ab. Ich versuchte, das Schema zu erkennen und Charlies Sensibilität zu verstehen. Nach zwei Tagen begriff ich endlich. Charlie hörte auf den Sänger. Ich wandte den Blick ab von der Bassdrum und hörte Mick zu, und mit einem Mal passten mein Bass und Charlies Schlagzeug zusammen. Egal, wie Mick den Song phrasierte, Charlie reagierte und spielte entsprechend. Ich hatte seinen Fuß an der Bassdrum beobachtet, obwohl ich eigentlich auf den Sänger hätte achten sollen. Das war eine wunderbare Lektion.

Keith ist der beste Gitarrist, den ich kenne. Er versucht nicht, die Leute mit Technik zu blenden. Er weiß, dass etwas, was in echtem Gefühl wurzelt, letztendlich wertvoller ist und mehr Bedeutung hat, als wenn man die Zuhörer mit Effekten überwältigt. Er interagiert in erster Linie mit Charlies Hi-Hat und, obwohl er das wahrscheinlich nie zugeben würde, mit Micks Stimme und Mundharmonika. Keith liefert den anderen die musikalischen Stichworte, auf denen sie aufbauen können. Er versorgt Darryl, Ronnie und Charlie – er gibt jedem etwas. Wenn man einen Vergleich aus dem Baseball heranzieht: Jede Note, die Keith spielt, landet direkt im Fanghandschuh. Man muss nur die Hand ausstrecken und antworten. Nur wenn man schusselig ist, fängt man nicht, was er einem zuwirft.

Mein Leben erhielt durch einen Abend beim gemeinsamen Spiel mit Keith eine neue Wendung. Keith schreibt Songs nicht allein für sich mit dem Sequencer, er arbeitet gern live im Studio, damit er die verschiedenen Möglichkeiten eines Songs, die Kanten und Übergänge, ausprobieren kann. Wir spielten »How Can I Stop« und wiederholten die letzten vier Akkorde wieder und wieder wie ein Mantra. Ich wusste, dass es in der Musik das Ideal gibt, dass man sich völlig darin verliert und nur für den Augenblick spielt, aber ich hatte es noch nie erlebt. Ich spielte Wurlitzer-Klavier, Keith spielte auf der anderen Seite des Raums E-Gitarre. Das war ein musikalischer Dialog, völlig mühelos, wie eine transzendentale Meditation. Ich sagte mir: »Danach habe ich gesucht. Ich habe zuvor noch nie mit so einem

Meister gespielt.« Nachher ging ich in den Regieraum und fragte, ob man mir das noch einmal vorspielen könnte, ich dachte, das wären etwa fünf Minuten gewesen. Die Tontechniker fragten: »Welches Band?« – wir hatten über eine Stunde gespielt.

Mick Jagger ist wahrscheinlich einer der bekanntesten Menschen der Welt. Außerdem ist er unglaublich vernünftig und hat sich sehr gut mit seinem Leben als Berühmtheit arrangiert. Er geht nach draußen und lebt sein Leben – nicht nur in exklusiven, angesagten Clubs. Ich rede von Einkaufszentren und Kinos. Um sich dort ungezwungen bewegen zu können, hat er gelernt, seine enorme charismatische Persönlichkeit zu beherrschen und zu verbergen. Wenn Mick, der Alltagsmensch, ins Studio kommt, braucht es eine Weile, bis er zur Figur Mick Jagger wird. Nach ein paar Aufnahmen zieht er sein weißes Hemd aus und steht dann nur noch im Trägershirt da: Seine ganze Muskulatur verändert sich und seine Lippen werden größer, plötzlich sieht er 40 Jahre jünger aus. Das ist so intensiv, dass ich das Gefühl habe, ich starre ihn an wie ein Tourist, und das ist mir so peinlich, dass ich gar nicht mehr hinzusehen wage. Und dann nimmt er vier oder fünf Sachen auf, bei denen er so tief in die Figur Mick Jagger eintaucht, dass wir massig Material zur Auswahl haben.

Bei der Bridges-To-Babylon-Tour rannte ich einmal von einem Bühnenausleger zum anderen und war schon von einem Mal außer Atem. Mick legt die Strecke jeden Abend Dutzende Male zurück und singt dabei und macht zwei Stunden lang Show. Dieser Kerl ist übermenschlich. Das ist nicht nur ein athletisches Phänomen, sondern auch sehr ungerecht – er kann essen, was er will, eine tolle Show hinlegen und bekommt dann auch noch alle Models.

Noch bevor Ronnie zu den Stones kam, war ich schon ein großer Fan seiner Soloplatten. Allerdings hatte ich damals noch nicht erkannt, dass er nicht nur einen großartigen Geschmack beim Spielen hat, sondern auch nicht davor zurückschreckt, einer kreativen Eingebung zu folgen. Er riskiert es, einen groben Fehler zu machen, um etwas Brillantes und Eigenständiges zu schaffen. Seine Vielseitigkeit und angeborene Musikalität verblüfften mich. Er ist so wertvoll, und er und Keith ergänzen sich intuitiv.

Direkt vor einem Album und einer Tour auf Entzug zu gehen, erfordert wirklich Mumm. Musikalisch ist das Ergebnis umwerfend. Die Stones sind wieder eine Gitarrenband und besser als je zuvor. Und Ronnies Musikalität inspirierte Keith, seinen Einsatz zu erhöhen. In einer im Grunde hoffnungslosen Welt ist es schön, zu sehen, wie ein lieber Mensch wie Ronnie – der keine Spur von Gemeinheit oder Rachsucht an sich hat – im zehnten Inning einen Volltreffer landet und das Spiel gewinnt.

Bei jeder Aufnahme mit den Stones kommt man an einen Punkt, an dem man denkt, dass man das, was man erreichen will, nie schafft. Und dann, wenn man am wenigsten damit rechnet, zeigt sich die Hand Gottes, und diese vier völlig unterschiedlichen Persönlichkeiten verbinden sich nahtlos zu etwas Einzigartigem. Und mitten dabei zu sein, wenn der Blitz einschlägt, ist eine der berauschendsten Erfahrungen, die ich je gemacht habe.

I don't particularly want to stop playing. I have this fear of stopping and becoming old. I'm sure we'll always do a week's residency in Bognor Regis or somewhere.

Charlie Watts

11

PATINA ANSETZEN

Porträt der Band von Luis Sanchis.

MICK: Bei der Planung der Tournee nach *Voodoo Lounge* kamen wir an einen Punkt, wo wir noch immer kein festes Thema hatten und ich mir das Hirn zermarterte, um irgendeines zu finden. Eine Zeit lang schwebten mir Brücken vor – Brücken hatten mich schon immer fasziniert. Dabei interessierten mich besonders die schönen Brücken, die Santiago Calatrava in Sevilla und anderswo baute. Schon als wir die Bühnenaufbauten für *Voodoo Lounge* entworfen hatten, sagte ich zu Mark Fisher: »Ich will diese Brücke, die Bühne setzen wir dorthin, und dann können wir eine Brücke nach hier, hier und hier laufen lassen. Mark sagte bloß: »Blödsinn, so eine unbrauchbare Idee.« Aber ich sagte: »Nein, Calatrava gefällt mir wirklich. Seine Brücken sind Klasse. Schau sie dir doch einfach 'mal an.«

Als die neue Tournee näher rückte und wir noch immer keine passende Idee hatten, kam Mark auf meinen Vorschlag zurück. »Okay«, sagte er: »Wenn du mir sofort eine Million Dollar gibst, dann baue ich eine Brücke, die von der Bühne ausfährt und auf der B-Bühne landet.« Ich machte keine Ausflüchte und sagte einfach: »Kriegst du. Aber die Brücke muss vor dem 1. September – oder welches Datum es auch war – fertig sein.« Zwei Wochen vor dem Datum kam dann natürlich der Anruf, den ich fast erwartet hatte: »Die Brücke wird zum Termin nicht fertig!« Man muss sich das einmal vorstellen! Die Konstruktion funktionierte nicht und es gab ein ähnliches Problem wie bei der Millenniums-Brücke in London: Sie wäre starken Schwankungen ausgesetzt und würde vielleicht nicht halten. Die Leute waren sehr besorgt, dass die Brücke über dem Publikum zusammenstürzen könnte, wenn wir auf ihr herumspazierten, und dann diese ganzen Einschränkungen: »Nur eine Person auf einmal.« Und: »Lauf nicht zu schnell, Mick.« Die Band machte der Gedanke, sie zu betreten, ziemlich nervös, aber am Ende, nachdem wir es auf der Tournee 50-mal gemacht hatten, rannten und trampelten wir alle darüber …

Wir hatten für die Tournee noch immer keinen Titel, bis wir das Modell gebaut hatten. Ich bat Tom Stoppard, sich das Modell einmal anzuschauen und seine Meinung zu sagen, als jemand von außerhalb der Rock-Welt. Es ist witzig, wenn Leute aus einem anderen Showbereich einen Blick auf etwas werfen, mit dem man sich seit Wochen befasst hat, und einfach sagen: »Auf das Ding solltet ihr verzichten.« Tom fing an, über Babylon zu reden, und hatte mehrere unglaublich lange Titel parat. Ich kürzte einen ab – zu *Bridges To Babylon*, als Titel für die Tournee und das Album. Ich versuche, das Konzert nicht mit der Bühnenshow zu überfrachten, aber man weiß nie, wo die Grenze liegt, denn man sieht die Show ja nicht selbst. Ich muss nicht zahlen, um das Konzert mitzuerleben. Ich stehe auf der anderen Seite. Folglich bemühe ich mich, an das Publikum zu denken, und frage mich: »Okay, dieser Typ hat bezahlt, um die Show zu sehen. Was erwartet er wohl?«

KEITH: Für die Aufnahmen zu *Bridges To Babylon* haben Mick und ich uns geeinigt, dass wir sie nicht gemeinsam machen würden. Stattdessen schnitt er ein paar Stücke auf seine Art und ich einige auf meine Art zusammen. Das hatten wir bislang noch nicht ausprobiert. Ich wollte sehen, wie Mick diese Idee aufnehmen würde. Er ging sehr viel weiter, als ich erwartete. Ich hatte keine Ahnung, dass Mick davon ausging, dass er bei jedem Song einen Freibrief für einen anderen Producer habe. Ganz so hatte ich es mir nicht vorgestellt. Es erschien wie ein ständiges Kommen und Gehen von Produzenten. Derweil arbeitete ich gerade mit Don Was. Es war ein interessantes Experiment, und das Album gefällt mir richtig – man spürt die Vielfalt und die Unterschiede –, und dabei wurde zwischen uns eine etwas wackelige Brücke geschlagen. Aber es gibt bei jedem Album immer einen Punkt, wo wir über eine Brücke gehen müssen.

CHARLIE: Jim Keltner nahm an den Sessions für *Bridges to Babylon* teil. Er ist ein großartiger Schlagzeuger, aber bei uns spielt er gewöhnlich Percussion und macht ziemlich gewagte Sachen, aber sehr gut. Wir kämen nicht im Traum auf den Gedanken, ihn in die Mitte zu setzen – er sitzt am Rand und tobt seine Ideen aus.

Während dieser Sessions arbeitete ich mit Jim Keltner auch an einem eigenen Projekt von uns, was viel Spaß gemacht hat. Jim nutzte ständig Effektgeräte und Loops, die er mit einem fantastischen Einfallsreichtum einzusetzen versteht, während ich den Rhythmus brachte. Ich habe außerdem an der Filmmusik für Francis Ford Coppolas *Der Regenmacher* mit Matt Damon und Danny De Vito nach einem Roman von John Grisham gearbeitet. Der Film wurde in den Südsaaten gedreht, und den Soundtrack stellten wir mit Don Was am Bass, Billy Preston und Taj Mahal und einem wirklich guten brasilianischen Percussionisten und Slide-Gitarristen auf die Beine. Taj ist ein fabelhafter Musiker, eine richtige Ein-Mann-Band, und Billy glänzte mit seinem Booker-T.-Sound. Es war die richtige Musik für einen Film über den tiefen Süden. Der Soundtrack kam leider nicht zum Einsatz: Stattdessen nahmen sie ein Streicherarrangement.

> *»Auf den letzten Alben war es großartig: Mick und Keith wieder wie damals in der Anfangszeit, wieder die alten Kumpels, obwohl es auf Tour immer Augenblicke gibt, wo man denkt, wenn Blicke töten könnten …«*
>
> *Ronnie*

RONNIE: Bei *Bridges To Babylon* hatten wir drei Studios. Keith arbeitete in einem und Mick mit seinen vielen Produzenten wie den Dust Brothers in einem anderen Studio. Also machte ich schließlich für meine eigenen Leute am Ende des Korridors ein eigenes Studio auf. Dort arbeiteten Charlie und ich an einigen Schnitten, während die anderen eigene Ideen umsetzten. Zum Glück wurde die Mauer wieder eingerissen: Mick und Keith kamen wieder zusammen, wie es doch immer sein soll, und sie schrieben wieder wie gewohnt gemeinsam und arbeiteten wie eine Band zusammen.

(Gegenüber) Mick, fotografiert von Fernando Aceves.

CHARLIE: Mick und Keith streiten nie richtig. Das sind eher Erfindungen anderer. Oft geht es darum, dass zu viele Köche den Brei verderben, und das löst dann diese Gerüchte aus. Die einzige wirkliche Auseinandersetzung, die sie während *Bridges To Babylon* hatten – und ich meine faire Auseinandersetzung –, drehte sich um die Art, wie die verschiedenen Produzenten, die wir eingeschaltet hatten, diese Platten aufnehmen wollten. Es waren neuere und jüngere Produzenten, und Keith und ich hatten so noch nie Platten aufgenommen. Man setzte sich hin, Keith spielte einen Song, man wartete, bis man das richtige Tempo hatte, und dann spielte man es drei oder vier Mal. Diese Stücke wurden tief in der Nacht produziert, wenn sonst keiner dabei war. Ich spielte mein Schlagzeug, die Produzenten nahmen mich auf und machten damit, was sie wollten. Obwohl ich es recht interessant fand, war mir klar, dass ich auf Dauer so nicht produzieren wollte: Das ist das Spiel des Produzenten, mit den Musikern hat es überhaupt nichts zu tun. Wenn den Produzenten das Feeling in deinem Spiel nicht passt, dann schneiden sie es einfach heraus und mischen etwas anderes ab. Und das macht ihnen mehr Spaß als mir. Ich meine, die Dust Brothers waren hervorragend. John King und Mike Simpson sind sehr nette Jungs, und ich glaube, sie haben bei den Songs, die wir ihnen gegeben haben, gute Arbeit geleistet, ebenso wie Danny Saber. Aber das alles war mir sehr fremd. Das war der einzige Streit, weil Keith und Mick unterschiedliche Arbeitsweisen mögen.

KEITH: *Bridges To Babylon* ist ein weiteres Album mit einer meiner Zeitbomben am Schluss: »How Can I Stop«, das ich zu gegebener Zeit wieder aus dem Keller holen werde. Gott sei Dank spielt Wayne Shorter mit. Manche Jazzer sehen das, was ich da mache, als Dudelmusik an. Sollen sie doch! Dieser Jazz-Snobismus geht mir wirklich auf den Keks, am liebsten würde ich ihnen sagen: »Entschuldigung, wenn ihr Musik macht, sollen euch doch Leute zuhören, oder? Es macht keinen Sinn, in ein Scheißvakuum hineinzuspielen.«

RONNIE: Auf den letzten Alben war es großartig: Mick und Keith wieder wie damals in der Anfangszeit, wieder die alten Kumpels, obwohl es auf Tour immer Augenblicke gibt, wo man denkt, wenn Blicke töten könnten … Entweder verpatzt jemand seinen Einsatz, oder Mick vergisst das Arrangement und wechselt plötzlich zur Middle Eight, worauf man Keith in sich hineinfluchen sieht: »Was zum Teufel macht der bloß?« Aber diese vorübergehenden Ausbrüche sind ein Teil von dem, was diese Band so lebendig erhält.

CHARLIE: Es gibt in jeder Band einen Unterschied zwischen Songwriter und Spieler. Die Songwriter schreiben gewöhnlich die Musik, während die anderen dazu da sind, sie zu interpretieren und dafür zu sorgen, dass es nach etwas klingt. Bei den Stones ist das genauso, nur dass in dieser Band die Musiker wahnsinnig viel zu sagen haben. Außerdem steht Keith mit einem Bein in jedem Lager: Er ist mächtig stolz darauf, dass er Songs schreibt, und ebenso, dass er Gitarre spielen kann. Ich höre die Songs völlig anders als Mick und Keith: Ich muss mich mit keinem der Probleme herumschlagen, mit denen man konfrontiert wird, wenn man so einen verdammten Song schreibt – es muss einfach furchtbar sein.

KEITH: Als wir mit der Auswahl für *Forty Licks* begannen, dachte ich einerseits: »Diese Stücke sind schon so oft erschienen, wer will die noch kaufen?« Allerdings ging ich auch davon aus, dass die alten Platten inzwischen ziemlich abgenutzt waren. Das Wichtige an diesem Album ist für mich, dass vier neue Songs drauf sind. Ob die gemocht werden, ist eine andere Frage.

RONNIE: Wir haben im Frühjahr und Sommer 2002 viel neues Material aufgenommen, Sessions, aus denen »Don't Stop« und drei weitere neue Stücke auf dem Forty-Licks-Album hervorgingen,

Keith, fotografiert von Chris Wahl.

(Gegenüber) Bassist David Green war ein Nachbar von Charlie: Seit ihrem dritten Lebensjahr miteinander bekannt, lernten sie zusammen ihre Instrumente zu spielen. David arbeitet mit Charlie noch immer in seiner Jazzband.

darunter auch »Stealing My Heart«, was ein wirklich guter Song ist, eine Koproduktion von Mick und Keith. Wir haben weitere 24 Songs zusammen, die Grundlage für ein neues Album, aber bevor wir mit den Vorbereitungen zur Forty-Licks-Tournee befasst waren, kamen wir nicht dazu, die Overdubs zu machen und die Songs auf Hochglanz zu bringen.

Während dieser Sessions liefen die Dinge ganz gut. Nachdem die Kluft zwischen Mick und Keith überbrückt war, genoss ich es richtig, dass die beiden vorankamen. Ich konnte mich zurücklehnen und darauf konzentrieren, das Beste aus mir herauszuholen. Es kommt vor, dass Mick mich beiseite nimmt und sagt: »Ich möchte, dass du hier einen kleinen Melodie-Part spielst«, und ihn mir dann vorsummt, damit ich eine Vorstellung habe, was ihm vorschwebt. Das macht er schon so, seitdem ich ihn kenne, und ich mache ihm gelegentlich Vorschläge fürs Singen, und er nutzt sie oder auch nicht.

Mitte der 80er-Jahre gab es diese riesigen Lücken in den Alben, weil es mit ihrem Songwriting nicht klappte. Wenn ich dann einen meiner Songs vorschlug, sprangen sie in neun von zehn Fällen darauf an. Und wenn es nichts war, haben sie gesagt, verpiss dich damit!

Als wir in den Studios in Paris waren, sagten Mick und Keith aus heiterem Himmel: »Also gut, spielen wir einen Song von Ronnie.« Und fragten mich: »Hast du einen?« Und ich sagte: »Klar« – »Und wie geht der?« – »So und so geht der.« Ich habe da noch so manches auf dem Lager.

»Don't Stop« ist ein klassischer Song von Mick. Er hat ihn so angelegt, dass er besonders gut in großen Veranstaltungsorten rüberkommt, ein Song für die Massen zum Aufwärmen mit einer einfachen Botschaft und einer klaren Struktur. Weil Mick Gitarre spielt, bleibt weniger Raum für Keith, aber er hat einen Weg gefunden, von sich aus was draus zu machen, sodass er mit dem Ergebnis fast zufrieden ist. Ich habe den stärkeren Gitarren-Part übernommen, weil ich ihm damit Deckung gab und außerdem das brachte, was Mick von mir erwartete: Er wollte ein Gitarrensolo der Marke Woody.

»Loosing My Touch« war hingegen ein typischer Song von Keith, und er hatte sofort eine Vorstellung davon, was ich dabei spielen könnte: »Ronnie, bitte spiel mal eine Pedal-Steel-Phrase.

Mick (oben) und Ronnie (gegenüber) in Aktion. Porträtfotos von Fernando Aceves.

Stell dir einfach vor, du spielst eine Pedal Steel.«

CHARLIE: Mick und Keith bevorzugen unterschiedliche Arbeitsweisen. Für die neuen Songs auf *Forty Licks* habe ich vor dem Aufenthalt in Paris einige Zeit mit Mick im Studio verbracht und ihm geholfen, Demos seiner Songs vorzubereiten. Mick hat seine Songs gerne weitgehend ausgearbeitet. Keith steht dagegen eher darauf, abzuwarten, was passiert, wenn wir alle im Studio loslegen.

Mick sieht und hört genau, was er will, und diese Vision will er umgesetzt bekommen. Er ist eher am fertigen Produkt interessiert, und das ist auch gut so, denn man hat einen Schlusspunkt vor Augen, auf den man sich konzentrieren kann, also eher Nägel mit Köpfen. Die andere Arbeitsweise ist aber genauso gut. Keith geht die Dinge sehr viel lockerer an. Er sitzt manches auch gerne für ein paar Jahre aus, lässt es auf Eis liegen, obwohl schon Bänder mit Fragmenten und Ideen herumliegen, die er selbst oder mit Blondie Chaplin aufgenommen hat. Gewöhnlich sind das fantastische, zauberhafte kleine Momente. Mit Keith zusammenzuspielen ist ganz einfach, mit keinem so einfach wie mit ihm.

Ein weiterer Unterschied zwischen beiden besteht darin, dass ich nicht glaube, dass Keith Ronnie als jemanden ansieht, der kurz hereinkommt und ein Gitarrensolo auf seine Platte bringt, während Mick das tut. Keith sieht Ronnie als jemanden, der sich an dem Unternehmen Songwriting beteiligt. Beide glauben, dass man schließlich zu einem Stück kommt, auf dem auch eine Sologitarre zu hören ist, also funktionieren beide Methoden.

Die Magie dieser Band entfaltet sich dann, wenn beide dabei zusammenwirken. Es wäre herrlich, wenn sie sich gemeinsam hinsetzen und den Song von Anfang an zusammen entwickeln würden. Sie müssten vielleicht nicht ganz bei Null anfangen, aber es wäre Klasse, wenn man wieder zu der Zeit zurückkehren könnte, als Keith noch mit seiner Gitarre und einem Kassettenrecorder auf einer Bettkante saß und mit Mick Songs machte, während ich den Jazz-Besen auf ein Buch wippen ließ …

»Ronnie hat es geschafft, so wie ich nach den zehn Jahren in meinem persönlichen Labor. Das alles ist Teil des Erwachsenwerdens. Wenn wir erst einmal reif sind, kommen wir noch viel weiter …«

Keith

MICK: »Don't Stop« ist wahrscheinlich kein so guter Song wie »Satisfaction«, aber solange er in die Show passt, erfüllt er seine Aufgabe. Interessant ist dabei, dass er anders als die Songs aus den 60er-Jahren zu unseren Lebzeiten nie so oft gespielt werden und auch keine Patina ansetzen wird. Viele der Songs, die wir live spielen, waren nicht wichtig, als sie herauskamen.

Als wir auf der Forty-Licks-Tournee die Setliste für eine Show in Yokohama vorbereitet haben, schlug Chuck Leavell vor, wir sollten »Loving Cup« spielen, die Ballade aus *Exile On Main Street*. Ich wollte diese Melodie nicht spielen und sagte: »Chuck, das Stück stirbt seinen Tod in

Yokohama. Ich habe ihn einen Haufen Male in Amerika gebracht, der geht einem nicht so gut herunter, außerdem ist der Song verdammt schwer zu singen, und ich habe die Schnauze voll!« Chuck meinte nur: »Alter Spielverderber!« Also gab ich nach und setzte ihn auf die Setliste. Und siehe da, wir gingen auf die Bühne, spielten den Song und alles klatschte. Was immerhin beweist, dass einige dieser Songs erst mit der Zeit zu leben beginnen. Dann sagen die Leute: »Das war doch ein schöner Song.« Und dabei ist er nach dem Erscheinen praktisch ignoriert worden. Ein Stück wie »Don't Stop« könnte eines Tages die gleiche Patina ansetzen. Sicher ist allerdings eines: Wenn man einen Song nicht auf der Bühne spielt, bekommt er nie die Chance, dass etwas aus ihm wird.

Mick mit Lisa Fischer.

Lenny Kravitz zwischen Keith und Ronnie.

KEITH: Ich habe einmal gesagt, dass die Stärke der Stones darin liegt, dass wir einfach das machen, was uns gefällt, und nicht losziehen und prüfen, was andere sich anhören und dann überlegen, was wir jetzt schreiben. Mit Mick habe ich in dieser Hinsicht oft beträchtliche Schwierigkeiten. Manchmal hat er Recht, manchmal nicht. Ich könnte ohne »Undercover Of The Night« oder »Emotional Rescue« leben, wahrscheinlich auch ohne »Don't Stop«, auch wenn ich es gerne spiele, aber es hat wenig Substanz. Darin unterscheiden Mick und ich uns, aber es gibt viele Punkte, wo wir einer Meinung sind, und wenn wir die richtigen Sachen zusammen hinkriegen, ist das nicht mit Gold aufzuwiegen.

RONNIE: Ich habe mich aus dem Auswahlprozess zu *Forty Licks* im Allgemeinen herausgehalten, weil viele der Stücke vor meiner Zeit entstanden waren. Ich glaube, die echten Wurzeln der Stones liegen in dieser Periode von *Beggars Banquet*, *Sticky Fingers* und *Exile*, weshalb es mir richtig Spaß gemacht hat, auf der Forty-Licks-Tournee Songs wie »Stray Cat Blues« und »Can't You Hear Me Knocking« zu spielen. Als es darum ging, die Stücke für die Hälfte des Albums herauszusuchen, an der ich beteiligt war, dachte ich: »Ich will die Sache nicht weiter komplizieren«, wenn ich auch einmal Mick anrief und fragte: »Hast du ›Dance‹ vergessen?« Und er sagte: »Lassen wir es einfach so, wie es ist. Es hat uns schon zu viel Kopfschmerzen bereitet, und jetzt haben wir einen ziemlich guten Querschnitt. Sollen wir es nicht einfach so lassen?« Ich sagte: »Also gut, aber behalte es im Hinterkopf.« Und er meinte: »Gut, wir nehmen es ins nächste mit auf!« Als wir für *Forty Licks* probten, gab es da Songs wie »Can't You Hear Me Knocking«, den sie bislang noch nie hingekriegt hatten. Mein Vorschlag, es zu probieren, kam folglich als Überraschung. »Willst du das wirklich machen?« Ich sagte: »Natürlich machen wir's, verdammt.« Es war einer meiner Lieblingssongs. Mick sagte: »Okay, aber ich bin nicht sicher, ob es klappt.« Und aus gutem Grund. Keith sagte, sie hätten es einmal in Schottland probiert und seien jämmerlich ins Stocken geraten. Er meinte, das sei eine der peinlichsten Situationen gewesen, die sie je erlebt hätten.

Der Techniker Chuch Magee starb während der Proben für die Forty-Licks-Tour.

Ronnie: Er hatte einen massiven Herzanfall und starb auf seinem Koffer mit all den Werkzeugen, inmitten seiner Freunde und bei seiner Lieblingsband. Wir hatten eben eine starke Version von »Stray Cat Blues« gespielt, als er mit einem Lächeln auf dem Gesicht von uns schied.

CHARLIE: Bei den Vorbereitungen für eine Tournee lastet viel Arbeit auf uns, insbesondere auf Mick und mir, und vor allem auf Mick: Es gibt so vieles zu besprechen, ehe wir starten können. Die Gestaltung, wie alles aussieht, das Programm, die T-Shirts. Das alles braucht eine Menge Zeit, damit etwas daraus wird, und diese sieben Wochen der Proben gehören mit dazu. Man muss physisch wieder in Schwung kommen, nachdem man eine Zeit lang pausiert hat. Ich kam gerade von einer Jazztournee zurück, aber das war eine andere Art Stress, auch intensiv, aber körperlich nicht so strapaziös. Jazzmusiker kämen um, wenn sie zwei Stunden durchspielen müssten. Das ist in einem Club nicht üblich. Und weil es meine Band war, konnte ich das Tempo vorgeben, während das Tempo bei den Stones von allen mitbestimmt wird.

MICK: Es gab kein Thema für die Forty-Licks-Tour. Wir hatten drei unterschiedlich große Bühnen, aber kein Gesamtkonzept. Mir fiel einfach kein zusammenhängendes Thema für die drei Shows ein, außer dass es drei Shows der Rolling Stones waren! Also machten wir die Illustration mit den drei Zungen und arbeiteten damit. Am Ende sagte ich dann: »Die Bühne gefällt mir wirklich gut, und das Thema ist originell …«

Wie bei den anderen Tourneen waren am Entwurf neben mir noch Charlie, Mark Fisher, der Stage-Designer und der Licht-Designer, diesmal Patrick Woodroffe, beteiligt. Wir sprechen gewöhnlich alles durch, wobei es immer auch Tauziehen und Geschrei gibt. Wir haben nicht wirklich viel Krach, aber ich mache mir immer Sorgen, dass es am Inhalt fehlt. Ich hatte damals ein Problem, weil es an videotauglichen Szenen fehlte. Wir sprachen mit Leuten aus der Szene, und ich erhielt die Antwort: »Du solltest mit dem Typen reden, der die Tournee von Aerosmith gemacht hat, als sie eine ›Inhaltskrise‹ hatten.« Es ist immer nützlich, reichlich Videoaufnahmen zu haben; wenn sie nicht sündhaft teuer waren, kann man die Bänder in letzter Minute noch

(Nächste Doppelseite links) Im Uhrzeigersinn von oben links: Mick; Lisa Fischer und Darryl Jones; die Bläsergruppe von links nach rechts: Tim Ries (Saxophon), Kent Smith (Trompete) und Michael Davis (Posaune); Blondie Chaplin; Keith; Bobby Keys.

(Nächste Doppelseite rechts) Im Uhrzeigersinn von oben links: Bernard Fowler; Ronnie; Lisa; Charlie; Chuck Leavell; Darryl Jones.

drastisch zusammenschneiden, statt neues Material aufzutreiben. In den letzten drei Wochen hat man schließlich anderes zu tun.

Mick und Keith, fotografiert von Fernando Aceves.

CHARLIE: Es ist immer dasselbe, wenn man eine Show entwickelt: Man hat die ersten lockeren Treffen und eine wirklich interessante Idee, die langsam Gestalt annimmt, aber dann gibt es fast immer ein Desaster. Das Problem ist, Leuten Ideen zu zeigen, während man noch mitten in der Entwicklung steckt und die Ideen noch nicht ausgereift sind. Das heißt, man muss warten, bis alles fast vollständig steht. Wer an diesem Prozess nicht teilgenommen hat, schaut sich die Sache mitunter an und hat keine Ahnung, was das eigentlich soll. Andererseits ist das auch gut, weil man es sich dann wie das Publikum ohne bestimmte Erwartungen anschaut.

In der Forty-Licks-Show war es der erste Jeff-Koons-Hintergrund, der als Provisorium dienen sollte, bis der richtige fertig war; aber als wir ihn ausprobierten, haute es einfach nicht hin. Bei der Urban-Jungle-Tournee war es das Gleiche: Wir begannen die Tournee in einem Fußballstadion in Rotterdam, und bei den Kostümproben warfen Mick und ich uns einen Blick zu, als wollten wir sagen: »Beschissen …« Keith, der gewöhnlich mit einer einfachen Bühne glücklich ist – das ist genau das, was er will – hat es ganz gut drauf, die Band vor derartigen Fehlern zu bewahren. Als er Jeff Koons' Hintergrund sah, bestand er darauf, dass der nicht aufgehängt wird. Aber wir mussten, denn wir hatten sonst nichts. Mit dabei war auch ein Bild mit Mais, und Keith versteifte sich darauf, dass er mit Mais nicht in Verbindung gebracht werden wollte. Ich sagte Keith immer wieder, es sei doch bloß vorübergehend. Aber auf das eigentliche Bühnenbild würden wir wohl noch heute warten, wenn Keith nicht Druck gemacht hätte. Er ist fast ausgerastet, sodass die Leute in Panik gerieten, was sicher mit dazu beigetragen hat, dass wir es schneller bekamen. Wenn Keith etwas zu Recht kritisiert, dann wird es einfach nicht gemacht, so sieht er das, und damit hat er auch Recht.

»In gewisser Weise würde ich mir wünschen, wir hätten eine Art Peter Hall, jemand, der sich ausschließlich mit dem konzeptionellen Aspekt der Show befasst. Das wäre eine großartige Rolle, aber dafür habe ich bislang noch niemanden gefunden.«

Mick

KEITH: Als ich die erste Version des Hintergrunds sah, bin ich ausgerastet: Eine Aufnahme von Mick, der einen Haufen Körner aus dem Mund ausspeit. Ich habe mich an der Art School mit Werbung befasst. Was würden die Leute sagen, wenn sie diese Überblendung sehen würden? Ein Spiel mit dem englischen Ausdruck »corn« für »Mais« oder »Getreide« und »Kitsch«: Die Stones bringen nur noch alten Kitsch hervor. Es war alles schon in der Mache, und eine Änderung hätte noch Wochen gedauert. Ich wollte einfach wissen, wie das hatte durchgehen können. Erst als ich darauf hinwies, sagten die Leute: »Allerdings, das ist furchtbar.«

CHARLIE: Die Bühne für *Forty Licks* war wunderschön, eine noch elegantere Version unserer Bühne bei *Steel Wheels*, die einfach fantastisch aussah. Das Problem bei der Forty-Licks-Tournee bestand darin, dass man größte Mühe hatte sich vorzustellen, wie wir die Sache gestalten konnten: Wir verbrachten eine Menge Zeit damit, alles immer wieder zu durchdenken. Zum Glück entwickelt sich die Technik weiter, wobei aber wichtig ist, dass die Technik mit einem bestimmten Song in Verbindung steht, sonst ist es eben nur eine technische Meisterleistung. Das ist wie im Zirkus. Man braucht den direkten Draht zum Publikum. Ich bin ein Meister darin, allzu

Mick (rechts) und (gegenüber) Keith, fotografiert von Chris Wahl.

ausgeklügelte Ideen zu haben …, aber was man tut, muss für jedermann am Veranstaltungsort unmittelbar nachvollziehbar sein. Ich kann nicht nur für acht Leute in der ersten Reihe eine Show abziehen. Wir ließen uns schließlich auf eine ziemlich abgespeckte Bühne ein, abgesehen von der riesigen Leinwand über uns, aber wir mussten uns entscheiden, was auf dieser verdammten Riesenleinwand eigentlich zu sehen sein sollte. So etwas würde ich gerne weiterentwickeln. Wenn man eine Leinwand als Bühnenkulisse nutzt, kann man für jeden Song ein völlig anderes Ambiente schaffen: zum Beispiel einen Festsaal in Versailles oder einen schwarzen Raum mit Türen und Fenstern, die sich in eine andere Atmosphäre öffnen.

RONNIE: Die Bühne von *Forty Licks* war großartig, denn mit den Leinwänden hatte man sozusagen ein ganzes Theater mit dabei, was für eine tolle Atmosphäre gesorgt hat. Diese Bilder konnten einen ins Vorzimmer oder in ein Amphitheater versetzen, oder auf eine Straße inmitten des Verkehrs oder auf liebliche grüne Felder, praktisch überallhin.

KEITH: So wie sich die Tournee entwickelte, wurde sie zu einer »Fruit-of-the-Loom-Tournee«, wie wir sie nannten – klein, mittel und groß –, mit Auftritten in Clubs, Sporthallen und Stadien. Es war im Kern eine Show, die in drei verschiedenen Verkleidungen daherkam, und wenn wir sie in einer Stadt miteinander verknüpfen konnten, lieferten wir einen großartigen Auftritt.

MICK: Bei den Veranstaltungen der Forty-Licks-Tournee war das Tempo des Ablaufs etwas besser absehbar, weil ich davon ausging, dass wir bei den großen Shows nur ziemlich bekannte Songs spielen und uns nicht so sehr aufs Glatteis begeben würden. An kleinen Veranstaltungsorten konnten wir mehr oder weniger das tun, was wir wollten, und in den Sporthallen stellten wir eine Kombination von beidem auf die Beine. Wenn man nur in Sporthallen spielt, legt man sich zu eng auf eine Setliste fest, die dann zum Automatismus wird und sich nur noch schwer verändern lässt.

KEITH: Die kleinen Shows machen es möglich, eine Tournee interessant und lebendig zu gestalten, weil man neue Ideen und Songs ausprobieren kann. Wenn es wirklich klappt, kann man es für die mittlere Show ausbauen, und wenn es fantastisch gut klappt, dann bereitet man es für die ganz große Show auf. Wir haben für *Forty Licks* sehr viele Songs geprobt, und ich habe Mick immer gedrängt, sie auch einzusetzen: »Warum haben wir denn diese ganzen Songs geprobt, Mick, wenn du sie auf der Tour nicht singen willst?« Mick ist meistens lieber auf der sicheren Seite, während ich auch gerne etwas riskiere. Und da geben uns die kleinen Gigs die Möglichkeit, zu ihm zu sagen: »Go on, lass den Ballon steigen.«

MICK: Ich habe für die Tournee mit dem Gesangscoach Don Lawrence gearbeitet, eine gute Vorbereitung auf die Show, denn die Stimme braucht eine angemessene Routine zum Aufwärmen – so wie der Körper auch –, und ich wollte auch lernen, auf einer mehr als zwei Stunden dauernden Show zu singen, ohne zusammenzubrechen. Außerdem suchte ich nach Hilfen, um zu vermeiden, dass ich gleich zu Anfang einen rauen Hals bekomme und Auftritte absagen muss und solche Dinge. Das Problem ist, dass eine böse Erkältung einen völlig aus der Bahn wirft. Man kann die Show machen, ist aber ständig gereizt – ein echter Alptraum. Auf der

James, Elizabeth, Jerry, Georgia May, Mick und Gabriel Jagger, fotografiert von Mario Testino, 2000.

Bridges-to-Babylon-Tournee hatte ich ein paar Auftritte absagen müssen, fast immer wegen Erkältungen, und das wollte ich auf der Forty-Licks-Tour möglichst vermeiden.

Und dann habe ich noch ein paar Stunden bei Stephen Galloway genommen, einem Balletttänzer des Frankfurter Balletts, der auch als Choreograf arbeitet, wenn auch nicht mit der Art Choreografie, die man gewöhnlich in Rock- und Pop-Konzerten zu sehen kriegt. Es ging vielmehr um sorgfältig ausgearbeitete Bewegungen, ähnlich wie bei Michael und Janet Jackson in den 80er-Jahren. Ich habe gerne mit Steve gearbeitet, weil er seine Sache ganz anders machte, sehr viel mehr Freestyle. Seine Aufgabe war, mir einige seiner Lieblingsbewegungen beizubringen, sich zugleich aber auch die Bewegungen von mir herauszusuchen, die ihm besonders gefielen. Das war sehr nützlich, weil ich mich an meine Bewegungen nicht erinnere. Bei einem Tänzer ohne Ausbildung ist das anders als bei einem nicht ausgebildeten Musiker oder Sänger: Man erinnert sich nicht an das, was man gut hingekriegt hat. Steve konnte mir sagen, was ich richtig gut gemacht habe und was ich besser lassen sollte. Und er konnte mir helfen, Wiederholungen zu vermeiden. Anschließend hatte ich ein größeres Repertoire an Bewegungen.

KEITH: Vor der Forty-Licks-Tour hatte sich Ronnie wieder im Griff. Seit der Bridges-To-Babylon-Tournee bis Anfang 2002 war er ständig auf Achse gewesen: Vier Uhr nachmittags aus den Federn und um zehn Uhr morgens ins Bett. Mit anderen Worten: Er war ununterbrochen herumgezogen, obwohl er wieder zu Hause war. Wir anderen hatten ganz bewusst versucht, zur Normalität zurückzukehren. »Ich bin wieder daheim«, sagten wir uns, »ich stehe mit den Kids auf.« Das fällt nicht leicht, sicher nicht, aber es ist auch nicht gerade ein Heroinentzug.

Das Erstaunliche war, dass Ronnie es tatsächlich schaffte. Es kostete ihn eine unglaubliche Ausdauer und viel Durchhaltevermögen, denn die meisten würden denken: »Oh Gott, Ronnie hört mit allem auf, dann wird er der langweiligste Typ.« Das Großartige daran ist, dass er sich überhaupt nicht verändert hat, seitdem er sich wieder im Griff hat. Er ist seither nur konzentrierter. Er war genauso ulkig und verrückt, aber er schaute einem in die Augen, wenn man mit ihm redete, und wenn wir zusammen spielten, hatte er viel mehr Einfälle. Er hat es geschafft, so wie ich nach den zehn Jahren in meinem persönlichen Labor. Das alles ist Teil des Erwachsenwerdens. Wenn wir erst einmal reif sind, kommen wir viel weiter …

CHARLIE: Kaum hatte sich Ronnie wieder im Griff, fing er richtig gut zu spielen an, während er vorher meistens herumalberte: Jetzt wurde klar, dass Ronie richtig gut sein kann, wenn er okay ist. Er albert noch immer herum, aber jetzt am passenden Ort, so kann er sich auf seine Arbeit konzentrieren. Ronnies Problem ist, dass Konzentration nicht seine Stärke ist. Er gehört zu denen, die sich nicht um Konzentration bemühen, weil sie das Notwendige auch so schaffen. Aber wenn man in dieser Band spielt, muss man Abend für Abend anständig spielen können. So was nennt man »touren«: Es ist viel anstrengender als einfach nur zu spielen.

RONNIE: Das war eine neue Ära für mich, eine erstaunliche Periode: keine anderthalb Flaschen Wodka am Tag und solche Dinge, auch wenn das sehr schwierig war! Es gab Zeiten, da hätte ich wirklich gerne einen Drink gehabt, aber dieser Drang hat bald nachgelassen. Und die Unterstützung meiner Familie war entscheidend.

MICK: Die Kids machen einen sehr bodenständig. Es macht einfach Spaß, sie um sich zu haben. Sie lachen dauernd, und wenn man sich langweilt, sind vier Kinder da, die einem immer etwas geben. Ich habe mit meinen älteren Kindern nicht so viel Zeit verbracht, wie ich hätte sollen. Das

Leah, Jesse, Ronnie, Jo, Jamie und Tyrone Wood auf der Feier zu Leahs 21. Geburtstag am 15. Mai 2000.

Alexandra und Theodora Richards.

Keith mit Marianne Faithfull und seinem Sohn Marlon.

Keith tanzt mit seiner Tochter Angela auf deren Hochzeit.

hat wohl mit dem Alter zu tun. Wir waren viel wilder und dann sind Kinder einfach zu viel.

RONNIE: Meine erste Erinnerung an Leah auf Tournee ist eine Szene, als sie zu mir auf die Bühne kam, während wir »Honky Tonk Women« spielten. Sie war ungefähr zwei Jahre alt und trug ein Ballettkleidchen. Die Kinder geben einem einfach alles. Einmal sagte Ty zu mir: »Schön gespielt, Dad.« Und ich sagte: »Ich hab dich nicht einmal bestochen.«

KEITH: Man braucht etwas Zeit zwischen der letzten Show einer Tournee und dem Augenblick, da man plötzlich wieder zu Hause ist, wenn es keine Motorradeskorte mehr gibt und man einfach vergessen hat, dass eine rote Ampel »Halt« bedeutet. Normalerweise kehre ich nicht direkt nach Hause zurück, sondern nehme mir eine Auszeit, auch mit Familie, zum Beispiel einen Monat auf Jamaika zum Relaxen. Am Ende der Bridges-To-Babylon-Tour habe ich mich beispielsweise bewusst wieder zu Hause einzuleben versucht: Statt um vier oder fünf Uhr nachmittags bin ich schon um sieben Uhr morgens aufgestanden, habe die Kinder zur Schule gefahren und meinen Tagesablauf angepasst. Familie ist Familie. Es ist gut, wenn man den gleichen Rhythmus hat. Wenn man zu Hause lebt, besonders mit drei Frauen, dann reißt man sich besser zusammen.

Charlies Tochter Serafina mit deren Tochter Charlotte.

CHARLIE: Meine Frau und meine Tochter kommen manchmal mit auf Tournee, aber Shirley hatte schon immer andere Aufgaben außerhalb dieser Band. Trotzdem ist sie ein großer Fan der Stones. Ich nicht. Für mich ist das Arbeit. Mick, Keith und Ronnie sind meine Freunde und die Band ist hervorragend, aber mehr nicht. Shirley spielt tatsächlich unsere Platten, ich nicht.

KEITH: Man kann reisen und unterwegs sein und trotzdem eine Familie zusammenhalten. Sonst gäbe es keine Zigeuner oder Nomaden. Manchmal tun sich Lücken auf, aber ich weiß nicht, ob es besser ist, wenn der Dad jeden Abend genau um sechs Uhr nach Hause kommt und am nächsten Morgen um sieben Uhr wieder verschwindet. Ich glaube nicht, dass konstant feste Zügel für Familien notwendig sind, solange man weiß, was wirklich wichtig ist. Sie können jederzeit zu mir kommen und ich jederzeit zu ihnen. Alle haben genug Vertrauen, um damit umgehen zu können. Familie hat höchste Priorität, aber ich habe da noch eine andere Familie, und die ist sehr viel schwieriger großzuziehen, nämlich die Rolling Stones.

Micks Sohn Lucas.

SHERYL CROW

Nach einer erfolgreichen Karriere als Begleitsängerin, u. a. bei Michael Jackson, veröffentlichte Sheryl Crow 1994 ihr erstes Album, *Tuesday Night Music Club*, gefolgt von *Sheryl Crow*, *The Globe Sessions*, *Sheryl Crow And Friends Live At Central Park* und *C'mon C'mon*, ein Tribut an den Rock 'n' Roll der 70er-Jahre. Sie spielte im Vorprogramm der Rolling Stones auf den beiden Tourneen *Bridges To Babylon* und *Forty Licks*.

TEIL EINS

Frühjahr 1979: Ich habe soeben den Führerschein gemacht, Discomusik beherrscht nach wie vor den Äther, und in meiner kleinen Heimatstadt Kennett, Missouri, hat der Rock 'n' Roll seinen Platz. Lynyrd Skynyrd, die Allman Brothers und der Southern Rock im Allgemeinen bilden den Soundtrack zu unseren Eskapaden. Aber im Zentrum von allen stehen die Rolling Stones mit ihrem Song »Miss You«. Der Song, der zu jeder Zeit gespielt wird, bei dem alle im Auto mitwippen und bei dem alle ihre junge Sexualität erwachen spüren.

TEIL ZWEI

Ich wuchs im ländlichen Hinterland des südlichen Missouri zwischen Baumwollfeldern und staubigen kleinen Straßen auf. Der mächtige Mississippi windet sich in seinem mythischen Glanz gerade einmal zwölf Meilen von meinem Zuhause entfernt nach New Orleans. Die Legende von Bluesmusikern und das Erbe des aufrührerischen Südens sind noch immer Teil des Bewusstseins dieser Gegend. In der Musik dieser Region entdecken wir seit jeher unsere Identität.

Ein junges Mädchen, begierig auf die Welt, empfand die Bilder, die in Songs wie »Miss You« und »Brown Sugar«, aber auch in »Gimme Shelter« und »Street Fighting Man« beschworen werden, als romantisch und bedrohlich, eindringlich und verführerisch. Ich verbrachte meine Nachmittage über den Seiten der Zeitschriften *Rolling Stone* und *Creem* im Blakemore Drugstore und stellte mir vor, wie das sein müsse, wenn man diese überlebensgroßen Helden persönlich kennen würde. Oder noch besser: wenn man einer von ihnen wäre.

Die Radiostationen in meiner Kleinstadt spielten vor allem Country-Musik. Ich sympathisierte nie besonders mit dieser Art Musik, aber verstanden habe ich sie natürlich, und sie übte auf die Musik, die ich später selbst schreiben sollte, gewaltigen Einfluss aus. Dagegen brachten die Sender in Memphis und Chicago Samstagabends so großartige Programme wie *King Biscuits Flower Hour*, sie waren es, die die Stones für mich zum Leben erweckten. Erst viel später erkannte ich, welch einen Einfluss diese Band, die Country- mit Rockmusik verband, auf mich hatte.

TEIL DREI

1995: Ich bin in Hamburg, auf Tournee zu meiner ersten Platte, die langsam Beachtung findet. Um 4:30 Uhr morgens klingelt in meinem billigen Hotelzimmer das Telefon. Die Stimme am anderen Ende sagt, sie sei Mick Jagger. Ich hänge verärgert auf, werde von dem mysteriösen Anrufer aber wieder geweckt, und er behauptet erneut, Mick Jagger zu sein. Er fragt mich, ob ich interessiert sei, mit den Rolling Stones bei einem Pay-Per-View-Wochenende zu Thanksgiving vor 65 000 Fans in Miami aufzutreten. Ob ich da etwas Bestimmtes singen wolle, fragt er mich, und ich sage: »Nun, wie wär's mit etwas Flottem, das rockt.« Seine Antwort: »Wie wär's mit ›Wild Horses‹?« Als Nächstes erinnere ich mich daran, dass ich in einem Privatflugzeug im Landeanflug auf Miami sitze, wo ich mit den Rolling Stones zu Thanksgiving zu Abend essen soll. Ich lerne die Jungs kennen, und Keith sagt zu mir: »Du singst also ›Live With Me‹, huh! Eine mutige Entscheidung, little sister!« Seither war ich nur noch little sister.

Der Tag vergeht mit Proben, herumhängen und einem opulenten Mahl zu Thanksgiving im Stil der Stones: Im Kreis von Mitgliedern von Familie und Tross spüre ich etwas von der raffinierten Energie Ronnie Woods und der Gelassenheit und Klasse Charlie Watts'. Erst am nächsten Tag zeige ich Nerven, und zwar so, dass ich mich zitternd übergeben muss. Ich behalte selbst vor kleineren Auftritten eine Mahlzeit vom Vortag nicht bei mir. Als ich zum Singen auf die Bühne steige, liegen die Nerven noch blank. Man reicht mir das Mikrofon, damit ich mich dem 65 000er-Publikum im Stadium, den Millionen Zuschauern des Pay-Per-View-TVs und vor allem auch Mick Jagger stellen kann: Bobby Keys bietet mir noch einen Schluck aus seiner extragroßen persönlichen Flasche Tequila an. Im Nu stehe ich im Scheinwerferlicht, und der Mann, von dem ich mein ganzes Leben träumte und den ich unbedingt kennen lernen und der ich sogar sein wollte, schleift mich von einem Ende der Bühne zum anderen. Ich weiß: Meine Lippen bewegen sich und ich singe, ich halte tatsächlich seine Hand und bewege mich über diese gigantische Plattform. Aber in Gedanken bin ich wieder in diesem kleinen Drugstore über dem Schwarzweißbild der Rolling Stones, bei ihren Ausschweifungen und ihrem Ruhm. Ich bin wieder das 14-jährige Girlie, das auf dem Bett sitzend die Illustration des Albums *Sticky Fingers* mit dem Finger nachzieht. In diesem Augenblick im Joe Robbie Stadium gibt es niemanden mehr auf der Welt als nur noch mich und Mick, Keith, Ronnie und Charlie. Die Frage, die ich mir viele Jahre zuvor stellte, wie das ist, wenn man einer der Rolling Stones ist ... auf sie werde ich nie eine Antwort bekommen. Aber ich bin eingetreten in ihre Welt und schaue mich etwas um ... und das ist einzigartig.

TEIL VIER

Ich hatte seither das große Glück, bei zahlreichen Gelegenheiten an der Welt der Rolling Stones teilzuhaben. Dabei spielt keine Rolle, ob man im Vorprogramm der Live-Show der bedeutendsten Rockband aller Zeiten dabei ist oder in einem Club mit ihnen spielt, es ist immer eine gute Schule für jeden, der sich danach sehnt, Größe und Beständigkeit im Geschäft zu erlangen ... es zu schaffen, so wie sie. Alle Tourneen, die ich als Opening Act mit den Stones gemacht habe, waren stets anders, aber immer aufregend. Wie das ist, wenn man ein Rockstar vom Format der Stones ist, werde ich wohl nie erfahren. Meiner Generation bleibt eine Nachwirkung wie die von Stars aus der Frühzeit des Rock 'n' Roll versagt: Sie haben die Filmmusik zu unserem Leben geschrieben, und heutige Musikerkarrieren sind aus vielen Gründen kurzlebiger. Wenn man auf einer Tournee wie *Bridges To Babylon* den Backstage-Bereich betritt, erhält man Einblick in die Extravaganzen einer echten großen Bühnenshow des Rock. Keine Kosten werden gescheut, um der Band Komfort und Anregungen zu bieten. Ich erinnere mich sehr gerne an meine erstmalige Aufnahme ins Allerheiligste um Ronnie und Keith mit Billardtisch, Rotwein, einem aus der Stereoanlage dröhnenden Muddy Waters und irgendwelchen anregenden Oldie-Gitarren.

Es war, als sei ich ins Hinterzimmer einer anrüchigen verschworenen Gesellschaft gelangt. Einen Schritt weiter auf dem Flur kam man in Micks Welt, eine freundlichere Atmosphäre mit Tee und Garderobe, in der ein Klavier zum Aufwärmen stand. Ich hatte oft das Glück, mit Mick vor Publikum zu singen. Vor diesen Auftritten war es Ritual, dass ich zu ihm kam, wir ein Programm überlegten und an den Stücken arbeiteten. Eine wichtige Lehre, die ich aus der Arbeit mit den Rolling Stones gezogen habe, ist die Bedeutung von Authentizität. Es wird viel darüber geredet, warum die Stones so lebendig geblieben und diese Art Unsterblichkeit erlangt haben. Für mich liegt der Grund in ihrer Authentizität. Ohne diese Echtheit hätten sie nicht diesen Erfolg. Um das zu spüren, muss man nur ein wenig Zeit mit ihnen verbringen.

Die Musik, die sie mit Liebe machen, turnt sie nach wie vor an. Sie schlüpfen nicht einfach in ein Kostüm, das sie dann zu den Stones macht. Wir haben uns auf diese Jungs verlassen, damit sie unseren Gefühlen und Erfahrungen eine Stimme geben. Sie kennen ihre Leute und schreiben für uns. Und wir hören zu und gehen mit. Aber das Wichtigste ist: Wir können ihnen vertrauen, weil sie uns nicht hängen lassen, indem sie sich für den Kommerz neu erschaffen. (Ich lache inzwischen darüber, dass die ›Rockstars‹ meiner Generation von Roadies nicht mehr zu unterscheiden sind. Wir leben in einer Ära der Anti-Rockstars. Die Tage des cleveren, aufgeweckten Typen, der die Presse manipulieren konnte, der die Medien benutzte und sie launisch wieder zurückwies, der über eine Welt aus Mysterien und Glamour gebot, die sind im Rock heute passee. Und der Mangel an Humor und festen Standpunkten drückt sich leider auch in der Musik aus.)

Ich versuche Leuten immer gerne das berauschende Gefühl zu beschreiben, mit der Band, die Rockgeschichte geschrieben hat, auf einer Bühne zu stehen. Doch es ist eine schwierige Aufgabe. Kann man dieses Gefühl schildern, wenn Mick Jagger auf der Bühne mit einem flirtet, als sei man mit ihm allein im Schlafzimmer? Oder die erhebende Stimmung neben Keith, der zu dem einzigartigen pulsierenden Groove, den der beste Drummer aller Zeiten vorgibt, seine Verstärker röhren lässt? Oder dieses Gefühl, wenn man sich an Ronnies Schulter oder in Rockmanier an Keith anlehnt: aufgenommen in einen Verschwörerclub von Bad Boys? Es gibt einige Erinnerungen, die ich nicht gerne preisgebe: zum Beispiel als ich mir mit Ronnie und Keith in dessen Hotelzimmer in Hamburg die ersten Abmischungen des Live-Albums anhörte, oder als ich in Micks Garderobe einige coole Klamotten für die Bühne anprobierte. Eine Erinnerung aber möchte ich mitteilen: eine nette Episode, die sich auf der letzten Tournee in San Francisco ereignete.

An einem Abend flirtete Mick bei »Honky Tonk Women« besonders intensiv mit mir, ergriff mich bei der linken Pobacke und hob mich auf seine Hüfte. Besonders komisch wurde es nach Ende des Songs, als ich die Bühne verließ und Mick vor einem Publikum von 30000 Fans in sein Mikro sagen hörte: »Sheryl, in diesen Hosen siehst du bezaubernd aus!«

Ich kann nur sagen, dass man eine Einladung in die engste Umgebung der Stones nicht ausschlagen sollte, denn dort gibt es Nuggets an Weisheit zu ernten. Die Musik wird dort mit dem Respekt und der Verehrung behandelt, die sie aufgrund der Persönlichkeiten verdient, die uns mit ihr vertraut gemacht haben, und mit der Achtung, die der Tradition gebührt. Für mich ist diese Liebe für die großen Meister des Blues und die Achtung vor ihnen sowohl bei den Stones selbst als auch in ihrer Musik deutlich zu spüren. Ich habe dieselbe Achtung vor denen, die mich mit den großen Architekten der von mir geliebten Musik bekannt gemacht haben, und deshalb fühle ich mich gegenüber Künstlern wie den Stones und Clapton und Dylan verpflichtet, immer mein Bestes zu tun und meine Kunst ebenfalls mit Liebe, Sorgfalt und Integrität auszuüben.

*It's a wonderful gift:
The Rolling Stones for young and old. For the old it brings back memories. For the young it brings new discoveries.*

Ronnie Wood

IMMER WEITER WACHSEN

12

Die Rolling Stones 2003 in Los Angeles, fotografiert von Mario Testino.

MICK: Als wir im Palais Royale in Toronto als Warm-up für die Forty-Licks-Tour spielten, waren die anderen unglaublich nervös. Ich hatte sie noch nie so nervös erlebt. Ich versuchte, sie zu beruhigen, weil sie so angespannt waren: »Es wird toll, Leute, wir klingen super.« Und sie machten tonnenweise Fehler, jeder spielte sein eigenes Tempo. Das lag an den Nerven, aber trotzdem denkt man: »Wie oft haben wir nun diese verdammte Melodie geprobt?« Es war ziemlich stümperhaft, aber ich glaube, Keith und der Rest der Band standen schon lange nicht mehr auf der Bühne. Wenn wir zwischen den Tourneen freie Zeit haben, ist es für mich hilfreich, bei anderen Leuten aufzutreten und ein paar Nummern gemeinsam zu machen, zum Beispiel mit Lenny Kravitz. Das nimmt ein bisschen die Anspannung, wenn man vier Jahre lang nicht mehr auf der Bühne stand.

CHARLIE: Der Gig im Palais Royale war furchtbar! Es war so unangenehm heiß und für meine Ohren zu laut. Ich konnte überhaupt nichts hören, das war das unangenehmste Konzert, das ich je gespielt habe. Ich habe getrommelt, aber keine Note gespielt. Nach zwei Stücken hatte ich dröhnende Kopfschmerzen. Mir war speiübel.

KEITH: Das erste komplette Konzert der Tour war in Boston, wo wir dreimal spielten. Wenn wir bei früheren Tourneen auf unterschiedlich großen Bühnen auftraten, spielten wir höchstens 28 Songs: Die Show war ziemlich die gleiche mit vielleicht drei oder vier Änderungen. Mit dem neuen Ansatz bei der Forty-Licks-Tour konnten wir in Boston 60 Songs spielen.

Gleich von Anfang an war die Atmosphäre fantastisch. Charlie Watts und Darryl Jones waren zum dritten Mal zusammen auf Tour und hatten diese immense Rhythmussection geschaffen. Und die Band als Ganzes entwickelte sich stetig weiter, fand sich selbst. Ich glaube, die Stones suchen immer noch nach den ultimativen Stones. Das ist wie der heilige Gral, es ist unwichtig, ob wir ihn finden oder nicht, die Suche danach ist wichtig.

Jeder Song ist ein Aufhänger und jede Nacht kann man ein anderes Hemd draufhängen. Ich habe immer noch nicht alle Möglichkeiten von »Midnight Rambler« oder »Satisfaction« gefunden, deswegen habe ich auch nie das Gefühl, »oh schon wieder, das ist immer der gleiche Trott«. Ich könnte »Jumpin' Jack Flash« die ganze Nacht spielen, wenn meine Hand mitmachen würde. Die Songs sind so flexibel, dass man sie jeden Abend ein bisschen anders spielen kann. Vielleicht erkennt nur die Band, wie sich eine bestimmte Version von den anderen unterscheidet, aber es reicht, damit wir immer wieder rätseln. Und gleichzeitig denkt man: »Hätte ich doch diese Version für die Platte genommen«!

RONNIE: Bei der Forty-Licks-Tour änderten wir jeden Abend die Setlist, nahmen ein paar Songs dazu und überdachten oft alles noch einmal neu. Keith sagte dann: »Oh shit, gebt mir meine Five-String, wir überarbeiten das.« Das war jeden Tag eine Herausforderung, eine neue Überraschung, das turnte uns an und trug dazu bei, die Band lebendig zu halten. Hinzu kommt, dass wir vor jedem Auftritt einen Soundcheck machen, und egal, wo wir gerade sind auf dieser Welt: Chuck Leavell braucht nur in seine Notizen zu schauen und kann uns sagen, welche Songs wir in der Stadt beim letzten Mal und davor gespielt haben. Er sagt dann: »Wir machen ›Undercover‹ nicht, weil wir das beim letzten Mal hier gespielt haben – wir müssen etwas Neues bringen.«

KEITH: Normalerweise lasse ich Mick die Setlist bestimmen, weil er die Sachen singen muss, und seine Entscheidung hängt davon ab, wie er sich gerade fühlt. Aber wenn ich den Eindruck habe, dass er mich reinlegen will, dann mach ich ein bisschen Druck. Ich muss eine Entscheidung treffen zwischen Micks konservativer Haltung und der Tatsache, dass sich die Band langweilen würde, wenn wir nicht genug Abwechslung haben. Die Band spielt natürlich immer so gut sie kann, aber wir haben in Toronto nicht 145 Songs geprobt, damit wir auf der Tour nur 30 spielen. Die Frage war, wie man Mick dazu bringen konnte. Zum Beispiel wollte Mick das Konzert mit »Start Me Up« eröffnen, er sagte, das sei völlig nahe liegend, und ich sagte: »Genau, das ist das Problem, das ist völlig nahe liegend!« Das ist der Unterschied zwischen uns. So sind Mick und ich.

»Die Rolling Stones hätten sich schon oft auflösen können, vor allem, wenn man bedenkt, was für unterschiedliche Typen das sind. Aber ein Grund, warum die Band nie auseinanderbrach, ist, dass wir nicht ständig herumsitzen und zu viele Fragen stellen.«

Ronnie

CHARLIE: Die Live-Band ist Keiths Stärke – und unsere Platten haben das nie wiedergegeben. Wir haben ein paar sehr gute, sehr clevere Platten gemacht, aber sie hatten nie das Feuer einer Live-Performance. Das liegt zum Teil natürlich daran, dass ein Album so produziert wird, dass man es immer wieder anhören kann, ein Live-Konzert dagegen wird gespielt und dann ist es vorbei.

Ronnie malt seine Bandkollegen.

KEITH: Rückblickend finde ich immer einen roten Faden, der sich bis ganz zum Anfang zieht. Für andere Leute sind da vielleicht Zeitsprünge, aber für mich nicht.

RONNIE: Mich hat beeindruckt, dass nicht nur eine neue Generation Fans zu den Konzerten kam, sondern dass sie auch wussten, was sie da hörten. Sie nannten bestimmte Songs und sagten: »Uns gefiel die Version von ›Can't You Hear Me Knocking‹ sehr« oder »das war toll, wie ihr ›Midnight Rambler‹ gespielt habt«. Das fand ich irre. Ich dachte: »Oh, das habt ihr mitgekriegt? Ihr habt es gehört? Ihr habt zugehört? Ihr habt euch nicht unterhalten oder seid losgezogen und habt euch was zu essen geholt?«

CHARLIE: Beim zweiten Teil der US-Tour machten wir ein Special für den Fernsehsender HBO, was uns zusätzlich unter Druck setzte. Die Show war zwar im Prinzip nur ein weiterer Auftritt, aber wenn man live spielt, kann alles Mögliche schief gehen, und der Gedanke, dass das dann live übertragen wird, kann einen verrückt machen. Man hat einen Song vielleicht schon 200-mal gespielt und es war immer okay, aber dann muss man nur mal Keith bei einem Song nicht hören und ist am Arsch. Bei einem anderen Auftritt verstand ich eine Anweisung von Keith falsch und der Song ging an einer wichtigen Stelle völlig schief, nur für ein paar Sekunden oder so, aber bei einer Live-Übertragung wäre das aufgefallen. Solche Fehler passieren, weil wir in der Gesamtstruktur selbständig arbeiten, aber genau aus dem Grund gibt es auch fantastische Momente. Das gehört zum Live-Spielen, und das ist es, was Keith daran gefällt. Ich finde es allerdings ziemlich nervenaufreibend, ich bin kein Mensch, der diesen Kitzel braucht. Aber ich mag es, wenn alles gut läuft, dafür macht man es.

RONNIE: Wir befestigten an der Kopfplatte einer Gitarre eine Kamera, die auf den Hals gerichtet war. Zuerst dachte ich: »Das nutzt sich schnell ab«, weil ich das Resultat nie auf den großen Videoleinwänden sah. Und Keith meinte: »Warum zum Teufel spazierst du mit dieser verdammten Kamera herum?« Aber ich beschloss, damit weiterzumachen und zu sehen, ob die Idee funktionierte, und nachdem ich die Live-Übertragung bei HBO gesehen hatte, war ich froh darüber. Mit der Zeit wurde ich immer geschickter damit. Wenn ich kurz einen Blick auf die Videoleinwand warf, konnte ich die Kamera auf die anderen oder die Zuschauer richten – und es machte großen Spaß. Christine, die backstage arbeitet, sagte zu mir: »Ronnie, jetzt kannst du es wirklich.« Ich fragte: »Wie mache ich das?«, weil die Videoleinwand so hoch über mir ist, dass ich sie nicht sehen kann, aber Christine antwortete: »Du fühlst die richtigen Stellen.«

CHARLIE: Seit 1969 sage ich nach jeder Tour: »Nie wieder!«. Ich dachte, die Forty-Licks-Tour ist die letzte, die wir in diesem Umfang und in dieser Länge durchziehen, aber andererseits habe ich das auch nach der Bridges-To-Babylon-Tour gesagt. Keith will einfach nicht aufhören. Er wird immer irgendwo Gitarre spielen, aber als Band mit so einer Show wird meiner Meinung nach einfach eines Tages der Tag kommen, an dem wir aufhören sollten. In der Zwischenzeit haben wir die Kombination von Keiths Begeisterung und Micks Energie. Ohne diese Energie wären wir nicht in der Lage gewesen, das so lange zu machen. Ich kann zwar helfen, die Band auf der Bühne voranzutreiben, aber ich habe nicht die Energie, die anderen zusammenzubringen, dieses »Kommt, wir treffen uns und besprechen das«. Keith ist auch nicht so. Keith mag keine Besprechungen: Er ist wie ich, er bekommt ein Blatt Papier und fragt: »Äh, wie?« Wenn wir Mick nicht hätten, der die ganze Sache in Schwung bringt, hätten wir uns wahrscheinlich gar nicht die Mühe gemacht.

KEITH: Da ist immer noch das Gefühl, dass es noch mehr für uns zu tun gibt, dass es noch nicht an der Zeit ist, auszusteigen, denn die Verzweiflung, wenn man aussteigt und quasi sieht, wie der Bus weiterfährt, wäre mehr, als einer von uns ertragen könnte. Ich glaube, wir sind die einzige Band auf der Welt, die bestimmen kann, was eine Rock 'n' Roll-Band ist. Wir sind die Einzigen, die das schon so lange machen, niemand sonst weiß das so gut wie wir. Und wir genießen es, das ist wahrscheinlich der eigentliche Trick. Wir alle sind bereit, von Hotel zu Hotel zu ziehen und endlos lange im Flugzeug zu sitzen. Vielleicht sind wir Gewohnheitstiere. Möglicherweise sind wir auch süchtig danach. Gleichzeitig genießen wir es, Konzerte vor Tausenden Leuten zu spielen, die es mit uns genießen, und – ich weiß nicht, ob es eine Verpflichtung ist – aber es ist so: »Hey, was wäre die Welt ohne Rolling Stones!« Wichtig bei den Rolling Stones ist es jetzt zu sehen, wie weit wir das noch treiben können.

Tatsache ist, dass ich 60 bin und 20-jährige Mädels immer noch Slips nach mir werfen! Das ist wirklich lachhaft. Was erzähle ich dann meiner alten Dame? »Ich brauche die, um den Raum zu schmücken, sie sind sehr nett.« Man kann die Musik nicht von den Varieté- und Zirkusaspekten des Showgeschäfts trennen, von der Bühnenshow. Einer der wichtigsten Aspekte der Stones ist, dass die Band wirklich gern Konzerte spielt. Wir wissen, wie man mit Zuschauern umgeht. Wir wurden nie ausgebuht, allerdings erhielten wir manchmal nur höflichen Beifall!

Ronnie und Jo Wood.

Ein anderer Aspekt ist, dass wir die Zuschauer im Griff haben. Ich kann vor 500 000 oder 600 000 Zuschauern spielen – je mehr, desto besser – und sie in Stimmung bringen, weil ich weiß, was in ihnen vorgeht. Ich weiß, dass sie sich in der Menge verlieren wollen, eins mit ihr werden wie eine Amöbe. Man muss nur der Klebstoff sein: »Komm nur, Schätzchen, vergessen wir die Probleme für ein paar Stunden.« Da ist nichts dabei, it's only Rock 'n' Roll, all right?

RONNIE: Auf Tour wurde ich von einem japanischen Journalisten bei einem Interview gefragt: »Warum sind Sie so weit gekommen?« Ich antwortete: »Vielleicht, weil wir alle unterschiedliche Persönlichkeiten sind.« Da ist Charlie, die treibende Kraft, der dasitzt und

Charlie, fotografiert von Mikio Ariga.

Schlagzeug spielt und sich bei Problemen raushält, da ist Mick: »Lass mich in Ruhe« und Keith, der sagt: »Leck mich!«

Man tritt auf die Bühne und riskiert, von Keith eine Gitarre an den Schädel zu kriegen. Er tobt immer: »Raah, ich schlag dir den Schädel ein.« »Ach ja? Versuchs erst gar nicht, ich könnte es dir heimzahlen!« Bei einem Auftritt sah Keith mich an und schrie: »Das sollte eigentlich ich spielen!« Charlie saß da und sagte lachend: »Du hättest dir fast eine eingefangen, er hätte dir beinahe die Gitarre über den Schädel gezogen.« Nach einem Streit bei einer Tour ging ich am nächsten Tag in Keiths Garderobe und Keith meinte: »Am nächsten Tag sieht alles ganz anders aus.« Das sagt wahrscheinlich alles über die Stones. Am Vortag war Keith noch außer sich und brüllte: »Ich bring dich um, aber deine Frau würde die Sauerei bestimmt nicht gern aufputzen«, und am nächsten Tag waren wir wieder wie Brüder.

CHARLIE: Ich glaube nicht, dass wir den anderen weit voraus sind. Die Welt hat sich sehr verändert. Als wir zum ersten Mal in Japan spielten, kamen die Zuschauer alle im Anzug und zogen sich dann die Rock 'n' Roll-T-Shirts drüber, und darunter lugten Hemd und Krawatte hervor. Das Publikum klatschte und ging dann nach Hause. Heutzutage ist das ganz anders, dieses Mal hielt es die japanischen Zuschauer von der ersten Minute an nicht mehr auf den Sitzen.

RONNIE: Bei der Forty-Licks-Tour gab es einen Tag, an dem Keith erzählte, er sei mit Schmerzen im Arm aufgewacht. Er machte sich Sorgen, es könne ein Herzinfarkt sein, bis er merkte, dass es nur ein Krampf war. Mick sagte: »Weißt du noch, wie das beim letzten Mal war, als du Schmerzen hattest?« Und Keith sagte: »Als ich auf meinem Arm lag und einschlief? Ich konnte meinen Arm nicht mehr bewegen.« Keith war aufgewacht und sein Arm war völlig taub gewesen. Es war die Schlaghand, und er musste irgendwo auftreten oder wurde im Studio gebraucht. Mick sagte damals zu Keith: »Sehr schlecht, es wird nur millimeterweise besser.« Und Keith fragte: »Wie lange dauert das?«, und ich sagte daraufhin: »Oh, so etwa drei Wochen.«

KEITH: Die Stones sind eine Jazzband, die sich als Rock 'n' Roll-Band verkleidet hat. Wenn wir ins Studio gehen oder Songs schreiben, ist das nicht vorher geplant oder vorbereitet. Wenn ich einen Song habe, sage ich: »Hier ist das Skelett, geben wir ihm eine Haut, ziehen es an und schauen, was die Band daraus macht.« Die Band muss nicht wissen, wo es hingeht. Diese Band ist am besten, wenn alle ganz locker sind und denken, sie würden nicht arbeiten, wenn alle frei spielen und man das aufnimmt. Man holt nicht das Beste aus ihnen heraus, wenn man ihnen genau sagt, wie der Song laufen soll. Was manchmal herauskommt, ist völlig anders als das, was man erwartet hat. Ich nenne einfach die Akkorde und sehe, was passiert. Charlie setzt sich hin und spielt einen völlig anderen Beat, als ich erwartet hätte, gleichzeitig ist der aber viel besser als das, was ich mir vorstellte. Mick und ich sehen uns manchmal an und sagen: »Das war nur eine Idee, und hört euch das jetzt an!«, weil die Band etwas ganz anderes damit gemacht und uns gezeigt hat, was daraus werden kann. Das meine ich, wenn ich die Stones als Jazzband bezeichne.

CHARLIE: Wenn ein Song bei mir landet und ich meinen Teil dazu beitrage, kann ich ihm eine andere Färbung geben. Mein Ansatz unterscheidet sich von dem von Mick und Keith. Es ist trotzdem kein akademischer Ansatz, ich mach alles nach dem Gehör. Deswegen passt er gut zu Keith, mit Mick hingegen kann ich mich gut über das Stück unterhalten. Das ist zwar ein irgendwie dilettantischer Prozess, aber wir betreiben ihn sehr professionell.

Charlie und Shirley auf ihrer Farm in Devon.

KEITH: Der Trick ist, dass ich instinktiv einen Song für Mick schreiben kann, der besser ist als die Songs, die er für sich selbst schreibt. Mick schreibt tolle Sachen, aber das sind nicht zwangsläufig die besten für ihn zum Singen. Ich weiß, wie man für ihn schreibt, denn so habe ich das Songschreiben gelernt. Gibt man Mick Jagger »Midnight Rambler«, kann er was draus machen, was sonst niemand auf der Welt kann. Er nimmt den Song und hebt damit ab. Meine Aufgabe beim Schreiben von Songs für

Keith, fotografiert von Chris Wahl.

»Die Live-Band ist Keiths Stärke – und unsere Platten haben das nie wiedergegeben. Wir haben ein paar sehr gute, sehr clevere Platten gemacht, aber sie hatten nie das Feuer einer Live-Performance.«

Charlie

die Rolling Stones ist es, das richtige Feeling zu bringen. Die Frage ist dann immer nur noch, ob Mick anbeißen wird.

CHARLIE: Es gibt mehrere Gründe, warum es die Stones auch nach 40 Jahren noch gibt. Ich persönlich hätte es nie ohne meine Frau Shirley geschafft. Ein weiterer Faktor ist, dass man das Geld braucht oder will. Bill Wyman hat schon oft darauf hingewiesen, dass er und ich kein Geld verdienten, wenn wir nicht arbeiteten. Ich verdiene mein Geld mit dem Spielen. Und ich spiele zwar gern und vor allem mit dieser Band, aber es ist schwierig, wenn man fern von daheim und seiner Familie ist. Es ist auch harte Arbeit, bei jedem Konzert zwei Stunden zu spielen. Aber damit verdiene ich mein Geld, auch wenn ich es nur alle vier Jahre mache. Aber deswegen mache ich es. Die Leute hören das aber nicht so gern.

Es ist aber auch sehr bewegend, so viele Leute bei einem Konzert zu sehen, denen die Musik gefällt. Ich sehe mir eine Setlist an und denke: »Unglaublich, abgesehen von diesem Motown-

Cover haben Mick und Keith all die Songs geschrieben, und die Leute singen alle mit – es ist erstaunlich.

Früher sagte ich immer: »Wir sind seit 20 Jahren zusammen, aber Duke Ellington gibt es seit 40 Jahren.« Jetzt haben wir mit Duke Ellington gleichgezogen! Man soll Geschichte nicht rückwärts gerichtet interpretieren, aber es ist schon seltsam, dass ein Song wie »Street Fighting Man« für die Hörer heute so ist, wie wenn ich als Teenager Louis Armstrong hörte. Ich mochte diese Musik, aber für mich klang sie damals sehr alt.

MICK: Mein Instinkt sagt mir, dass es noch einen weiteren Grund gibt, warum die Stones immer noch eine Attraktion sind. Meistens sagen die Leute: »Wir haben die Stones immer gemocht, sie sind wunderbar, die Songs kennen wir und können es kaum erwarten, sie live zu sehen, sie sind so fantastische Musiker.« Aber auch die Show ist sehr wichtig, vor allem, wenn man in großen Konzerthallen auftritt und die Leute erreichen muss, die weit hinten sitzen. Ich glaube, dass Musiker wie Ronnie, Charlie und Keith das nie zugeben würden, oder wenn, dann sehr widerwillig. Vor jeder Tour sagen sie, die Bühnenshow soll ganz einfach sein, und sie meinen damit, dass die Musik im Vordergrund stehen sollte.

CHARLIE: Wir haben großes Glück, einen so tollen Frontmann zu haben. Mick ist wahrscheinlich der beste Entertainer der Welt. Eine Zeit lang war Michael Jackson wohl sein einziger Konkurrent: Michael beim Tanzen, auf dem Höhepunkt seiner Karriere, in der Zeit von »Thriller« und »Billie Jean«, hätte Mick mit diesem besonderen Tanzstil wahrscheinlich geschlagen. Aber wenn es darum geht, das Publikum in der Hand zu haben, ist Mick der Beste. Er ist erstaunlich. Jeder andere würde gelyncht werden: 18 Frauen und 20 Kinder, und dann wird er in den Adelsstand erhoben, das ist fantastisch! Wenn man radikal gewesen wäre, hätte Keith auch zum Ritter geschlagen werden müssen, ich finde, man hätte beide adeln sollen.

KEITH: Ich hatte immer das Gefühl, dass ich großes Glück gehabt habe. Seit ich aus der Schule bin, habe ich nie wieder »Yes, Sir« gesagt, und die Leute bezahlen mich dafür. Manchmal meint man, man hätte die Erlaubnis, ein Leben zu führen, das sich jeder wünscht oder meint, er würde es gern führen, wenn er könnte. Und man bezahlt dir unangemessen viel Geld, nur damit du so lebst.

Keith in seiner Bibliothek in Connecticut.

Mick als Produzent am Set von Enigma – Das Geheimnis, *Regie: Michael Apted.*

Zwischen Mick, mir, Charlie und Ronnie stimmt einfach die Chemie, es funktioniert. Wenn ich das einfangen könnte, würde ich es verkaufen.

RONNIE: Mick ist ein fantastischer Frontmann: Ich necke Rod Stewart immer und sage: »Du bist erst ein Frontmann, wenn du so gut bist wie Mick Jagger.« Und Rod meint dann: »Wovon zum Teufel redest du?«

KEITH: Während Mick sich umzieht, darf ich beim Konzert zwei Songs singen. Ich bemühe mich, die Leute bei Laune zu halten. Das Publikum ist ein Instrument. Man trägt den Zuschauern nicht nur etwas vor, man bringt sie zum Atmen, man kann sie küssen, streicheln, man kann alles machen, wenn man sich Zeit nimmt. Ich mache das frei nach Max Miller: »Es ist schön, hier zu sein – es ist überall schön.« Das ist so eine Atempause, ich weiß, dass die Zuschauer das brauchen, man spürt förmlich, wie alle Luft holen.

CHARLIE: Wie bei vielen großen Künstlern sieht das, was Mick macht, ganz einfach und lässig aus. Tatsächlich steckt aber viel Arbeit dahinter. Für die Tourneen muss er jeden Tag mehrere Stunden tanzen, um wieder reinzukommen, damit er locker und natürlich wirkt. Wenn er in Hochform ist und wir ihn antreiben, macht er keine einstudierten Schritte. Das kommt alles spontan, und dann bewegt sich Mick unglaublich natürlich und großartig.

KEITH: Wahrscheinlich kann ich dank Charlie Watts so spielen, wie ich spiele. Ohne es zu ahnen war der erste Drummer, mit dem ich wirklich arbeitete, zufällig einer der besten. Deswegen kann ich aus dem Rhythmus rausfallen und habe die Freiheit, Risiken einzugehen, die die Vorstellungskraft der Leute überschreiten. Ich weiß, Charlie ist da. Ich brauche nur Charlies linke Hand zu beobachten und weiß, was passiert. Vieles bei den Stones basiert auf der gemeinsamen Erfahrung von Charlie Watts und mir. Wir können mitten in einem Konzert bewusst Fehler machen und abwarten, ob der andere sie aufgreift. Das ist manchmal wie beim Jonglieren. Wenn wir wissen, dass Mick seinen Arsch im Trockenen hat und alles sicher ist, können wir es uns leisten, den anderen zu foppen, damit bleiben wir auf Zack.

RONNIE: Man hat selten zwei Spieler wie Keith und mich, die ein so wunderbares Verhältnis haben, wir haben dieses Glück, das ist wie ein Geschenk. Mit Keith zu spielen und zu arbeiten ist wie mit jemandem ein Bild zu malen, der gleich denkt. Das habe ich bei einem anderen Künstler nie so gefunden. Ich stelle mir vor, dass es früher auch ein bisschen so war, als ein Künstler wie Leonardo da Vinci oder Michelangelo mit anderen Künstlern zusammenarbeitete. Die sagten dann vielleicht: »Okay Boris, du bist gut beim Wolkenmalen und Trevor, du malst die Bäume … « Chuck Berry hat einmal zu mir gesagt: »Wir machen nichts, was nicht auch Mozart schon gemacht hat.«

KEITH: Der Rock 'n' Roll ist kaum älter als wir. Ich höre mir ein bisschen Bach an und sage: »Tja, wenn der doch nur einen guten Schlagzeuger gehabt hätte!«

RONNIE: Die Rolling Stones hätten sich schon oft auflösen können, vor allem, wenn man bedenkt, was für unterschiedliche Typen das sind. Aber ein Grund, warum die Band nie auseinanderbrach, ist, dass wir nicht ständig herumsitzen und zu viele Fragen stellen oder die Setlist nach einem Konzert durchgehen und analysieren. Wir sagen: »Okay, das war ein guter Gig, machen wir mit dem nächsten so weiter.« Ich glaube, viele Bands lösen sich auf, weil sie alles zu genau untersuchen und sich in das Privatleben der anderen einmischen. Bei den Rolling Stones behalten wir uns viele Freiräume vor. Wir können zusammenkommen, wenn wir es brauchen, aber außerhalb der Stones gibt es auch viel Raum für unser Privatleben.

KEITH: Man erinnert sich nie an alles in der Vergangenheit, aber jedes Mal, wenn man zurückdenkt, deckt man wieder Bruchstücke auf. Und alles fügt sich zusammen wie ein zerbrochener Spiegel, wie so eine kleine Spiegelkugel, die sich dreht: Man erhascht nur hin und wieder einen Blick auf das, was passiert ist.

MICK: Ich bin kein Historiker. Ich habe keine Vorstellung von unserer Geschichte. Ich weiß nicht einmal, welche Songs auf welchem Album sind. Ich muss nachsehen. Das ist wie bei diesen bekannten Tests, bei denen man jemandem ein Video von einem Unfall zeigt und der muss dann beschreiben, was passiert ist – das gleiche Ereignis wird von jedem anders interpretiert. Wir haben alle unterschiedliche Erinnerungen an die Ereignisse der letzten 40 Jahre. Die Leute stricken sich mit der Zeit ihre eigene Geschichte und schmücken sie aus. Und nach einer Weile weiß man nicht mehr, ob sie wahr ist oder nicht.

KEITH: Mein Vater sagte zu mir auf dem Sterbebett: »Wir hören nie auf zu wachsen ...« Das war das Letzte, was er sagte, dann schloss ich ihm die Augen. Er sagte immer, die Jüngeren würden meinen, die Alten wüssten alles, aber alte Leute wissen, dass sie einen Scheiß wissen. Niemand hört auf zu wachsen, sonst hätte es auch keinen Sinn, diese Reise zu machen.

Mick mit Andy Garcia in The Man From Elysian Fields.

CARL HIAASEN

Carl Hiaasen, geboren und aufgewachsen in Südflorida, arbeitet seit 1976 als Reporter und Kolumnist für den *Miami Herald.* 1980 begann er, satirische Romane zu schreiben und wurde bald als ›Mark Twain des Kriminalromans‹ bekannt.

Während ich dieses schreibe, hängt über meinem Schreibtisch eine große Schwarzweißfotografie der Rolling Stones, aufgenommen 1964 auf dem Times Square. Meine Frau entdeckte sie in einer Fotogalerie unter einem Stück Leinwand und brachte sie für meine Wand mit nach Hause. Mick und die Jungs stehen an der Ecke 4th und Broadway unter einem großen Vordach mit Reklame für den Canadian Club. Sie sehen aus, als hätten sie höchstens drei Stunden Schlaf bekommen, vermitteln aber trotzdem eine wunderbar rebellische Haltung. Die Passanten um sie herum haben offenbar keine Ahnung, wer diese Aliens in ihrer Mitte sind, und blicken sie an wie eine Zirkustruppe. Die Hälfte hielt sie wahrscheinlich für die Beatles.

Dies ist eine Momentaufnahme aus den USA zu einer Zeit der großen Unschuld und des Staunens. Die Beobachter auf dem Times Square hätten meine Eltern sein können: Sie standen den Beatles ziemlich skeptisch gegenüber, aber als dann die Stones groß herauskamen, hätten sie mir jedes Beatles-Album gekauft, nur um mich vor den Stones zu bewahren. Meine Mutter stammte aus einer konservativen katholischen Familie aus Chicago. In ihren Augen zeigten allein die Haare der Rolling Stones und Micks Gesichtsausdruck, dass diese Band Vorhut einer Teufelsinvasion war. Von Elvis hatte sich trotz seines Hüftschwunges niemand ernsthaft bedroht gefühlt, aber diese Kerle waren sogar zu fünft und hatten es bei den Töchtern nicht nur auf Händchenhalten abgesehen, sondern wollten gleich die Nacht mit ihnen verbringen: »Let's Spend The Night Together...« Oh Gott ...

Wenn ich mir mit elf Jahren das sündhafte Vergnügen gönnen wollte, eine Schallplatte der Stones zu hören, musste ich die Tür hinter mir zumachen. Ich durfte die Lautstärke nur so weit aufdrehen, dass mein jüngerer Bruder und meine jüngere Schwester möglichst wenig mitbekamen: In ihrem Alter waren sie ja viel stärker beeinflussbar! Die Musik war toll, der Beat und die Stimme aufregend, und die eindringlichen Texte machten alles noch besser.

Die Dinge spitzten sich zu, als die Stones in der *Ed Sullivan Show* auftraten. Die Fernsehshow anzuschauen war ein Samstagabend-Ritual, bei uns zu Hause wie in den gesamten Vereinigten Staaten. Die Sendung war im Allgemeinen unbedenkliche Familienkost – russische Tänzer, Puppentheater und Schnulzensänger wie Rosemary Clooney oder Robert Goulet –, wobei Ed aber auch bereit war, Schärferes mit aufzunehmen, wie es vom jungen Woody Allen oder George Carlin geboten wurde. Elvis war da gewesen, und als er von den Beatles hörte, erkannte er sofort, dass er schön blöd wäre, sie nicht einzuladen. Mit den Stones hatte er sich allerdings eine Stange Dynamit mit brennender Zündschnur ins Studio geholt.

Die Sendung kam zu einem Zeitpunkt, da sich Amerika zu einer Nation von TV-Süchtigen entwickelt hatte, ein Wandel, der durch den Mord an John F. Kennedy im November 1963 gewaltig beschleunigt worden war. Kaum kamen die ersten bruchstückhaften Berichte von dem Attentat (ein Begriff, den wir bislang nur aus dem Geschichtsbuch kannten) im Radio, wandten wir uns alle gebannt den Fernsehbildern zu: der Autokonvoi, die Vereidigung Lyndon B. Johnsons in der Präsidentenmaschine, der mutmaßliche Attentäter Lee Harvey Oswald, der vor laufenden TV-Kameras erschossen wurde. Ganz plötzlich waren wir alle TV-Fanatiker, die auf der Mattscheibe die Zeitgeschichte verfolgten.

In dieser Atmosphäre machte die Nachricht die Runde, dass die Stones in der *Ed Sullivan Show* auftreten würden. Die Discjockeys der Radiosender redeten die ganze Woche von nichts anderem. In der Schule herrschte Aufregung: »Die Stones treten bei Ed Sullivan auf« – »Das lassen sie die bestimmt nicht spielen«. Dann kam der Samstagabend. Unsere Familie versammelte sich im Wohnzimmer, denn die Show ohne unsere Eltern anzuschauen kam damals nicht in Frage. Ich erinnere mich an den verärgerten Ausdruck in den Augen meines Vaters, als die Stones »Satisfaction« spielten.

Die ganze Szene wirkt heute, nach vier Jahrzehnten, in einer Ära der Übersättigung durch MTV und VH1, geradezu lächerlich. Aber das Erscheinen der Stones auf unserer Mattscheibe 1964 elektrisierte uns. Noch heute muss meine Mutter, die inzwischen in den Siebzigern ist, unwillkürlich lächeln, wenn sie auf Besuch bei mir das Foto der Stones über meinem Schreibtisch sieht: Carl war den Dämonen ausgeliefert gewesen und hatte es überlebt.

Hätte mir damals einer gesagt, die Rolling Stones würden auf einer Forty-Licks-Tour 2002 und 2003 noch immer in ausverkauften Sportstadien spielen, hätte ich ihn für verrückt erklärt. Ich erinnere mich an ein gedrucktes Interview mit den Beatles, in dem sie erklärten, sie wollten noch ein paar gute Jahre im Geschäft bleiben. Mein Vater erklärte natürlich, dass dies sicher nicht lange der Fall sein würde. Die Beatles schafften immerhin acht Jahre. Die Stones kamen auf 40 Jahre und rollen weiter. Keine Ahnung, wie sie das schaffen. Ich kann mir nichts Aufreibenderes vorstellen als so ein Leben, insbesondere im, sagen wir, mittleren Alter. Die Dynamik zwischen Mick und Keith muss Teil dieser Lebenskraft sein. Denn was sie tun, sprengt alle Statistiken der Versicherer. Heiliges Kraut. Was Keith auch in seinen Genen hat, es müsste herausdestilliert und dem allgemeinen Publikum zur Verfügung gestellt werden.

Als Journalist und Autor entdecke ich einen Hinweis in Keiths Bemerkung, dass er noch heute mitten in der Nacht aufsteht, wenn ihm ein Lick einfällt, und dass er sich fragt, warum er auf ein Riff nicht schon 30 Jahre früher gekommen ist. Noch heute kann ihn eine Idee faszinieren, worauf der Lick zum Rückgrat eines Songs wird. Das ist ein praktikables Mantra für uns alle: »Es beginnt ein neuer Tag und ich kann es besser machen.«

Ich versuche mich beim Schreiben nicht ablenken zu lassen. Gegen äußeren Lärm schotte ich mich mit ein paar schicken Ohrenschützern für Sportschützen ab. (Eine Anschaffung nach dem Einzug in mein jetziges Haus, als ich ohrenbetäubendem Baulärm und später dem Geschrei eines Babys ausgesetzt war.) Aber inzwischen muss ich nur auf die Stones auf dem Times Square blicken und sofort überfällt mich wieder die nötige Inspiration.

TIM RICE

Tim Rice' erster veröffentlichter Song, »That's My Story«, kam 1965 heraus. Mit Andrew Lloyd Webber schuf er u. a. die Musicals *Jesus Christ Superstar* und *Evita.* Er erhielt drei Oscars und arbeitete zusammen mit Björn Ulvaeus und Benny Andersson von ABBA an *Chess* sowie mit Elton John an *König der Löwen.*

Ich sah die Rolling Stones erstmals am 29. September 1963 im New Victoria Theatre in London. Sie kamen ungefähr in der Mitte des Programms und weit hinter der Nummer, für die ich die 12,60 Pfund ausgegeben hatte: den Everly Brothers. Dieses wegweisende und begnadete Country-Rock-Duo war allerdings auf dem absteigenden Ast, nicht beim Talent oder der Klasse, sondern bei der Popularität, weshalb die Tournee gleich am Anfang in wirtschaftliche Schwierigkeiten geriet. Um den Kartenverkauf in Schwung zu bringen, wurde nach einigen Stationen rasch noch Little Richard ins Programm aufgenommen. Die Stones brachten in der Mitte der ersten Hälfte nur vier Stücke, keines davon eine Originalkomposition, aber das eine immerhin von ihrer ziemlich erfolgreichen ersten Single: Chuck Berrys »Come On«. Als ich ihren kurzen lebhaften und sogar wilden Auftritt erlebte, hatte ich nicht das Gefühl, Zeuge der Vorwehen eines der bedeutendsten Phänomene in der Unterhaltungsindustrie des 20. Jahrhunderts zu werden.

Und die Stones selbst sicher auch nicht. Sie wurden Anfang und Mitte der 60er-Jahre verschiedentlich als eine Gruppe (noch nicht als echte Band) gehandelt, die es vielleicht noch zwei oder drei Jahre geben würde. Zu dieser Zeit merkte John Lennon an, er wolle »Twist And Shout« mit 30 Jahren nicht mehr auf der Bühne singen. Damals konnte keiner ahnen, dass der Rock 'n' Roll zu einem Dauerbrenner werden und sich seine bedeutendsten Vertreter mit der Musik weiterentwickeln und reifen würden. Und selbst die Rolling Stones wurden nach einer Serie von glänzenden Aufnahmen in den ersten drei Jahren ein wenig schwankend, ehe sie mit *Beggars Banquet* zu ihren Wurzeln zurückkehrten. Anfang der 70er-Jahre waren sie, zumindest beruflich, wieder voll auf Kurs. Sie nahmen nicht nur ihre wichtigsten

Alben auf, sondern setzten mit Live-Auftritten und Tourneen, die (auf und abseits der Bühne) zu spektakulären Großereignissen auf mehreren Kontinenten mutierten, völlig neue Maßstäbe. Das Showgeschäft zeigte sich mit großer Rockmusik kompatibel. Die Musik der Stones war so kraftvoll, dass sie von den extravaganten Bühnenspektakeln niemals in den Hintergrund gedrängt wurde. Welcher Komponist wollte noch ein Rockmusical für ein Theater schreiben, wenn dank der Stones und ihrer Nacheiferer solche glamourösen Konzerte um den ganzen Globus eilten? Ich sah die Rolling Stones am 15. und 16. März im Tokio-Dom während der Forty-Licks-Tour. Etwa 45000 Fans drängten jeden Abend in das Stadion und ich zweifelte einmal mehr an der landläufigen Meinung, dass diese Band an kleinen Veranstaltungsorten am besten sei. Für dieses gewaltige Ereignis bedurfte es der handfesten Kommunikation und des Einvernehmens mit einer gewaltigen Anzahl von Leuten, und dass alles gelang, ist wegen der schieren Größe der Veranstaltung umso spannender und bewegender. Schwammen die Stones im Strom der Zeit oder hatten nicht sie dem Lauf der Zeit eine Richtung gegeben?

In ihren Anfängen verabscheute sie jeder über 40. Und auch heute sind es wieder die Vierzigjährigen, von denen sie in der Presse am heftigsten attackiert werden. Seltsam, dass man gerade um die vierzig seine Probleme mit dieser Musik hat. Sogar die Stones drohten in diesem Alter, vom Weg abzukommen.

Den Großteil der Woche mit den tourenden Rolling Stones zu verbringen, war für mich eine großartige Erfahrung, noch dazu in Japan, wo ich ein Jahr meiner Kindheit verbracht hatte. Die Band und ihre Entourage waren eine Oase der Vernunft inmitten des uns umgebenden Irrsinns, und so sehen sie es wohl seit 40 Jahren auch selbst – genau umgekehrt, wie die Medien sie so gerne porträtieren: die Stones als Irrenhaus, und wir die Stimmen der Vernunft. Die Gemeinschaft der Forty-Licks-Tour war wie eine große Familie, die auch echte Familien, sämtliche Altersstufen und zahlreiche Nationalitäten mit einschloss. Wenn du aus bestimmtem Grund da warst oder aus purer Begeisterung oder auch nur, weil du der neue Premierminister des Vereinigten Königreichs warst, dann warst du willkommen: nicht nur bei der Show und der Bewirtung hinter der Bühne, sondern auch auf den Geburtstagspartys, in den Kunstgalerien, bei den Abendessen und bei den Bieren. Jeden Morgen schob dann jemand unter deiner Tür ein Rundschreiben zur Tournee durch.

Die vier Männer im Zentrum, von deren Energie und Bereitschaft (und Bedürfnis) zum Auftreten so viele abhängen, wachen mit guter Laune und einigem Charme über diese gewaltige und komplizierte Struktur: Mick Jagger herrisch, Keith Richards bilderstürmerisch, Charlie Watts einsilbig und Ronnie Wood impulsiv.

Die Party zum 18. Geburtstag von Theodora Richards, als ihr Vater »Only You« von The Platters in Ton und Wort perfekt gesungen wiedergab, war ebenso denkwürdig wie Ronnie Woods Ausstellung von Gemälden und Zeichnungen. Die Konzerte waren dagegen bemerkenswert. Der Drive, der die Band 1963 vier Blues-Standards hindurch über Wasser hielt, ehe Bo Diddley auf die Bühne kam, war 2003 in Tokio noch immer die ganze Nacht hindurch spürbar. Wenn Keith die ersten Akkorde eines weiteren Konzerts anschlägt, scheint die Zeit stillzustehen und wir fühlen uns wie in ihrem Song: »Imagining The World Has Stopped.« Danke, Jungs.

ANHANG

DANKSAGUNG

DORA LOEWENSTEIN: Ich möchte dieses Buch gerne meinen nächsten Familienangehörigen widmen: Margherita, Aliotto und Manfredi. Sie haben den gesamten Stress tapfer ertragen und auch meine wiederholte Abwesenheit. Natürlich habe ich noch vielen weiteren Menschen zu danken (und ich entschuldige mich schon jetzt demütigst, falls ich jemanden vergessen habe). Viele von ihnen stehen auf der gemeinsamen Dankesliste mit meinem Mitherausgeber Philip Dodd. An dieser Stelle jedoch möchte ich Philip meinen Dank dafür aussprechen, dass er sich mit mir auf diesen Kreuzzug eingelassen und mich durch dick und dünn begleitet hat; ohne ihn hätte es dieses Buch nicht gegeben. Auch Michael Dover und sein Team bei Weidenfeld & Nicolson dürfen nicht unerwähnt bleiben, genauso wenig wie Dan Einzig von MysteryDesign und Emily Hedges. Meiner Büromannschaft, insbesondere Miranda House und Sally Renny, bin ich für ihre gewaltige Power und ihr Organisationstalent zu unendlichem Dank verpflichtet. Nicht zuletzt muss ich auch meiner Mutter und meinem Vater, Prinzessin und Prinz Loewenstein, für ihre Unterstützung danken – vor allem meinem Vater, der die treibende Kraft bei dem Unternehmen war.

PHILIP DODD: Ich möchte Prinz Rupert und Dora Loewenstein danken, dass sie mich überhaupt zur Teilnahme an diesem Projekt eingeladen haben, und für all ihre Arbeit hinter den Kulissen, dank derer sich selbst die kompliziertesten logistischen Probleme wie von selbst zu lösen schienen. Gewaltigen Dank schulde ich auch meiner Frau Wan und meiner Tochter Wan Mae, die mich freudig unterstützt haben, wann immer ich für die Arbeit an diesem Buch ein Flugzeug besteigen und auf einen anderen Kontinent oder die andere Seite der Erde fliegen musste. Auch danke ich Michael Dover und allen anderen bei Weidenfeld, Dan Einzig und der Bande bei Mystery?, weil sie genau das Design produziert haben, das wir alle uns von Anfang an vorgestellt hatten; Emily Hedges danke ich, weil sie wieder einmal hervorragende Bilder ausgewählt hat; und für ihre Hilfe in kritischen Augenblicken danke ich: Ed Caraeff, John Cork, Dawn Eden, Miranda House, Margot Lester, Sally Renny and Norman Seeff.

Gemeinsam möchten wir gerne folgenden Personen danken: zunächst und natürlich vor allem den Rolling Stones sowie David Bailey, Kate Bonham-Carter, Rob Bowman, Scott Brisbin, Duncan Calow, Fiona Campbell, Christine Carswell und alle anderen von Chronicle Books, Frances Chantly, Marshall Chess, Pauline Clark, Aline Claude, Sheryl Crow, Cameron Crowe, Fran Curtis, Sherry Daly, Steve Daly, Marilyn Demick, Bernard Doherty, Alan Dunn, Arnold Dunn, Ahmet Ertegun, Deborah Evans, Jan Favié, Andy Fischer, David Fox, Christopher Gibbs, John Giddings, Giorgio Gomelsky, Edna Gundersen, Jerry Hall, Michael Heatley, Eileen Heinink, Carl Hiaasen, Adèle Herson, Paige Kevan, Tony King, Shelley Lazar, Richard Leher, Earl McGrath, Carol Marner, Alic Mayne, Iain Mills, Marissa Parry, Miranda Payne, Lisa Portman, Peter Rinaldi, Tim Rice, Angela Richards, Patti Richards, Doris Richards, Helen Roberts, Linda Rootes, Jane Rose und Delilah, Tony Russell, Annamarie Sep, Mike Sexton, Joyce Smyth, Bethany Smith Staelens, Brigitte Sondag, Meilyn Soto Chapman, Christine Strand, Jacqui Thomas, Clare Turner, Isabel Vicente, Don Was, Lisa Watkins, Serafina Watts, Shirley Watts, Scooter Weintraub, Pam Wertheimer, Alan Williams, Peter Wolf, Jamie Wood, Jo Wood und Donna Worling.

The Rolling Stones möchten all denen ein besonderes Dankeschön sagen, die in all den Jahren mit ihnen gearbeitet haben, insbesondere den Jungs im Hintergrund, die sie unermüdlich unterstützt haben: Chuch Magee (in memoriam), Pierre de Beauport, Mike Cormier, Dave Rouze, Russell Schlagbaum, Johnny Starbuck und Peter Wiltz.

WHO'S WHO

Mick Avory
Spielte Schlagzeug bei den ganz frühen Stones, vor allem bei ihrem ersten Auftritt im Marquee Club im Juli 1962, bevor Charlie Watts zu ihnen stieß; Avory wurde später mit den Kinks berühmt.

Jeff Beck
Früherer Gitarrist der Yardbirds. Hatte 1968 eine eigene Gruppe mit Ronnie Wood am Bass und Rod Stewart als Sänger. Wood und Stewart brachten später die Faces wieder zusammen. Beck war kurze Zeit als Ersatz für Mick Taylor im Gespräch und ist bis heute ein hoch angesehener Solist, der vor allem vom Jazz beeinflusste Instrumentalmusik spielt.

Geoff Bradford
Bluesgitarrist. Spielte 1958 mit Alexis Korner und Cyril Davies. Arbeitete in der Frühzeit mit Keith, Mick und Brian, trennte sich jedoch schon bald von ihnen wegen seiner vergleichsweise puristischen musikalischen Ansichten und begann eine eigene bescheidene Karriere.

Tony Chapman
Schlagzeuger bei den Cliftons, der Gruppe, bei der Bill Wyman spielte, bevor er sich den Stones anschloss. Man konnte die Cliftons auch als Rhythmusgruppe engagieren. Chapman nahm Bill mit zu seinem Vorspiel bei den Stones und spielte selbst eine Zeit lang bei der Band.

Ken Colyer
Britischer Jazzpionier, der mit Musikern wie Chris Barber arbeitete und auch eine Weile Skiffle spielte. Hatte einen Club in Soho, Studio 51, in dem die Stones zu Beginn ihrer Karriere häufig spielten.

Don Covay
Legendärer US-Sänger und Mitglied des Soul Clan (mit Solomon Burke, Ben E. King usw.), dessen Song »Mercy Mercy« von 1964 die Stones in ihrer Frühzeit coverten. Sang Background-Vocals für »Dirty Work«.

Empfohlene CD: Ooh! My Soul. Official 5565. Sie ist die einzige lieferbare CD und umfasst 26 Aufnahmen aus den späten 50er- und frühen 60er-Jahren, darunter die Originalaufnahme von »Mercy Mercy«.

Cyril Davies
Der Mundharmonikaspieler hatte prägenden Einfluss auf den britischen R&B. Arbeitete zunächst mit Alexis Korner und spielte Chicago Blues mit seinen All Stars. Starb 1964 als kaum 30-Jähriger an Leukämie.

Charlie Drayton
Schlagzeuger und Bassist, der intensiv mit Keith arbeitete und in der Rhythmusgruppe häufig mit Steve Jordan die Rollen tauschte. Spielt Percussion auf *Dirty Work*.

The Dust Brothers
Pseudonym für John King und Mick Simpson, bekannte Produzenten aus den 90er-Jahren, die unter anderem Alben von Tone Loc, Young MC und Beck produzierten. Sie wirkten an drei Titeln von *Bridges To Babylon* als Koproduzenten mit.

Eric Easton
Agent und Musikmanager der alten Schule. Er betreute zusammen mit Andrew Oldham die Stones, bis er 1965 gefeuert wurde, als Allen Klein an Bord kam.

Jules Fisher
Angesehener Beleuchtungsspezialist vom Broadway. Seine Arbeit mit den Stones setzte neue Maßstäbe und brachte ihm Aufträge von Kiss, David Bowie und anderen ein.

Giorgio Gomelsky
Filmemacher französisch-russischer Abstammung. Wirkte Anfang 1963 als inoffizieller Manager der Stones, bis er von Andrew Oldham abgelöst wurde. Plante später die Karriere der Yardbirds.

Nicky Hopkins
Hervorragender Keyboarder und Mitglied von Cyril Davies' All Stars. Spielt auf vielen klassischen Alben der Stones ab *Between The Buttons* und trat zwischen 1968 und 1973 auch live mit ihnen auf. War in späteren Jahren durch Gesundheitsprobleme beeinträchtigt und starb 1994.

Brian Jones
Gründungsmitglied der Rolling Stones. Leidenschaftlicher Blues- und R&B-Fan, exzellenter Slide-Gitarrist und begabter Multi-Instrumentalist. Verließ die Stones im Juni 1969 und starb einen Monat später unter bis heute nicht ganz geklärten Umständen.

Darryl Jones
Früherer Bassist von Miles Davis. Kehrte als Begleitmusiker von Sting in die Rockmusik zurück. Nach seinem Debüt auf *Voodoo Lounge* machte er eine Welttournee mit den Stones. Er ist bis heute der bevorzugte Bassist der Stones in der Ära nach Bill Wyman.

Steve Jordan
Koproduzent, Koautor und musikalischer Vertrauter von Keith (die beiden arbeiteten auf Aretha Franklins Video für »Jumpin' Jack Flash« erstmals zusammen). Spielte Schlagzeug und manchmal auch Bass bei den X-Pensive Winos. War zuvor bei den Blues Brothers und bei der Band von David Lettermans Fernseh-Show.

Chris Kimsey
Früherer Mitarbeiter des Olympic Studios. Tontechniker bei *Sticky Fingers*, für *Undercover* zum Koproduzenten befördert. Wichtigster Soundspezialist der Glimmer Twins nach der Trennung von Jimmy Miller.

Alexis Korner
Der Pate des britischen Blues. Bei seiner 1961 gegründeten Band Blues Incorporated saß unter anderem Charlie Watts am Schlagzeug, und sie machte Leute wie Jack Bruce, Ginger Baker und Long John Baldry in der Szene bekannt. Korner hatte in den frühen 70er-Jahren ungeahnte Erfolge mit der Popgruppe CCS (Creative Consciousness Society). Er starb 1984.

Empfohlene CD: Sky High. Indigo 2012. Leider gibt es keine Aufnahmen von Korner aus den frühen 60er Jahren.

Steve Lillywhite
Produzierte U2 und Simple Minds. 1986 bei *Dirty Work* Chris Kimseys Nachfolger als Koproduzent der Stones. Wurde bei einem der folgenden Alben wieder durch seinen Vorgänger ersetzt. Lillywhites Frau Kirsty MacColl sang Backing Vocals für die Stones.

Jimmy Miller
Produzent und Schlagzeuger, dessen Arbeit mit Traffic die Stones so beeindruckte, dass sie ihn von 1968 bis 1973 als Produzenten für ihre Alben engagierten. Er starb 1994.

Chip Monck
Beleuchtungs- und Bühnenguru, berühmt für seine Ansagen in Woodstock, arbeitete mit den Stones auf ihren Tourneen im Jahr 1969 und in den frühen 70er-Jahren zusammen.

Ivan Neville
Der Multi-Instrumentalist und Sohn des Neville Brothers Aaron hat schon mit Don Henley und Robbie Robertson gearbeitet. Er war an *Dirty Work* und *Voodoo Lounge* beteiligt und gehörte zu Keiths X-Pensive Winos.

Andrew Oldham
Der ehrgeizige Teenager luchste Giorgio Gomelsky im April 1963 das Management der Stones ab und prägte die Karriere der Band in- und außerhalb des Studios, bis sich Ende 1967 die Wege trennten.

Jimmy Page
Der frühere Studiogitarrist des Labels Immediate ging 1966 zu den Yardbirds, einer mit den Stones konkurrierenden R&B-Gruppe, und entwickelte deren Ideen später mit der Hardrock-Supergruppe Led Zeppelin weiter. Ist auf einem Titel von *Dirty Work* zu hören.

Gram Parsons
Amerikanischer Musiker mit dem Taufnamen Cecil Ingram Connors. Verließ die Byrds und gründete die einflussreiche Countryrock-Gruppe Flying Burrito Brothers, die als Erste »Wild Horses« aufnahm. War in den Jahren 1970/71 viel mit den Stones und insbesondere mit Keith zusammen. Starb 1973 vermutlich an Drogenmissbrauch.

Empfohlene CD: Anthology: Sacred Hearts und Fallen Angels. Rhino R2 76780. Die Doppel-CD dokumentiert Grams Karriere. Außer Material seiner beiden Solo-Alben enthält sie auch Titel von der International Submarine Band, den Byrds und den Flying Burrito Brothers.

Harold Pendleton
Manager des Marquee Club in London. Gründete das jährlich stattfindende Jazz and Blues Festival in Richmond (später in Windsor und Reading).

Wayne Perkins
Gitarrist bei der texanischen Softrock-Band Smith, Perkins and Smith. Ist auf mehreren Titeln von *Black And Blue* zu hören und war als Nachfolger von Mick Taylor im Gespräch. Spielte seither mit Levon Helm, Glenn Frey und anderen.

Billy Preston
Amerikanischer Keyboarder und Sänger. Spielte nach einer kurzen Karriere als »Fünfter Beatle« in den 70er-Jahren eine ähnliche Rolle bei den Stones. Arbeitete sowohl auf den Alben (von *Sticky Fingers* bis *Tattoo You*) als auch auf der Bühne mit den Stones zusammen.

Jimmy Reed
Ungemein einflussreicher Sänger, Mundharmonikaspieler und Gitarrist. Zog den Mississippi hinauf nach Chicago, wo er ab den frühen 50er-Jahren eine Serie von Blues- und R&B-Standards aufnahm, darunter »Big Boss Man« und »Honest I Do«. Reeds Musik ist die Quintessenz des rhythmischen Blues. Sein Stil auf der Mundharmonika, sein Gitarrensound und sein Schlagzeuger Earl Phillips beeinflussten die Stones.

Empfohlene CD: Classic Recordings. Rhino 71660. Drei-CD-Box mit Reeds besten Aufnahmen für Vee-Jay.

Ian Stewart
Wurde auf Andrew Oldhams Betreiben vom offiziellen Line-up der Band ausgeschlossen, weil er nicht gut genug aussah. Er blieb der Gruppe als Freund, Roadmanager und Pianist auf der Bühne und manchmal auch im Studio erhalten, bis er 1985 völlig überraschend starb.

Sugar Blue
In New York geborener Mundharmonikaspieler mit dem bürgerlichen Namen James Whiting. Spielte auf *Some Girls* (vor allem in »Miss You«) und auf *Emotional Rescue*. Jammte in den 80er-Jahren gelegentlich bei Konzerten mit den Stones.

Hubert Sumlin
Legendärer Gitarrist von Howlin' Wolf. Spielt auf vielen Platten, die Wolf für Chess Records aufnahm, eine wichtige Rolle.

Empfohlene CD: My Guitar & Me. Evidence 26045. Das beste von Sumlins vielen Soloalben mit hervorragenden Begleitmusikern wie Lonnie Brooks, Willie Mabon, Dave Myers und Fred Below.

Dick Taylor
Keiths ursprünglicher Gitarrenpartner und Kommilitone an der Sidcup-Kunsthochschule. Verließ 1962 die frühen Stones, um sein Studium fortzusetzen. Gründete später die Pretty Things.

Mick Taylor
Ehemaliger Gitarrist der Gods und der Bluesbreakers. Wurde 1969 Brian Jones' Nachfolger bei den Rolling Stones. Verließ die Band fünf Jahre später und arbeitete mit Jack Bruce zusammen. Doch die von vielen erwartete große Solokarriere blieb aus. Macht noch immer CDs und Tourneen mit seiner eigenen Band.

Waddy Wachtel
Studiogitarrist aus den USA, der für seine Arbeit mit Musikern wie James Taylor und Jackson Browne bekannt ist. Wirkte an einem Soloalbum von Ronnie Wood mit und gehörte später zu Keiths X-Pensive Winos. Ist auch auf *Bridges To Babylon* zu hören.

Little Walter
Marion Jacobs alias Little Walter war einer der ersten Bluesmusiker, die die Mundharmonika verstärkten. Er gehörte zu den Giganten des Chicago Blues und spielte zunächst bei Muddy Waters, bevor er 1952 eine Solokarriere begann. Seine bahnbrechenden bläserartigen Läufe auf der Mundharmonika sind noch immer der dominante Stil des Blues-Harp-Spiels.

Empfohlene CD: His Best. Chess CHD 9384. 20 Klassiker, die er in den 50er- und frühen 60er-Jahren für Chess Records aufnahm.

Muddy Waters
Vielleicht der wichtigste Vertreter des Chicago Blues der Nachkriegszeit. Sein Song »Rollin' Stone« inspirierte Brian Jones zum Namen seiner neuen Gruppe.

Empfohlene CD: The Chess Box. Chess CHD3 80002. 3-CD-Box mit einem umfassenden Überblick über Muddys Aufnahmen von 1947 bis in die frühen 70er-Jahre.

Howlin' Wolf
Einer der dynamischsten Bluesmusiker, die je Platten machten, und ein wichtiges Vorbild der Stones. Wolf nahm die Originalversion von »Little Red Rooster« auf und wurde von den Stones 1965 eingeladen, mit ihnen bei der US-Fernsehshow *Shindig!* aufzutreten.

Empfohlene CD: The Chess Box. Chess CHD3 9332. Die 3 CDs bieten einen Überblick über Howlin' Wolfs Karriere von der ersten Aufnahmesession im Jahr 1951 bis zu seiner letzten Aufnahme für Chess im Jahr 1973.

CHRONIK

1936

24. Oktober: Bill Wyman wird als William Perks in Penge, London geboren.

1941

2. Juni: Charlie Watts wird in Neasden, London geboren.

1942

28. Februar: Brian Jones wird in Cheltenham, Gloucestershire geboren.

1943

26. Juli: Mick Jagger wird in Dartford, Kent geboren.

18. Dezember: Keith Richards wird in Dartford, Kent geboren.

1947

1. Juni: Ron Wood wird in Hillingdon, Middlesex geboren.

1960

Oktober: Keith Richards und Mick Jagger treffen sich im Zug von Dartford nach London. Mick ist Student an der London School of Economics und hat vier oder fünf R&B-Alben unter dem Arm. Eine Freundschaft lebt wieder auf.

1962

17. März: Alexis Korners Band Blues Incorporated hat ihren ersten Gig mit Charlie Watts am Schlagzeug.

7. April: Mick, Keith und der Bassist Dick Taylor gehen zu einem Konzert von Blues Incorporated und sind fasziniert von Brian Jones (alias Elmo Lewis), dem Gitarristen der Band.

12. Juli: Blues Incorporated spielt bei einer Radiosendung und die Stones vertreten die Band im Marquee. Ihr Line-up besteht aus Mick, Keith, Brian, Dick Taylor, Ian Stewart und Mick Avory, dem späteren Schlagzeuger der Kinks.

7. Dezember: Bill Wyman hat ein Vorspiel bei den Stones und bestreitet acht Tage später in der Putney Church Hall seinen ersten Gig mit der Band.

1963

Januar: Charlie Watts stößt auf Empfehlung von Alexis Korner zu den Stones. Er tritt im Flamingo Jazz Club an der 14. Straße in Soho zum ersten Mal mit den Stones auf.

24. Februar: Erstes Konzert der Stones im Rahmen ihres festen Engagements für den Sonntagabend im Station Hotel in Richmond.

28. April: Der 19-jährige Andrew Oldham, der zuvor als PR-Mann für Brian Epstein gearbeitet hat, knüpft Kontakt zu der Band und verdrängt innerhalb einer Woche Giorgio Gomelsky als Manager.

9. Mai: Decca Records nimmt die Stones unter Vertrag und schickt sie schon am folgenden Tag mit Oldham ins Olympic Studio. Die erste Single »Come On« von Chuck Berry erscheint am 7. Juni.

7. Juli: Die Stones haben ihren ersten Fernsehauftritt in der Sendung *Thank Your Lucky Stars*, wo sie ihre Single vorstellen. Ihr erster Auftritt bei *Ready Steady Go!* folgt am 28. August.

10. September: Die Band beendet die Aufnahmen von »I Wanna Be Your Man«, einer zuvor nicht veröffentlichten Lennon/McCartney-Komposition, mit der sie erstmals in die britischen Top Twenty kommen.

29. September: Beginn der ersten Tournee in Großbritannien. Die Band gibt insgesamt 30 Konzerte und tourt zunächst mit den Everly Brothers und Bo Diddley, später mit Little Richard. Im Oktober begleiten Brian, Bill und Charlie Bo Diddley bei einer Radiosendung.

1964

2. Januar: Die Stones haben ihren Auftritt in der allerersten Ausgabe der BBC-Fernsehsendung *Top Of The Pops*, die aus Manchester ausgestrahlt wird. Es folgen zwei Tourneen durch Großbritannien in den beiden folgenden Monaten.

2. Mai: Das erste Album der Rolling Stones erreicht in Großbritannien schon acht Tage nach seinem Erscheinen den 1. Platz. Ein Gig in Rochdale wird abgebrochen, weil das Publikum randaliert.

1. Juni: Die Band bricht zu ihrer ersten US-Tournee auf, die am 5. Juni in San Bernardino beginnt. Bei Aufnahmen im legendären Chess Studio in Chicago begegnen die Stones Chuck Berry, Muddy Waters und Willie Dixon. Das bei Chess eingespielte »It's All Over Now« erreicht später als ihre erste Single den 1. Platz in den Single-Charts.

19. September: Der Song »As Tears Go By«, den Mick Jagger für seine Freundin Marianne Faithfull geschrieben hat, kommt in die Top Ten, als die Stones eine weitere Tournee in Großbritannien machen.

25. Oktober: Zwei Monate, nachdem die Stones mit *England's Newest Hit Makers*, der US-Version ihrer ersten LP, den 11. Platz in den US-Charts erreicht haben, randaliert das Fernsehpublikum bei ihrem Auftritt in der *Ed Sullivan Show*. »Wir werden nie mehr eine Rock 'n' Roll-Band verpflichten«, schwört Sullivan.

28./29. Oktober: Die Stones werden im Rahmen der Teen Age Music International (TAMI) in Santa Monica gefilmt.

3. Dezember: »Little Red Rooster« (ein Song des bei Chess unter Vertrag stehenden Bluesmusikers Willie Dixon) steht in der Version der Stones sofort nach seiner Veröffentlichung auf Platz 1 der britischen Charts, da die Platte schon im Vorverkauf 300 000-mal verkauft wurde.

1965

21. Januar: Eine erste Tournee in Australien und dem Fernen Osten beginnt mit einem Krawall von 3000 Fans am Flughafen von Sydney. Roy Orbison, Rolf Harris und Dionne Warwick schauen zu.

6. Februar: *The Rolling Stones No. 2* erreicht den 1. Platz in den britischen LP-Charts.

18. März: »The Last Time« verdrängt einen Hit von Tom Jones und belegt für drei Wochen den 1. Platz in den britischen Single-Charts. Am selben Tag werden drei Stones dabei erwischt, wie sie die Wand einer Londoner Tankstelle als Pissoir missbrauchen. Sie müssen 5 Pfund Strafe bezahlen.

23. April: Die dritte Nordamerika-Tournee der Stones beginnt in Montreal, als das Album *The Rolling Stones Now!* den 5. Platz in den US-amerikanischen LP-Charts erreicht. Die Band wird hinter verschlossenen Türen für die *Ed Sullivan Show* gefilmt.

1. August: Die Stones geben mit den Walker Brothers, den Moody Blues und weiteren Vorgruppen ihr Debüt im Londoner Palladium.

August: Ihr erstes Stereoalbum, *Out of Our Heads*, wird an die Spitze der US-Charts katapultiert. Allen Klein wird ihr Komanager.

4. September: Die Stones fliegen im selben Monat von Irland nach Los Angeles, in dem »(I Can't Get No) Satisfaction«, das in den USA bereits Nummer 1 ist, auch in Großbritannien die Spitze der Charts erklimmt. Beginn der sechsten UK-Tournee.

Oktober: Das in den USA aufgenommene Album *Out of Our Heads* schafft es nicht, den Soundtrack des Films *The Sound Of Music* (dt. Titel: Meine Lieder, meine Träume) vom 1. Platz der britischen Charts zu verdrängen. Doch der in L.A. aufgenommene Song »Get Off Of My Cloud« erreicht im November den 1. Platz der Single-Charts.

1966

19. Februar: Mit »19th Nervous Breakdown« endet eine Serie von fünf ersten Plätzen in den britischen Single-Charts: Der Song bleibt hinter Nancy Sinatra stecken.

April: *Aftermath*, das erste Album, auf dem alle Titel von Jagger und Richards stammen, belegt in Großbritannien acht Wochen lang den 1. Platz in den LP-Charts. Die Single »Paint It Black« schafft es ebenfalls an die Spitze.

Juli: Während die Stones mit den Standells und den McCoys eine US-Tournee machen, werden zwei Cover-Versionen von Jagger/Richards-Songs in Großbritannien Hits: »Sittin' On A Fence«, gespielt von der Gruppe Twice As Much und »Out Of Time«, mit dem Chris Farlowe den 1. Platz in den Single-Charts erreicht.

Oktober: Die Stones nehmen Werbefotos für »Have You Seen Your Mother, Baby?« auf. Sie sind als Frauen verkleidet, Bill Wyman sitzt im Rollstuhl. Die Single erreicht in Großbritannien den 5. Platz.

1967

15. Januar: »Let's Spend The Night Together« wird vom amerikanischen Fernsehen zensiert: Mick Jagger muss »Let's Spend Some Time Together« singen.

5. Februar: Während *Between the Buttons* in Großbritannien den 3. und in den USA den 2. Platz der LP-Charts erklimmt, verklagen die Stones die Zeitung *News Of The World*, weil sie ihnen Drogenmissbrauch vorgeworfen hat.

12. Februar: In Redlands, Keiths Landhaus in Sussex, findet eine Drogenrazzia statt; Keith und Mick werden wegen Drogenvergehen angeklagt.

Juni: Brian besucht das Festival in Monterey.

29. Juni: Mick und Keith sitzen je eine Nacht im Gefängnis, bevor sie auf Kaution freigelassen werden. Am Ende bekommt Mick eine Bewährungsstrafe und Keith wird freigesprochen.

29. September: Die Stones und Andrew Oldham trennen sich.

30. Oktober: Brian wird wegen Drogenvergehen zu einer neunmonatigen Gefängnisstrafe verurteilt, doch das Urteil wird im Dezember aufgehoben.

1968

Januar: *Their Satanic Majesties Request*, das selbst produzierte psychedelische Album der Stones, kommt in Großbritannien auf Platz 3 und in den USA auf Platz 2.

Juni: Mit »Jumpin' Jack Flash« erreicht nach fast zwei Jahren wieder ein Song der Stones den 1. Platz in den britischen Single-Charts.

September: »Street Fighting Man« wird im US-amerikanischen Radio verboten und kommt deshalb nur auf den 48. Platz.

5. Dezember: *Beggars Banquet* erscheint in einer weißen Hülle, statt mit der geplanten »Klowand« auf dem Cover. Es erreicht in den britischen LP-Charts den 3. Platz.

11./12. Dezember: *The Rock & Roll Circus* mit John Lennon und Yoko Ono, Eric Clapton, Jethro Tull, Marianne Faithfull und The Who wird als Sondersendung für das Fernsehen aufgenommen, aber nicht gesendet, weil die Stones mit dem Film nicht zufrieden sind.

1969

8. Juni: Die Zeitung *Daily Sketch* bringt die Schlagzeile: »Brian Jones Quits the Stones as Group Clash Over Songs« (Brian Jones verlässt die Stones nach Streit über Songs). Vier Tage später wird Mick Taylor Mitglied der Stones.

3. Juli: Brian wird tot im Swimmingpool seines Hauses gefunden. Bill, Keith und Charlie nehmen am 10. Juli an der Beerdigung in Brians Heimatstadt Cheltenham teil.

5. Juli: Die Stones spielen im Hyde Park und bringen den Nummer-1-Hit »Honky Tonk Women« heraus. Ihr Auftritt ist Brian gewidmet.

6. Dezember: Das letzte Konzert der sechsten US-Tournee der Stones auf dem Altamont Speedway in Nordkalifornien wird zu einer der großen Katastrophen der Rockgeschichte; der 18-jährige Zuschauer Meredith Hunter wird von Hell's Angels erstochen.

20. Dezember: *Let It Bleed* kommt in Großbritannien auf den 1. Platz.

1970

29. Juli: Die Stones erklären, dass Allen Klein nicht die Vollmacht hat, in ihrem Namen Plattenverträge zu schließen. Zwei Tage später erfüllen sie ihre Verpflichtungen gegenüber Decca mit den Song »Cocksucker Blues«. (Decca bringt im September das Live-Album *Get Yer Ya-Ya's Out!* heraus.)

1. August: Der Film *Performance* mit Mick Jagger, James Fox, Anita Pallenberg und Michele Breton in den Hauptrollen hat Premiere.

5. Oktober: Die Stones engagieren Prinz Rupert Loewenstein als Koordinator für ihre geschäftlichen Angelegenheiten.

1971

6. April: Die Band ist ins Steuerexil gegangen und gibt die Gründung von Rolling Stones Records bekannt. Marshall Chess und die Stones selbst übernehmen die Leitung der Plattenfirma.

Mai: Die von Jimmy Miller produzierte LP *Sticky Fingers* kommt auf beiden Seiten des Atlantiks auf den 1. Platz. »Brown Sugar« wird nach zwei Jahren der erste Hit der Stones in Großbritannien und erreicht den 2. Platz (Platz 1 in den USA).

12. Mai: Mick heiratet Bianca Perez Moreno de Macias in St. Tropez. Außer den Stones sind auch Ronnie und Krissy Wood, Ringo Starr, Paul McCartney, Eric Clapton, Ronnie Lane und Stephen Stills unter den Hochzeitsgästen. Am 21. Oktober kommt Jade Jagger auf die Welt.

1972

26. Mai: Auf die Veröffentlichung von *Exile On Main Street*, der ersten und einzigen im Studio entstandenen Doppel-LP der Stones, folgt eine zweimonatige Nordamerika-Tournee.

Dezember: Die französische Polizei stellt Haftbefehle für Keith und Anita aus. Mick und Bianca fliegen in das von einem Erdbeben verwüstete Nicaragua, um zu helfen. 1973 findet im Los Angeles Forum ein Konzert für Nicaragua statt.

1973

31. Juli: Redlands wird durch einen Brand schwer beschädigt, aber Keith, Anita und die Kinder entkommen unverletzt. Keith lässt das Haus später nach den Originalplänen wieder aufbauen.

September: Die Stones touren durch Großbritannien und Deutschland, während *Goats Head Soup*, das letzte von Jimmy Miller produzierte Album der Band, mit dem zusätzlichen Schub der Hitsingle »Angie« sowohl in Großbritannien als auch in den USA auf den 1. Platz der Charts klettert.

1974

Mai: Bill Wymans erste Solo-LP *Monkey Grip* erscheint; Gastmusiker sind Dr. John, Lowell George und andere.

Oktober: Das Album *It's Only Rock 'n' Roll*, für dessen Produktion die Glimmer Twins (Mick und Keith) verantwortlich zeichnen, wird durch eine Graffiti-Kampagne in London angekündigt. Es kommt in den USA auf den 1. Platz; das Video für den als Single ausgekoppelten Titel-Track ist heute noch interessant.

12. Dezember: Mick Taylor verlässt nach fünfeinhalb Jahren die Band. »Ich respektiere die anderen vier Mitglieder«, sagt er, »aber für mich ist es an der Zeit weiterzuziehen und etwas Neues anzufangen.«

1975

14. April: Ron Wood wird für die Sommer-Tournee das fünfte Mitglied der Stones, doch die Auflösung der Faces ist noch nicht sicher. (Sie wird erst im Dezember offiziell verkündet.)

1. Mai: Die Stones fahren bei ihrer eigenen Pressekonferenz mit einem Tieflader vor und spielen »Brown Sugar« als Werbung für ihre Tournee.

1. Juni: Die US-Tournee wird in Louisiana auf einer eigens entworfenen, blütenförmigen Bühne eröffnet. Später droht die

Sittenpolizei von Memphis die Band zu verhaften, falls sie »Star Star« (alias Starfucker) aufführt, muss letztendlich jedoch nachgeben.

1976

April: Während das Album *Black And Blue* in Großbritannien auf den 2. Platz der Charts zustrebt (und in den USA auf den 1.), verkündet der Konzertveranstalter Harvey Goldsmith, dass für die in London geplanten Konzerte bereits eine Million Karten nachgefragt sind – genug, um den Earl's Court 67-mal zu füllen.

Juni: Tara, der Sohn von Keith und Anita, stirbt im Alter von nur zehn Wochen in dem Genfer Krankenhaus, in dem er zur Welt gekommen ist.

21. August: Die Stones spielen auf einem großen Rockfestival bei Knebworth House in Hertfordshire vor 200 000 Fans.

1977

12. Januar: Keith wird wegen Kokainbesitz verurteilt; der Stoff wurde gefunden, als er ein Jahr zuvor auf der M1 einen Unfall mit seinem Bentley hatte.

24. Februar: Keith und Anita werden auf dem Flughafen von Toronto durchsucht und später verhaftet, als die Stones in Kanada einreisen, um ein Live-Album fertig zu stellen.

4./5. März: Die Band spielt im El Mocambo Club von Toronto vor einem 300-köpfigen exklusiven Publikum, zu dem auch Margaret Trudeau, die Frau des kanadischen Premierministers gehört. (Mick bestreitet in einer Presseerklärung, je eine Affäre mit Frau Trudeau gehabt zu haben.) Das Doppelalbum *Love You Live* erscheint im September.

April: Rolling Stones Records überträgt den Vertrieb seiner Platten außerhalb der USA von Warner an EMI und verlängert für den US-Vertrieb den Vertrag mit Atlantic Records.

1978

10. Juni: Das Album *Some Girls* und die discomäßige Single »Miss You« sind auf dem Weg an die Spitze der US-Charts, als die neunte Amerika-Tournee der Stones beginnt. Das Cover der LP (das unter anderem Raquel Welch und Lucille Ball zeigt) und der Text des ironischen Titelsongs lösen einen Sturm der Entrüstung aus.

9. Juli: In Chicago jammt die Band (ohne Bill) im Quiet Knight Club mit Muddy Waters. Bill bricht sich in jener Nacht bei einem Sturz einen Knöchel, spielt aber neun Gigs mit verbundener linker Hand.

Oktober: Keith wird in Toronto zu einem Jahr Gefängnis auf Bewährung verurteilt. Mick nimmt mit dem (bei Rolling Stones Records unter Vertrag stehenden) Reggaestar Peter Tosh eine Cover-Version von Smokey Robinsons »(You Gotta Walk) Don't Look Back« auf.

1979

Februar: Keith bringt seine erste Solo-Single mit Cover-Versionen von Chuck Berrys »Run Rudolph Run« und Jimmy Cliffs »The Harder They Come« heraus.

April: Keith spielt bei einem Benefizkonzert für die Blinden (eine der Auflagen bei seiner Verurteilung wegen Drogenbesitzes) mit den New Barbarians (mit Ron Wood, Ian McLagan, Stanley Clarke und Bobby Keyes). Auch die Stones treten auf. Die New Barbarians finden sich im August noch einmal zusammen und spielen in Knebworth.

2. November: Mick und Bianca lassen sich scheiden.

1980

April: *Emotional Rescue* kommt heraus und belegt in Großbritannien und den USA eine beziehungsweise sieben Wochen lang den 1. Platz. Bis auf Keith nehmen alle Mitglieder der Stones an einer Party in der Duke-of-York-Kaserne teil, mit der das Erscheinen des Albums gefeiert wird.

Juli: Keith und Anita Pallenberg trennen sich.

1981

Februar: Mick verzichtet auf seine Mitwirkung bei dem Film *Fitzcarraldo*, als Jason Robards, der andere Star des Films, am Drehort im Amazonasgebiet erkrankt und sich die Dreharbeiten verschieben.

August: Bill Wyman feiert seine erste Solo-Hitsingle »(Si Si) Je Suis Un Rock Star«. Sie bleibt auf dem undankbaren 11. Platz der britischen Charts hängen, hat aber in anderen europäischen Ländern mehr Erfolg.

September: *Tattoo You* besteht größtenteils aus dem Material früherer Aufnahmesessions, wird aber als neues Album beworben und kommt trotzdem auf Platz 1 in den USA und Platz 2 in Großbritannien. Auch die Single-Auskopplung »Start Me Up« kommt auf beiden Seiten des Atlantiks unter die Top Ten. Unterdessen geben die Stones auf ihrer zehnten US-Tournee 50 Konzerte für insgesamt zwei Millionen Fans: Mick Taylor jammt bei dem Auftritt in Kansas City mit der Band.

1982

26. Mai: Wenige Tage vor dem Verkaufsstart von *Still Life* beginnen die Stones in Aberdeen eine Europa-Tournee. *Still Life* war bei der US-Tournee im Jahr zuvor aufgenommen worden.

1. September: Redlands wird erneut von einem Brand zerstört.

1983

November: *Undercover* wird als erstes Album der Stones von CBS vertrieben, das nach EMI übernommen hat. Das Video zum Titelsong der LP wird von dem früheren Mitarbeiter der Sex Pistols, Julian Temple, gedreht und ist wegen seiner Gewaltszenen sehr umstritten.

18. Dezember: Keith heiratet an seinem 40. Geburtstag heimlich Patti Hansen; Mick ist bei der Trauung anwesend.

1984

2. März: Elizabeth Scarlett, das erste von vier Kindern von Mick und Jerry Hall, wird geboren.

14. Juni: Der Madison Square Garden nimmt die Stones in seine Hall of Fame auf und verleiht ihnen ihre erste Platin-Eintrittskarte für die US-Tournee von 1981. Mick wirkt zusammen mit Michael Jackson als Gastsänger auf der Single »State of Shock« der Jacksons mit.

1985

März: Micks erstes Soloalbum *She's The Boss* mit prominenten Gastmusikern wie Pete Townshend und Jeff Beck erscheint. Bill, Charlie und Ron drehen in der Stadthalle von Fulham unter dem Bandnamen Willie And The Poor Boys ein Benefizvideo für die Bekämpfung der Multiplen Sklerose.

13. Juli: Mick tritt beim Live Aid Festival in Philadelphia zum ersten Mal solo auf. Er singt »State of Shock« im Duett mit Tina Turner und (auf dem Video) »Dancing in the Street« mit David Bowie. Dieser Song erreicht im August den 1. Platz in den britischen Single-Charts und den 7. in den USA.

18. November: Charlie Watts gibt im Ronnie Scott's in London sein Debüt mit seiner 29-köpfigen Bigband. Die Band ist für eine Woche verpflichtet, und Mick, Keith und Stu besuchen das erste Konzert, während Bill bei einem der späteren erscheint.

12. Dezember: Ian »Stu« Stewart stirbt beim Besuch eines Krankenhauses im Westen Londons an einem Herzinfarkt. Er ist erst 47 Jahre alt. Alle Stones und viele andere berühmte Rockmusiker nehmen an seiner Beerdigung am 20. Dezember teil.

1986

23. Januar: Keith leitet die Aufnahme von Chuck Berry in die Rock and Roll Hall of Fame und sagt: »Ich habe alle Licks geklaut, die er je gespielt hat.«

25. Februar: Eric Clapton überreicht den Stones einen Grammy für ihre Lebensleistung, zwei Tage nachdem sie unter seiner Mitwirkung im 100 Club in London ein Gedenkkonzert für Stu gegeben haben.

März: Die Single »Harlem Shuffle« erscheint ein paar Tage vor dem neuen Album *Dirty Work*. Das von Steve Lillywhite produzierte Album erreicht in den USA den 4. Platz.

Juli: Bill und Ron Wood spielen mit Rod Stewart bei einer Wiederauflage der Faces im Wembley-Stadion.

August: Die britische Boulevardpresse bringt Bill Wymans Affäre mit der Minderjährigen Mandy Smith an die Öffentlichkeit.

Dezember: Vom Charlie Watts Orchestra erscheint das Album *Live at Fulham Town Hall*, während die Bigband eine kleine Tournee in Nordamerika macht.

1987

26. September: *Primitive Cool*, das zweite Soloalbum von Mick Jagger, kommt heraus. Es wurde mit Dave Stewart von den Eurythmics koproduziert. Das Album erreicht in den britischen Charts nur den 22. Platz. Eine geplante Tournee fällt aus, weil der als Gitarrist vorgesehene Jeff Beck seine Teilnahme absagt. Nur die in Japan geplanten Konzerte finden im März 1988 statt.

November: Ron und Bo Diddley machen in den USA die »Gunslingers Tour«. Bei den Auftritten in Dallas und Memphis wird Bo Diddley durch Charlie Sexton ersetzt.

1988

20. Januar: Mick leitet die Aufnahme der Beatles in die Rock and Roll Hall of Fame und singt gemeinsam mit George Harrison und Bruce Springsteen »I Saw Her Standing There«.

18. Mai: Erstes Treffen der Band nach zwei Jahren Pause im Londoner Savoy Hotel. Persönliche Konflikte werden beigelegt und ein neues Album und eine Tournee für das Jahr 1989 ins Auge gefasst.

Oktober: Keiths Soloalbum *Talk Is Cheap* erscheint. Ab Ende November wirbt er für das Album mit einer Tournee seiner Band X-Pensive Winos, zu der unter anderem der Gitarrist Waddy Wachtel und der Keyboarder Ivan Neville gehören.

1989

18. Januar: Die Stones werden in die Rock and Roll Hall of Fame aufgenommen, obwohl Charlie und Bill an der Feier nicht teilnehmen. Die drei verbleibenden Stones werden durch Mick Taylor verstärkt.

März: Die Band schließt einen Vertrag mit Michael Cohl von Concert Productions International, der ihnen für 50 Konzerte in Nordamerika eine Gage von 65 bis 70 Millionen Dollar garantiert.

Mai: Bill eröffnet sein Restaurant Sticky Fingers in dem Londoner Ortsteil Kensington und heiratet einen Monat später, am 2. Juni, die 19-jährige Mandy Smith.

31. August: In Philadelphia beginnt die Steel-Wheels-Tour; die beiden Eröffnungskonzerte werden von je 55 000 Fans besucht. Das Album *Steel Wheels* erreicht in Großbritannien den 2. und in den USA den 3. Platz.

1990

18. Mai: Der in Urban-Jungle-Tour umgetaufte europäische Teil der Tournee beginnt in Rotterdam.

Juli: In Großbritannien müssen drei Termine abgesagt werden, da Keith einen entzündeten Finger hat – die ersten Konzerte der Stones, die je wegen einer Verletzung abgesagt wurden.

12. November: Ron Wood bricht sich auf dem Rückweg von der Beerdigung seines Vaters bei einem Autounfall auf der M4 beide Beine. Zehn Tage später gibt Bill bekannt, dass seine Ehe gescheitert ist, während Mick und Jerry Hall auf Bali eine hinduistische Hochzeit feiern.

1991

April: Das bei der Tournee im Jahr zuvor aufgenommene Live-Album *Flashpoint* erscheint. Keith fliegt nach San Francisco und macht Aufnahmen mit John Lee Hooker. Charlie bringt ein Soloalbum mit dem Titel *From One Charlie* heraus, eine Hommage an Charlie Parker.

2. Mai: Bill und Ron nehmen den Ivor Novello Award für den herausragenden Beitrag der Stones zur britischen Musik in Empfang.

20. November: Die Stones schließen einen Vertrag über drei Alben mit Virgin Records und übertragen der Firma auch die Rechte an allen Stones-Titeln ab 1971. Bill Wyman unterzeichnet den Vertrag nicht.

1992

Januar: Mick besucht in New York die Premiere seines neuesten Films *Freejack*. Keith leitet die Aufnahme des Gitarren- und Verstärkerherstellers Leo Fender in die Rock and Roll Hall of Fame.

14. Februar: Der Konzert-Film der Rolling Stones, *Live at the Max*, hat auf einer 16 mal 20 Meter großen Leinwand Premiere.

Oktober: Ron wirbt mit einer US-Tournee für sein Soloalbum *Slide on This*. Keith bringt das Soloalbum *Main Offender* heraus und bereitet ebenfalls eine Tournee vor.

1993

6. Januar: Bill Wyman bestätigt in der Fernsehsendung *London Tonight*, dass er die Stones verlassen hat: »Ich fand, unsere beiden letzten Tourneen waren die besten, die wir je gemacht haben, also hielt ich es für einen glücklichen Zeitpunkt, aufzuhören.« Im April wird er mit Suzanne Acosta seine dritte Ehe schließen.

Februar: *Wandering Spirit*, das von Rick Rubin produzierte dritte Soloalbum von Mick Jagger, erscheint in den USA bei Atlantic und in Großbritannien bei East West Records.

2. Juni: Jagger und Richards werden in Anwesenheit von Keith in die Songwriters Hall of Fame in New York aufgenommen.

1994

1. August: Beginn der US-Tournee zur Promotion von *Voodoo Lounge* in Washington D.C. Das von Don Was koproduzierte Album mit Darryl Jones am Bass erreicht in Großbritannien den 1. und in den USA den 2. Platz.

September: Die Stones geben bekannt, dass sie eine Mastercard und Visa-Kreditkarten mit ihrem eigenen Logo herausbringen werden.

23. Oktober: Jimmy Miller stirbt, der Produzent klassischer Stones-Alben wie *Beggars Banquet* und *Sticky Fingers*.

18. November: Das Stones-Konzert in Dallas wird als erstes Konzert im Internet übertragen.

1995

Januar: Die Tournee in Mittel- und Südamerika beginnt mit ausverkauften Shows in Mexico City. Im März tritt die Band erstmals seit 1973 wieder in Australien auf.

25. Mai: Mick ersteigert eine Tonbandaufnahme der ersten Jagger/Richards-Aufnahmen.

August: Microsoft gibt bekannt, dass es den Song »Start Me Up« in der Werbung für sein Betriebssystem Windows 95 verwenden wird, und Volkswagen steigert seinen Umsatz durch Verbundwerbung mit der Stones-Tournee um 150 000 Autos.

November: Das Live-Album *Stripped* mit Aufnahmen vergleichsweise intimer Clubauftritte der Stones kommt heraus und erreicht sowohl in Großbritannien als auch in den Staaten den 9. Platz.

1996

März: In Bombay beginnt die letzte Etappe der Voodoo-Lounge-Tour.

12. Oktober: Die 1968 für das Fernsehen produzierte Show *Rock & Roll Circus* wird endlich ausgestrahlt und danach als Video veröffentlicht.

1997

Juni: Die Gruppe The Verve wird dazu verurteilt, Jagger und Richards als Autoren ihrer Single »Bitter Sweet Symphony« anzuerkennen, die in Großbritannien den 5. Platz belegt hatte. The Verve hatte für den Hit die Orchesterversion von »You Can't Always Get What You Want« gesampelt.

23. September: Die Bridges-To-Babylon-Tournee wird mit einem Konzert auf dem Soldier Field in Chicago eröffnet. Das von Don Was, den Dust Brothers und Danny Saber koproduzierte Album kommt in Großbritannien auf den 6. und in den USA auf den 3. Platz.

1998

8. April: Ron Wood wird von Paparazzi gerettet, als seine Jacht vor der brasilianischen Küste explodiert. Kurz zuvor sind die Stones mit Bob Dylan in Buenos Aires aufgetreten. Es folgen weitere Shows in Rio und São Paulo.

16. Mai: Keith verletzt sich mehrere Rippen, als er von einer Leiter in seiner Bibliothek fällt; mehrere Auftritte müssen verlegt werden.

Juni: Die Band verschiebt aus steuerlichen Gründen vier in Großbritannien geplante Konzerte auf Juni 1999. Sie hätte sonst angeblich zwölf Millionen Pfund Steuern zahlen müssen. Die vorläufig letzte Etappe der Tournee endet im September in Istanbul. Zwei Monate später kommt das Livealbum *No Security* heraus.

1999

Januar: Für die No-Security-Tour in den USA mit Bryan Adams, den Corrs, Jonny Lang, den Goo Goo Dolls und anderen im Vorprogramm werden zusätzliche Auftritte vereinbart.

Juni: Zu der neu terminierten Tournee in Großbritannien gehört auch ein Auftritt vor ausgewähltem Publikum in dem Londoner Theater Shepherd's Bush Empire. Die Stones spielen 55 Minuten länger als erlaubt und werden zu einer Geldstrafe von 25 000 Pfund verurteilt, die an Wohltätigkeitsorganisationen weitergeleitet wird.

Juli: Die 1990 geschlossene Ehe zwischen Mick und Jerry Hall wird nach 22 gemeinsamen Jahren annulliert.

2000

28. Mai: Andrew Oldham publiziert seine Autobiografie *Stoned.*

2001

29. März: Pläne für Tourneen in den USA und Großbritannien werden angeblich auf Micks Betreiben aufgegeben, als Micks Filmgesellschaft Jagged Films Erfolg zu haben beginnt. Ihr jüngstes Projekt, der Film *Enigma* mit Kate Winslet in der Hauptrolle, hatte im Januar US-Premiere.

Dezember: Micks am 19. November erschienenes Soloalbum *Goddess In The Doorway* erreicht in Deutschland auf Anhieb den 2., in Österreich den 3., in Schweden den 5. und in der Schweiz den 8. Platz in den Charts.

2002

15. Juni: Königin Elizabeth erhebt Mick für seine Verdienste um die Musik in den Ritterstand.

3. September: Die Welttournee der Stones beginnt mit einem Konzert im Fleet Center in Boston. Sie soll insgesamt 40 Shows in 15 Städten umfassen und bis Februar 2003 dauern.

1. Oktober: *Forty Licks* erscheint, eine die ganze Karriere der Stones umfassende Retrospektive auf zwei CDs mit 36 digital wiederaufbereiteten alten Hits und vier neuen Songs der Band. Inzwischen bereitet Universal die Neuausgabe der Alben aus den Jahren 1963–1970 vor.

3. November: Die Stones führen ihr neues Merchandising-Sortiment ›Stones Rockware‹ ein, das von Agent Provocateur, Buddhist Punk und Chrome Hearts geschaffen wurde.

2003

18. Februar: Die Tournee geht weiter. Insgesamt sind 50 Shows in 25 Städten rund um den Erdball geplant, unter anderem soll die Tournee nach Australien, Europa, China, Japan, Südamerika und Mexiko führen.

1. April: Die erste Chinareise der Stones wird wegen der SARS-Epidemie abgesagt; die in Shanghai und Peking geplanten Konzerte fallen aus.

4. Juni: Die europäische Etappe der Tournee beginnt in der Münchner Olympiahalle.

23. August: Die beiden ersten Konzerte in Großbritannien finden auf dem Rugby-Feld in Twickenham am Stadtrand von London statt, nicht weit von Mick Jaggers dortigem Domizil entfernt.

THE ROLLING STONES
12 X 5
Stone Age
THE ROLLING STONES
THE ROLLING STONES
SUCKING IN THE SEVENTIES
ROLLING STONES
FORTY LICKS
FLOWERS
THE ROLLING STONES
STRIPPED
ROCK AND ROLL
CIRCUS
DECEMBER 11, 1968
the Rolling Stones
20
SUPER HITS
BY
THE ROLLING STONES
роллинг стоунз
игра с огнем
rolling stones
play with fire
THE ROLLING STONES
LIVE"
STONES
Get Off Of My Cloud · She Said Yeah · Come On
Talkin' About You · Singer Not The Song · I'm Free
Gotta Get Away u.a.
BRAVO
ROLLING STONES
The Rolling Stones
LOVE YOU LIVE

DISKOGRAPHIE

THE ROLLING STONES
Erscheinungsdatum (UK): April 1964
Route 66 (Troup); I Just Want To Make Love To You (Dixon); Honest I Do (Reed); I Need You Baby (Mona) (McDaniels); Now I've Got A Witness (Like Uncle Phil And Uncle Gene) (Phelge); Little By Little (Phelge-Spector); I'm A King Bee (Moore); Carol (Berry); Tell Me (You're Coming Back) (Jagger-Richards); Can I Get A Witness (Holland-Dozier-Holland); You Can Make It If You Try (Jarrett); Walking The Dog (Thomas).
Plattenfirma: Decca. Produktion: Impact Sound (Andrew Loog Oldham und Eric Easton). Studios: Regent Sound. UK-Charts: Platz 1. Credits: wie oben. Musiker: Mick Jagger, Brian Jones, Keith Richards, Charlie Watts, Bill Wyman, Ian Stewart (Piano, Orgel), Phil Spector (Percussion), Gene Pitney (Piano).

ENGLAND'S NEWEST HIT MAKERS
Erscheinungsdatum (US): Mai 1964
Not Fade Away (Petty-Hardin); Route 66 (Troup); I Just Want To Make Love To You (Dixon); Honest I Do (Reed); Now I've Got A Witness (Like Uncle Phil And Uncle Gene) (Phelge); Little By Little (Phelge-Spector); I'm A King Bee (Moore); Carol (Berry) Tell Me (You're Coming Back) (Jagger-Richards); Can I Get A Witness (Holland-Dozier-Holland); You Can Make It If You Try (Jarrett); Walking The Dog (Thomas).
Plattenfirma: London. Produktion: Impact Sound (Andrew Loog Oldham und Eric Easton). Studios: Regent Sound. US-Charts: Platz 1. Credits: wie oben. Musiker: Mick Jagger, Brian Jones, Keith Richards, Charlie Watts, Bill Wyman, Ian Stewart (Piano, Orgel), Phil Spector (Percussion), Gene Pitney (Piano).

12X5
Erscheinungsdatum (US): Oktober 1964
Around And Around (Berry); Confessin' The Blues (Brown-McShann); Empty Heart (Nanker-Phelge); Time Is On My Side (Meade-Norman); Good Times, Bad Times (Jagger-Richards); It's All Over Now (B Womack-S Womack); 2120 South Michigan Avenue (Nanker-Phelge); Under the Boardwalk (Resnick-Young); Congratulations (Jagger-Richards); Grown Up Wrong (Jagger-Richards); If You Need Me (Pickett-Bateman-Sanders); Susie Q (Hawkins-Lewis-Broadwater).
Plattenfirma: London. Produktion: Andrew Loog Oldham. Studios: Regent, IBC, London und Chess Studios, Chicago. US-Charts: Platz 3. Credits: wie oben. Musiker: Mick Jagger, Brian Jones, Keith Richards, Charlie Watts, Bill Wyman.

THE ROLLING STONES NO. 2
Erscheinungsdatum (UK): Januar 1965
Everybody Needs Somebody To Love (Russell-Burke-Wexler); Down Home Girl (Leiber-Butler); You Can't Catch Me (Berry); Time Is On My Side (Meade-Norman); What A Shame (Jagger-Richards); Grown Up Wrong (Jagger-Richards); Down The Road Apiece (Raye); Under the Boardwalk (Resnick-Young); I Can't Be Satisfied (Waters); Pain In My Heart (Redding-Walden); Off the Hook (Nanker-Phelge); Susie Q (Hawkins-Lewis-Broadwater).
Plattenfirma: Decca. Produktion: Andrew Loog Oldham. Studios: Chess, Chicago, RCA, Hollywood, Impact Sound, London. UK-Charts: Platz 1. Credits: wie oben. Musiker: Mick Jagger, Brian Jones, Keith Richards, Charlie Watts, Bill Wyman, Ian Stewart (Piano, Orgel), Jack Nitzsche (Piano, Nitzsche-phone).

THE ROLLING STONES NOW!
Erscheinungsdatum (US): Februar 1965
Everybody Needs Somebody To Love (Russell-Burke-Wexler); Down Home Girl Leiber-Butler); You Can't Catch Me (Berry); Heart Of Stone (Jagger-Richards); What A Shame (Jagger-Richards); I Need You Baby (Mona) (McDaniels); Down The Road Apiece (Raye); Off The Hook (Nanker-Phelge); Pain In My Heart (Redding-Walden); Oh Baby (We Got A Good Thing Goin') (Ozen); Little Red Rooster (Dixon); Surprise Surprise (Jagger-Richards).
Plattenfirma: London. Produktion: Andrew Loog Oldham. Studios: Chess, Chicago, RCA, Hollywood, Impact Sound, London. US-Charts: Platz 5. Credits: wie oben. Musiker: Mick Jagger, Brian Jones, Keith Richards, Charlie Watts, Bill Wyman, Ian Stewart (Piano), Jack Nitzsche (Piano, Nitzsche-phone).

OUT OF OUR HEADS
Erscheinungsdatum (US): Juli 1965
Mercy Mercy (Covay-Miller); Hitch Hike (Gaye-Stevenson-Paul); The Last Time (Jagger-Richards); That's How Strong My Love Is (Jamison); Good Times (Cooke); I'm Alright (Nanker-Phelge); (I Can't Get No) Satisfaction (Jagger-Richards); Cry to Me (Russell); The Under Assistant West Coast Promotion Man (Nanker-Phelge); Play With Fire (Nanker-Phelge); The Spider And The Fly (Nanker-Phelge); One More Try (Jagger-Richards).
Plattenfirma: London. Produktion: Andrew Loog Oldham. Studios: Chess, Chicago, RCA, Hollywood. US-Charts: Platz 1. Credits: wie oben. Musiker: Mick Jagger, Brian Jones, Keith Richards, Charlie Watts, Bill Wyman, Ian Stewart (Piano), Jack Nitzsche (Piano, Nitzsche-phone).

OUT OF OUR HEADS
Erscheinungsdatum (UK): September 1965
She Said Yeah (Jackson-Christy); Mercy Mercy (Covay-Miller); Hitch Hike (Gaye-Stevenson-Paul); That's How Strong My Love Is (Jamison); Good Times (Cooke); Gotta Get Away (Jagger-Richards); Talkin' 'Bout You (Berry); Cry To Me (Russell); Oh Baby (We Got A Good Thing Goin') (Ozen); Heart Of Stone (Jagger-Richards); The Under Assistant West Coast Promotion Man (Nanker-Phelge); I'm Free (Jagger-Richards).
Plattenfirma: Decca. Produktion: Andrew Loog Oldham. Studios: Chess, Chicago, RCA, Hollywood. UK-Charts: Platz 2. Credits: wie oben. Musiker: Mick Jagger, Brian Jones, Keith Richards, Charlie Watts, Bill Wyman, Ian Stewart (Piano, Percussion), Jack Nitzsche (Piano, Orgel, Percussion), J. W. Alexander (Percussion).

DECEMBER'S CHILDREN (AND EVERYBODY'S)
Erscheinungsdatum (US): Dezember 1965
She Said Yeah (Roderick-Christy-Jackson); Talkin' 'Bout You (Berry); You Better Move On (Alexander); Look What You've Done (Morganfield); The Singer Not The Song (Jagger-Richards); Route 66 (Troup); Get Off Of My Cloud (Jagger-Richards); I'm Free (Jagger-Richards); As Tears Go By (Jagger-Richards-Oldham); Gotta Get Away (Jagger-Richards); Blue Turns to Grey (Jagger-Richards); I'm Moving On (Snow).
Plattenfirma: London. Produktion: Andrew Loog Oldham. Studios: verschiedene. US-Charts: Platz 4. Credits: wie oben. Musiker: Mick Jagger, Brian Jones, Keith Richards, Charlie Watts, Bill Wyman.

BIG HITS (HIGH TIDE AND GREEN GRASS)
Erscheinungsdatum (US): März 1966
(I Can't Get No) Satisfaction (Jagger-Richards); The Last Time (Jagger-Richards); As Tears Go By (Jagger-Richards-Oldham); Time Is On My Side (Meade-Norman); It's All Over Now (B Womack-S Womack); Tell Me (You're Coming Back) (Jagger-Richards); 19th Nervous Breakdown (Jagger-Richards); Heart Of Stone (Jagger-Richards); Get Off Of My Cloud (Jagger-Richards); Not Fade Away (Petty-Hardin); Good Times, Bad Times (Jagger-Richards); Play With Fire (Nanker-Phelge).
Plattenfirma: London. Produktion: Andrew Loog Oldham. Studios: Verschiedene. US-Charts: Platz 3. Credits: wie oben. Musiker: Mick Jagger, Brian Jones, Keith Richards, Charlie Watts, Bill Wyman.

AFTERMATH

Erscheinungsdatum (UK): April 1966

Mother's Little Helper; Stupid Girl; Lady Jane; Under My Thumb; Doncha Bother Me; Goin' Home; Flight 505; High and Dry; Out Of Time; It's Not Easy; I Am Waiting; Take It Or Leave It; Think; What To Do.

Plattenfirma: Decca. Produktion: Andrew Loog Oldham. Studios: RCA, Hollywood. UK-Charts: Platz 1. Credits: Jagger-Richards. Musiker: Mick Jagger, Brian Jones, Keith Richards, Charlie Watts, Bill Wyman, Ian Stewart (Piano, Percussion), Jack Nitzsche (Piano, Orgel, Percussion).

AFTERMATH

Erscheinungsdatum (US): Juli 1966

Paint It Black; Stupid Girl; Lady Jane; Under My Thumb; Doncha Bother Me; Think; Flight 505; High and Dry; It's Not Easy; I Am Waiting; Goin' Home.

Plattenfirma: London. Produktion: Andrew Loog Oldham. Studios: RCA, Hollywood. US-Charts: Platz 2. Credits: Jagger-Richards. Musiker: Mick Jagger, Brian Jones, Keith Richards, Charlie Watts, Bill Wyman, Ian Stewart (Piano, Percussion), Jack Nitzsche (Piano, Orgel, Percussion).

BIG HITS (HIGH TIDE AND GREEN GRASS)

Erscheinungsdatum (UK): November 1966

Have You Seen Your Mother, Baby, Standing In The Shadow? (Jagger-Richards); Paint It Black (Jagger-Richards); It's All Over Now (B Womack-SWomack); The Last Time (Jagger-Richards); Heart Of Stone (Jagger-Richards); Not Fade Away (Petty-Hardin); Come On (Berry); (I Can't Get No) Satisfaction (Jagger-Richards); Get Off Of My Cloud (Jagger-Richards); As Tears Go By (Jagger-Richards); 19th Nervous Breakdown (Jagger-Richards); Lady Jane (Jagger-Richards); Time Is On My Side (Meade-Norman); Little Red Rooster (Dixon).

Plattenfirma: London. Produktion: Andrew Loog Oldham. Studios: Verschiedene. US-Charts: Platz 3. Credits: wie oben. Musiker: Mick Jagger, Brian Jones, Keith Richards, Charlie Watts, Bill Wyman.

GOT LIVE IF YOU WANT IT!

Erscheinungsdatum (US): Dezember 1966

Under My Thumb; Get Off of My Cloud; Lady Jane; Not Fade Away (Petty-Hardin); I've Been Loving You Too Long (Redding-Butler); Fortune Teller (Neville); The Last Time; 19th Nervous Breakdown; Time Is On My Side (Meade-Norman); I'm Alright (Nanker-Phelge); Have You Seen Your Mother, Baby, Standing In The Shadow?; (I Can't Get No) Satisfaction.

Plattenfirma: London. Produktion: Andrew Loog Oldham. Aufgenommen in: Royal Albert Hall, London, von Glyn Johns. US-Charts: Platz 6. Credits: Jagger-Richards, wo nicht anders vermerkt. Musiker: Mick Jagger, Brian Jones, Keith Richards, Charlie Watts, Bill Wyman.

BETWEEN THE BUTTONS

Erscheinungsdatum (UK): Januar 1967

Yesterday's Papers; My Obsession; Back Street Girl; Connection; She Smiled Sweetly; Cool, Calm and Collected; All Sold Out; Please Go Home; Who's Been Sleeping Here? Complicated; Miss Amanda Jones; Something Happened To Me Yesterday.

Plattenfirma: Decca. Produktion: Andrew Loog Oldham. Studios: Olympic Studios, London. UK-Charts: Platz 3. Credits: Jagger-Richards. Musiker: Mick Jagger, Brian Jones, Keith Richards, Charlie Watts, Bill Wyman.

BETWEEN THE BUTTONS

Erscheinungsdatum (US): Februar 1967

Let's Spend The Night Together; Yesterday's Papers; Ruby Tuesday; Connection; She Smiled Sweetly; Cool, Calm and Collected; All Sold Out; My Obsession; Who's Been Sleeping Here?; Complicated; Miss Amanda Jones; Something Happened To Me Yesterday.

Plattenfirma: London. Produktion: Andrew Loog Oldham. Studios: Olympic Studios, London. US-Charts: Platz 2. Credits: Jagger-Richards. Musiker: Mick Jagger, Brian Jones, Keith Richards, Charlie Watts, Bill Wyman.

FLOWERS

Erscheinungsdatum (US): Juli 1967

Ruby Tuesday; Have You Seen Your Mother, Baby, Standing In The Shadow?; Let's Spend The Night Together; Lady Jane; Out Of Time; My Girl (Robertson-White); Back Street Girl; Please Go Home; Mother's Little Helper; Take It Or Leave It; Ride On Baby; Sittin' On A Fence.

Plattenfirma: London. Produktion: Andrew Loog Oldham. Studios: Olympic Studios, London, RCA, Hollywood. US-Charts: Platz 3. Credits: Jagger-Richards, außer »My Girl« (Robinson-White). Musiker: Mick Jagger, Brian Jones, Keith Richards, Charlie Watts, Bill Wyman.

THEIR SATANIC MAJESTIES' REQUEST

Erscheinungsdatum (UK/US): Dezember/November 1967

Sing This All Together; Citadel; In Another Land; 2000 Man; Sing This All Together (See What Happens); She's A Rainbow; The Lantern; Gomper; 2000 Light Years From Home; On With The Show.

Plattenfirma: Decca/London. Produktion: The Rolling Stones. Studios: Olympic Studios, London. UK-Charts: Platz 3. US-Charts: Platz 2. Credits: Jagger-Richards, außer »In Another Land« (Wyman). Musiker: Mick Jagger, Brian Jones, Keith Richards, Charlie Watts, Bill Wyman.

BEGGARS BANQUET

Erscheinungsdatum (UK/US): Dezember/November 1968

Sympathy For The Devil; No Expectations; Dear Doctor; Parachute Woman; Jigsaw Puzzle; Street Fighting Man; Prodigal Son; Stray Cat Blues; Factory Girl; Salt Of The Earth.

Plattenfirma: Decca/London. Produktion: Jimmy Miller. Studios: Olympic Studios, London. UK-Charts: Platz 3. US-Charts: Platz 5. Credits: Jagger-Richards außer »Prodigal Son« (Wilkins). Musiker: Mick Jagger, Brian Jones, Keith Richards, Charlie Watts, Bill Wyman, Nicky Hopkins (Piano) »und viele Freunde«.

THROUGH THE PAST DARKLY (BIG HITS VOL 2)

Erscheinungsdatum (UK): September 1969

Jumpin' Jack Flash; Mother's Little Helper; 2000 Light Years from Home; Let's Spend The Night Together; You Better Move On; We Love You; Street Fighting Man; She's A Rainbow; Ruby Tuesday; Dandelion; Sittin' On A Fence; Honky Tonk Women.

Plattenfirma: Decca. Produktion: Andrew Loog Oldham, Jimmy Miller, die Rolling Stones. Studios: Verschiedene. UK-Charts: Platz 2. Credits: Jagger-Richards, außer »You Better Move On« (Alexander). Musiker: Mick Jagger, Brian Jones, Keith Richards, Charlie Watts, Bill Wyman.

THROUGH THE PAST DARKLY (BIG HITS VOL 2)

Erscheinungsdatum (US): September 1969 .

Paint It Black; Ruby Tuesday; She's A Rainbow; Jumpin' Jack Flash; Mother's Little Helper; Let's Spend The Night Together; Honky Tonk Women; Dandelion; 2000 Light Years from Home; Have You Seen Your; Mother, Baby, Standing In The Shadow?; Street Fighting Man (Jagger-Richards).

Plattenfirma: London. Produktion: Andrew Loog Oldham, Jimmy Miller, The Rolling Stones. Studios: Verschiedene. US-Charts: Platz 2. Credits: Jagger-Richards. Musiker: Mick Jagger, Brian Jones, Keith Richards, Charlie Watts, Bill Wyman.

LET IT BLEED

Erscheinungsdatum (UK/US): Dezember/November 1969

Gimme Shelter; Love In Vain; Country Honk; Live With Me; Let It Bleed; Midnight Rambler; You Got The Silver; Monkey Man; You Can't Always Get What You Want.

Plattenfirma: Decca/London. Produktion: Jimmy Miller. Studios: Olympic Studios, London. UK-Charts: Platz 1. US-Charts: Platz 3. Credits: Jagger-Richards, außer »Love in Vain« (Payne). Musiker: Mick Jagger, Keith Richards, Mick Taylor, Charlie Watts, Bill Wyman, Merry Clayton, Madeline Bell, Doris Troy, Nanette Newman (Gesang), Nicky Hopkins (Piano, Orgel), Jimmy Miller (Schlagzeug, Percussion), Al Kooper (Piano, Waldhorn), Byron Berline (Fiddle), Ry Cooder (Mandoline), Leon Russell (Piano), Ian Stewart (Piano), Bobby Keyes (Sax), Rocky Dijon (Percussion), London Bach Choir (Gesang).

GET YER YA-YA'S OUT!

Erscheinungsdatum (UK/US): September 1970

Jumpin' Jack Flash; Carol; Stray Cat Blues; Love In Vain; Midnight Rambler; Sympathy For The Devil; Live With Me; Little Queenie; Honky Tonk Women; Street Fighting Man.

Plattenfirma: Decca/London. Produktion: The Rolling Stones und Glyn Johns. Aufgenommen in: Madison Square Garden, New York. UK-Charts: Platz 1. US-Charts: Platz 6. Credits: Jagger-Richard, außer »Carol« und »Little Queenie« (Berry), »Love In Vain« (Trad.). Musiker: Mick Jagger, Keith Richards, Mick Taylor, Charlie Watts, Bill Wyman, Ian Stewart (Piano).

STONE AGE

Erscheinungsdatum (UK): April 1971

Look What You've Done (Morganfield); It's All Over Now (B Womack-S Womack); Confessin' The Blues (Brown-McShann); One More Try (Jagger-Richards); As Tears Go By (Jagger-Richards); The Spider And The Fly (Nanker-Phelge); My Girl (Robertson-White); Paint It Black (Jagger-Richards); If You Need Me (Pickett-Bateman-Sanders); The Last Time (Jagger-Richards); Blue Turns to Grey (Jagger-Richards); Around And Around (Berry).

Plattenfirma: Decca. Produktion: Andrew Loog Oldham. Studios: Verschiedene. UK-Charts: Platz 4. Credits: wie oben. Musiker: Mick Jagger, Keith Richards, Mick Taylor, Charlie Watts, Bill Wyman, Ian Stewart (Piano).

STICKY FINGERS

Erscheinungsdatum (UK/US): April/Juni 1971

Brown Sugar; Sway; Wild Horses; Can't You Hear Me Knockin'; You Gotta Move Bitch; I Got The Blues; Sister Morphine; Dead Flowers; Moonlight Mile.

Plattenfirma: Rolling Stones. Produktion: Jimmy Miller. Studios: Olympic Studios, London, und das Rolling Stones Mobile. UK-Charts: Platz 1. US-Charts: Platz 1. Credits: Jagger-Richards, außer »You Gotta Move« (McDowell). Musiker: Mick Jagger, Keith Richards, Mick Taylor, Charlie Watts, Bill Wyman, Nicky, Hopkins (Piano, Orgel), Jimmy Miller (Percussion), Billy Preston (Orgel), Ry Cooder (Gitarre), Jimmy Dickinson (Piano), Ian Stewart (Piano), Bobby Keyes (Sax), Rocky Dijon (Percussion), Jim Price (Trompete, Piano), Jack Nitzsche (Piano).

GIMME SHELTER

Erscheinungsdatum (UK): August 1971

Jumpin' Jack Flash (Jagger-Richards); Love In Vain (Payne, adapted by Jagger-Richards); Honky Tonk Women (Jagger-Richards); Street Fighting Man (Jagger-Richards); Sympathy For The Devil (Jagger-Richards); Gimme Shelter (Jagger-Richards); Under My Thumb (Jagger-Richards); Time Is On My Side (Meade-Norman); I've Been Loving You Too Long (Redding-Butler); Fortune Teller (Neville); Lady Jane (Jagger-Richards); (I Can't Get No) Satisfaction (Jagger-Richards).

Plattenfirma: Decca. Produktion: Andrew Loog Oldham und Jimmy Miller. UK-Charts: Platz 19. Credits: wie oben. Musiker: Mick Jagger, Brian Jones, Keith Richards, Charlie Watts, Bill Wyman.

HOT ROCKS 1964–1971

Erscheinungsdatum (US): Januar 1972

Time Is On My Side; Heart of Stone; Play With Fire (Nanker-Phelge); (I Can't Get No) Satisfaction; As Tears Go By; Get Off Of My Cloud; Mother's Little Helper; 19th Nervous Breakdown; Paint It Black; Under My Thumb; Ruby Tuesday; Let's Spend the Night Together; Jumpin' Jack Flash; Street Fighting Man; Sympathy For The Devil; Honky Tonk Women; Gimme Shelter; Midnight Rambler; You Can't Always Get What You Want; Brown Sugar; Wild Horses.

Plattenfirma: London. Produktion: Andrew Loog Oldham und Jimmy Miller. Studios: Verschiedene. UK-Charts: Platz 3 (1990). US-Charts: Platz 4. Credits: Jagger-Richards außer »Time Is On My Side« (Meade-Norman), »As Tears Go By« (Jagger-Richards-Oldham). Musiker: Mick Jagger, Keith Richards, Mick Taylor, Charlie Watts, Bill Wyman und verschiedene andere.

EXILE ON MAIN STREET

Erscheinungsdatum (UK/US): Mai 1972

Rocks Off; Rip This Joint; Shake Your Hips; Casino Boogie; Tumbling Dice; Sweet Virginia; Torn And Frayed; Sweet Black Angel; Loving Cup; Happy; Turd On The Run; Ventilator Blues; I Just Want To See His Face; Let It Loose; All Down The Line; Stop Breaking Down; Shine A Light; Soul Survivor.

Plattenfirma: Rolling Stones. Produktion: Jimmy Miller. Studios: Rolling Stones Mobile in Villefranche, France. UK-Charts: Platz 1. US-Charts: Platz 1. Credits: Jagger-Richards außer »Shake Your Hips« (Slim Harpo), »Stop Breaking Down« (Trad.). Musiker: Mick Jagger, Keith Richards, Mick Taylor, Charlie Watts, Bill Wyman, Bill Plummer (Kontrabass), Ian Stewart (Piano), Nicky Hopkins (Piano), Clydie King, Vanetta Fields, Tammi Lynn, Kathy McDonald, Shirley Goodman (Gesang), Mac Rebennack (Gesang), Joe Green (Gesang), Al Perkins (Steel-Guitar), Jim Price (Trompete, Posaune, Orgel), Jimmy Miller (Percussion), Bobby Keys (Sax), Billy Preston (Orgel), Jerry Kirkland (Gesang).

ROCK 'N' ROLLING STONES

Erscheinungsdatum (UK): Oktober 1972

Route 66 (Troup); The Under Assistant West Coast Promotion Man (Nanker-Phelge); Come On (Berry); Talkin' 'Bout You (Berry); Bye Bye Johnny (Berry); Down The Road Apiece (Raye); I Just Want To Make Love To You (Dixon); Everybody Needs Somebody To Love (Russell-Burke-Wexler); Oh Baby (We Got A Good Thing Goin') (Ozen); 19th Nervous Breakdown (Jagger-Richards); Little Queenie (Berry); Carol (Berry).

Plattenfirma: Decca. Produktion: Andrew Loog Oldham. Studios: Verschiedene. UK-Charts: Platz 41. Credits: wie oben. Musiker: Mick Jagger, Brian Jones, Keith Richards, Charlie Watts, Bill Wyman.

MORE HOT ROCKS (BIG HITS AND FAZED COOKIES)

Erscheinungsdatum (US): Dezember 1972

Tell Me (You're Coming Back) (Jagger-Richards); Not Fade Away (Petty-Hardin); The Last Time (Jagger-Richards); It's All Over Now (B Womack-S Womack); Good Times Bad Times; I'm Free (Jagger-Richards); Out Of Time (Jagger-Richards); Lady Jane (Jagger-Richards); Sittin' On A Fence (Jagger-Richards); Have You Seen Your Mother, Baby, Standing In The Shadow? (Jagger-Richards); Dandelion (Jagger-Richards); We Love You (Jagger-Richards); She's A Rainbow (Jagger-Richards); 2000 Light Years from Home (Jagger-Richards); Child of the Moon (Jagger-Richards); No Expectations (Jagger-Richards); Let It Bleed (Jagger-Richards); What To Do (Jagger-Richards); Money (Gordy-Bradford); Come On (Berry); Fortune Teller (Neville); Poison Ivy (Leiber-Stoller); Bye Bye Johnny (Berry); I Can't Be Satisfied (Morganfield); Long Long While (Jagger-Richards).

Plattenfirma: London. Produktion: Andrew Loog Oldham und Jimmy Miller. Studios: Verschiedene. US-Charts: Platz 9. Credits: wie oben. Musiker: Mick Jagger, Brian Jones, Keith Richards, Charlie Watts, Bill Wyman und verschiedene andere.

GOATS HEAD SOUP

Erscheinungsdatum (UK/US): August 1973

Dancing With Mr. D; 100 Years Ago; Coming Down Again; Doo Doo Doo Doo Doo (Heartbreaker); Angie; Silver Train; Hide Your Love; Winter; Can You Hear The Music; Star Star.

Plattenfirma: Rolling Stones. Produktion: Jimmy Miller. Studios: Dynamic Sound Studios, Jamaica. UK-Charts: Platz 1. US-Charts: Platz 1. Credits: Jagger-Richards. Musiker: Mick Jagger, Keith Richards, Mick Taylor, Charlie Watts, Bill Wyman, Nicky Hopkins (Piano), Billy Preston (Piano, Clavinet), Ian Stewart (Piano, Jangles), Bobby Keys (Sax), Jim Horn (Sax, Flöte), Chuck Finley (Trompete), Jim Price (Blasinstrumente), Jimmy Miller, Pascal, Reebop (Percussion).

NO STONE UNTURNED

Erscheinungsdatum (UK): Oktober 1973

Poison Ivy (Leiber-Stoller); The Singer Not The Song (Jagger-Richards); Child Of The; Moon (Jagger-Richards); Stoned (Nanker-Phelge); Sad Day (Jagger-Richards); Money (Gordy-Bradford); Congratulations (Jagger-Richards); I'm Moving On (Snow); 2120 South Michigan Avenue (Nanker-Phelge); Long Long While (Jagger-Richards); Who's Driving Your Plane? (Jagger-Richards).

IT'S ONLY ROCK 'N' ROLL

Erscheinungsdatum (US/UK): Oktober 1974

If You Can't Rock Me; Ain't Too Proud To Beg; It's Only Rock 'n' Roll (But I Like It); Till The Next Goodbye; Time Waits For No One; Luxury; Dance Little Sister; If You Really Want To Be My Friend; Short And Curlies; Fingerprint File.

Plattenfirma: Rolling Stones. Produktion: The Glimmer Twins (Jagger-Richards). Studios: Musicland, München, Germany, Ron Wood's Studio. UK-Charts: Platz 2. US-Charts: Platz 1. Credits: Jagger-Richards außer »Ain't Too Proud To Beg« (Whitfield-Holland). Musiker: Mick Jagger, Keith Richards, Mick Taylor, Charlie Watts, Bill Wyman, Willie Weeks (Bass), Kenney Jones (Schlagzeug), Billy Preston (Piano, Clavinet), Nicky Hopkins (Piano), Ian Stewart (Piano), Charlie Jolly (Tabla), Ray Cooper (Percussion), Blue Magic (Gesang).

MADE IN THE SHADE

Erscheinungsdatum (US/UK): Juni 1975

Brown Sugar; Tumbling Dice; Happy; Dance Little Sister; Wild Horses; Angie; Bitch; It's Only Rock 'n' Roll (But I Like It); Doo Doo Doo Doo Doo (Heartbreaker); Rip This Joint.

Plattenfirma: Rolling Stones. Produktion: The Glimmer Twins und Jimmy Miller. Studios:

Verschiedene. UK-Charts: Platz 14. US-Charts: Platz 6. Credits: Jagger-Richards. Musiker: Mick Jagger, Keith Richards, Mick Taylor, Charlie Watts, Bill Wyman.

METAMORPHOSIS

Erscheinungsdatum (UK): Juni 1975
Out Of Time (Jagger-Richards); Don't Lie To Me (Jagger-Richards); Some Things Just Stick In Your Mind (Jagger-Richards); Each and Every Day Of The Year (Jagger-Richards); Heart Of Stone (Jagger-Richards); I'd Much Rather Be With The Boys (Oldham-Richards); (Walkin' Thru The) Sleepy City (Jagger-Richards); We're Wastin' Time (Jagger-Richards); Try A Little Harder (Jagger-Richards); I Don't Know Why (Wonder-Riser-Hunter-Hardaway); If You Let Me (Jagger-Richards); Jiving Sister Fanny (Jagger-Richards); Downtown Susie (Wyman); Family (Jagger-Richards); Memo From Turner (Jagger-Richards); I'm Going Down (Jagger-Richards).
Plattenfirma: Decca. Produktion: Andrew Loog Oldham und Jimmy Miller. Studios: Verschiedene. UK-Charts: Platz 45. Credits: wie oben. Musiker: Mick Jagger, Brian Jones, Keith Richards, Charlie Watts, Bill Wyman und verschiedene andere.

METAMORPHOSIS

Erscheinungsdatum (US): Juni 1975
Out Of Time (Jagger-Richards); Don't Lie To Me (Jagger-Richards); Each And Every Day Of The Year (Jagger-Richards); Heart Of Stone (Jagger-Richards); I'd Much Rather Be With The Boys (Oldham-Richards); (Walkin' Thru The) Sleepy City (Jagger-Richards); Try A Little Harder (Jagger-Richards); I Don't Know Why (Wonder-Riser-Hunter-Hardaway); If You Let Me (Jagger-Richards); Jiving Sister Fanny (Jagger-Richards); Downtown Susie (Wyman); Family (Jagger-Richards); Memo From Turner (Jagger-Richards); I'm Going Down (Jagger-Richards).
Plattenfirma: ABKCO. US-Charts: Platz 8. Credits: wie oben. Musiker: Mick Jagger, Brian Jones, Keith Richards, Charlie Watts, Bill Wyman und verschiedene andere.

ROLLED GOLD

Erscheinungsdatum: November 1975
Come On (Berry); I Wanna Be Your Man; (Lennon-McCartney); Not Fade Away (Petty-Hardin); Carol (Berry); It's All Over Now (B Womack-S Womack); Little Red Rooster (Dixon); Time Is On My Side (Meade-Norman); The Last Time; (I Can't Get No) Satisfaction; Get Off Of My Cloud; 19th Nervous Breakdown; As Tears Go By (Jagger-Richards-Oldham); Under My Thumb; Lady Jane; Out of Time; Paint It Black; Have You Seen Your Mother, Baby, Standing in the Shadow?; Let's Spend the Night Together; Ruby Tuesday; Yesterday's Papers; We Love You; She's A Rainbow; Jumpin' Jack Flash; Honky Tonk Women; Sympathy For The Devil; Street Fighting Man; Midnight Rambler; Gimme Shelter.
Plattenfirma: Decca. UK-Charts: Platz 7. Credits: Jagger-Richards, wo nicht anders vermerkt. Musiker: Mick Jagger, Brian Jones, Keith Richards, Charlie Watts, Bill Wyman und verschiedene andere.

BLACK AND BLUE

Erscheinungsdatum (UK/US): April 1976
Hot Stuff; Hand Of Fate; Cherry Oh Baby; Memory Motel; Hey Negrita; Melody; Fool To Cry; Crazy Mama.
Plattenfirma: Rolling Stones. Produktion: The Glimmer Twins. Studios: Musicland, München, Rolling Stones Mobile in Rotterdam, Montreux Casino. UK-Charts: Platz 2. US-Charts: Platz 1. Credits: Jagger-Richards außer »Cherry Oh Baby« (Donaldson). Musiker: Mick Jagger, Keith Richards, Charlie Watts, Ron Wood, Bill Wyman, Harvey Mandel (Gitarre), Wayne Perkins (Gitarre), Billy Preston (Piano, Orgel, Synthesizer), Ollie E. Brown (Percussion), Nicky Hopkins (Piano, Orgel).

LOVE YOU LIVE

Erscheinungsdatum: September 1977
Intro (Fanfare For The Common Man) (Copland); Honky Tonk Women (Jagger-Richards); If You Can't Rock Me (Jagger-Richards); Get Off Of My Cloud (Jagger-Richards); Happy (Jagger-Richards); Hot Stuff (Jagger-Richards); Star Star (Jagger-Richards); Tumbling Dice (Jagger-Richards); Fingerprint File (Jagger-Richards); You Gotta Move (McDowell-Davis); You Can't Always Get What You Want (Jagger-Richards); Mannish Boy (London-McDaniel-Morganfield); Crackin' Up (McDaniel); Little Red Rooster (Dixon); Around And Around (Berry); It's Only Rock 'n' Roll (But I Like It) (Jagger-Richards); Brown Sugar (Jagger-Richards); Jumpin' Jack Flash (Jagger-Richards); Sympathy For The Devil (Jagger-Richards).
Plattenfirma: The Rolling Stones. Produktion: The Glimmer Twins. Live aufgenommen in: Avetoire, Paris, und El Mocambo Club, Toronto. UK-Charts: Platz 3. US-Charts: Platz 5. Credits: wie oben. Musiker: Mick Jagger, Keith Richards, Charlie Watts, Ronnie Wood, Bill Wyman, Billy Preston (Keyboards, Gesang), Ian Stewart (Piano), Ollie Brown (Percussion).

GET STONED – 30 GREATEST HITS, 30 ORIGINAL TRACKS

Erscheinungsdatum (UK): Oktober 1977
Not Fade Away (Petty-Hardin); It's All Over Now (B Womack-S Womack); Tell Me (You're Coming Back); Good Times, Bad Times; Time Is On My Side (Meade-Norman); Little Red Rooster (Dixon); The Last Time; Play With Fire (Nanker-Phelge); (I Can't Get No) Satisfaction; Get Off Of My Cloud; I Wanna Be Your Man (Lennon-McCartney); As Tears Go By (Jagger-Richards-Oldham); 19th Nervous Breakdown; Mother's Little Helper; Have You Seen Your Mother, Baby, Standing in the Shadow?; Paint It Black; Lady Jane; Let's Spend The Night Together; Ruby Tuesday; Dandelion; We Love You; She's A Rainbow; 2000 Light Years From Home; Jumpin' Jack Flash; Gimme Shelter; Street Fighting Man; Honky Tonk Women; Sympathy For The Devil; Wild Horses; Brown Sugar.
Plattenfirma: Arcade. Produktion: Verschiedene. Studios: Verschiedene. UK-Charts: Platz 13. Credits: Jagger-Richards, wo nicht anders vermerkt. Musiker: Mick Jagger, Keith Richards, Mick Taylor, Charlie Watts, Ronnie Wood, Bill Wyman und verschiedene andere.

SOME GIRLS

Erscheinungsdatum (US/UK): Juni 1978
Miss You; When The Whip Comes Down; Just My Imagination; Some Girls; Lies; Far Away Eyes; Respectable; Before They Make Me Run; Beast Of Burden; Shattered.
Plattenfirma: The Rolling Stones. Produktion: The Glimmer Twins. Studios: EMI Studios, Paris, und Rolling Stones Mobile. UK-Charts: Platz 2. US-Charts: Platz 1. Credits: Jagger-Richards außer »Just My Imagination« (Whitfield-Strong). Musiker: Mick Jagger, Keith Richards, Charlie Watts, Ronnie Wood, Bill Wyman, Ian, McLagan (Piano, Orgel), Mel Collins (Sax), Sugar Blue (Harmonica).

TIME WAITS FOR NO ONE – ANTHOLOGY 1971–1977

Erscheinungsdatum (UK): Juni 1979
Time Waits For No One; Bitch; All Down The Line; Dancing With Mr. D; Angie; Star Star; If You Can't Rock Me; Get Off Of My Cloud; Hand Of Fate; Crazy Mama; Fool To Cry.
Plattenfirma: The Rolling Stones. Produktion: The Glimmer Twins und Jimmy Miller. Studios: Verschiedene. UK-Charts: Kam nicht in die Charts. Credits: Jagger-Richards. Musiker: Mick Jagger, Keith Richards, Mick Taylor, Charlie Watts, Ronnie Wood, Bill Wyman.

EMOTIONAL RESCUE

Erscheinungsdatum (UK/US): Juni 1980
Dance; Summer Romance; Send It To Me; Let Me Go; Indian Girl; Where The Boys Go; Down In The Hole; Emotional Rescue; She's So Cold; All About You.
Plattenfirma: The Rolling Stones. Produktion: The Glimmer Twins. Studios: Pathe-Marconi Studios, Paris, Compass Point Studios, Nassau, und Rolling Stones Mobile. UK-Charts: Platz 1. US-Charts: Platz 1. Credits: Jagger-Richards, außer »Dance« (Jagger-Richards-Wood). Musiker: Mick Jagger, Keith Richards, Charlie Watts, Ronnie Wood, Bill Wyman, Ian Stewart (Piano), Bobby Keys (Sax), Sugar, Blue (Harmonica), Michael Shrieve (Percussion), Max Romeo (Gesang).

SUCKING IN THE SEVENTIES

Erscheinungsdatum (UK/US): März/April 1981
Shattered; Everything Is Turning To Gold; Hot Stuff; Time Waits For No One; Fool To Cry; Mannish Boy; When the Whip Comes Down (Live); If I Was A Dancer (Dance Pt. 2), Crazy Mama; Beast Of Burden.
Plattenfirma: The Rolling Stones. Produktion: The Glimmer Twins. Studios: Verschiedene. UK-Charts: Kam nicht in die Charts. US-Charts: Platz 15. Credits: Jagger-Richards außer »Mannish Boy« (London-McDaniel-Morganfield). Musiker: Mick Jagger, Keith Richards, Mick Taylor, Charlie Watts, Ronnie Wood, Bill Wyman.

TATTOO YOU

Erscheinungsdatum (UK/US): August 1981
Start Me Up; Hang Fire; Slave; Little T&A; Black Limousine; Neighbours; Worried About You; Tops; Heaven; No Use In Crying; Waiting On A Friend.
Plattenfirma: The Rolling Stones. Produktion: The Glimmer Twins. Studios: Compass Point, Nassau, Pathé Marconi, Paris, Electric Lady, New York, RSM Rotterdam, Music-

land, München, Dynamic Sound, Kingston, Atlantic Studio, New York, Village Recorders, Los Angeles (aus verschiedenen Sessions zusammengeschnitten). UK-Charts: Platz 2. US-Charts: Platz 1. Credits: Jagger-Richards, außer »Black Limousine« und »No Use In Crying« (Jagger-Richards-Wood). Musiker: Mick Jagger, Keith Richards, Charlie Watts, Ron Wood, Bill Wyman, Mick Taylor (Gitarre) (nach Rechtsstreit!!), Sonny Rollins (Sax), Ian Stewart (Piano), Billy Preston (Keyboards), Nicky Hopkins (Keyboards), Wayne Perkins (Gitarre), Jeff Beck (Gitarre), Pete Townshend (Gitarre).

STILL LIFE (AMERICAN CONCERT 1981)

Erscheinungsdatum (UK/US): Juni 1982

Intro (Take The A-Train) (Strayhorn) (Gespielt vom Duke Ellington Orchestra); Under My Thumb (Jagger-Richards); Let's Spend The Night Together (Jagger-Richards); Shattered (Jagger-Richards); Twenty Flight Rock (Fairchild); Going To A Go-Go (Robinson-Tarplin-Rogers-Moore); Let Me Go (Jagger-Richards); Time Is On My Side (Meade-Norman); Just My Imagination (Running Away With Me) (Whitfield-Strong); Start Me Up (Jagger-Richards); (I Can't Get No) Satisfaction (Jagger-Richards); Outro (Star Spangled Banner) (Trad.) (gespielt von Jimi Hendrix).
Plattenfirma: The Rolling Stones. Produktion: The Glimmer Twins. Aufgenommen an verschiedenen Auftrittsorten in den USA. UK-Charts: Platz 4. US-Charts: Platz 5. Credits: wie oben. Musiker: Mick Jagger, Keith Richards, Charlie Watts, Ron Wood, Bill Wyman, Ian Stewart (Piano), Ian McLagan (Keyboards), Ernie Watts (Sax).

STORY OF THE STONES

Erscheinungsdatum (UK): November 1982

(I Can't Get No) Satisfaction; It's All Over Now (B. Womack-S. Womack); Time Is On My Side (Meade-Norman); Play With Fire (Nanker-Phelge); Off The Hook (Nanker-Phelge); Little Red Rooster (Dixon); Let It Bleed; Have You Seen You Mother, Baby, Standing In The Shadow?; Paint It Black; The Last Time; We Love You; You Better Move On (Alexander); Under My Thumb; Come On (Berry); I Just Want To Make Love To You (Dixon); Honky Tonk Women; Jumpin' Jack Flash; Route 66 (Troup); I Wanna Be Your Man (Lennon-McCartney); Mother's Little Helper; You Can't Always Get What You Want; Carol (Berry); Let's Spend the Night Together; Get Off Of My Cloud; 19th Nervous Breakdown; Not Fade Away (Petty-Hardin); Walking The Dog (Thomas); Heart Of Stone; Ruby Tuesday; Street Fighting Man.
Plattenfirma: K-Tel. Produktion: Andrew Loog Oldham und Jimmy Miller. Studios: Verschiedene. UK-Charts: Platz 24. Credits: wie oben. Musiker: Mick Jagger, Keith Richards, Charlie Watts, Ron Wood, Bill Wyman und verschiedene andere.

UNDERCOVER

Erscheinungsdatum: November 1983

Undercover Of The Night; She Was Hot; Tie You Up (The Pain of Love); Wanna Hold You; Feel On Baby; Too Much Blood; Pretty; Beat Up; Too Tough; All The Way Down; It Must Be Hell.
Plattenfirma: The Rolling Stones. Produktion: The Glimmer Twins und Chris Kimsey. Studios: Compass Point, Nassau, und EMI Studios, Paris. UK-Charts: Platz 3. US-Charts: Platz 4. Credits: Jagger-Richards, außer »Pretty Beat Up« (Jagger-Richards-Wood). Musiker: Mick Jagger, Keith Richards, Charlie Watts, Ron Wood, Bill Wyman, Moustapha Cisse, Brahms Coundoul, Martin Ditcham, Sly Dunbar (Percussion), Ian Stewart (Piano, Percussion), David Sanborn (Sax), Chuck Leavell (Keyboards), Jim Barber (Gitarre), CHOPS (Blasinstrumente).

REWIND 1971–1984

Erscheinungsdatum: Juli 1984

Miss You; Brown Sugar; Undercover Of The Night; Start Me Up; Tumbling Dice; Hang Fire; It's Only Rock 'n' Roll (But I Like It); She's So Cold; Miss You; Beast Of Burden; Fool To Cry; Waiting On A Friend; Angie; Respectable.
Plattenfirma: The Rolling Stones. Produktion: The Glimmer Twins. Studios: Verschiedene. UK-Charts: Platz 23. US-Charts: Platz 86. Credits: Jagger-Richards. Musiker: Mick Jagger, Keith Richards, Mick Taylor, Charlie Watts, Ron Wood, Bill Wyman.

DIRTY WORK

Erscheinungsdatum (UK/US): März 1986

One Hit (To the Body) (Jagger-Richards-Wood); Fight (Jagger-Richards-Wood); Harlem Shuffle (Relf-Nelson); Hold Back (Jagger-Richards); Too Rude (Roberts); Winning Ugly (Jagger-Richards); Back to Zero (Jagger-Richards-Leavell); Dirty Work (Jagger-Richards-Wood); Had It With You (Jagger-Richards-Wood); Sleep Tonight (Jagger-Richards); Trouble In Mind (Jones).
Plattenfirma: The Rolling Stones. Produktion: The Glimmer Twins und Steve Lillywhite. Studios: Pathé-Marconi Studios, Paris. UK-Charts: Platz 3. US-Charts: Platz 4. Credits: wie oben. Musiker: Mick Jagger, Keith Richards, Charlie Watts, Ron Wood, Bill Wyman, Chuck Leavell (Keyboards), Jimmy Page (Gitarre), Kirsty MacColl, Beverley D'Angelo, Bobby Womack, Jimmy Cliff, Tom Waits, Don Covay, Patti Scialfa, Janis Pendarvis, Dolette McDonald (Gesang), Ivan Neville (Keyboards, Bass), Anton Fig (Percussion) (nicht bestätigt), Steve Jordan, Charley Drayton, Philippe Saisse, Dan Collette, John Regan, Alan Rogan, Ian Stewart (keine Instrumente angegeben).

ROLLING STONES SINGLES COLLECTION – THE LONDON YEARS

(3CD BOX)

Erscheinungsdatum (US): August 1989

Come On (Berry); I Want To Be Loved (Dixon); I Wanna Be Your Man (Lennon-McCartney); Stoned (Nanker-Phelge); Not Fade Away (Petty-Hardin); Little By Little (Phelge-Spector); It's All Over Now (B Womack-S Womack); Good Times, Bad Times (Jagger-Richards); Tell Me (You're Coming Back); I Just Want To Make Love To You (Dixon); Time Is On My Side (Meade-Norman); Congratulations; Little Red Rooster (Dixon); Off The Hook (Nanker-Phelge); Heart of Stone; What A Shame; The Last Time; Play With Fire (Nanker-Phelge); (I Can't Get No) Satisfaction; The Under Assistant West Coast Promotion Man (Nanker-Phelge); The Spider And The Fly (Nanker-Phelge); Get Off Of My Cloud; I'm Free; The Singer Not The Song; As Tears Go By; Gotta Get Away; 19th Nervous Breakdown; Sad Day; Paint It Black; Stupid Girl; Long Long While; Mother's Little Helper; Lady Jane; Have You Seen Your Mother, Baby, Standing In The Shadow?; Who's Driving Your Plane?; Let's Spend The Night Together; Ruby Tuesday; We Love You; Dandelion; She's A Rainbow; 2000 Light Years From Home; In Another Land; The Lantern; Jumpin' Jack Flash; Child Of The Moon; Street Fighting Man; No Expectations; Surprise Surprise; Honky Tonk Women; You Can't Always Get What You Want; Memo from Turner; Brown Sugar; Wild Horses; I Don't Know Why; Try A Little Harder; Out Of Time; Jiving Sister Fanny; Sympathy For The Devil.
Plattenfirma: ABKCO. Produktion: Andrew Loog Oldham und Jimmy Miller. Studios: Verschiedene. US-Charts: Platz 88. Credits: Jagger-Richards, wo nicht anders vermerkt. Musiker: Mick Jagger, Brian Jones, Keith Richards, Mick Taylor, Charlie Watts, Bill Wyman und verschiedene andere.

STEEL WHEELS

Erscheinungsdatum (US/UK): August/September 1989

Sad Sad Sad; Mixed Emotions; Terrifying; Hold On To Your Hat; Hearts For Sale; Blinded By Love; Rock And A Hard Place; Can't Be Seen; Almost Hear You Sigh; Continental Drift; Break The Spell; Slipping Away.
Plattenfirma: The Rolling Stones. Produktion: The Glimmer Twins und Chris Kimsey. Studios: AIR Studios, Montserrat. UK-Charts: Platz 2. US-Charts: Platz 3. Credits: Jagger-Richards, außer »Almost Hear You Sigh« (Jagger-Richards-Jordan). Musiker: Mick Jagger, Keith Richards, Charlie Watts, Ron Wood, Bill Wyman, Chuck Leavell (Piano, Orgel), Kick Horns, Bernard Fowler, Sarah Dash, Lisa Fischer (Gesang), Luis Jardim (Percussion), Matt Clifford (Keyboards), Phil Beer (Geige, Mandoline), Roddy Lorimer (Trompete), Meistermusiker von Jajouka.

FLASHPOINT

Erscheinungsdatum (UK/US): April 1991

Continental Drift (Intro); Start Me Up; Sad Sad Sad; Miss You; Rock And A Hard Place (CD bonus); Ruby Tuesday; You Can't Always Get What You Want; Factory Girl; Can't Be Seen (CD bonus); Little Red Rooster; Paint It Black; Sympathy For The Devil; Brown Sugar; Jumpin' Jack Flash; (I Can't Get No) Satisfaction; Highwire (Studio track); Sex Drive (Studio track).
Plattenfirma: The Rolling Stones. Produktion: Chris Kimsey und The Glimmer Twins. Aufgenommen an: Verschienenen Auftrittsorten in den USA, Japan, England, Spanien und Italien. UK-Charts: Platz 6. US-Charts: Platz 16. Credits: Jagger-Richards, außer »Little Red Rooster« (Dixon). Musiker: Mick Jagger, Keith Richards, Charlie Watts, Ron Wood,

Bill Wyman, Bobby Keys (Sax), Chuck Leavell (Keyboards), Matt Clifford (Keyboards, Waldhorn), Bernard Fowler, Lisa Fischer, Cindy Mizelle, Tessa Niles, Katie Kissoon (Gesang), Eric Clapton (Gitarre), Uptown Horns, Kick Horns.

JUMP BACK – THE BEST OF THE ROLLING STONES 1971–1993

Erscheinungsdatum (UK): November 1993
Start Me Up; Brown Sugar; Harlem Shuffle; It's Only Rock 'n' Roll (But I Like It); Mixed Emotions; Angie; Tumbling Dice; Fool To Cry; Rock And A Hard Place; Miss You; Hot Stuff; Emotional Rescue; Respectable; Beast Of Burden; Waiting On A Friend; Wild Horses; Bitch; Undercover Of The Night.
Plattenfirma: The Rolling Stones. UK-Charts: Platz 16. Credits: Jagger-Richards, außer »Harlem Shuffle« (Relf-Nelson). Musiker: Mick Jagger, Keith Richards, Mick Taylor, Charlie Watts, Ron Wood, Bill Wyman und verschiedene andere.

VOODOO LOUNGE

Erscheinungsdatum (UK/US): Juli 1994
Love Is Strong; You Got Me Rocking; Sparks Will Fly; The Worst; New Faces; Moon Is Up; Out Of Tears; I Go Wild; Brand New Car; Sweethearts Together; Suck On the Jugular; Blinded By Rainbows; Baby Break It Down; Thru And Thru; Mean Disposition (CD-Bonus).
Plattenfirma: The Rolling Stones. Produktion: Don Was und die Glimmer Twins. Studios: Windmill Lane Studios, Dublin, Ron Woods und Don Was' Studios, A&M Studios, Los Angeles. UK-Charts: Platz 1. US-Charts: Platz 2. Credits: Jagger-Richards. Musiker: Mick Jagger, Keith Richards, Charlie Watts, Ron Wood, Darryl Jones (Bass), Chuck Leavell (Keyboards), Bernard Fowler (Gesang), Ivan Neville (Orgel), David McMurray (Bass), Mark Isham (Bass), Lenny Castro (Percussion), Louis Jardim (Percussion), Bobby Womack (Gesang), Frankie Gavin (Fiddle), Pierre De Beauport (Gitarre), Flaco Jimenez (Akkordion), Max Baca (Bajo sexto), Phil Jones (Percussion).

STRIPPED

Erscheinungsdatum (UK/US): November 1995
Street Fighting Man; Like A Rolling Stone (Dylan); Not Fade Away (Petty-Hardin); Shine A Light; The Spider And The Fly (Nanker-Phelge); I'm Free; Wild Horses; Let It Bleed; Dead Flowers; Slipping Away; Angie; Love In Vain (Payne, adapted by Jagger-Richards); Sweet Virginia; Little Baby (Dixon).
Plattenfirma: The Rolling Stones. Produktion: The Glimmer Tiwns und Don Was. Aufgenommen in: Toshiba-EMI Studios, Japan (Studiofassung von »Slipping Away«), Brixton Academy, London, Olympia Theatre, Paris. UK-Charts: Platz 9. US-Charts: Platz 9. Credits: Jagger-Richards, wo nicht anders vermerkt. Musiker: Mick Jagger, Keith Richards, Charlie Watts, Ron Wood, Darryl Jones (Bass), Chuck Leavell (Keyboards), Bernard Fowler (Gesang), Lisa Fischer (Gesang), Bobby Keys (Sax), Andy Snitzer (Brass), Michael Davis (Brass), Kent Smith (Brass).

ROCK & ROLL CIRCUS

Erscheinungsdatum (UK/US): Oktober 1996
Song For Jeffrey (Jethro Tull); A Quick One (The Who); Ain't That A Lot Of Love (Taj Mahal); Something Better (Marianne Faithfull); Yer Blues (Dirty Mac); Whole Lotta Yoko (Yoko Ono); Jumpin' Jack Flash; Parachute Woman; No Expectations; You Can't Always Get What You Want; Sympathy For The Devil; Salt Of The Earth.
Plattenfirma: ABKCO. Produktion: Jimmy Miller, Jody Klein, Lenne Allik. Studios: Olympic Mobile und Intertel Studios, London. UK-Charts: Platz 12. US-Charts: Platz 92. Credits: (Nur Songs der Stones) Jagger-Richards. Musiker: Mick Jagger, Brian Jones, Keith Richards, Charlie Watts, Bill Wyman, Nicky Hopkins (Piano), Rocky Dijon (Percussion), The Who, John Lennon und Yoko Ono, Eric Clapton (Gesang).

BRIDGES TO BABYLON

Erscheinungsdatum (UK/US): September 1997
Flip The Switch; Anybody Seen My Baby?; Low Down; Already Over Me; Gun Face; You Don't Have To Mean It; Out Of Control; Saint Of Me; Might As Well Get Juiced; Always Suffering; Too Tight; Thief In The Night; How Can I Stop.
Plattenfirma: The Rolling Stones; Produktion: The Glimmer Twins, Don Was, Danny Saber, The Dust Brothers. Studios: Ocean Way Recording Studios, Hollywood. UK-Charts: Platz 6. US-Charts: Platz 3. Credits: Jagger-Richards, außer »Anybody Seen My Baby?« (Jagger-Richards-Lang-Mink), »Thief in the Night« (Jagger-Richards-De Beauport), Musiker: Mick Jagger, Keith Richards, Charlie Watts, Ron Wood, Waddy Wachtel (Gitarre), Benmont Tench (Keyboards), Doug Wimbish (Bass), Jim Keltner (Percussion), Darrell Leonard (Sax), Joe Sublett (Sax), Wayne Shorter (Sax), Bernard Fowler (Gesang), Clinton Clifford (Keyboards), Danny Saber (Keyboards), Blondie Chaplin (Gesang, Piano), Jeff Sarli (Bass), Jamie Muhoberac (Bass, Keyboards), Don Was (Keyboards), Darryl Jones (Bass), Pierre De Beauport (Keyboards, Bass), Me'shell N'degeocello (Bass).

NO SECURITY

Erscheinungsdatum (UK/US): November 1998
Intro; You Got Me Rocking; Gimme Shelter; Flip The Switch; Memory Motel; Corinna; Saint Of Me; Waiting On A Friend; Sister; Morphine; Live With Me; Respectable; Thief In The Night; The Last Time; Out Of Control.
Plattenfirma: The Rolling Stones. Produktion: The Glimmer Twins. Aufgenommen in: Amsterdam, St Louis, Nürnberg, Buenos Aires, MTV. UK-Charts: Platz 67. US-Charts: Platz 34. Credits: Jagger-Richards, außer »Corinna« (Mahal, Davis), »Sister Morphine« (Jagger-Richards-Faithfull), »Thief in the Night« (Jagger-Richards-De Beauport). Musiker: Mick Jagger, Keith Richards, Charlie Watts, Ron Wood, Chuck Leavell (Keyboards), Bernard Fowler, Lisa Fischer, Blondie Chaplin (Gesang), Darryl Jones (Bass), Dave Matthews (Gesang), Taj Mahal (Gesang), Joshua Redman (Sax), Andy Snitzer (Keyboards), Tim Ries (Keyboards), Johnny Starbuck (Percussion), Michael Davis, Bobby Keys (Sax), Kent Smith, Pierre De Beauport (Piano), Leah Wood (Gesang).

FORTY LICKS

Erscheinungsdatum (UK/US): Oktober 2002
Street Fighting Man; Gimme Shelter; (I Can't Get No) Satisfaction; The Last Time; Jumpin' Jack Flash; You Can't Always Get What You Want; 19th Nervous Breakdown; Under My Thumb; Not Fade Away (Petty-Hardin); Have You Seen Your Mother, Baby, Standing in the Shadow?; Sympathy For The Devil; Mother's Little Helper; She's A Rainbow; Get Off Of My Cloud; Wild Horses; Ruby Tuesday; Paint It Black; Honky Tonk Women; It's All Over Now (B Womack-S Womack); Let's Spend The Night Together; Start Me Up; Brown Sugar; Miss You; Beast Of Burden; Don't Stop (Neuer Song); Happy; Angie; You Got Me Rocking; Shattered; Fool To Cry; Love Is Strong; Mixed Emotions; Keys To Your Love (Neuer Song); Anybody Seen My Baby? (Jagger-Richards-Lang-Mink); Stealing My Heart (Neuer Song); Tumbling Dice; Undercover of the Night; Emotional Rescue; It's Only Rock 'n' Roll (But I Like It); Losing My Touch (Neuer Song).
Plattenfirma: The Rolling Stones. Produktion: Verschiedene. (Neue Songs produziert von Don Was und The Glimmer Twins). Studios: Verschiedene. UK-Charts: Platz 2. US-Charts: Platz 2. Credits: Jagger-Richards, wo nicht anders vermerkt. Musiker: Mick Jagger, Brian Jones, Keith Richards, Charlie Watts, Mick Taylor, Ron Wood, Bill Wyman und verschiedene andere.

REGISTER

Kursiv gesetzte Einträge beziehen sich auf Alben, wenn nicht anders vermerkt. Einträge in Anführungszeichen beziehen sich auf Singles oder einzelne Songs aus den Alben. Kursiv gedruckte Zahlen weisen auf Illustrationen hin.

BILDNACHWEIS

Der Verlag Weidenfeld & Nicolson dankt den folgenden Quellen für die freundliche Genehmigung, folgende Fotografien für dieses Buch zu reproduzieren:

Vorsatzblätter: Ronnie Wood; 4 Anton Corbijn; 6–7 Mark Hayward/Philip Townsend; **Kapitel Eins:** 10–11 Privatsammlung; 12 Privatsammlung; 14 Lynn Goldsmith; 16 Redferns/Archiv Michael Ochs; 17 Redferns/Archiv Michael Ochs; 18 Privatsammlung; 19 Christopher Sykes; 21 Rex Features/Dezo Hoffmann; 22 Christopher Sykes; 25 Jane Rose; **Kapitel Zwei:** 26–27 Mark Hayward/Philip Townsend; 28 Mark Hayward/Philip Townsend; 31 Mark Hayward/Philip Townsend; 32 Pictorial Press; 33 Mark Hayward; 36 Redferns/David Redfern; 37 Mark Hayward/Philip Townsend; 38 Mark Hayward/Philip Townsend; 42 Mark Hayward/Andrew Milton; 45 Mark Hayward/Philip Townsend; 46, 47 Sammlung von Marilyn Demick; 48 Redferns/Jeremy Fletcher; 51 Redferns/NIKPOP; **Kapitel Drei:** 52–53 Redferns/Jeremy Fletcher; 54 Photo 12/Jean-Marie Périer; 56 Rex Features/Ian Fleming; 57 Val Wilmer; 58–59 Mark Hayward/Philip Townsend; 60 Val Wilmer; 61 Val Wilmer; 62 Sammlung von Marilyn Demick; 64 Val Wilmer; 65 Val Wilmer; 66 Terry O'Neill; 67 Mirrorpix; 69 Rex Features/Terry O'Neill; 71 Archiv Michael Ochs; 72 Mirrorpix; 74–75 Rex Features/ Terry O'Neill; 76 Mirrorpix; 77 Archiv Michael Ochs; 78 Terry O'Neill; 81 David Bailey; **Kapitel Vier:** 82–83 Photo 12/Jean-Marie Périer; 84 Gered Mankowitz © Bowstir Ltd. 2003; 85 Gered Mankowitz © Bowstir Ltd. 2003; 86 Rex Features/Dezo Hoffmann; 87 Photo 12/Jean-Marie Périer; 89 Gered Mankowitz © Bowstir Ltd. 2003; 90 Gered Mankowitz © Bowstir Ltd. 2003; 91 Sammlung von Marilyn Demick/Belfast Telegraph; 92 Photo 12/Jean-Marie Périer; 93 Gered Mankowitz © Bowstir Ltd. 2003; 94 Sammlung von Marilyn Demick; 96–97 Gered Mankowitz © Bowstir Ltd. 2003; 98 Gered Mankowitz © Bowstir Ltd. 2003; 99 Photo 12/Jean-Marie Périer; 101 Gered Mankowitz © Bowstir Ltd. 2003; 102–103 Sammlung von Marilyn Demick; 104 Redferns/Chuck Boyd; 105 Sammlung von Marilyn Demick; 106 Photo 12/Jean-Marie Périer; **Kapitel Fünf:** 110–111 Hulton-Archiv; 112 Redferns/Archiv Michael Ochs; 115 Rex Features/David Magnus; 116 Hulton-Archiv; 117 Munro Sounds; 118 Mirrorpix; 120 Mark Hayward/Peter Whitehead; 121 Mirrorpix; 122 Hulton-Archiv; 123 Mark Hayward/Dave King; 126–127 Munro Sounds; 130 oben Hulton-Archiv; 130 unten Ken Regan/Camera 5; 131 oben Rex Features/Mike Randolph, 131 unten Rex Features/Mike Selby; 132 Mirrorpix; 133 Mark Hayward; 134 Ken Regan/Camera 5; 135 Rex Features/Brian Moody; 136 © Michael Cooper aus der Raj Prem Collection; 139 Rex Features; **Kapitel Sechs:** 140–141 Ken Regan/Camera 5; 142 Norman Seeff; 144–145 Pennie Smith; 146 Ken Regan/Camera 5; 147 Redferns/David Redfern; 148 Dominique Tarlé; 149 oben Mirrorpix; 149 unten links und rechts Corbis/Sammlung Hulton-Deutsh; 150–151 Dominique Tarlé; 153 Ken Regan/Camera 5; 154 Ken Regan/Camera 5; 155 Ed Caraeff; 156–157 Photo 12/Jean-Marie Périer; 158 Munro Sounds; 159 Ken Regan/Camera 5; 160–161 Norman Seeff; 163 Photo 12/Jean-Marie Périer; 164–165 Ken Regan/Camera 5; 166–167 Jim Marshall; 168 Jamar Chess; **Kapitel Sieben:** 172–173 Ken Regan/Camera 5; 174 Mirrorpix; 177 Pennie Smith; 178 Michael Ochs; 179 oben Ken Regan/Camera 5; 179 unten links Terry O'Neill; 179 unten rechts Ken Regan/Camera 5; 180 Retna Ltd./Michael Putland; 181 David Bailey; 183 Christopher Sykes; 184 Joe Sia; 185 links Retna Ltd./Michael Putland; 185 rechts © The Andy Warhol Foundation for the Visual Arts, Inc./ARS, NY and DACS, London 2003; 186 Ken Regan/Camera 5; 187 Christopher Sykes; 188 Christopher Sykes; 189 Ken Regan/Camera 5; 190 Christopher Sykes; 191 obere vier Christopher Sykes; 191 unten Ken Regan/Camera 5; 192 Ken Regan/Camera 5; 193 Christopher Sykes; 194 oben Ken Regan/Camera 5; 194 Mitte links und rechts Christopher Sykes; 194 unten links Retna Ltd./Michael Putland; 194 unten rechts Christopher Sykes; 195 Christopher Sykes; 196–197 Ken Regan/Camera 5; 198 Jane Rose; 199 Ken Regan/Camera 5; 200 Joe Sia; 203 Ken Regan/Camera 5; 204 oben Christopher Sykes; 204 unten Ken Regan/Camera 5; 205 oben Ken Regan/Camera 5; 205 unten Ken Regan/Camera 5; 206 Ken Regan/Camera 5; 209 Jean Pigozzi; **Kapitel Acht:** 210–211 Ken Regan/Camera 5; 212 Munro Sounds/Dimo Safari; 214 Michael Halsband; 215 Terry O'Neill; 216 Ken Regan/Camera 5; 217 Ken Regan/Camera 5; 218 Corbis/Wally McNamee; 219 Ken Regan/Camera 5; 220 Ken Regan/Camera 5; 221 Michael Halsband; 222 oben Ken Regan/Camera 5; 222 unten Privatsammlung; 223 Pennie Smith; 224–225 Ken Regan/Camera 5; 226–227 Michael Halsband; 228 Ken Regan/Camera 5; 229 Munro Sounds/Denis O'Regan; 230 Ken Regan/Camera 5; 231 Brian Aris; 232 oben Jane Rose; 232 Mitte und unten Ken Regan/Camera 5;

233 Jane Rose; 234 Michael Halsband; 235 Retna Ltd./Michael Putland; 236 Corbis/Lynn Goldsmith 239 Lynn Goldsmith; **Kapitel Neun:** 240–241 Gered Mankowitz © Bowstir Ltd. 2003; 242 Jane Rose; 243 Jane Rose; 245 Munro Sounds; 246–247 Munro Sounds/Claude Gassian; 248 Munro Sounds/Claude Gassian; 249 Claude Gassian; 251 Munro Sounds; 252–253 Munro Sounds/Claude Gassian; 254–255 Munro Sounds/Claude Gassian; 256 Munro Sounds/Mikio Ariga; 258 Munro Sounds/P. Rider; 259 oben Jane Rose; 259 unten Ken Regan/Camera 5; 260–261 Munro Sounds/Claude Gassian; 262 Munro Sounds/Claude Gassian; 263 Rex Features/Richard Young; 264 Edna Gundersen; **Kapitel Zehn:** 268–269 Michael Halsband; 270 Munro Sounds/Kevin Mazur; 272 Munro Sounds/Mikio Ariga; 273 Munro Sounds; 274 links Munro Sounds/Mikio Ariga; 274 rechts Munro Sounds/Kevin Mazur; 275 Ken Regan/Camera 5; 277 Munro Sounds/Mikio Ariga; 278 oben Munro Sounds/Claude Gassian; 278 Jane Rose; 279 Jane Rose; 280 Munro Sounds; 281 Munro Sounds; 282–283 Anton Corbijn; 285 Pennie Smith; 286 Munro Sounds; 287 Munro Sounds/Kevin Mazur; 288 Munro Sounds/Claude Gassian; 289 Munro Sounds/Kevin Mazur; 290, 293 Jane Rose; **Kapitel Elf:** 294–295 Munro Sounds/Claude Gassian; 296 Luis Sanchis; 299 Fernando Aceves; 300 Chris Wahl; 301 Munro Sounds/Jack English; 302 Fernando Aceves/rockarchive.com; 303 Fernando Aceves; 304 Chris Wahl; 305 Dimo Safari; 306 oben links Chris Wahl; 306 oben rechts Jane Rose; 306 Mitte links und rechts Jane Rose; 306 unten links Chris Wahl; 306 unten rechts Jane Rose; 307 oben links Jane Rose; 307 oben rechts Chris Wahl; 307 Mitte links und rechts Jane Rose; 307 unten links Jane Rose; 307 unten rechts Chris Wahl; 308 Fernando Aceves/rockarchive.com; 310–311 Chris Wahl; 312 Mario Testino; 313 Rex Features/Dave Hogan; 314 oben Privatsammlung; 314 unten links Lynn Goldsmith; 314 unten rechts Privatsammlung; 315 oben Privatsammlung; 315 unten Privatsammlung; 316 Jane Rose; 319 Retna Ltd./Neil Massey; **Kapitel Zwölf:** 320–321 Jane Rose; 322 Mario Testino; 324 Scream Art 2002; 325 Jane Rose; 326 Munro Sounds/Mikio Ariga; 327 Rex Features/Jeremy Williams; 328 Chris Wahl; 329 The Interior Archive/Christopher Simon Sykes; 330 Jaap Buitendijk; 331 Rex Features/JHS; 332 Suzanne Le Mehaute; 334 Arabella Warburton; 336 Chris Wahl; 348 Alle **Plattencover** von © Promotone B.V., außer den im folgenden aufgezählten und mit freundlicher Genehmigung nachgedruckten von © ABKCO Records. Alle Rechte vorbehalten. ENGLAND'S NEWEST HIT MAKERS – 1964 (Photo: Nicolas Wright); 12X5 –1964 (Coverfoto: David Bailey); THE ROLLING STONES NO. 2 – 1965; THE ROLLING STONES, NOW! –1965 (Coverfoto: David Bailey); OUT OF OUR HEADS – 1965 – UK-Version (Coverfoto: Gered Mankowitz); OUT OF OUR HEADS – US-Version (Coverfoto: David Bailey); DECEMBER'S CHILDREN – 1965 (Coverfoto: Gered Mankowitz); AFTERMATH – 1966 – UK-Version (Fotografie: Guy Webster/Jerrold Schatzberg, ursprüngliches Coverdesign: Sandy Beach); AFTERMATH – US-Version (Fotografie: David Bailey, Jerrold Schatzberg, Coverdesign: Stephen Inglis); BIG HITS (HIGH TIDE AND GREEN GRASS) – 1966 (Coverfoto: Gered Mankowitz, ursprüngliches Coverdesign: Andrew Loog Oldham); GOT LIVE IF YOU WANT IT! – 1966 (Coverfoto: Gered Mankowitz, Coverdesign: Stephen Inglis); BETWEEN THE BUTTONS – 1967 (Coverfoto: Gered Mankowitz); FLOWERS – 1967 (Fotografie: Guy Webster, ursprüngliche Grafik: Tom Wilkes, Ausführung des ursprünglichen Designs von The Corporate Head); THEIR SATANIC MAJESTIES REQUEST – 1967 (Ursprüngliches Cover entworfen und fotografiert von Michael Cooper); BEGGARS BANQUET – 1968 (Coverfoto: Barry Feinstein, ursprüngliches Design: Tom Wilkes); THROUGH THE PAST, DARKLY – 1969 (Coverfoto: Ethan Russell); LET IT BLEED – 1969 (Coverfoto: Don McAllester, ursprüngliches Coverdesign: Robert Brownjohn); GET YER YA-YA'S OUT! – 1970 (Coverfoto: David Bailey, ursprüngliches Design: John Kosh & Steve Thomas Associates); HOT ROCKS 1964–1971–1972 (Coverfoto: Ron Rafaelli, ursprüngliches Design: Michael Gross); MORE HOT ROCKS – 1972 (Foto: Gered Mankowitz, ursprüngliches Konzept des Covers: Lenne Allik); METAMORPHOSIS – 1975; THE ROLLING STONES SINGLES COLLECTION – THE LONDON YEARS – 1989; FORTY LICKS – 2002 ©ABKCO Records and Promotone B.V;. THE ROLLING STONES ROCK AND ROLL CIRCUS 1995 (Cover-Illustration: Marvin Mattelson); BEGGAR'S BANQUET – DAS VERBOTENE URSPRÜNGLICHE DECCA-COVER (Cover-Illustration: Marvin Mattelson); 360 Mark Hayward/Philip Townsend.

Die Originalausgabe erschien 2003 bei Weidenfeld & Nicolson/Orion Publishing Group, London.

Ullstein Verlag
Ullstein ist ein Verlag des Verlagshauses Ullstein Heyne List GmbH & Co. KG

ISBN 3-550-07573-1

Herausgegeben von Dora Loewenstein und Philip Dodd.
Beratender Herausgeber: Charlie Watts.

Interviewer: Rob Bowman, Philip Dodd, Dora Loewenstein, Tim Rice.

Essays von: David Bailey, Robert Bowman, Marshall Chess, Sheryl Crow, Ahmet Ertegun, Christopher Gibbs, Giorgio Gomelsky, Edna Gundersen, Carl Hiaasen, Prinz Rupert Loewenstein, Tim Rice, Don Was, Peter Wolf. Copyright für den Essay von Peter Wolf: © Peter Wolf 2003. Nachdruck mit seiner Genehmigung.

Design: Dan Einzig, assistiert von Sara Ramazanoglu & Greg Macdonald von MysteryDesign.
Design-Direktor für Weidenfeld & Nicolson: David Rowley.
Bildrecherche: Emily Hedges.
Redaktion: Jo Godfrey Wood, Claire Marsden, Nikki Sims, Claire Wedderburn-Maxwell.
Interviews transkribiert von Adèle Herson und Jacqui Thomas.
Belege und Bildunterschriften zusammengestellt mit Hilfe von Michael Heatley.
Register: Derek Copson.

Zusätzliches Interviewmaterial aus 25 x 5, Produktion und Regie: Andrew Salt © 1989 Promotour U.S., Inc.; und aus dem Dokumentarfilm von Michael Apted, mit dem vorläufigen Titel: *The Rolling Stones Licks World Tour Documentary*, © 2003 RST Concerts, Inc.

Das Logo mit den Lippen und der Zunge ist ein eingetragenes Warenzeichen und wurde mit Genehmigung von Musidor b.v. reproduziert.

Aus dem Englischen von Helmut Dierlamm, Enrico Heinemann, Ursula Pesch und Heike Schlatterer.
Redaktion der deutschsprachigen Ausgabe: Werner Wahls und Julia Johannsen.

Gedruckt und gebunden in Italien von Printers SRL und LEGO
Vorsatzblätter gemalt von Ronnie Wood.